Alexandra DELRUE

Histoires parisiennes
Quartier Saint-Germain-
l'Auxerrois

© Copyright Alexandra DELRUE – tous droits réservés
Toute reproduction, distribution et vente interdites sans autorisation de l'auteur et de l'éditeur.

Édition : BoD · Books on Demand, 31 avenue Saint-Rémy, 57600 Forbach, bod@bod.fr
Impression : Libri Plureos GmbH, Friedensallee 273, 22763 Hamburg (Allemagne)

ISBN : 978-2-8106-2528-4

Dépôt légal : Février 2025

Le premier arrondissement de Paris est un arrondissement historique situé au cœur de la ville. Son histoire remonte à plus de 2 000 ans et il est aujourd'hui considéré comme l'un des quartiers les plus célèbres et emblématiques de la capitale française.

L'histoire du premier arrondissement commence avec la fondation de Lutèce, l'ancêtre de Paris, par les Gaulois au IIIe siècle avant notre ère. À l'époque romaine, Lutèce devient une ville prospère et connue sous le nom de *Lutetia*. L'arrondissement du Louvre se situe à l'emplacement de l'ancien forum romain, qui était le centre politique, religieux et économique de la ville antique.

Au Moyen Âge, Paris devient la capitale du royaume de France et le premier arrondissement commence à se développer. La cathédrale Notre-Dame de Paris est construite au XIIe siècle et devient rapidement l'un des symboles de la ville. De nombreux autres bâtiments médiévaux sont également construits comme le Palais de la Cité, qui était la résidence royale.

Le XVIe siècle est marqué par la construction du Palais du Louvre, qui est aujourd'hui l'un des musées les plus célèbres du monde. Sous le règne de François 1er, le Louvre devient la résidence royale et de nombreuses extensions et améliorations sont réalisées. Le jardin des Tuileries est également créé à cette époque, offrant un espace de détente et de promenade aux Parisiens.

Au XVIIe siècle, Paris devient le centre culturel de l'Europe. Des artistes, des écrivains et des penseurs célèbres tels que Molière, Racine et Descartes fréquentent le quartier. La Comédie-Française, l'une des plus anciennes troupes de théâtre du monde, est créée en 1680.

Au XIXe siècle, Paris se transforme radicalement sous l'impulsion du baron Haussmann. De larges boulevards sont tracés et de nombreux bâtiments médiévaux sont détruits pour faire place à des constructions plus modernes. L'arrondissement du Louvre est également touché par ces transformations, notamment avec la création de la rue de Rivoli, qui devient une artère commerciale majeure de la ville.

Pendant la Seconde Guerre mondiale, le premier arrondissement est occupé par les forces allemandes. De nombreux monuments et bâtiments historiques sont endommagés ou détruits lors des combats. Après la guerre, la reconstruction de Paris est entreprise et l'arrondissement retrouve peu à peu sa splendeur d'antan.

Aujourd'hui, le premier arrondissement est un quartier animé et touristique. Il abrite de nombreux sites emblématiques de la ville, tels que le Louvre, le jardin des Tuileries, le Palais-Royal ou encore la place Vendôme. Les rues du quartier regorgent de boutiques de luxe, de cafés, de restaurants et d'hôtels de renommée mondiale.

L'histoire du premier arrondissement de Paris est donc une histoire riche et passionnante, qui a vu la ville grandir et se transformer au fil des siècles. De la fondation de Lutèce à la reconstruction après la Seconde Guerre mondiale, l'arrondissement du Louvre témoigne de l'évolution de Paris et continue d'attirer des millions de visiteurs chaque année.

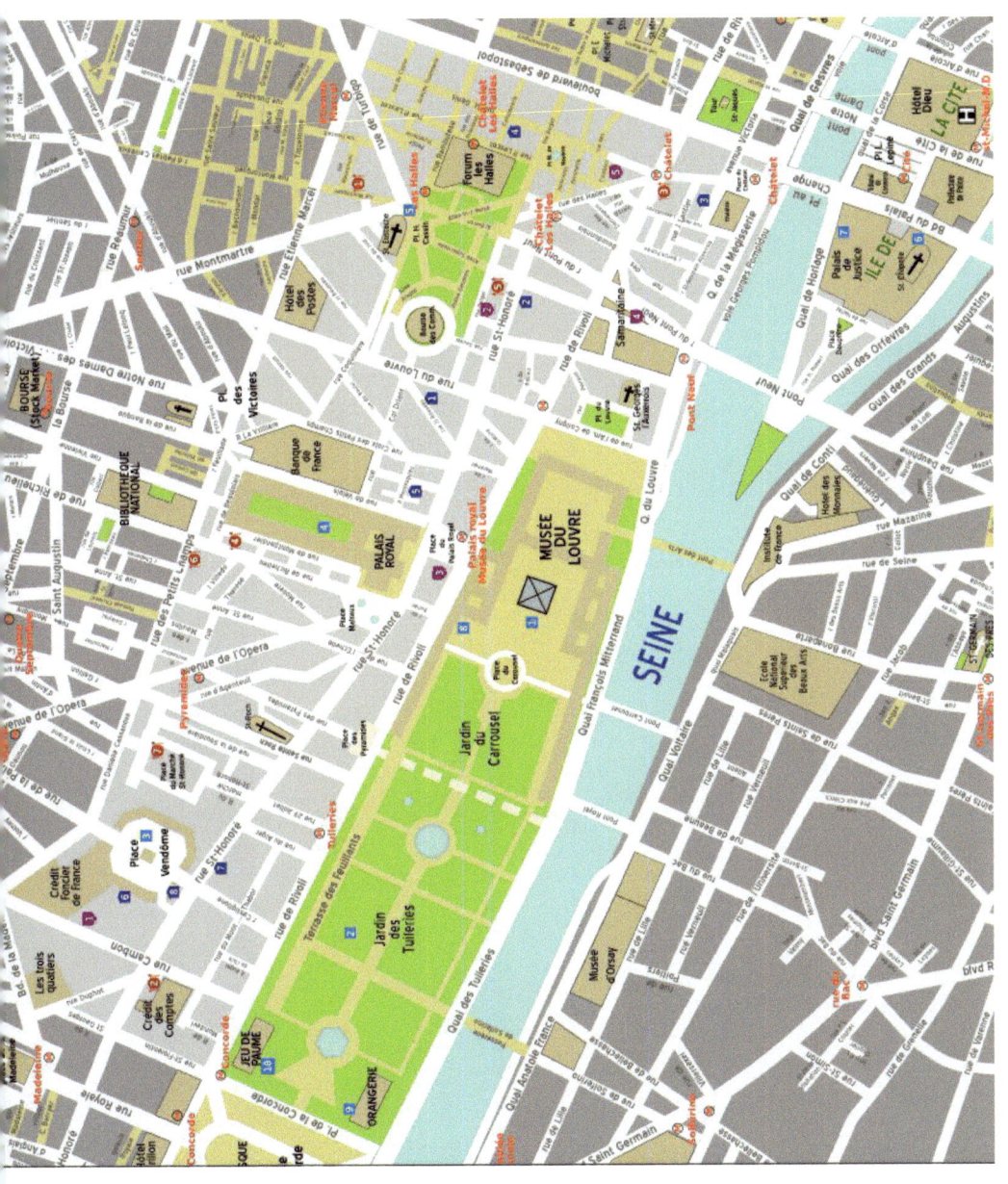

Quai Aimé-Césaire

Le quai commence quai François-Mitterrand, avenue du Général-Lemonnier, et se termine quai des Tuileries, passerelle Léopold-Sédar-Senghor. Il mesure 400 mètres de longueur et 22 mètres de largeur.

Odonymie

Le quai rend hommage à Aimé Césaire (1913-2008), écrivain et homme politique martiniquais.

Césaire fut l'un des fondateurs et leaders du mouvement de la négritude, qui affirmait la fierté et la valeur de la culture africaine et afrodescendante. Sa poésie, influencée par le surréalisme européen et le jazz afro-américain, se caractérise par une langue riche et puissante, traitant des thèmes tels que le colonialisme, le racisme, l'oppression et l'identité noire. En tant que politicien, Césaire a joué un rôle clé dans la lutte pour l'indépendance de la Martinique au sein de la France coloniale. Il a co-fondé le Parti progressiste martiniquais (PPM) en 1958 et a été élu maire de la ville de Fort-de-France en 1945, poste qu'il a occupé pendant plus de cinquante ans. Césaire a également été député de la Martinique à l'Assemblée nationale française pendant plusieurs décennies.  Son engagement politique a été caractérisé par sa détermination à défendre les droits et la dignité des Afro-Antillais et à promouvoir leur émancipation. Il a soutenu l'autonomie de la Martinique et a cherché à établir une identité culturelle forte pour les Afro-Antillais. Aimé Césaire a été un personnage emblématique du mouvement de décolonisation et a influencé des générations de poètes et de militants dans le monde entier. Son héritage est toujours vivant aujourd'hui.

Histoire

Jusqu'au Premier Empire, la voie, qui longe le jardin des Tuileries par le sud, est un chemin de terre. Ce chemin est ensuite aménagé, puis pavé en 1806. Le quai a été inauguré le 26 juin 2013 sur une partie du quai des Tuileries.

Rue de l'Amiral-de-Coligny

La rue commence quai du Louvre et se termine rue de Rivoli. Elle mesure 200 mètres de longueur et 20 mètres de largeur.

Odonymie

La rue a été nommée en l'honneur de Gaspard II de Coligny. Amiral de France et figure majeure des guerres de religion, il est né le 16 février 1519 à Châtillon-sur-Loing, et il est mort le 24 août 1572 à Paris.

Coligny était membre de la noblesse et s'est distingué en tant que chef militaire et politique. Il s'est d'abord illustré lors de batailles aux côtés du roi Henri II, démontrant son courage et ses compétences militaires. Cependant, sa vie a pris un nouveau tournant suite à sa conversion au calvinisme, faisant de lui l'un des principaux chefs protestants de l'époque. En 1552, Coligny est nommé amiral de France par le roi Henri II, ce qui lui confère un rôle militaire et politique important. Il a utilisé sa position pour défendre les droits des protestants contre les persécutions catholiques et pour promouvoir la liberté religieuse. Son intégrité et sa rigueur militaire lui ont valu le respect des deux camps, catholiques et huguenots. Cependant, son engagement en faveur des réformés lui a valu de nombreux ennemis, en particulier parmi les catholiques extrémistes. Durant la nuit sanglante de la Saint-Barthélemy, en 1572, il fut assassiné dans sa résidence parisienne.

> Cet événement marqua le début d'une période de violence accrue dans les guerres de religion entre protestants et catholiques. La vie de Coligny est un symbole de courage et d'engagement pour la liberté de culte.

Histoire

La rue est formée, suite à un arrêté du 7 novembre 1972, par le changement de toponymie de la partie sud de la rue du Louvre. Elle occupe l'emplacement d'une voie ancienne mentionnée en 1205 sous la toponymie « rue des Poulies » et qui fut renommée à maintes reprises.

Immobilier

La rue est bordée par le jardin mémorial de la Saint-Barthélemy, inauguré le 16 septembre 2022, par la maire de Paris, Anne Hidalgo, et le président de la Fédération protestante de France, Christian Krierger. Ce square a été nommé en souvenir des victimes du massacre de la Saint-Barthélemy, massacre déclenché par les catholiques contre les protestants le 24 août 1572.

N°6 : l'immeuble fut construit par l'industriel Jean-François Cail (1804-1871) en 1857. Il fut l'un des pionniers de la révolution industrielle en France, devenant le premier fabricant mondial de matériel pour les sucreries et se diversifiant avec succès dans la construction métallique (locomotives, voies ferrées, ponts). Cail développa aussi le concept d'agriculture industrielle avec la ferme de la Briche. Patron social, il s'impliqua dans le bien-être de ses ouvriers (caisse de sécurité sociale, constructions d'habitations et d'écoles…).

Rue de l'Arbre-Sec

La rue commence rue des Prêtres-Saint-Germain-l'Auxerrois et place de l'Ecole, et se termine rue Saint-Honoré. Elle mesure 270 mètres de longueur et 12 mètres de largeur.

Odonymie

D'où vient ce nom ? Là-dessus les opinions divergent. Certains auteurs évoquent une enseigne commerciale représentant un arbre dépourvu de feuilles, soit l'*Arbre-Sech* biblique. Un rappel ? Cet arbre, né lors de la création du monde, était vert et feuillu, se desséchant aussitôt à la mort du Christ. Cette enseigne se trouve aujourd'hui au musée Le Secq des Tournelles à Rouen. Autre hypothèse, l'Arbre sec était le surnom donné au gibet situé à l'extrémité nord de la rue, sur l'ancienne place de la Croix-du-Trahoir. On y pendait les condamnés à mort. Et enfin, une légende raconte qu'un majestueux chêne trônait dans cette rue et qu'un matin d'hiver, il fut recouvert de givre prenant des allures de sculpture en sel, d'où le surnom d'arbre-sel, qui par déformation aurait pu donner l'arbre-sec.

Histoire

Son existence est attestée dès le XIIIe siècle et des fouilles menées en 2009 prouvent qu'elle se situait à l'intérieur de la première enceinte médiévale de Paris (Xe siècle). En 1720, la Bourse de Paris se déplace rue de l'Arbre-Sec afin de soulager les tensions spéculatives de la rue Quincampoix.

Sciences

D'après le dramaturge français Alexandre Arnoux, le lampadaire situé au niveau du chevet de l'église Saint-Germain l'Auxerrois serait le centre gravitationnel de Paris. Une preuve ? Découper un plan de Paris, suspendez-le, fixez des fils de plomb aux différents points de son périmètre et vous verrez ces derniers se croiser au niveau du chevet.

Immobilier

N°4 : ancien emplacement de l'hôtel des Mousquetaires où résida d'Artagnan.

N°8 : en 1821, Mme Carcel, veuve de l'horloger français Bertrand Guillaume Carcel, et son gendre Zier, vendaient les célèbres lampes mécaniques éponymes. La première lampe à huile Carcel fut créée en 1800. L'humidification de la mèche était assurée par une pompe aspirante, actionnée par un moteur d'horlogerie. Le réservoir d'huile se situait sous le brûleur. Ce dernier utilisait une mèche cylindrique. La lampe, sur pied, se terminait par un verre-cheminée, étranglé au niveau de la flamme, posé sur un porte-verre mobile afin de régler l'intensité de la flamme. Les lampes Carcel, coûteuses et fragiles, étaient réservées à une clientèle fortunée.

N°14-16 : entre ces deux numéros débouchait autrefois **l'impasse des**

Provençaux disparue en 1906 afin de permettre la construction du magasin 2 de La Samaritaine. Au XIXe siècle, l'impasse, d'une longueur de 43 mètres, se situait dans l'ancien 4e arrondissement. Son origine remonterait à 1293. À cette époque, la voie se nommait « rue Arnould-de-Charonne », du nom d'un particulier qui y demeurait. En 1313, le nom se transforma en « rue Raoul-de-Charonne », puis « rue d'Arnoul-le-Charron » en 1399. En 1524, la voie réapparaît sous la forme « rue d'Arnoul-de-Charonne » (le d final a disparu). Au XVIIe siècle, elle prend le nom de « cul-de-sac Saint-Germain-l'Auxerrois » ou de « cul-de-sac de l'Arbre-Sec ». À la fin du siècle, elle est renommée « cul-de-sac des Provençaux » en raison d'une enseigne qui vendait des produits méridionaux.

N°15-19 : à cet emplacement, se dresse une école élémentaire publique. Il s'agit d'une ancienne école de filles, comme le rappelle une inscription sur la façade. En 1906, les employées et ouvrières parisiennes pouvaient fréquenter gratuitement les cours de musique, de danse et de diction du Conservatoire populaire de Mimi Pinson.

N°21 : la façade arrière de l'hôtel Sourdis se dressait à cet emplacement. L'hôtel Sourdis appartenait à la fin du XVe siècle à la marquise de Sourdis, née Isabelle Babou de la Bourdaisière, tante maternelle de Gabrielle d'Estrées.

Un peu plus loin, au **n°25**, se dressent des grilles en fer forgé et l'ancienne **impasse Courbaton**. Il s'agissait de l'entrée de service de l'hôtel. En 1251, cette impasse, qui était alors une rue, reliait la rue de l'Arbre-Sec au cul-de-sac de Sourdis, qui donnait rue des Fossés-Saint-Germain-l'Auxerrois. La voie se nommait alors « rue Chardeporc » du nom d'Adam Chardeporc qui possédait plusieurs maisons sur le fossé. En 1300-1313, elle prit le nom de « rue Col-de-Bacon », puis « rue Bacon » en 1340, « rue Cop-Bacon », « rue du Coup-de-Bâton » et enfin « rue Courbaton ». Durant le XVI siècle, la rue devint une impasse. En 1608, le roi Henri IV, voulant récompenser les services du marquis de Sourdis, donna à sa veuve la totalité du cul-de-sac. Ce brevet fut confirmé par Louis XIII le 31 mai 1621 et par Louis XIV en octobre 1657. Longue de 11,50 mètres, cette impasse est aujourd'hui une voie privée.

Pierre Broussel

La reine de France, Anne d'Autriche, et son conseiller Mazarin s'opposent aux conseillers du Parlement de Paris. René Potier de Blancmesnil et Pierre Broussel n'écoutant que leur courage, militent contre les réformes du cardinal. Lasse de ces conflits, la reine ordonne que les deux hommes soient arrêtés le 26 août 1648. Dès que le peuple de Paris apprend l'emprisonnement des deux hommes, des attroupements se forment. Au lieu de faire appel à la négociation, la milice emploie la violence pour dissiper les foules. Action qui décuple l'animosité des Parisiens. Un grand nombre d'entre eux s'arment et crient vengeance. Des chaînes sont tendues dans les rues. Plus de 600 barricades, ornées de drapeaux, sont dressées et fortifiées aux cris de « Vive le Roi ! Point de Mazarin ! ». Les conseillers du Parlement se rendent au Palais-Royal pour demander la libération des prisonniers. Le Premier président, Mathieu Molé, explique à la régente que cette concession est le seul moyen de calmer les esprits et d'éteindre la rébellion. Anne d'Autriche s'entête. Les membres du Parlement, congédiés, retournent vers le palais, mais sont arrêtés par les émeutiers à la barricade de la Croix-du-Trahoir. Mathieu Molé est alors saisi par un marchand armurier, du nom de Raguenet, qui lui pose un pistolet sur la tempe en lui disant : « Retourne, traître, si tu ne veux pas être massacré, toi et les tiens. Ramène-nous Broussel, ou le Mazarin et le chancelier en otages ». Tout en conservant son flegme, le magistrat écarte le pistolet, regroupe ses confrères effrayés et retourne au Palais-Royal sous les injures du peuple en colère. Molé tente à nouveau de convaincre la régente, en vain. Le Parlement se regroupe dans une galerie du palais et discute avec le duc d'Orléans, Gaston de France, et le cardinal Mazarin. Après moults négociations, Molé obtient la libération des conseillers. Bien qu'averti de la nouvelle, le peuple décide de conserver les armes. Ils veulent la preuve que Broussel est libre. Le « père du peuple » paraît, dès le lendemain matin, et est accueilli par des salves d'artillerie. Le magistrat est porté en triomphe jusqu'à sa maison. Ainsi se termine la fameuse journée du 27 août 1648, connue sous le nom de Journée des barricades.

John Law

Petit retour en arrière. Le roi Louis XIV est à l'agonie, la dette du royaume s'élève à environ trois milliards de livres, soit dix années de recettes fiscales (pour information, en 2010, la dette publique française était de 3,5 années de recettes, soit trois fois moins élevée), les ministres sont inquiets. Le contrôleur général des finances, Desmarets, reçoit la visite d'un financier Ecossais, John Law de Lauriston, sur la recommandation du duc d'Orléans. En septembre 1715, le roi meurt, Louis XV est encore un enfant, le Régent (le duc d'Orléans) impose à ses conseillers la méthode Law pour éponger les dettes. Le 2 mai 1716, il crée la Banque générale, une société par action, rue Quincampoix. Le capital s'élève à un million de livres, réparti en 2 000 actions de 500 livres chacune, payables en papier-monnaie. Le système remporte un franc succès, surtout en raison de l'annuité très élevée (7,5 %). Les billets, convertibles en or, peuvent être reçus en paiement des impôts. En 1717, le capital de la banque est élevé à 6 millions de livres. John Law va racheter la Compagnie de la Louisiane du financier Antoine Crozat, et va créer la

Compagnie du Mississippi. Cette nouvelle terre est présentée comme une sorte de terre promise, riche et prospère, afin d'y attirer capitaux et colons. Malgré un début timide, l'opération permet d'éponger 60 millions de livres de la dette publique. En 1719, la compagnie rachète ses concurrentes directes : la Compagnie française des Indes orientales, la Compagnie de Chine et d'autres, obtenant le monopole du commerce extérieur, de l'émission des billets et du système fiscal. Pour le financier Ecossais, ce système est sans failles, car les richesses des colonies sont inépuisables. Il continue d'augmenter ainsi le capital. Pour vous mettre dans l'ambiance, n'hésitez pas à lire le roman de Paul Féval, *Le Bossu*. Dès août, se déchaînent les agiotages. Les propriétaires de la rue Quincampoix transforment chaque pièce de leurs maisons en bureau de vente et ils les louent à des prix vertigineux, ainsi une madame Chaumont, mercière de métier, gagna 60 millions de livres et put s'acheter l'hôtel de Pomponne et la seigneurie d'Ivry-sur-Seine. L'année 1720 verra la fin de l'Eldorado. John Law veut mettre fin à la thésaurisation de l'or et de l'argent et en limite la possession (500 livres de métaux précieux par foyer) sous risques de confiscation et d'amende. Dénonciations, perquisitions et déportations dans les colonies vont bon train. Le peuple crie au scandale. Le 24 mars 1720, une rumeur de banqueroute circule. Effrayés, les gens commencent à réclamer le remboursement de leurs actions, dont le prince de Conti, le duc de Bourbon et le Régent, faisant ainsi chuter le cours des actions. Hélas, les caisses ne possèdent pas suffisamment de réserve en or. L'agence de la rue Quincampoix est donc fermée. Comprenant qu'ils ne seront pas remboursés, les Français se révoltent et grondent dans la rue. L'émeute du 17 juillet provoquera la mort de dix-sept personnes.

La reine Brunehaut

Née vers 547, Brunehaut est la fille du roi wisigoth Athanagilde 1ᵉʳ et de son épouse la reine Goswinthe. Elle est élevée dans la foi arienne. Une foi qu'elle devra abjurer pour se marier. En 566, alors qu'elle est âgée de 19 ans, Brunehaut épouse Sigebert 1ᵉʳ, roi de Metz. À la mort du roi Clotaire 1ᵉʳ en 561, le royaume des Francs fut divisé entre ses quatre fils. Calibert reçut le royaume de Paris, Chilpéric reçut le royaume de Soissons, Gontran l'ancien royaume de Burgondie et Sigebert le royaume de Reims. Quelques années plus tard, Calibert meurt sans héritier mâle. Ses terres sont divisées entre ses frères, redessinant les frontières des royaumes mérovingiens. De nouvelles tensions apparaissent. Brunehaut et son mari eurent trois enfants : Ingonde, Clodoswinthe et le prince Childebert. Chilpéric, le frère de Sigebert, épouse l'année suivante la sœur de Brunehaut, Galswinthe. En 567, Athanagilde 1ᵉʳ, meurt, rebattant les cartes des alliances politiques. Aux yeux de Chilpéric, son union avec Galswinthe perd tout intérêt. Il la fait donc assassiner, garde la dot et se remarie quelques jours plus tard avec une concubine, Frédégonde. Bien décidée à obtenir réparation pour le meurtre de sa sœur, Brunehaut fait déposer une plainte par son mari. Un tribunal, dirigé par son beau-frère Gontran, est mis en place. Il cède à Brunehaut les biens de l'époux réservés à l'épouse en cas de décès, soit les cités d'Aquitaine. Chilpéric refuse et la guerre entre l'Austrasie et le Neustrie commence.

En 575, Sigebert est reconnu roi de Neustrie par les troupes de Chilpéric, puis assassiné en décembre sur les ordres de ses ennemis. Chilpéric s'empare de Paris. Avertie, la reine a le temps de mettre son fils, Childebert, héritier du trône à l'abri, puis elle est faite prisonnière. Childebert est conduit à Metz et proclamé roi, tandis que Brunehaut est expédiée à Rouen. Elle y rencontre Mérovée, le fils de Chilpéric, qu'elle épouse l'année suivante, provoquant le courroux du père et de Frédégonde. En représailles, le jeune marié est tonsuré puis assassiné en 577. À nouveau veuve, Brunehaut parvient à s'échapper et rejoint son fils à Metz. Elle souhaite gouverner à ses côtés, mais les grands du royaume ne reconnaissent que l'autorité de Childebert. En 584, Chilpéric 1er est assassiné. Il laisse une veuve, Frédégonde et un héritier âgé de quatre mois, Clotaire. Brunehaut et Frédégonde tentent de se rapprocher de leur beau-frère Gontran. Cinq ans plus tard, à la mort de Gontran, Childebert II hérite du royaume de Bourgogne. Brunehaut va co-diriger l'Austrasie et la Bourgogne et de nouveau affronter la reine de Neustrie, Frédégonde. En 594, Brunehaut rédige la décrétions de Childebert ; un texte qui modifie profondément les institutions du royaume, surtout la justice. Elle met un terme aux vengeances privées, elle instaure le droit des femmes à ne pas être mariée contre leur gré, elle établit un principe d'égalité entre Francs et Gallo-romains, et elle renforce le pouvoir central. L'année suivante, son fils meurt empoisonné, ainsi que son épouse. Leurs enfants Thibert et Thierry, âgés respectivement de onze et neuf ans, se partagent le royaume. Thibert hérite de l'Austrasie et Thierry de la Bourgogne. Brunehaut est faite régente et s'installe auprès de Thibert à Metz. Tout en repoussant les assauts de la Neustrie, qui profite de la mort de Childebert pour lancer des offensives, Brunehaut s'efforce de consolider son pouvoir. Les grands du royaume n'apprécient guère d'être dirigés par une femme. Le duc de Champagne, Wintrio, prendra même le risque de conspirer contre elle ; en représailles, elle le fera assassiner en 598. Chassée par son petit-fils, elle se réfugie en 601 auprès de Thierry. Elle nomme son favori, Protade, comme maire du palais, attisant les jalousies. Ce dernier est assassiné deux ans plus tard. Thibert et Thierry entrent en guerre, réclamant tous les deux la possession de l'Alsace. Thibert meurt sur le champ de bataille, suivi l'année suivante par son frère. Le royaume est alors partagé entre ses quatre fils. Lasse de voir le royaume divisé, Brunehaut déclare que seul son arrière-petit-fils Sigebert II régnera, bien que ce dernier ne soit âgé que de 12 ans. La noblesse se révolte et apporte son soutien au fils de Frédégonde, Clotaire II. Privée de soutiens, Brunehaut s'enfuit, mais elle est arrêtée en 613 et livrée à Clotaire. Sigebert et ses frères sont également emprisonnés. Sigebert et son frère Corbus sont exécutés, tandis que leur frère Mérovée est envoyé en exil. Clotaire fait violer et torturer Brunehaut par ses soldats pendant trois jours, avant de la faire exécuter publiquement. Il attache les cheveux et les mains de sa tante à la queue d'un cheval fougueux.

Quand la course de celui-ci est stoppée, le corps de Brunehaut n'est plus que bouillie. L'ancienne reine est ensuite brûlée et ses cendres sont conservées à l'abbaye Saint-Martin d'Autun qu'elle avait fondée.

Faits divers

Une prostituée, Berthe, s'est retrouvée à l'hôpital, en 1904, rouée de coups par son souteneur, Bubu de Montparnasse, qui venait de sortir de prison. Elle s'était éprise d'un micheton (un client) alors que Bubu se morfondait à l'ombre. Berthe s'entendit dire par un ami : « Z'en avez de la chance d'avoir un homme qui vous aime. »

Pont des Arts

La passerelle relie les quais Malaquais et de Conti au niveau de l'Institut de France, dans le 6ᵉ arrondissement, au quai François-Mitterrand au niveau de la Cour Carrée du palais du Louvre. Elle doit son nom à une ancienne appellation du Louvre : le palais des Arts. Le pont des Arts est inscrit au titre des monuments historiques depuis le 17 mars 1975.

Histoire

Entre 1801 et 1804, une passerelle de dix arches en fonte, réservée aux piétons, est construite à l'emplacement de l'actuel pont des Arts. Il est le premier pont métallique de la capitale. Cette innovation est née de la collaboration du premier consul Napoléon Bonaparte et du directeur des Ponts de Paris, Jean-Baptiste Launay (également fondeur). Les ingénieurs Louis-Alexandre de Cessart, doyen des inspecteurs des Ponts-et-Chaussées, avec son élève Jacques-Vincent de Lacroix Dillon imaginèrent un pont surélevé par  rapport aux quais, ressemblant à un jardin suspendu avec des arbustes, des bacs de fleurs et des bancs. Bourrienne écrit à Napoléon pour lui faire part de ses inquiétudes : « La ville aura peu à gagner par la construction d'un pont en fer, qui doit être fort étroit, qui diminuera l'espace d'un beau canal, souvent destiné à donner des fêtes, et qui ne répondra pas par sa forme légère à la magnificence des deux monuments entre lesquels il va être élevé ». Le premier consul fait fi de ce commentaire. Le succès est immédiat et 60 000 promeneurs arpentent son tablier en bois le jour de l'ouverture. Pourtant, le pont déplaît à Napoléon qui lui reproche son manque de solidité et de monumentalité. En 1852, le quai de Conti est élargi et les deux arches de la rive gauche sont réunies en une seule. À cette époque, le pont était soumis à un droit de péage. Ainsi, dans le roman *La Rabouilleuse* d'Honoré de Balzac, Philippe Bridau « faisait cirer ses bottes sur le Pont-Neuf pour les deux sous qu'il eût donnés en prenant par le pont des Arts pour gagner le Palais-Royal ». En 1902, l'architecte Eugène Hénard propose de le remplacer par un pont en X, pour faire simple, deux ponts qui se croiseraient en leur milieu, au centre de la Seine. Le 12 avril 1943, sous l'Occupation, le corps du général Mordacq est retrouvé sous le pont des Arts. Le rapport de police, raturé et censuré, note qu'il est parvenu vivant à l'Hôtel-Dieu et qu'il n'avait aucun papier sur lui. Il décède quelques heures plus tard avant d'être reconnu par sa famille. Dès le lendemain, la radio allemande annonce son suicide, information reprise par les journaux collaborationnistes. Le rapport d'autopsie est bien évidemment lui aussi censuré. Le général est enterré quatre jours plus tard au cimetière de Montparnasse. En 1976, un rapport de l'inspecteur général des Ponts et Chaussées note la fragilité du pont, principalement due aux bombardements des deux guerres mondiales et à plusieurs collisions de bateaux en 1961 et 1970. La passerelle est fermée à la circulation en 1977 et s'effondre sur 60 mètres en 1979 lors d'un carambolage avec une barge. Le pont est démonté en 1980 dont quatre arches sont récupérées par la ville de Nogent-sur-Marne. Après dix ans de stockage, la passerelle est

remontée en bord de Marne, près du port de plaisance, où l'on peut la parcourir aujourd'hui. Son inauguration, en 1992, est présidée par Jacques Chirac. Entre 1981 et 1984, un nouveau pont, sur le même dessin que le précédent, est reconstruit par Louis Arretche. Petite exception, l'ouvrage comporte sept arches au lieu des neuf préalables. Elles se retrouvent ainsi dans l'alignement de celles du Pont-Neuf. La passerelle est inaugurée le 27 juin 1984 par le maire de Paris, Jacques Chirac. Long de 155 mètres, large de 9,80 mètres, le pont se compose de sept piles en maçonnerie sur lesquelles reposent les arcs métalliques. Le tablier est en bois d'azobé. Son apparence est loin du jardin suspendu d'autrefois, seuls quelques bancs sont revenus. À la fin des années 1990, un projet de construction de passerelle piétonnière franchissant la rivière Kama-Gawa à Kyoto, au Japon, a été développé en prenant comme modèle le pont des Arts. Il ne fut néanmoins pas mené à son terme ; la population s'étant opposée au projet.

Les cadenas d'amour

Le pont des Arts est devenu célèbre dans le monde entier pour ses cadenas. La tradition était de venir accrocher un cadenas au parapet grillagé du pont afin d'assurer la longévité du couple. Cette pratique a commencé en 2008 et s'est étendue à la passerelle Léopold-Sédar-Senghor, au pont de l'Archevêché et à la passerelle Simone-de-Beauvoir. L'origine de cette pratique reste mystérieuse. En Chine, les jeunes mariés accrochent des cadenas au sommet d'une montagne sacrée afin de rendre leur union heureuse. Les cadenas d'amour sont même devenus aujourd'hui une attraction touristique. Fin mai 2014, un étudiant parisien s'est amusé à les photographier un par un et a posté les 40 000 clichés sur un site internet afin de rendre possible leur identification. Rapidement, l'accumulation de ces cadenas a provoqué de vives polémiques. Certains accusent les amoureux de dégrader le patrimoine historique de la ville, d'autres les trouvent tout simplement inesthétiques, ou encore évoquent la pollution de la Seine par les clés qui y sont jetées et la dégradation du pont sous le poids de ces marques d'affection. La mairie joue la sourde oreille jusqu'à l'été 2013. Elle reconnaît que l'accumulation des cadenas fragilise les parapets du pont. Dans un premier temps, il est prévu de retirer seulement une partie des cadenas. Les experts de la mairie estiment le poids des accessoires à 40 tonnes au printemps 2014, tandis que les détracteurs évaluent leur poids à 93 tonnes. Néanmoins, les experts réfutent l'idée de voir le pont ou les parapets s'écrouler. Pierre Engel, docteur en ingénierie et professeur à l'Ecole nationale supérieure d'architecture de Paris-Val de Seine déclare à ce sujet le 13 octobre 2014 : « La structure du pont est en acier, les cadenas n'affectent en rien sa stabilité, si les grilles s'effondrent sous le poids des cadenas, c'est qu'elles ne sont pas assez solides, le pont l'est bien assez, lui ». En février 2014, la mairie du 6ᵉ arrondissement critique l'aspect inesthétique de l'ouvrage, situé face au Louvre et à l'Institut, au point de contrôler la vente des cadenas dans le secteur. Les services de la mairie retirent certaines parcelles du grillage, dégradées par le poids de ses occupants. Par exemple, une parcelle de 520 kg fut ôtée en avril 2014. Le 8 juin de la même année, une parcelle

du grillage se décroche, relançant les polémiques, alimentées par les médias. Trente-sept grilles, supportant chacune près d'une demi-tonne de cadenas, sont retirées et les touristes invités à ne plus en accrocher. Le couperet tombe en septembre 2014, la mairie de Paris interdit la pratique et les cadenas sont tous retirés le 1ᵉʳ juin 2015. Des panneaux de bois recouvrent les rambardes, décorées temporairement d'œuvres de *street art* de Jace, El Seed, Pantonio et Brusk. Aujourd'hui des rambardes vitrées remplacent les barrières métalliques afin d'éviter un retour de ses anciens occupants. D'autres animations ont remplacé les cadenas d'amour. Au printemps 1999, durant trois mois, le pont accueillit une grande rétrospective en plein air de l'œuvre de l'artiste sénégalais Ousmane Sow (1935-2016). 75 sculptures furent présentées au public parisien. L'exposition attira plus de 3 millions de visiteurs. En 2014, le tablier du pont a été recouvert de roses afin que les amoureux puissent réaliser des photographies romantiques. En 2020, ce sont des représentantes des Femen qui se sont enchaînées aux lampadaires du pont pour manifester contre les féminicides. Coiffées d'une couronne de fleurs noires, elles brandissaient des pancartes telles que « On ne tue jamais par amour », « Pour le meilleur, pas pour le pire », ou encore « Je ne t'aime pas en mourir ». En mars 2020, une semaine avant le début du confinement, l'artiste Carmen Mariscol a redonné une seconde vie aux cadenas du pont à travers son œuvre *Chez Nous*. Elle fut exposée jusqu'au 28 avril sur la place du Palais-Royal.

Littérature

Le pont des Arts a inspiré les écrivains, les poètes, les peintres, mais aussi les réalisateurs. Dans *La Marche à l'étoile*, roman publié en 1943, Vercors raconte la vie de Thomas Muritz, jeune Hongrois nourri de culture française, qui traverse l'Europe vers la France. À ses yeux, cette dernière est une terre de justice et de liberté. L'objectif du héros est de rejoindre le pont des Arts. Arrivé, après un mois de périple dans un continent tourmenté par la guerre, devant le pont, il s'extasie devant l'Institut, le Louvre, la Cité, les bouquinistes, les Tuileries, le Panthéon… Jean-Baptiste Clamence, le personnage principal et narrateur du récit de *La Chute* d'Albert Camus, entendit un rire alors qu'il se promène sur le pont des Arts. Ce dernier lui fait prendre conscience qu'il doit changer de vie.

Cinéma

Dans le film *Boudu sauvé des eaux* (1932) Michel Simon tente de se suicider en sautant du pont des Arts. Dans *Paris nous appartient* (1961) de Jacques Rivette, un groupe de jeunes tente de monter *Périclès, prince de Tyr* de William Shakespeare. L'arrivée de Anne va légèrement perturber les répétitions. Dans les *Biches* (1968) de Claude Chabrol, Frédérique et Why se rencontrent sur ce pont. La passerelle est également visible dans *Le Fabuleux destin d'Amélie Poulain* (2001) de Jean-Pierre Jeunet, la *Mémoire dans la peau* (2002) avec Matt Damon, le *Diable s'habille en Prada* (2006) par David Frankel, *From Paris with Love* (2010) avec John Travolta, *Joue contre joue* (2010) du réalisateur Cyrille Benvenuto, *Lol Usa* (2010) avec Miley Cyrus, *Toute première fois* (2015) par Noémie Saglio et Maxime Govare… Dans *Insaisissables* (2013), Mélanie Laurent et Mark Ruffalo viennent accrocher un cadenas sur le pont des Arts à la fin du film.
Le pont servit aussi de décor à des publicités (le parfum *Trésor* de Lancôme en 2007, avec Kate Winslet), à des séries télévisées (saison 4 de *Gossip Girl* en 2010) ou des ballets (la première et la dernière scène du ballet *Interlude* du compositeur Jean-Paul Penin en 2015).

Amandine Giraud

Le vendredi 5 janvier 2018, alors que la tempête Eleanor s'est abattue sur la France, la brigade fluviale de la Préfecture de police de Paris effectue un entraînement de plongée dans la Seine en crue, un exercice effectué communément avec la brigade des sapeurs-pompiers de Paris à hauteur de l'île de la Cité. Vers 10 h 30, alors qu'elle tente de plonger dans les eaux troubles et tumultueuses du fleuve, la gardienne de la paix, Amandine Giraud, disparaît. Les recherches entreprises sur un rayon de sept kilomètres pour sonder le fleuve restent vaines. Son corps n'est retrouvé que le 29 avril, près du pont des Arts. Originaire de Nice, Amandine Giraud était affectée à la brigade fluviale depuis le 1er septembre 2016 et venait d'obtenir son habilitation à la plongée sous-marine. Pour cette jeune femme décrite comme joyeuse, curieuse, très appliquée et persévérante, il s'agissait d'un aboutissement rêvé depuis sa formation à l'école de police de Nîmes. Cette unité, spécialisée de la police nationale, compte une centaine d'agents titulaires très expérimentés (natation, plongée, secourisme) et maîtrisant la réglementation fluviale. Une fois en poste, les recrues, qui sont affectées comme stagiaires pendant un an, doivent ensuite s'astreindre à des entraînements quotidiens en eaux vives. Leur mission prioritaire leur vaut d'être parfois surnommés les « Saint-Bernard de la Seine ». À toute heure du jour ou de la nuit, la « fluy » porte secours aux personnes en danger dans la Seine. À bord d'un de ses quatorze bateaux, qui vont du simple canot au puissant remorqueur de 22 mètres, elle assiste les navires en difficulté ou sanctionne les délits. La médaille de la sécurité intérieure échelon or et la médaille d'honneur de la Police nationale ont été décernées à Amandine Giraud. Elle fut également nommée au grade de Capitaine de police à titre posthume.

Rue Baillet

La rue commence rue de la Monnaie et se termine rue de l'Arbre-Sec. Elle mesure 73 mètres de longueur et 10 mètres de largeur.

Odonymie

La rue doit son nom à Jean 1er Baillet, argentier du Dauphin, futur Charles V le Sage. Il habitait au n°4.

Fils d'Henri Baillet, trésorier de France sous Philippe VI de Valois et de Jeanne des Essarts, fille de Pierre des Essarts, général des Finances. Jean Baillet a une sœur, Jeanne, épouse de Jean Gentien, général maître des Monnaies du roi. Il épouse Jacqueline d'Ay. De cette union, naîtront Miles, futur trésorier des Finances du roi Charles VI ; Pierre, futur premier seigneur de Sceaux ; Oudart, futur conseiller au Parlement entre 1400 et 1415. Anobli par lettres patentes en 1337, Jean Baillet est assassiné rue Saint-Merri, le 14 janvier 1358, par Marc Perrin-Macé, trésorier-changeur du roi et partisan d'Etienne Marcel. Son crime commis, le tueur se réfugie dans l'église Saint-Jacques-la-Boucherie, pensant pouvoir jouir du droit d'asile. Le dauphin du Viennois, Charles de France, duc de Normandie, régent de France pendant la captivité de son père le roi Jean, portant la plus haute estime à son trésorier « fit une cruelle vengeance » en ordonnant à Robert de Clermont, maréchal de France, à Jean de Châlons et à Guillaume Straise, prévôt de Paris, de se saisir du coupable. Marc Perrin fut extrait de l'église et conduit le lendemain sur le lieu de son crime, où on lui coupa la main à hauteur du poignet, puis conduit au gibet où il fut pendu. Apprenant la violation du droit d'asile, l'évêque de Paris envoya ses gens décrocher le supplicié et le fit inhumer avec pompe dans l'église Saint-Jacques-la-Boucherie. Jean Baillet était réputé pour sa sagesse et son sens de l'économie. Dévoué à son devoir, il travaillait avec diligence pour accroître les ressources financières du royaume et redresser les finances publiques. Toutefois, certains lui reprochèrent ses excès de zèle dans la collecte des impôts, l'accusant d'exercer une pression financière excessive sur la population. Jean Baillet joua également un rôle dans la politique étrangère du royaume, notamment dans les négociations entourant la libération du roi Jean II le Bon.

Histoire

La rue était dénommée en 1297 « rue Dame-Gloriette » ou plus simplement « rue Gloriette ». Gloriette signifiait « prison » et cette rue portait ce nom en référence à la prison de l'évêque de Paris située à proximité, rue Saint-Germain-l'Auxerrois. Vers 1350-1360, la rue prit son nom actuel.

Rue Bertin-Poirée

La rue commence quai de la Mégisserie et se termine rue de Rivoli. Elle mesure 156 mètres de longueur et entre 10 et 13,80 mètres de largeur.

Odonymie

La rue doit son nom à un bourgeois habitant le quartier en 1240. On trouve « rue Bertin-Porée » dans un manuscrit du début du XIIIe siècle.

Histoire

Cette rue reliait autrefois la rue Saint-Germain-l'Auxerrois à la rue des Bourdonnais. Elle formait une limite du fief de Popin. Elle prit officiellement ce nom en 1493. Au XIXe siècle, la rue est amputée de sa partie nord comprise entre la rue des Deux-Boules et la rue Béthizy, et rejoint alors la rue de Rivoli nouvellement créée. La rue est prolongée au sud jusqu'au quai de la Mégisserie en intégrant l'ancienne place Bertin-Poirée, elle-même formée par la démolition d'un îlot de maisons séparant la ruelle des Quenouilles de la rue des Fuseaux. La Banque Royale, l'ancêtre de la loterie nationale, fut installée, en 1660, au **n°15**.

Faits divers

Adèle Pecquet est condamnée le 20 août 1836 à trois francs d'amende, pour avoir porté des habits masculins. Le fait de porter des vêtements de l'autre sexe fut longtemps considéré comme un délit. En France, il fallut attendre l'arrêté préfectoral de Louis Nicolas Dubois, datant du début du XIXe siècle. « Toute femme désirant s'habiller en homme doit obtenir une autorisation préfectorale » ; ce sont les « permissions de travestissement ». Les hommes travestis sont arrêtés. Ceux qui se produisent dans des cabarets ne seront tolérés qu'à partir de 1967.

Rue Boucher

La rue commence rue du Pont-Neuf et se termine rue de Rivoli et rue des Bourdonnais. Elle mesure 58 mètres de longueur et 10 mètres de largeur.

Odonymie

La rue porte le nom de Pierre Richard Boucher, échevin de Paris de 1773 à 1778. Il était également écuyer et conseiller du roi.

Histoire

Les prévôts des marchands et des échevins ouvrirent cette rue sur des terrains qu'ils possédaient, en 1776. Cette rue allait alors de la rue de la Monnaie (à l'ouest) jusqu'au carrefour des rues des Bourdonnais, Bertin-Poirée, Thibautodé et Béthizy. Ces deux dernières ont disparu lors de la création de la rue de Rivoli en 1855. La partie ouest de la rue a disparu en 1866 avec le percement de la rue du Pont-Neuf et la construction des immeubles du futur magasin 1 de la Samaritaine.

Immobilier

Le peintre Simon Mathurin Lantara (1729-1778) demeura dans cette rue à la fin de sa vie.

N°6 : Entre 1855 et 1860, la mairie de l'ancien 4ᵉ arrondissement se trouvait à cet emplacement, suite à la destruction de la mairie située rue du Chevalier-du-Guet, pour permettre le percement de la rue de Rivoli. La mairie du Louvre n'était pas encore construite.

N°8 : Louis Legrand, curé de l'église Saint-Germain l'Auxerrois et vicaire général du diocèse est né le 20 janvier 1808 dans cette maison.

Rue des Bourdonnais

La rue commence quai de la Mégisserie et se termine rue des Halles et rue Saint-Honoré. Elle mesure 311 mètres de longueur et 3,50 mètres de largeur minimum.

Odonymie

La rue doit son nom aux trois frères Bourdon qui habitaient ici, Adam, Guillaume et Sire-Guillaume. Dans un document du XIIIᵉ siècle, elle apparaît sous le vocable de « rue Adam-Bourdon-et-Guillaume-Bourdon ». Elle devint ensuite la « rue Renier sendant jusqu'à Sainne » (descendant jusqu'à la Seine) dans un document de 1292 ; Renier était un des descendants d'Adam.

Histoire

La rue des Bourdonnais a porté autrefois des noms différents sur diverses parties de son tracé :
Au sud, elle se nommait en 1300 « rue de l'abreuvoir Thibaut-aux-Dés », puis devint la « ruelle Jean-de-la-Poterne » (qui serait soit un orfèvre, soit un échevin ayant établi dans cette voie des étuves pour dames). Un texte de 1264 cite *vico Godefridi de Balneolis* (rue Geoffroy-de-Bagneux ou des

Bains). En 1530, elle devint la « rue des Etuves » ou « rue des Etuves-aux-Femmes ». Le terme « étuves » désignait des bains chauds au Moyen Âge. L'endroit est appelé *vicus stuparum* (rue des Etuves) dans un acte du cartulaire de Notre-Dame-de-Paris de 1285. Un document de 1264 mentionnait déjà, dans la rue Geoffroy-de-Baynes, une maison aux étuves qu'il nomme « stupe au maillet » (d'après l'enseigne). En 1565, la voie s'appelait « rue de l'Abreuvoir-Marion » ou « rue de l'Arche-Marion », du nom de la tenancière des bains vers l'an 1500 (une arche ou voûte menait à la Seine). Guillot, dans *Le Dit des rues de Paris* écrit : « Parmi la rue a Bourdonnas / Vingt en la rue Thibaut a dez ». On voit qu'il s'agissait à l'époque de deux voies différentes. Et enfin, au XVIIe siècle, elle prit le nom de « rue de l'Archet ». Le quai de la Mégisserie enjambait cette rue via un pont constitué d'une arche.

Plus au nord (jusqu'à la rue Saint-Germain-l'Auxerrois), elle se nommait « rue Thibault-aux-Dés » (*vico Theobaldi ad decios* ou *vicus Theobaldi ad Tados* dans une lettre de l'archidiacre de Paris de 1220, « rue Tybaut-aux-Dez » dans un document de 1296). C'était le surnom d'un tenancier de tripot où l'on jouait aux dés. Au XVe siècle : rue Thibaud-Ausdet, Thibault-Oudet ou encore Thiébaud-Audet. Au XVIIe siècle, elle prit le nom de « rue Thibautodé ». Pourquoi un tel nom ? À nouveau plusieurs hypothèses. Certains spécialistes évoquent un joueur surnommé Thibaut aux dés. Les autres se tournent vers Thibaut Odet, trésorier d'Auxerre sous Louis IX. Après tout, nous ne sommes pas très loin de l'église Saint-Germain l'Auxerrois. Au XIVe siècle, la voie prit le nom de « rue des Jardins ».

Jusqu'à la rue de Rivoli, elle prit le nom « rue à Bourdonnas » qui devint au XIIIe siècle, la « rue Adam Bourdon », la « rue Guillaume Bourdon » ou la « rue Sire Guillaume Bourdon », du nom de deux frères fonctionnaires municipaux. Au XIVe siècle, elle devint « rue des Bourdonnais », toujours en référence à ces deux frères. Au XVIIe siècle, on y fait le commerce de drap, de tissus d'ameublement et de soieries.

Au nord (jusqu'à la rue Saint-Honoré) « rue Lenoir-Saint-Honoré ». Elle devait son nom à un lieutenant-général de police de Paris Jean-Charles Pierre Lenoir (1732-1807). Elle remplace le passage de l'Echaudé, situé entre les rues au Lard et celle de la Poterie. Cette portion de la rue des Bourdonnais fut détruite lors de la construction du Forum des Halles.

Immobilier

Un poète a aussi habité cette rue, on ne sait plus à quel endroit précis, Guillaume Colllleret (1598-1659) que le cardinal de Richelieu appréciait. Un jour, il donna 600 livres à l'artiste pour un poème de six vers ; Colleret envoya alors à Richelieu, le texte suivant : « Armand, qui pour six vers m'a donné 600 livres / Que ne puis-je à ce prix te vendre tous mes livres ».

<u>N°26</u> : emplacement de l'hôtel Le Boullanger, du nom d'une famille qui compta beaucoup de magistrats dont l'un rédigea des ordonnances politiques en 1586. Le père de celui-ci, Augustin réformé, était apprécié de la reine-mère Anne d'Autriche et du Grand Condé pour ses prêches pleins d'exubérante originalité. Dans l'un d'eux, il compara les quatre docteurs de l'Eglise aux rois d'un jeu de cartes : saint Augustin était roi de cœur à cause de sa charité ; saint Ambroise roi de trèfle pour les fleurs de son éloquence ; saint Jérôme roi de pique en vertu de son style mordant, et saint Grégoire-le-Grand roi de carreau vu sa logique terre-à-terre !

Place du Carrousel

La place se situe entre le jardin des Tuileries et les ailes Denon et Richelieu du palais du Louvre.

Odonymie

La place du Carrousel tient son nom d'un spectacle équestre militaire, un carrousel, donné par Louis XIV du 5 au 6 juin 1662. Un carrousel était un spectacle équestre exécuté par des quadrilles de grands seigneurs, entrecoupés de saynètes inspirées de fables ou d'épisodes historiques. Certaines versions prétendent que cette fête eut lieu en l'honneur de la naissance de son fils le Grand Dauphin, voire afin de rendre hommage à son épouse et à sa mère. D'autres prétendent que le roi voulut impressionner mademoiselle de La Vallière afin d'en faire sa nouvelle conquête. C'est lors de cette manifestation que le roi s'attribua le soleil comme emblème. Au moment de la Révolution, la place est rebaptisée « place de la Fraternité ». Elle devient « place de la Réunion » en référence à la journée du 23 ventôse an I. Celle-ci vit la réunion et la fraternisation des gardes nationaux et de l'armée des Marseillais qui, désormais alliés, attaquèrent les Tuileries. Cette journée révolutionnaire marqua la chute de la monarchie constitutionnelle.

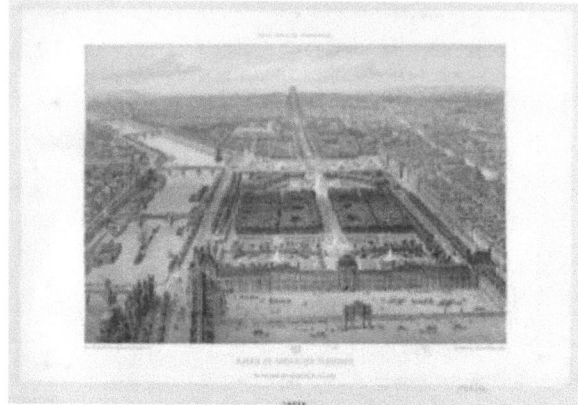

Histoire

Avant le XVIIe siècle, le lieu était constitué d'un terrain vague pris entre le palais des Tuileries et l'enceinte de Charles V, rendue inutile au XVIe siècle par la construction de l'enceinte des Fossés Jaunes plus à l'ouest. En 1600, un jardin, dit « de Mademoiselle » (en référence à Marie de

Bourbon-Montpensier), y est aménagé. Il est détruit en 1655. La place est créée en 1662 pour permettre la tenue du carrousel cité auparavant. D'une taille plus modeste qu'aujourd'hui, la place du Carrousel se trouvait entre l'hôtel de Longueville et la cour du palais des Tuileries, qui était fermée par une grille. Le ministre de la Marine, Arnaud de Laporte, y fut guillotiné le 23 août 1792, suivi par l'écrivain et conseiller du roi Jacques Cazotte le 25 septembre. La place est agrandie par phases successives au début du XIXe siècle, suite à la démolition des maisons de la rue Saint-Nicaise et de la rue de Rohan. Cette place était fréquemment utilisée pour les revues de la Garde par Napoléon. La place prend ses fonctions actuelles après l'achèvement du palais du Louvre dans les années 1850 et après la disparition du palais des Tuileries, en 1883, qui ouvre la place à l'ouest sur l'axe historique. Entre l'arc de triomphe du Carrousel et l'entrée du musée se trouvent deux statues d'Antoine-François Gérard, *l'Histoire* et la *France Victorieuse*.

Louis Alibaud

Le 25 juin 1836, vers 18 h 00, Louis-Philippe, la reine Marie-Amélie et Mme Adélaïde, sœur de la reine, quittent le palais des Tuileries pour rejoindre le château de Neuilly. Ils sont montés dans une voiture blindée, la *Saverne*. Contrairement aux usages de l'étiquette, le roi a cédé les deux places dans le sens de la marche aux dames. Lorsque l'équipage passe sous les guichets du Louvre, au niveau du pont du Carrousel, la garde rend les honneurs et Louis-Philippe sort la tête à la fenêtre pour la saluer. Un coup de feu retentit. La balle passe près de la tête royale et finit dans le toit. Le cocher poursuit son chemin

sur ordre du roi, tandis que le terroriste est appréhendé. Il s'agit d'un anarchiste de 26 ans, ancien sous-officier, révolté contre la répression qui a suivi les journées de juin 1832. Il se nomme Louis Alibaud. Il a utilisé une canne-fusil. Condamné à mort le 9 juillet, il est guillotiné deux jours plus tard, place Saint-Jacques, à 5 h 00, afin d'empêcher aux curieux de se rassembler. La place est tout de même encerclée par 6 000 soldats. Avant de tomber sous le couperet de la guillotine, Alibaud déclara : « Je meurs pour la liberté, pour le peuple et pour l'extinction de la monarchie ».

La marquise de La Croix

Dans son jeune âge, madame de Jarente épousa le marquis de La Croix, officier général au service de l'Espagne. Demeurant souvent seule, elle prit pour amant le vice-légat monseigneur Acquaviva, habitant Avignon. Elle se transforma rapidement en despote. Veuve, elle s'exila à Lyon où elle tomba gravement malade. Des disciples de Martinez de Pasqually, thaumaturge et ésotériste, la sauvèrent *in extrémis*. Remise sur pied, madame de La Croix se réfugia à Paris pour y étudier la magie et l'occultisme, s'entoura d'alchimistes et de magiciens, et prétendit être entourée d'esprits invisibles. Elle ouvrit une sorte de Salon de la guérison dans ses appartements, action qui finit par se retourner contre elle. Un jour, un homme prétendit avoir signé un pacte avec le Diable et demanda à la veuve de l'exorciser. Elle appliqua sur le ventre du pêcheur de l'eau bénite et des reliques afin d'extraire le Mal. Le patient avait beau se débattre, hurler, le Diable demeurait en lui et révéla les plus vils pêchés de la dame, en de menus détails. Anéantie, la « magicienne » renonça à ses séances et implora Dieu de la pardonner. Était-ce réellement l'œuvre du démon ou s'agissait-il d'une vengeance savamment orchestrée par une servante congédiée de peu ?

Arc du Carrousel

Histoire

À peine devenu empereur, Napoléon 1er rêve de transformer Paris en une nouvelle Rome, glorieuse, magnifique, admirée de tous. Il souhaite également immortaliser le souvenir de ses conquêtes, de ses victoires. Victorieux à Austerlitz, l'empereur Napoléon 1er décide de se faire construire un arc impérial à l'entrée de son palais, les Tuileries, afin d'asseoir son pouvoir. Le 13 février 1806, il demande aux architectes Pierre-François Léonard Fontaine et Charles Percier de lui en dessiner les plans. Les deux hommes s'inspirent des arcs de Septime Sévère et Constantin à Rome. Les architectes remettent leurs dessins un mois plus tard, le 12 mars, et les fondations sont coulées en avril. La première pierre est posée le 7 juillet. Dix-neuf médailles, toutes à l'effigie de l'empereur, ainsi que

quelques pièces de monnaies de l'époque, sont déposées par l'architecte Fontaine, sous la quatrième assise du pied droit, à droite, en entrant sous l'arc par la cour des Tuileries. Le 20 novembre, les colonnes de la façade Est sont posées et le gros-œuvre est achevé le 26 avril 1807. En juin, l'empereur de retour de Friedland, défile sous les voûtes de l'arc avec sa garde. Toutefois, il faudra attendre le 4 janvier 1808, pour assister à son inauguration par l'empereur. La décoration sculptée fut choisie par Dominique Vivant Denon, directeur du musée Napoléon, et dessinée par Charles Meynier, entre juin et juillet 1806. Son exécution fut confiée à une quinzaine de sculpteurs. Celle-ci devait glorifier l'empereur et la

Grande Armée. Les travaux furent terminés en août 1808. Le coût des travaux s'éleva à 1,4 million de francs. Napoléon se montra très insatisfait du résultat. Il trouvait l'arc médiocre en comparaison de la porte Saint-Denis bâtie par Louis XIV. Durant les bouleversements de 1815, l'arc fut mutilé. Les chevaux sont renvoyés à Venise, provoquant la destruction du char et la détérioration des deux allégories qui l'entouraient. Les bas-reliefs sont déposés. Les Bourbons, revenus au pouvoir, décident, dès 1823, d'orner les murs vides de bas-reliefs narrant l'expédition d'Espagne du duc d'Angoulême. Les sculpteurs mirent tant de temps que les œuvres n'étaient toujours pas achevées lors de la chute du régime en 1830. Seul le groupe sommital est reformé entre 1826 et 1828. Quatre nouveaux chevaux y prirent place, tirant le char de la Restauration. Lors des Journées de juillet, l'arc subit encore quelques petites mutilations et les bas-reliefs napoléoniens reviennent à leur place. Le 10 septembre 1888, l'architecte Edmond Guillaume le fait classer aux monuments historiques et demande sa restauration. Demande longtemps différée faute d'accord et d'argent entre les différentes autorités. Bien que commençant à s'effriter, il fallut attendre 1930-1933 pour assister à sa restauration sur les ordres de l'architecte Albert Ferran, et selon le projet de son prédécesseur Camille Lefèvre. Le chantier s'ouvrit grâce au mécénat d'un Américain, Thomas Cochran, qui versa la somme de 500 000 francs, et de l'historien de l'art, Paul Marmottan, grand admirateur du Premier Empire. L'administration des Beaux-Arts compléta sur son budget les fonds nécessaires. Aux difficultés de la crise, s'ajoutèrent les effets de la crise de 1929, entraînant une hausse des prix galopante. Pour des raisons d'économie, le chantier fut découpé en deux phases. La première portait sur les faces Sud et Ouest, la seconde sur les faces Nord et Est. Ce stratagème permit des économies sur les frais d'échafaudage et tant pis si on doublait le temps d'intervention. A la suite de sa campagne « Tous mécènes », entre 2018 et 2019, l'établissement public du musée du Louvre a réussi à collecter les fonds nécessaires pour la restauration de l'arc du

Carrousel. Elle a débuté en novembre 2022 et se déroula jusqu'à l'été 2024 notamment pour restaurer les sculptures du quadrige et des grognards.

Architecture

L'édifice est tétrapyle, c'est-à-dire qu'il comporte des entrées sur chacune de ses quatre faces. Bien que s'inspirant des arcs de triomphe de l'Empire romain, l'arc parisien est un peu plus petit. L'édifice de Septime Sévère mesure 25 mètres de large sur 23 mètres de hauteur, tandis que celui de Constantin mesure 21,10 mètres de haut, 25,7 mètres de large et 7,4 mètres de profondeur. L'arc du  Carrousel mesure 19,60 mètres de large, 6,7 mètres de profondeur pour une hauteur de 14,60 mètres. Il ne diffère pas seulement par ses dimensions, mais également par sa décoration. Les six bas-reliefs sont en marbre blanc de Carrare (Italie). Chaque panneau mesure 1,75 mètre de haut pour 3,5 mètres de long. Ils furent sculptés dans trois ou quatre morceaux dont les joints furent dissimulés dans les motifs de la composition. Côté Louvre, on peut voir *La Capitulation d'Ulm* par Pierre Cartellier et *la Bataille d'Austerlitz* par Jean-Joseph Espercieux.

La **bataille d'Ulm** fut remportée par la Grande Armée sur l'armée autrichienne, commandée par le général Karl Mack, entre le 15 et le 20 octobre 1805. Napoléon va pousser son adversaire à s'enfermer dans la ville, toutefois il refuse d'attaquer Ulm malgré les conseils de son état-major. Il sait qu'un assaut serait coûteux en hommes. Mack, de son côté, espère toujours l'arrivée des Russes. À court de nourriture, Mack livre la place forte aux

Français. Les soldats vaincus défileront pendant cinq heures devant l'empereur. Les fantassins jetteront leurs fusils à ses pieds, tandis que les cavaliers abandonneront leurs chevaux. Tous sont destinés à être emmenés captifs en France. Les officiers, quant à eux, furent autorisés à conserver leurs armes et à rentrer chez eux, à condition de ne plus se battre contre la France. Conclusion : 25 000 Autrichiens sont capturés, ainsi que 60 canons.

La **bataille d'Austerlitz** affronte la Grande Armée aux troupes de François 1er, empereur d'Autriche et du saint-Empire germanique, ainsi qu'aux forces d'Alexandre 1er, tsar de Russie, le lundi 2 décembre 1805. Les trois souverains étant présents sur le champ de bataille, ce combat est surnommé « la bataille des Trois Empereurs ». Après neuf heures de combats, la Grande Armée, malgré son infériorité numérique et grâce aux stratégies militaires de Napoléon, met en déroute, encercle et bat de façon décisive les forces de la Troisième Coalition.

Rue de Rivoli : *l'Entrée de l'armée française à Munich* par Clodion et *Napoléon ramenant le roi de Bavière*. Jardin des Tuileries : *l'Entrée à Vienne* par Louis-Pierre Deseine et *l'Entrevue des deux empereurs à Tilsit* par Claude Ramey.

Napoléon se dirige vers **Vienne**, tandis que l'empereur François 1er d'Autriche se dirige avec ses hommes vers l'armée russe. L'empereur français entre donc dans la capitale autrichienne, le 13 novembre 1805, sans combattre. Napoléon s'installe au château de Schönbrunn, résidence des Habsbourg, et confie Vienne au général Clarke et au conseiller d'Etat Pierre Daru. L'armée française en profite pour récupérer 2 000 canons, 100 000 fusils, 600 000 quintaux de poudre à canon, 600 000 boulets et 160 000 bombes.

Les **traités de Tilsit** sont deux accords signés en juillet 1807, dans la ville de Tilsit, par l'empereur Napoléon 1er après avoir remporté la bataille de Friedland. Le 1er traité fut signé le 7 juillet en secret par Napoléon et le tsar Alexandre 1er, lors d'une rencontre sur un radeau au milieu du Niémen. Le 2ᵉ traité fut signé deux jours plus tard avec le roi de Prusse. Ces traités mettent fin à la guerre de la Quatrième Coalition européenne contre la France aux dépens de la Prusse qui va perdre près de la moitié de ses territoires.

Côté Seine : *La Paix de Presbourg* par Jacques-Philippe Lesueur.

Le **traité de Presbourg** est signé le 26 décembre 1805 entre la France et l'Autriche à la suite des défaites des troupes de cette dernière à Ulm et Austerlitz. Les possessions autrichiennes en Italie et en Bavière sont cédées à la France. Napoléon souhaite humilier son ennemi, tandis que Talleyrand préconisait la modération. L'Autriche doit également payer une indemnité de 40 millions de livres à la France. Napoléon récompense également ses alliés en octroyant à Maximilien de Bavière le titre de roi et des terres. Charles-Frédéric de Bade devient grand-duc et Frédéric de Wurtemberg devient roi. Le traité de Presbourg marque la fin du Saint-Empire romain germanique.

L'architecte connut plusieurs déboires avec les colonnes. Il voulait utiliser du granit, mais il dut y renoncer en raison des délais et employer des colonnes de marbre du Languedoc qui avaient été taillées pour le Grand Trianon de Versailles. Lors de la pose, un accident survint à la deuxième colonne de gauche, sur la face Est. Les liens et les cales, qui l'enveloppaient, glissèrent au moment où elle s'était trouvée entièrement suspendue. La colonne se fendit en deux. Du mastic et des goujons en fer rassemblèrent les deux morceaux. La réparation a résisté au fil du temps, provoquant tout de même un léger désordre au niveau de l'entablement. Les huit colonnes de marbre rouge sont surmontées d'un chapiteau corinthien en bronze. Elles ornent les deux faces principales de l'arc et soutiennent un entablement en ressaut sur lequel sont placées autant de statues pédestres, représentant les soldats en uniforme de parade qui composaient l'armée impériale.

Les soldats sont plus grands que nature : 3,8 mètres de hauteur en moyenne. Ils sont en marbre blanc de Carrare et furent sculptés dans des blocs monolithes. Côté Louvre, de gauche à droite, un **cuirassier** par Auguste Taunay. Un cuirassier était un cavalier militaire lourdement équipé et armé. Les cuirassiers étaient protégés par une cuirasse, ce qui leur a donné leur nom. Un **dragon** par Charles-Louis Corbet. Un dragon est un soldat qui se déplace à cheval, mais combat à pied, tel un fantassin. Un **chasseur à cheval** par Jean-Joseph Foucou. Un chasseur à cheval est un type de cavalier militaire appartenant à la cavalerie légère, chargé généralement de missions de reconnaissance et d'éclairage. Théodore Géricault représenta un officier dans un tableau de 1812. Un **grenadier à cheval** par Joseph Chinard. Les grenadiers sont un régiment de cavalerie lourde. Ils n'inter-  viennent qu'occasionnellement dans les batailles, étant tenus en réserve aux côtés de Napoléon. Néanmoins leurs interventions donnent souvent des résultats spectaculaires. Ils sont représentés dans une huile sur toile d'Edouard Detaille, datant de 1893. Côté Tuileries, toujours de gauche à droite, un **grenadier** par Robert-Guillaume Dardel. Les grenadiers sont des soldats se distinguant par l'usage de la grenade. Ils forment des unités spécialisées dans l'assaut pendant les guerres de sièges. Les grenadiers sont des soldats d'élite, ayant plus de cinq ans de service et s'étant distingués au cours d'au moins deux campagnes. Détail plus surprenant, ils sont tous de grande taille. Ils mesurent tous plus d'1,76 m ; Séliakus mesurait 2,30 m. L'admission au sein des grenadiers imposait au candidat d'avoir une réputation irréprochable sur le plan moral et militaire. Ces soldats étaient si importants que le reste de l'armée impériale les appelait « messieurs ». Corps d'armée dirigé par l'empereur lui-même, les soldats se battaient en tenue de parade. Un **carabinier** par Antoine Mouton. Comme son nom l'indique, un carabinier est un soldat armé d'une carabine. Il pouvait servir au sein de la cavalerie lourde ou de l'infanterie. Un **canonnier** par Charles-Antoine Bridan. Officier d'artillerie surnommé à Toulon le « capitaine canon », Napoléon fera de cette arme savante, améliorée par Gribeauval, une pièce maîtresse de sa tactique. Au cours de l'Empire, le nombre de bouches à feu ne cessera d'augmenter. Vous l'aurez compris, un canonnier gère les canons et adapte le style de boulets en fonction de la distance à parcourir et du type de dégâts qu'il veut occasionner. Un **sapeur** par Auguste Dumont (qui aurait pris Mariole pour modèle, un soldat réputé pour sa force). Un sapeur est un soldat appartenant au génie. Il est chargé de l'exécution des sapes, c'est-à-dire des ouvrages souterrains permettant de renverser un édifice ou bien encore des tranchées. Ils sont également chargés de gérer l'approvisionnement en eau en cas d'incendie, ce qui donnera plus tard les sapeurs-pompiers. Cette série de statues est intéressante par la précision des uniformes et la véracité des attitudes, à une époque où prévalaient la nudité et l'idéalisation antique, reprise dans l'architecture en soi du monument.

La frise est constituée de panneaux en marbre rouge proche de la griotte. Ceux qui recouvrent la face des ressauts à l'aplomb des colonnes ont dû être liaisonnés avec le reste de la frise par des tiges de fer. Hélas, en rouillant, elles ont provoqué l'écartement des blocs, voire l'éclatement du marbre. D'où une importante phase de restauration 25 ans après sa construction. Sur les frontispices, diverses inscriptions sont lisibles. Façade Est ou côté Louvre : « L'Armée française embarquée à Boulogne menaçait l'Angleterre. Une troisième coalition éclate sur le continent. Les Français volent de l'océan au Danube. La Bavière est délivrée, l'armée autrichienne prisonnière à Ulm. Napoléon entre dans Vienne, il triomphe à Austerlitz. En moins de cent jours, la coalition est dissoute. »

Façade Sud ou côté Seine : « Honneur à la Grande armée, victorieuse à Austerlitz. En Moravie, le 2 décembre 1805, jour anniversaire du couronnement de Napoléon. » Façade Ouest ou côté jardin des Tuileries : « A la voix du vainqueur d'Austerlitz, l'Empire d'Allemagne tombe. La confédération du Rhin commence. Les royaumes de Bavière et de Wurtemberg sont créés. Venise est réunie à la couronne de fer. L'Italie entière se range sous les lois de son libérateur ». Façade Nord ou côté rue de Rivoli : « Maître des Etats de son ennemi, Napoléon les lui rend. Il signe la paix le 27 décembre 1805 dans la capitale de la Hongrie occupée par son armée victorieuse. »

Floréal An V de la République. C'est la campagne d'Italie. Cette dernière, vaincue, tombe aux mains de Bonaparte. Les Français entrent dans Venise, qui, par le 5ᵉ article secret du traité de paix du 15 mai 1797, s'est engagée à céder « vingt tableaux et cinq cents manuscrits ». Loin de s'en contenter, Napoléon s'empare des deux plus fameux trésors vénitiens, le lion de Saint-Marc et quatre chevaux en bronze doré, placés au-dessus du portail central de la basilique. Sculptés par Lysippe sous Alexandre le Grand à l'époque hellénistique, ils ornaient à Corinthe le temple du Soleil. Une première fois kidnappés au Vᵉ siècle par l'empereur Théodose, ils rejoignent Constantinople, capitale de l'empire byzantin, afin d'en décorer l'hippodrome. En 1204, les Croisés entrent dans Constantinople et la pillent. Les Vénitiens ravissent à leur tour les chevaux et les installent sur la façade de la basilique Saint-Marc, comme un trophée de guerre, en témoignage d'une éclatante supériorité sur l'Orient. C'est là que Bonaparte vient les chercher en mai 1797. Ils sont expédiés en grande pompe à Paris, où une cérémonie particulière les y accueille. Avant de coiffer le sommet de l'arc du Carrousel, les chevaux trôneront pendant six mois en haut de l'esplanade des Invalides, dormiront quelques années dans un dépôt, et accueilleront les visiteurs du haut des grilles du château des Tuileries.

La réalisation du groupe sommital devait être en métal afin de s'accorder avec les chevaux volés. Denon proposa, pour des raisons économiques, d'utiliser du plomb doré au lieu du bronze. 104 000 francs pour le plomb contre 244 000 francs pour le bronze. Les quatre chevaux devaient tirer un char conduit par l'empereur, escorté par les allégories de la *Paix* et de la *Guerre*. Le sculpteur François Frédéric Lemot est chargé du modèle et sans doute de l'exécution. L'empereur apparaissait drapé dans un ample manteau brodé des abeilles impériales. Il portait le grand collier de la Légion d'honneur et tenait de sa main droite un sceptre surmonté de l'aigle de l'Empire. La statue ne surmonta l'arc que peu de temps, car Napoléon, la jugeant indécente, ordonna que la statue soit descendue : « Ce n'est pas à moi, mais aux autres à me faire des statues. Que le char avec les Victoires soit achevé, mais qu'il reste vide ». Les Parisiens assistèrent, sans en connaître la raison, à la descente de la statue de l'empereur. Un nettoyage ou une réfection sans doute. Ne le voyant pas revenir, un jeu de mots circulera à son sujet, faisant sourire le Tout-Paris :

« le char l'attend... ». La statue trouva refuge à Versailles, puis dans les jardins du château de Malmaison, ensuite à Fontainebleau, avant de revenir au Louvre, où il est possible de l'admirer aujourd'hui. Après la défaite de Waterloo, en 1815, et l'instauration de la Restauration, la France rendit le quadrige aux Autrichiens qui le rapportèrent à la cité des doges, détruisant le groupe au passage. Le sommet de l'arc restera vide de 1815 à 1828. Le 4 novembre 1828, le roi Charles X inaugure un nouveau quadrige en bronze, du sculpteur François Joseph Bosio, exécuté par Charles Crozatier, qui remplace et rappelle la composition d'origine. Une effigie de la Restauration, tenant un sceptre à l'effigie de Louis XVIII, est placée dans le char. Coût du groupe : 114 475 francs. Avec la disparition du palais des Tuileries, l'arc du Carrousel peut paraître perdu sur la grande place. Pourtant, il offre aux promeneurs une perspective incroyable vers l'obélisque de la place de la Concorde, les Champs-Elysées et l'Arc de triomphe de la place de l'Etoile.

Anecdote

Le monument napoléonien a failli être doublé par l'arc de triomphe de Caracalla, érigé à Djemila en Algérie. En 1839, le duc d'Orléans projeta et commença à démonter le monument algérien pour le remonter entre les Tuileries et la place de la Concorde. Ce projet n'a pas abouti et l'arc trône toujours à Djemila.

Pont du Carrousel

Le pont du Carrousel traverse la Seine entre le quai des Tuileries, 1er arrondissement, et le quai Voltaire, 7e arrondissement. Il permet de rejoindre la place du Carrousel et l'Institut national des langues et civilisations orientales.

Histoire

Au début du XIXe siècle, si vous vous trouviez sur la place du Carrousel et que vous aviez besoin de traverser la Seine, il vous fallait rejoindre soit le pont Royal au niveau du palais des Tuileries, soit le Pont-Neuf de l'île de la Cité. Napoléon 1er fait construire le pont des Arts en 1804, sauf que son usage est réservé aux piétons. Le problème persiste. Une ordonnance royale du 11 octobre 1831 autorise la construction d'un pont entre le pont des Arts et le Pont-Neuf. Monsieur Rangot, puis Monsieur Borde, financent la construction, en échange d'un droit de péage. Ce droit était prévu pour durer 34 ans et 10 mois à partir du 1er janvier 1833. Pour vous faciliter les calculs, il devait exister jusqu'au 1er novembre 1867. Les travaux sont confiés à l'ingénieur Antoine-Rémy Polonceau. L'inspecteur divisionnaire aux Ponts-et-Chaussées est épris de modernité. Entre 1833 et 1834, il construit un pont de trois arches, bien que la tendance soit aux ponts suspendus, en fonte et en bois. Ce premier pont mesurait 169,5 mètres de longueur pour 11,85 mètres de large. L'ouvrage, baptisé « pont des Saints-Pères », car il rejoignait la rue des Saints-Pères, est inauguré le 30 octobre 1834. Il est aussitôt critiqué. Il est incompatible avec le passage des péniches. Mais surtout, il est inesthétique.

La structure métallique est décorée de cercles de fer que les Parisiens comparent à des ronds de serviette. Il n'est ouvert à la circulation qu'en 1835. En 1847, des statues monumentales, œuvres du sculpteur Louis-Messidor Petitot, sont installées à chacune de ses extrémités. *L'Abondance* évoque clairement la prospérité de par ses attributs : la corne d'abondance dans la main droite et un coffre à bijoux bien rempli dans la main gauche. Elle évoque également la prédominance des arts dans la capitale avec la présence d'une lyre, d'un parchemin enroulé et d'une couronne de laurier. *L'Industrie* revêt ici les attributs du dieu Hermès : le caducée dans la main droite et le chapeau ailé ou pétase sur la tête. Pour beaucoup de gens, le caducée est l'emblème des médecins ; n'oublions pas qu'il est également l'emblème du commerce. Il symbolise la force, le commerce et la prospérité. Dans la main gauche, le marteau renvoie cette fois au dieu grec du feu et de la forge, Héphaïstos. Forgeron des armes des dieux de l'Olympe et architecte de palais somptueux. Sur l'autre rive, on trouve la *Seine*. À demie dévêtue, l'allégorie est couronnée de palmes et parée de bijoux. Elle tient de sa main gauche une amphore renversée d'où s'échappe l'eau nourricière, substance vitale pour la ville, et une rame dans sa main gauche. La *Ville de Paris* arbore fièrement un sceptre et une couronne à créneaux. Sa sœur, *Marseille*, se trouve sur la place de la Concorde. Elle fut sculptée en 1838 par Petitot. Quant aux quatre piédestaux initiaux, ils étaient en fonte, peints à l'imitation de la pierre. Ils accueillaient les bureaux des percepteurs du droit de péage. Le 28 décembre 1849, la ville de Paris rachète le péage pour la somme de 1 766 656 francs, payables par annuité partielles entre le 1er septembre 1850 et le 1er novembre 1867. Le Second Empire est une période de grands travaux menés par Napoléon III et le baron Haussmann. Deux gares vont voir le jour, Montparnasse et Saint-Lazare, entraînant un accroissement de circulation. Le pont du Carrousel est beaucoup trop étroit pour absorber un tel flux. Le préfet Haussmann décide de refaire le pont, en plus large, mais en le déplaçant dans l'axe des guichets du Louvre. Projet avorté par le déclenchement de la guerre de 1870. En 1883, le tablier est en mauvais état. La ville est donc contrainte de le fermer à la circulation pendant six mois, le temps de remplacer quelques poutres et traverses. En 1896, l'architecte Édouard Bérard propose un projet de pont triomphal faisant face aux guichets du Louvre, en vue de l'exposition universelle de 1900. Il s'agissait d'un pont en béton armé, rehaussé d'un décor en cuivre et en plomb. Deux statues monumentales et une proue de navire géante devaient symboliser la ville de Paris. Le projet est resté à l'état de croquis, conservé au musée d'Orsay. Le pont continue de se dégrader. 1905, année de la laïcité. Séparation de l'Etat et de l'Eglise. Problème : le pont s'appelle le « pont des Saints-Pères ». Grosse mobilisation : les partisans catholiques d'un côté et les partisans laïcs de l'autre. Le Conseil municipal, dès 1906, change la toponymie en « pont du Carrousel ». La même année, tout le bois du tablier disparaît pour être remplacé par du fer martelé. Hélas, le pont reste étroit et bancal. À partir de 1930, ce sont les arches elles-mêmes qui vont poser problème. Elles ne sont pas assez hautes pour la navigation fluviale. La mairie n'a plus le choix : elle doit reconstruire le pont. Un avant-projet est présenté en 1932. Il est l'œuvre collaborative des ingénieurs Henri Lang, Jacques Morane et Henri Malet. Les travaux débutent en 1935, en aval de l'ancien pont. L'édifice se compose de trois arches en béton armé. Afin de s'har-

moniser avec son environnement, l'ouvrage est recouvert d'un parement en pierre de taille. Il mesure 168 mètres de longueur et 33 mètres de large. Le début de la Seconde Guerre mondiale stoppe le chantier côté rive gauche, qui prendra fin en 1943. Les quatre allégories de Petitot retrouvent leur place. Quant à l'éclairage, il est confié au sculpteur et ferronnier Raymond Subes. Le service des Ponts de Paris impose deux conditions : les lampadaires ne doivent pas être trop modernes afin de s'insérer dans l'architecture classique du quartier, et ils ne doivent pas dépasser la toiture du palais du Louvre, soit mesurer 13 mètres de hauteur maximum. Petit bémol, les réverbères doivent mesurer au moins 20 mètres de hauteur pour ne pas éblouir les

passants et les automobilistes, et pour pouvoir illuminer la chaussée en totalité. Ces discordances auraient pu refroidir les ardeurs de n'importe quel technicien, mais pas Subes. Il décide de créer des lampadaires dotés d'obélisques télescopiques qui coulissent. Les lampes s'élèvent à 12 mètres le jour et de 22 mètres la nuit. Alors que le ferronnier travaille depuis presque trois ans sur son dispositif, l'entrée en guerre de la France contre l'Allemagne, le 3 septembre 1939, interrompt ses travaux. Le concepteur a un autre souci. L'administration d'occupation décide de répertorier tous les stocks de cuivre de la capitale dès 1940. Afin de protéger ses créations, Raymond Subes dissimule les lampadaires dans les souterrains du pont et y travaille en secret. Les vingt tonnes de cuivre et les quarante tonnes d'acier sont ainsi protégées. À la Libération, Subes peut enfin sortir les réverbères, après les avoir fait rénover ; ils avaient pris un peu l'eau dans leur cachette. Les pylônes sont installés, en 1946, aux extrémités du pont, sur les plans de l'architecte Gustave Umbdenstock. Sauf que le mécanisme tombe en panne peu de temps après sa mise en service. La ville de Paris ne les fera restaurer qu'en 1999, cinquante ans plus tard, dans le cadre des illuminations liées au passage à l'an 2000. L'ossature d'acier est recouverte d'une tôle de cuivre repoussé et le mécanisme initial est remplacé par un système de treuil automatisé. Coût de la rénovation : 6,8 millions de francs.

Brahim Bouarram

Le 1er mai 1995, Brahim Bouarram, un jeune Marocain de 29 ans, est jeté dans la Seine depuis le pont du Carrousel par un militant d'extrême-droite, lors du défilé annuel du Front national en l'honneur de Jeanne d'Arc. Le fleuve est en crue et le courant est fort. Ne sachant pas nager, l'homme se noie et laisse ainsi deux orphelins. L'agression n'est pas seulement guidée par des motifs racistes mais également homophobes. À cette époque, le pont du Carrousel était un lieu de rencontres homosexuelles. Jean-Marie Le Pen qualifie l'événement « d'accident ». Il déclare même : « Je regrette qu'un malheureux se soit noyé, mais dans une agglomération de dix millions d'habitants, ce genre de fait divers peut toujours se produire, ou même être créé à volonté ». Le 3 mai, le président de la République, François Mitterrand, vient se recueillir sur les berges. L'accusé, Mickaël Fréminet, âgé de 19 ans, est condamné le 15 mai 1998 (trois ans après les faits), à huit ans de prison ferme pour meurtre. Christophe Calame, David Halbin et David Parent écopent de cinq ans de prison, dont quatre avec sursis, pour non-assistance à personne en danger. En 2003, Bertrand Delanoë, maire de Paris, honore la mémoire de Brahim Bouarram et appose une plaque en mémoire de toutes les victimes du racisme, côté rive droite. Le 1er mai 2017, entre les deux tours des élections présidentielles, Jean-Luc Mélenchon et Emmanuel Macron se rendent sur le pont pour rendre hommage à Brahim. Cette cérémonie a eu lieu en présence du fils de la victime et de Bertrand Delanoë. L'année suivante, c'est au tour de la maire de Paris, Anne Hidalgo, de s'emparer de l'événement. Le groupe Zebda écrivit une chanson sur ce sujet, le *Pont du Carrousel*, sur son album *Tomber la chemise*. Même le groupe Wriggles mentionne l'affaire Bouarram dans l'une de ses chansons, *Plouf*, sur son album *Justice avec des saucisses*.

Pont-au-Change

Le pont au Change relie l'île de la Cité depuis le Palais de Justice, la Conciergerie et le tribunal de commerce, à la rive droite au niveau du théâtre du Châtelet. Il marque la limite entre le 1er et le 4e arrondissement.

Odonymie

Le pont doit son nom aux changeurs et orfèvres qui s'établirent sur son tablier au XIIe siècle.

Histoire

Charles-le-Chauve fit établir un pont en bois, au IXe siècle, afin de remplacer celui archaïque des Gaulois, qui prit le nom de Grand-Pont, par opposition au Petit-Pont qui franchissait le petit bras de la Seine. En 1112, Louis VI le Gros (1081-1137) emménagea sur l'île de la Cité avec son gouvernement. Il fit construire un pont, en peu en aval du Grand-Pont, bordé de treize moulins, le pont aux Meuniers. Les piles étaient si serrées qu'elles formaient une sorte d'étranglement accélérant le courant et facilitant le fonctionnement des moulins. En 1141, Louis VII le Jeune (1120-1180) ordonna par décret l'installation des orfèvres et des changeurs sur le Grand-Pont, qui prit alors le nom de Pont-aux-Changeurs. À cette époque, les joailliers, orfèvres et changeurs avaient installé leurs boutiques si serrées que l'on ne voyait plus la Seine depuis le pont. Les crues de 1196, 1206 et 1280 lui arrachèrent six arches, et celle de décembre 1296 l'emporta complètement. Il fut remplacé par un nouveau pont, reconstruit de biais légèrement en amont. Durant la seconde moitié du XVIe siècle, les moulins du pont aux Meuniers furent démontés et remplacés par des maisons. Ses mauvaises fréquentations apportèrent au pont une réputation grivoise. Le soir du 22 décembre 1596, le pont s'effondra, provoquant la mort de 150

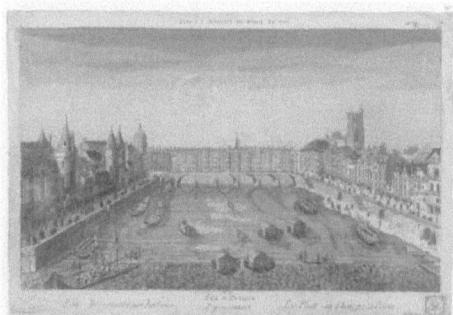

personnes. Charles Marchand, capitaine des arquebusiers et archers de Paris, proposa de faire reconstruire le pont à ses frais. Deux conditions : que le nouveau pont porte son nom (bien légitime puisqu'il paye la facture) et de pouvoir y établir des maisons. Bien que les lettres patentes datent de 1598, elles ne furent enregistrées qu'en 1608. Le pont Marchand fut édifié l'année suivante dans l'alignement des piles du Pont-au-Change et se rapprocha de 15 mètres. Entre trente et cinquante maisons, à deux étages, furent construites, ainsi que de nombreuses boutiques. Le pont au Change perdit deux piles lors de la crue de 1616. Hélas, ce pont périra dans la nuit du 23 au 24 octobre 1621, suite à la propagation de l'incendie de son voisin, le pont Marchand. Les deux ponts furent provisoirement remplacés par un pont de bois. Le Pont au Change fut reconstruit en pierre entre 1639 et 1647, par Michel Villedo selon les dessins de Jean Androuet du Cerceau, aux frais de ses occupants (orfèvres et joailliers). Ce large pont (38,6 m) se composait de sept arches et de deux rangées de maisons à cinq étages, étroites et disposées alternativement en retrait et en saillie. Un marché aux fleurs s'y tenait le mercredi et le samedi matin, et on y trouvait des oiseaux le dimanche.

À l'entrée du pont, côté rive droite, un monument à la gloire de la famille royale fut dressé en 1645. Il fut financé par la corporation des forges d'orfèvrerie, en remerciement de la subvention royale accordée pour la reconstruction du pont. Il fut plaqué sur le pignon formé par la jonction des deux rues aboutissant au pont, une dizaine de mètres au-dessus d'une échoppe. Il comptait trois registres architecturés encadrés de colonnes et couronnés de frontons. En bas, un groupe de guerriers captifs et de faisceaux d'armes traités en bas-reliefs et surmontés d'une plaque de dédicace. Au centre, le tableau principal. Simon Guillain représenta le futur Louis XIV, alors âgé de dix ans, en manteau fleurdelisé et sceptre à la main, entouré de ses parents, Louis XIII, en manteau de sacre, et Anne d'Autriche triomphante (elle avait enfin donné un héritier à la France), le tout couronné par une Renommée. Ces trois statues étaient plaquées contre le mur. Elles ne sont donc pas de réelles rondes-bosses. Leur face arrière est creuse. Ces statues sont visibles au musée du Louvre depuis 1818. Au-dessus du groupe, un bas-relief représente les armoiries de France et de Navarre. Comment ont-ils échappé aux burins révolutionnaires ? Grâce à la décision de 1788 de supprimer les maisons sur les ponts parisiens. Le décor fut démonté et ranger dans un entrepôt. Puis, les statues furent transportées dans le jardin de l'Infante, au Louvre, avant d'être transférées au dépôt de Nesles, sur ordre du Conservatoire, le 20 octobre 1794. Elles rejoignirent le musée des Monuments français en 1796.

Les crues de 1651, 1658 et 1668 endommagèrent le pont qui fut réparé en 1740. Les maisons furent détruites entre 1769 et 1789 (voir les tableaux d'Hubert Robert conservés au musée Carnavalet à Paris). Le pont souffrit atrocement durant la Révolution. Lors de ses grands travaux, Haussmann fit percer le boulevard du Palais, aligné à la place du Châtelet, et construire un nouveau pont à la gloire de l'empereur Napoléon III (voir les deux plaques de marbre, disposées à chaque extrémité du pont) de 1858-1860. Les pierres du précédent pont au Change furent réemployées dans la maçonnerie et le monogramme impérial encadré par une couronne de laurier orne chaque pile. Le pont, légèrement arrondi, se compose de trois arches en ellipse. En octobre 2019, des militants d'Extinction Rebellion s'installent sur le pont durant plusieurs jours pour manifester contre le réchauffement climatique. Ils dressent des tentes sur la place du Châtelet, au milieu de bottes de paille. Des bannières sont tendues sur les rambardes du pont. Quatorze cars de CRS sont garés le long du quai de la Mégisserie afin de surveiller la centaine de membres pacifistes. Les militants multiplient les prises de parole, lors d'assemblées citoyennes. Les XR se sont mobilisés en même temps, dans soixante villes du monde, comme Londres, Washington, Berlin. Leur revendication : « Notre système économique exploite le vivant, écrase les minorités et emporte dans sa chute notre avenir commun. Face à ce désastre, il est de notre devoir de résister. » Réponse d'Élisabeth Borne, ministre de la Transition écologique, sur RMC : « C'est très important de se mobiliser pour le climat, mais il est aussi important de tenir compte de ce qui est fait ».

L'ange de Notre-Dame

En 1389, une corde fut tendue entre les tours de Notre-Dame de Paris et le faîte d'une des maisons du Pont-au-Change, permettant à un acrobate génois de déambuler. Lors du passage d'Isabeau de Bavière, à la nuit tombante, celui-ci vint déposer une couronne sur sa tête et repartit en tenant une torche enflammée dans chaque main. Les badauds racontèrent qu'un ange descendit du ciel pour saluer la reine lors de son entrée dans Paris.

Trésors engloutis

Sous le Second Empire, le baron Haussmann commanda le dragage de la Seine afin de faire disparaître les assises du pont au Change primitif et mis au jour de nombreux vestiges historiques. L'antiquaire Arthur Forgeais collecta et catalogua ses objets. Avec l'aide du père jésuite Cahier, les cinq volumes du catalogue, illustrés par Forgeais, furent publiés entre 1862 et 1866, sous le titre : *Collection de plombs historiés trouvés dans la Seine et recueillis par Arthur Forgeais*. Les poteries partirent au musée de la céramique de Sèvres, tandis que les objets métalliques médiévaux finirent au musée de Cluny à Paris. Parmi les pièces retrouvées, se trouvaient des enseignes corporatives datant des XVe et XVIe siècles, ainsi que des méreaux ecclésiastiques. Ces derniers étaient utilisés dans les abbayes et monastères au XIIIe siècle en guise de jetons de présence, par les chanoines prébendés aux offices et pouvaient être échangés contre un repas ou une portion de pain. Des figurines de plomb représentant des paysans, des gens du peuple, des prêtres et des soldats armés furent retrouvées. Les historiens se querellent sur l'emploi de ces statuettes. L'hypothèse la plus commune est qu'elles coiffaient le bâton des pèlerins. Charles Flamand data ces pièces du début du XVIIe siècle, en raison de l'habillement et des traces d'oxyde de fer retrouvées (colle en usage à l'époque). Une autre hypothèse, ces statuettes servaient dans des rites d'envoûtements. Des Parisiens soutenant la cause du catholique duc de Guise, auraient utilisés ces figurines contre Henri III et ses « mignons » protestants. Après l'assassinat du roi, le 1er août 1589, par le Dominicain Jacques Clément, les ligueurs auraient jeté les objets de leur délit dans la Seine, craignant la vengeance d'Henri IV.

Littérature

L'édifice sert de décor dans de nombreux romans ou bandes dessinées. Le poème « Tournesol », issu du recueil *Clair de Terre* d'André Breton (1923) : « La Voyageuse qui traversa les Halles à la tombée de l'été / Marchait sur la pointe des pieds / Le désespoir roulait au ciel ses grands arums si beaux / Et dans le sac à main il y avait mon rêve ce flacon de sels / Que seule respire la marraine de Dieu / Les torpeurs se déployaient comme la buée / Au chien qui fume / Où venait d'entrer le pour et le contre / La jeune femme ne pouvait être vue d'eux que mal et de biais / Avais-je affaire à l'ambassadrice du salpêtre / Ou de la courbe blanche sur fond noir que nous appelons pensée / Les lampions prenaient feu lentement dans les marronniers / La dame sans ombre s'agenouilla sur le Pont-au-Change ». La vie de Grenouille, héros du roman *Le Parfum* de Patrick Süskind (1986) commence réellement dans la parfumerie de Giuseppe Baldini située sur le Pont-au-Change.

Place du Châtelet

La place se situe administrativement dans deux quartiers parisiens : Saint-Germain l'Auxerrois du 1er arrondissement et Saint-Merri du 4e arrondissement. Elle est un lieu stratégique de la capitale, se situant au carrefour des routes importantes, des grandes lignes de transport en commun et lieux culturels. La place se trouve au croisement de la rue de Rivoli, de l'avenue Victoria, et des quais de la Mégisserie et de Gesvres, ainsi que du boulevard de Sébastopol, du Pont-au-Change et du boulevard du Palais. Côté transport, elle est desservie par les lignes de métro 1, 4, 7, 11 et 14, ainsi que par les lignes de RER A, B et D.

Odonymie

Le nom du lieu fait référence à un ancien *castellitum* ; du latin *castellum* (place forte construite en bois ou en pierre) + suffixe *-ittum* à valeur diminutive.

Histoire

En 877, Charles le Chauve fait renforcer les fortifications parisiennes afin de protéger le peuple des incursions normandes. Restauration des remparts romains, fortification des ponts, resserrement des piles pour empêcher les drakkars de passer… Des châtelets, grandes tours de bois, sont édifiées aux extrémités des ponts. Les Normands, partis en

Bourgogne, Louis VI le Gros fait reconstruire les tours en pierre vers 1130. Dans une charte de Louis VII de 1147, la tour du Châtelet est nommée *Regis castellucium* (le petit château du roi). Le suffixe *-ucium* est aussi à sens diminutif. Dans le cartulaire de Notre-Dame-de-Paris, il est cité comme *Castelletum Parisiense*. Le Grand Châtelet devient une forteresse presque carrée, avec une cour centrale, des portes détournées, ceinte de profonds fossés remplis d'eau vive, alimentés par la Seine. Deux tours flanquent les angles vers le faubourg, protégeant les débouchés du Grand-Pont (l'actuel Pont-au-Change).  Les comtes de Paris l'habitent jusqu'à la fin du XIIe siècle. En 1190, l'enceinte de Philippe-Auguste rend le châtelet inutile ; il est donc donné aux prévôts de Paris, qui y établissent leur juridiction, soit le siège de la police et de la justice criminelle (avec cellules et salles de torture en supplément). Le Prévôté se divise en quatre sections : l'audience du parc civil, le présidial, la chambre du conseil et la chambre criminelle. Après la réunion en un seul corps, ces diverses juridictions prennent le nom de « cour du Châtelet ». Sous le règne de Saint Louis, de 1250 à 1257, le Grand Châtelet est réparé et considérablement agrandi. Le roi procède à la nomination, en 1261, d'Etienne Boileau, comme prévôt royal. Ce dernier peut réviser les décisions du prévôt des marchands de Paris. Philippe V le Long ordonne au greffier du Châtelet, en janvier 1318, de laisser une chandelle allumée à la porte afin de dissuader les agissements des malfaiteurs sur la place (aujourd'hui, les commerçants perpétuent cette tradition en laissant les vitrines de leurs boutiques allumées la nuit). Par l'ordonnance de police du 9 septembre 1367, les « oyseux » sont menés ici par le guet « pour iceulx battre et chastier ». Le 12 juin 1418, un groupe de Bourguignons assiégea le Châtelet et y massacra tous les prisonniers armagnacs ; leurs corps furent jetés du haut des tours et plantés sur des piques. Par son édit de 1684, Louis XIV réunit au Châtelet l'ensemble des seize anciennes justices féodales et des six anciennes justices ecclésiastiques. Le Grand Châtelet est reconstruit. De l'ancienne forteresse, ne subsistent que quelques tours. Les détenus incarcérés au Châtelet avaient la réputation d'être de grands criminels, ainsi quand les émeutiers ouvrirent les portes des prisons, le 3 juillet 1789, ils évitèrent celle de la place du Châtelet. 305 personnes étaient détenues en mai 1783 et 350 en mai 1790. Après avoir jugé les premiers accusés de crime de lèse-nation, la cour de justice du Châtelet est supprimée par la loi votée le 25 août 1790. Ses fonctions cessent le 24 janvier 1791, mais la prison subsiste. Durant le massacre des prisons, le 2 septembre 1792, 216 prisonniers furent égorgés au Châtelet sur les 279 présents. Les cadavres furent entassés sur les rives du Pont-au-Change avant d'être conduits dans les carrières de Montrouge. En raison de sa vétusté et des conditions de détention des prisonniers, la démolition du Grand Châtelet est envisagée. Les cellules ayant été désaffectées après les massacres de 1792, le procureur de la Commune, Pierre-Louis Manuel, requiert sa démolition le 9 septembre. Toutefois, celle-ci ne débute réellement qu'en 1802, en commençant par les cachots.

La construction de la place a fait disparaître plusieurs rues et maisons :

- La « rue de la Tuerie », appelée « rue de l'Escorcherie » dans un manuscrit de la fin du XIIIe siècle. Ces noms rappellent qu'elle était voisine des boucheries Saint-Jacques et qu'on y abattait des animaux. Un texte de 1512 l'appelle « rue des Lessives ». Il existait sur la Seine des bateaux à lessive, sortes de lavoirs flottants, et les femmes passaient avec leur linge dans cette rue. La voie s'est aussi appelée « rue de la Vieille-Lanterne » (nom d'une enseigne) ou « rue des Lessives-de-la-Vieille-Lanterne ».

- La « rue de la Triperie », appelée « rue des Bouticles » dans un document du début du XIIIᵉ siècle. Le nom doit évoquer des *bouticles*, bateaux où l'on conservait le poisson, car dans l'opuscule *Les Cris de Paris* (XVIᵉ siècle) figure une liste des rues de Paris, et un « carrefour du Poisson » est mentionné dans ce secteur. Une corruption de « boutique » (évoquant les étals des tripières) est peu probable. Ce fut ensuite la « rue de l'Araigne » ; ce mot désignait un croc de boucher à plusieurs branches servant à accrocher la viande à l'étal.
- La « rue de la Joaillerie ». Les orfèvres, auparavant installés sur le Pont-au-Change, vinrent dans cette rue après l'incendie de 1621, qui détruisit le pont. Au XIIIᵉ siècle, la voie se nommait « rue du Chevet-Saint-Leufroy », car elle longeait le chevet de cette église, située près du Grand Châtelet. À partir de 1313, ce fut la « rue du Four-d'Enfer » ou « rue du Four-du-Métier ». Elle avait été prolongée entre-temps jusqu'à l'emplacement d'un four banal. Elle fut rebaptisée « rue de la Joaillerie » en 1621.
- La « rue du Pied-de-Bœuf » (sans doute en référence à une enseigne de boucher). Elle s'appela primitivement « rue Devant-le-Chastel ».
- La « rue Trop-Va-Qui-Dure », corruption de « qui m'y trouva si dure » (elle était en pente). Dans un manuscrit de 1634, elle apparaît sous le vocable de « descente de la Vallée-de-Misère » (aujourd'hui quai de la Mégisserie). Le nom est dû aux fréquents débordements de la Seine. La voie a aussi été connue comme « rue des Bouticles » et « rue de la Tournée-du-Pont ».

Condamnations

En 1312, l'écuyer Perceval d'Aulnay, jeté pour deux ans dans un cachot au pain sec et à l'eau, suite à des « excès commis à l'encontre de Jehanne, dame de Torviller », sera ensuite, s'il survit, banni à vie du royaume. En

1320, le prévôt de Paris, Capperel, fit supplicier un manant à la place d'un criminel héritier d'une riche famille en échange d'un dédommagement. Confondu, il rejoignit sa victime au gibet. Précipité dans l'oubliette baptisée « fin d'aise » en 1377, le bourgeois Honoré Paulard meurt en moins d'un mois. Il avait empoisonné son père, sa mère, ses deux sœurs et trois autres personnes pour hériter. Sa famille avait payé une forte somme afin de lui éviter l'échafaud. Pour échapper aux massacres de 1380, de nombreux Juifs frappent à la porte du Châtelet et supplient d'y être enfermés. La même année, le vide-gousset Ernoulet est pendu haut et court, malgré sa couronne. Il s'était tonsuré le chef afin de passer pour homme d'Eglise et d'être transféré devant un tribunal ecclésiastique, avec le fol espoir de s'évader pendant le voyage. Mais un barbier juré du roi avait expertisé son crâne. L'empoisonneur du puits Reynault y est décapité le 21 septembre 1389. Dame Catherine, maquerelle, fut mise au pilori avant d'être brûlée vive en octobre 1389 pour voir vendu le pucelage de sa nièce Margot au chevalier Jehan Braque pour la somme de deux livres. La même année, Jehan Jouye fut ébouillanté pour avoir forgé de la fausse monnaie. Gillette La Farge, accusée d'un vol de cuillers en argent, fut mise au pilori après l'amputation de son oreille droite en 1390. Le 25 février 1391, Salomon de Barcelonne, un Juif espagnol, est condamné à être pendu par les pieds entre deux chiens affamés. Il se convertit *in extremis* au catholicisme afin d'être pendu par le cou le 1er mars. En 1402, le procureur Jehan Dubos et son épouse Ysabet sont brûlés vifs pour avoir empoisonné le premier mari de la belle. Un « très bel jeune filx » de 24 ans, sur le point d'être décapité pour « pilleries » en 1429, est sauvé par une fille « née des Halles » qui insiste « hardiment et tant fit pour son pourchas » qu'elle l'obtient pour mari. En mars 1474, un archer de Meudon, condamné au gibet pour vol, accepte d'être opéré à vif de la pierre colique (soit des calculs). Par chance, il survécut à l'opération et guérit, obtenant ainsi sa libération et une jolie somme d'argent. En 1739, le boulanger du Châtelet, convaincu de distribuer du pain moisi et d'altérer la santé des prisonniers, écope d'une amende de 2 000 livres. En 1779, une raccommodeuse de dentelles, est fouettée en place publique, marquée au fer rouge, puis enfermée neuf ans à la Salpêtrière pour le vol de vêtements et de bijoux sur des enfants.

Prison

Le Grand Châtelet comptait de nombreuses cellules, divisées en trois groupes : les chambres communes de l'étage, les geôles dites « au secret » et les fosses du bas-fond. Durant l'occupation de Paris par les Anglais, une ordonnance de Henri VI d'Angleterre, en date de mai 1425, dresse la liste de ses cellules. Les dix premières étaient les moins horribles, elles avaient pour nom : les Chaînes, Beauvoir, la Motte, la Salle, les Boucheries, Beaumont, la Grièche, Beauvais, Barbarie et Gloriette. Les suivantes étaient beaucoup plus détestables : le Puits, les Oubliettes, l'Entre-deux-huis, la Gourdaine et le Berceau. Enfin, les deux dernières étaient particulièrement atroces : la Chausse d'hypocras et la Fin d'aise.
Dans la fosse ou Chausse d'hypocras, les prisonniers étaient descendus à l'aide d'une poulie. La cellule avait la forme d'un cône renversé. Les accusés avaient les pieds dans l'eau et ils étaient obligés de se tenir arc-boutés en permanence, ne pouvant ni s'allonger ni rester debout. L'incarcéré mourait généralement au bout de quinze jours. La fin d'aise était remplie d'ordures, de serpents et de rats. En 1377, Honoré Paulard, accusé de l'empoisonnement de ses parents, de ses sœurs et de trois

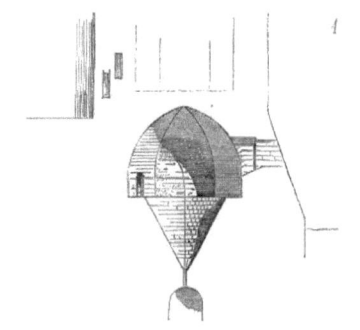

autres personnes pour l'héritage, est descendu dans la geôle. Il y mourut en un mois. L'affectation variait en fonction du crime commis et du poids de la bourse. Un comte ou un chevalier avait plus de chances d'obtenir une cellule correcte avec un lit, qu'un Juif ou un écuyer. Plusieurs personnages célèbres furent emprisonnés au Châtelet : Jean de Montagu, politicien opposé à Philippe le Hardi, le 7 octobre 1409 ; Jean Jouvenel des Ursins, avocat en conflit avec Philippe le Hardi, en 1413 ; François Villon, poète « bagarreur », en 1448 ; Clément Marot, poète « hérétique », en 1526 ; Michel d'Amboise, seigneur endetté, en 1530 ; Molière, dramaturge, en 1645 ; Louis Dominique Cartouche, brigand, en 1721 ; Antoine-François Desrues, empoisonneur, en 1777 ; Thomas de Mahy de Favras, chevalier en faveur de la royauté, en 1790 ; le baron de Besenval, militaire accusé de lèse-nation, en 1789-1790… Outre d'emprisonner les gens, les greffiers adoraient soumettre les accusés à la question, et ils employaient pour cela plusieurs méthodes : l'eau versée de force dans l'estomac du prisonnier au moyen d'un entonnoir, la *pelote* qui consistait à enrouler des cordes autour de l'interrogé et à les serrer au moyen d'un tourniquet, *l'extension*, inspirée du mythe de Procuste, consistait à attacher les bras du criminel à des anneaux plantés dans les murs, tandis que les pieds étaient reliés à des cordes, elles-mêmes enroulées autour d'un tourniquet. Le bourreau n'avait plus qu'à tourner jusqu'à la dislocation des membres. Pour les *brodequins*, les juges enfonçaient des clous à l'aide d'une masse dans les mollets des accusés, broyant ainsi leur os.

La fontaine du Palmier

En 1808, Napoléon 1er fit raser la forteresse du Grand Châtelet pour y aménager une vaste place impériale. L'empereur commande à son ministre de l'Intérieur, Emmanuel Crétet, une fontaine afin de distribuer de l'eau potable et gratuite aux Parisiens, à la place du Grand Châtelet. L'ingénieur en chef du Service des Eaux de la ville de Paris, François-

Jean Bralle, est chargé du projet. Comme il fallait bien donner un thème à la décoration, l'empereur en profita pour commémorer ses victoires. Construite entre 1806 et 1808, la fontaine prend la forme d'une colonne, haute de 22 mètres, ornée au sommet de feuilles de palmiers (d'où son nom). Les bagues de son fût dressent la liste des victoires napoléoniennes en Italie, en Egypte et ailleurs : Lodi, Arcole, Rivoli, Pyramides, Mont Thabor, Marengo, Austerlitz, Ulm, Iéna, Eylau, Dantzig et Frie‑

dland. Elle est surmontée d'un globe soutenu par des nuages et des têtes d'anges, coiffés eux-mêmes par une effigie de la *Victoire* en bronze doré brandissant les lauriers de la victoire, œuvre du sculpteur Louis-Simon Boizot. Pour information, la statue visible actuellement, est une copie datant de 1898 ; l'originale est exposée dans la cour dite de la Victoire du musée Carnavalet depuis 1950. La base de la colonne est décorée par quatre allégories en pierre, se tenant la main : la *Vigilance*, la *Loi*, la *Force* et la *Foi*, œuvres de Boizot. Le sculpteur réalisa aussi les cornes d'abondance terminées par des becs de dauphins d'où jaillit l'eau et les aigles impériaux sur la base de la fontaine. Lors du percement du boulevard de Sébastopol, en 1858, la fontaine

devint trop petite et décalée par rapport à l'axe de la nouvelle place. Il fut décidé de la déplacer sans la démonter et de l'exhausser pour la rendre proportionnée aux nouvelles dimensions de la place. L'opération eut lieu en deux phases. Le 21 avril, la fontaine, bien que pesant 80 000 kg, est déplacée vers l'ouest de 12,28 mètres, en une vingtaine de minutes, au moyen d'un plateau octogonal glissant sur un chemin ferré. Le 19 mai, à 9 h 47, la hauteur de l'édifice passe de 18 à 22 mètres grâce à la force de 136 hommes. Gabriel Davioud y fait ajouter un nouveau soubassement. Le sculpteur Henri Alfred Jacquemart l'orne de quatre sphinx cracheurs d'eau. La fontaine du Palmier est inscrite aux monuments historiques depuis le 5 février 1925.

En 1862, la place se dote de deux théâtres : le théâtre du Châtelet et le théâtre de la Ville. Haussmann fait aménager des commerces au rez-de-chaussée afin de rentabiliser les frais de construction. Les quatre brasseries sont toujours visibles aujourd'hui. L'une, le *Zimmer*, fut créée par une famille alsacienne le 24 janvier 1898. Lors d'un déjeuner, le 20 novembre 1902, le journaliste sportif, Géo Lefèvre, suggéra au cycliste et dirigeant sportif, Henri Desgrange, l'idée du Tour de France cycliste.

Théâtre du Châtelet

Sous la direction de Jean-Luc Chopin depuis 2006, il programme surtout des comédies musicales, des opéras, des concerts de jazz et de la danse.

Histoire

Après avoir fait disparaître les théâtres du boulevard du Crime, le baron Haussmann demande à l'architecte Gabriel Davioud d'édifier deux bâtiments identiques sur la nouvelle place du Châtelet. Il souhaite donner une nouvelle image du théâtre : un décor riche, des accès larges et faciles, des salles vastes et aérées. Le Théâtre du Châtelet naîtra entre 1860 et 1862, à l'ancien emplacement de l'ancienne prison. Le 19 avril 1862, le spectacle inaugural choisi est la féerie *Rothomago* d'Adolphe d'Ennery, d'Henry Monnier et de Louis-François Nicolaïe Clairville. Elle est donnée en présence de l'impératrice Eugénie. Avec ses 2 500 places et une scène de 24 x 35 mètres, ce théâtre devient la plus grande salle de Paris. Il se distingue également par ses qualités acoustiques dues à sa coupole de verre réfléchissant les sons. L'orchestre, installé sur une forte pente, devient visible, bien que de nombreuses colonnettes gâchent le spectacle. L'édifice servit d'écrin à des productions diverses et éclectiques. En 1863, l'acteur Frederick Lemaître y joua *Don César* de Bazan. Les Parisiens purent assister à la mise en scène de romans tels que *Germinal* d'Emile Zola, *La Reine Margot* d'Alexandre Dumas, *Le Bossu* de Paul Féval ou *le Juif errant* d'Eugène Sue. Le 6 février 1869, a lieu le 7ᵉ bal masqué du Carnaval de Paris donné par Olivier Métra. Le dimanche à partir de 1873, le théâtre abrite les *concerts Colonne*, dirigés par Edouard Colonne, jusqu'en 1910, qui présentent des œuvres de compositeurs français tels que Bizet, Saint-Saëns, Lalo, Massenet, Ravel, ainsi qu'étrangers comme Wagner, Berlioz, Liszt, Schumann, Brahms ou Mendelssohn. Les spectacles *Michel Strogoff* (1876) et *Le Tour du monde en quatre-vingts jours* (1880) seront régulièrement joués, cela jusqu'à la Seconde Guerre mondiale. Des compositeurs comme Tchaïkovski, Grieg, Richard Strauss ou Debussy viennent y orchestrer leurs propres œuvres. L'année 1900 assiste au premier concert français de Gustav Mahler à la tête de l'Orchestre philharmonique de Vienne. Le Châtelet s'ouvre à l'opérette, aux variétés, au cinéma et à la danse. L'année 1906 marque la naissance des légendaires saisons mises en place par l'éditeur de musique Gabriel Astruc. Le Châtelet devient le père protecteur de la révolution artistique du début du siècle. Les prix des places évoluent entre 72 francs pour les loges avec salon à 1 franc pour les sièges du troisième amphithéâtre, afin d'accueillir des spectateurs de tous les niveaux sociaux. En 1907, le théâtre accueille la création française de Richard Strauss, *Salomé*. L'année 1909 est marquée par la saison des Ballets russes de Sergei Diaghilev, mélangeant art lyrique et chorégraphique. Le soir du 19 mai, le Tout-Paris vient assister à la Première et découvre des danseurs tels que

Vaslav Nijinski, Anna Pavlova et Tamara Karsavina, sublimés par les costumes et décors d'Alexandre Benois et de Léon Bakst. La saison de 1910 est italienne Arturo Toscanini et sa troupe du *Metropolitan Opera* de New York. Enrico Caruso interpréta *I Pagliacci*, *Otello*, *Aïda*, *Falstaff*, et *Manon Lescaut*. L'année 1911 fait honneur à la danse. Le 22 mai 1911, Claude Debussy et Gabriele d'Annunzio créent le *Martyr de saint Sébastien*, pour les danseuses Ninon Vallin et Ida Rubinstein, dans des décors de Bakst. Les Ballets russes font leur retour avec Nijinski aux commandes : *Le Spectre de la rose* de Weber et *Petrouchka* (3 juin) dans une chorégraphie de Fokine, des décors de Benois et une musique d'Igor Stravinsky. Diaghilev propose la saison suivante *La Péri* de Paul Dukas (22 avril 1912), le *Prélude à l'après-midi d'un faune* de Debussy (29 mai), *Daphnis et Chloé* de Ravel (8 juin 1912), et *L'Oiseau de feu* de Stravinsky, où la chorégraphie avant-gardiste de Nijinski scandalise. Retour des Ballets russes le 18 mai 1917 avec *Parade* de Jean Cocteau, une musique d'Erik Satie, une chorégraphie de Léonide Massine, des décors et des costumes de Pablo Picasso. Durant la Première Guerre mondiale, le directeur du théâtre Alexandre Fontanes choisira une politique d'économie et des spectacles plus traditionnels. De 1928 à 1966, Maurice Lehmann prend la direction du Châtelet et opte pour l'opérette à grand spectacle. Il fait découvrir le « *musical* » cher à Broadway avec des shows tels que le *Mississippi Show Boat* d'Oscar Hammerstein et Jérôme Kern, *New Moon* ou encore *Nina Rosa*. En 1933 et 1934, des artistes russes tels que Chaliapine et Massine reviennent avec la nouvelle compagnie des Ballets russes de Monte-Carlo. Lehmann connaît son plus grand succès en 1941 avec ses *Valses de Vienne*, sur une musique de Johann Strauss père et fils. Leur succéderont *L'Auberge du Cheval-Blanc* (1948, 1953, 1960 et 1968), *Pour Don Carlos* (1950) avec Georges Guétary, *Le Chanteur de Mexico* (1951) avec Luis Mariano (joué près d'un millier de fois), *Méditerranée* (1955) avec Tino Rossi, *Monsieur Carnaval* (1965) de Charles Aznavour… En 1966, Marcel Lamy succède à Lehmann, toutefois le théâtre ne parvient pas à renouer avec son public et finit par déposer le bilan. En 1979, la ville de Paris reprend les rênes et se lance dans de profonds travaux de remaniements. Remise à neuf et modernisation de la fosse d'orchestre et du plancher de la scène. Suppression des loges à corbeille et changement des fauteuils. Réouverture du théâtre en 1980, sous la direction de Jean-Albert Cartier et la présidence de Marcel Landowski, qui prend le nom de *Théâtre musical de Paris*. Le théâtre du Châtelet doit attirer un plus vaste public, et s'ouvre dans un premier temps à de nombreuses productions françaises et étrangères, ainsi qu'à diverses manifestations (le Festival d'Automne, le Festival de danse, le Festival de poésie, le Festival de Jazz). La période Cartier est ponctuée par quelques innovations : la série « *Grand interprètes et Jeunes talents* » durant laquelle un artiste consacré soutient un musicien en début de carrière ; le « *Festival d'orchestres* » en juin proposant dix orchestres se relayant pendant dix jours ; les « *Opéras d'une heure* » présentant à 18 h 30 des œuvres contemporaines ; les séries thématiques autour d'un compositeur, d'une époque ou d'un pays. Cette programmation variée, mélangeant opéras, opérettes, comédies musicales, ballets, concerts, récitals, modernise l'image du Châtelet et attire un public plus jeune. Par exemple, la chanteuse Barbara y donnera de nombreux concerts. En 1988, Stéphane Lissner est nommé à la direction. Nouvelle phase de travaux : amélioration de l'acoustique de la salle, du confort des spectateurs et visibilité de la scène. En septembre 1989, Gérard Garouste peint le nouveau rideau de scène, tandis que le foyer se pare d'une fresque de Valerio Adami. Le théâtre en profite pour reprendre son nom d'origine. Lissner veut renouer avec le projet initial du théâtre, soit de proposer toutes les formes de spectacles et des genres musicaux variés. Des metteurs en scène tels que Luc Bondy, Stéphane Braunschweig, Patrice Chéreau, Adolf Dresen, Peter Sellers ou Robert Wilson travaillent avec des chefs d'orchestre comme Daniel Barenboïm, Pierre Boulez, William Christie ou Esa-Pekka Salonen. L'orchestre de Paris et l'orchestre philharmonique de Radio France élisent résidence au Châtelet. En 1998, le théâtre ferme le temps des travaux de modernisation de la cage de scène. Il rouvre ses portes en octobre 1999 sous la direction de Jean-Pierre Brossmann, subtilisé à l'Opéra National de Lyon. À travers ses programmations, il offre une grande diversité de spectacles. Il coproduit, voire coréalise des séries de concerts avec Radio-France et l'Orchestre Philharmonique : les Orchestres du monde avec IMG, les Concerts du Dimanche Matin ou Piano. La Cinémathèque de la Danse présente 4 ou 5 films par an. Dès 2002, la cérémonie de remise des Césars du cinéma s'y organise. En 2003, les *Troyens* de Berlioz connaissent un grand succès. Retour d'Offenbach avec *La Belle Hélène* et la *Grande Duchesse de Gérolstein*. En juillet 2006, Jean-Luc Choplin prend la relève et promet de conserver l'image d'excellence détenue par le théâtre. Ce dernier fait appel à des artistes contemporains tels que le plasticien russe Oleg Kulik, le vidéaste Pierrick Sorin, le réalisateur David Gronenberg.

Le 18 novembre 2008, le chanteur Sting y donne un concert, ainsi que le groupe Muse le 8 septembre 2009. La même année, une scène du film *Le Concert*, avec Aleksei Guskov et Mélanie Laurent, est tournée dans le théâtre : le concert final de l'orchestre du Bolchoï. Le spectacle de Stephen Sondheim, *A Little Night Music*, en février 2010, est joué à guichets fermés.

Architecture

Le Théâtre du Châtelet nous offre un magnifique exemple de la Renaissance italienne. Un bâtiment élevé sur trois niveaux, dont les deux avant-corps de la façade principale sont soulignés par des pilastres d'angle. Le rez-de-chaussée est percé par une série de grandes arcades en plein-cintre, occupées par des cafés et des boutiques. Sur la façade principale, la galerie couverte du premier étage imite la tribune des Lanzi à Florence, avec ses hautes arcades en plein-cintre (les baies furent vitrées ultérieurement). Les chapiteaux des piliers sont décorés comme ceux de Florence.  Dans les écoinçons, sont gravés des médaillons portant le N impérial, entouré de feuillage. Au-dessus de la baie centrale, on peut lire, gravée dans un cartouche de marbre rouge, le nom du théâtre. Sur les avant-corps, les baies sont encadrées par des pilastres cannelés, portés par un balcon en saillie, soutenu par deux consoles. Le deuxième étage s'ouvre sur une terrasse ouverte. Elle est close par une balustrade en pierre, et des modillons la séparent de l'étage inférieur. Une frise de têtes de lions court le long des avant-corps et de la terrasse. À l'époque de sa création, quatre figures allégoriques décoraient la balustrade de la terrasse : le *Drame* que l'on doit à Elias Robert, la *Musique* à Hyacinthe Chevalier, la *Danse* d'Eugène Antoine Aizelin, la *Comédie* signée par Emile Chatrousse. Celles visibles aujourd'hui ont été refaites en 2019 par Viorel Enache. Quant à l'attique, il présente un décor alternant une couronne tressée et palmes. Son dôme en ardoise porte au centre deux putti tenant un globe.

La **Grande salle** « à l'Italienne » fut conçue en forme de fer-à-cheval et s'élève sur six niveaux. Sa capacité actuelle est de 2 008 places. La scène mesure 22 m x 26,75 m, toutefois la largeur de celle-ci peut être réduite à 13,5 m selon la nature des spectacles. Le rideau de scène fut peint par Gérard Garouste en 1980. Cet écrin de rouge et d'or est illuminé par un immense lustre en cristal. Dans les écoinçons, des arcades du troisième amphithéâtre sont peintes des figures allégoriques, séparées par des cartouches illustrant la diversité de la programmation théâtrale : danse, opéra, féerie, musique, drame, tragédie, comédie, vaudeville et pantomime. Le **Grand foyer** se situe au premier étage du théâtre et s'étend sur une surface de 176,40 m². Dans ses extrémités, deux majestueuses cheminées réchauffent l'atmosphère. Le plafond à caissons est sculpté et peint. Le foyer donne accès à la galerie couverte, offrant une vue dégagée sur la Seine et Notre-Dame. Sur le mur, Valério Adami a peint, en 1980, une fresque illustrant le caractère artistique des lieux. Depuis les travaux de 2019, l'escalier chalet a été démonté et le parquet a été remplacé par des dalles minérales décoratives. La **salle aux miroirs**, de 307,80 m², est décorée de stucs et de peintures, datant du XIXe siècle, aux motifs floraux. Les murs sont ornés de miroirs, se reflétant l'un l'autre. Le salon communique avec la galerie et le foyer. Le **salon Nijinski** se situe au deuxième étage du théâtre et communique avec la terrasse ouverte. Cet ancien studio de danse de 168,84 m², réservé à l'usage des danseurs des ballets russes venus au XXe siècle, fut transformé en salon de réception au siècle suivant. Depuis la terrasse, le visiteur a une vue panoramique sur la place du Châtelet, le théâtre de la Ville, la tour Saint-Jacques et l'île de la Cité.

Ile de la Cité

L'île de la Cité se situe sur la Seine, au cœur de Paris. Elle est à cheval sur le 1er et 4e arrondissement et présente une superficie de 22,5 hectares. Elle est considérée comme le berceau antique de la capitale française.

Odonymie

D'où lui vient son nom ? Cité signifie la partie la plus ancienne d'une ville. L'île est effectivement la partie antique de Paris. Vers 954, la ville s'agrandit sur la rive droite ; l'île de la Cité devient ainsi un quartier de la capitale. Celui-ci a conservé son nom et ses frontières jusqu'à la Révolution. Dans quelques textes, l'île est parfois nommée « île du Palais ».

Sa naissance

Les *Parisii*, une petite tribu gauloise, y vivaient depuis le IIIe siècle avant notre ère. À l'époque, la région était riche en poissons et en gibier. L'étroitesse du fleuve permettait l'accès aux rives, au moyen de deux passerelles en bois. Elles prolongeaient la route naturelle nord-sud qui descendait du col de la Chapelle pour se diriger vers la montagne Sainte-Geneviève, évitant ainsi les nombreux marais alentour. Une enceinte pourrait avoir été édifiée, mais aucun témoignage ou vestiges archéologiques ne permet de le confirmer. Certains historiens réfutent cette théorie, préférant installer les Gaulois à Nanterre ou sur une île aujourd'hui disparue, en dépit des vestiges mis au jour par le professeur Venceslas Kruta en 1976-1977 (clous, trous de poteau, vestiges de fosses de détritus). L'île couvrait une superficie de 9 hectares. Les berges étaient instables à cette époque, la rive de l'île était en retrait d'une cinquantaine de mètres par rapport aux berges actuelles. Elle était entourée de plusieurs petits îlots comme nous pouvons le voir sur le plan datant de l'époque gallo-romaine.

Lutèce

En 52 avant Jésus-Christ, Jules César vainquit Vercingétorix et s'empara de la Cité pour y fonder Lutèce. La ville gallo-romaine s'établit sur la rive gauche, tandis que les Gaulois vaincus restèrent sur l'île, à vivre de la pêche et de la batellerie. Au début de l'ère chrétienne, les Nautes, une corporation de navigateurs, édifièrent un temple à la gloire de Jupiter. Les Romains bâtirent un palais afin d'y héberger le représentant de Rome. Les rives du fleuve furent stabilisées et l'île agrandie par l'adjonction de petits îlots (l'île aux Juifs, l'île aux Vaches et l'îlot de la Gourdaine). La superficie de l'île passa de 9 à 17 hectares. Le tracé des rues s'ordonne, celles-ci s'élargissent et se bordent de maisons à la romaine, d'un étage, en pans de bois et torchis, avec un toit de tuiles ou de chaume. Le *cardo maximus* (l'actuelle rue de la Cité) traversait l'île suivant le tracé de la voie gauloise, sauf qu'il est enrichi d'un empierrement de dalles en grès posées sur une assise de cailloux et d'argile. Les passerelles gauloises sont remplacées par deux ponts en bois sur pilotis. La population est estimée à environ 1 500 âmes. Sous le règne de Tibère, au début du Ier siècle, le quai du port de Lutèce est aménagé au sud-est de l'île. Durant les invasions barbares du IIIe siècle, les habitants se réfugièrent à plusieurs reprises sur l'île, facilement défendable. Au milieu du IVe siècle, les Romains édifièrent une enceinte, large de 2 mètres, sur les bords de la Seine, ainsi que deux portes à doubles battants hautes de 10 mètres sur le *cardo*. L'empereur Julien l'Apostat s'installa en 357 dans le palais impérial de la Cité, avec en vis-à-vis une basilique civile de 70 mètres de long par 35 mètres de large (sur l'actuel marché aux fleurs).

Le Haut Moyen Age

En 508, Clovis s'installa dans l'ancien palais romain et fit de Paris la capitale du royaume. Avec la Christianisation, les églises se multiplient : le baptistère Saint-Jean-le-Rond, les monastères féminins Saint-Christophe et Saint-Martial et l'oratoire en bois Saint-Martin. Entre 511 et 558, une grande basilique chrétienne, dédiée à saint Etienne, remplace l'ancien temple gaulois, selon le plan des basiliques constantiniennes. À l'emplacement de l'actuelle cathédrale Notre-Dame de Paris. On élève aussi le baptistère Saint-Jean-le-Rond et la basilique Saint-Germain-le-Vieux. En 586, un incendie dévaste l'île. Tout le quartier commerçant qui s'étendait du palais jusqu'aux églises situées au sud-est est détruit. Même la prison proche du Petit-Pont est incendiée, libérant ses prisonniers. Durant la période carolingienne (752-987), la vie parisienne se concentre sur l'île, mais perd son statut de capitale sous le règne de Charlemagne. La Cour se déplaçant de ville en ville. Durant les rixes normandes (845, 856 et 861), les habitants se réfugient à nouveau sur l'île auprès du gouvernement. En 877, Charles le Chauve fait renforcer l'enceinte romaine et lui adjoint deux grandes tours défensives à l'entrée des ponts : le Petit et le Grand Châtelet. Les officiants des abbayes des deux rives bâtirent des chapelles sur l'île afin de protéger leur Trésor : Saint-Germain-le-Vieux, Sainte-Geneviève-la-Petite, Saint-Landry-des-Arcis et Saint-Barthélemy. Lorsque Siegfried débarque sur la rive occidentale de l'île de la Cité avec 700 drakkars et 40 000 vikings, en 885, l'évêque de Paris Gozlin lui refuse le passage. S'ensuit un siège de deux ans qui aboutit au départ des envahisseurs contre le paiement d'un tribut. Paris en ressort dévastée. Le comte de Paris, Eudes 1er de France, succède à Charles le Gros, devient roi de France occidentale et ainsi s'éteignait les Carolingiens. Alors que les derniers Carolingiens se tiennent surtout dans la vallée de l'Oise ou de l'Aisne, les Robertiens, établis dans la vallée de la Loire, se rapprochèrent de Paris. La Cité devient le siège du pouvoir : le palais comtal se transforme en résidence royale. Le rassemblement de tous les habitants sur la rive droite permit de réserver l'usage de l'île aux fonctions religieuses (à l'est), civiles (palais, parlement, chambre des comptes à l'ouest) et commerciales (au centre avec le marché Palu).

Le Moyen Age

Durant le XIe siècle, la Cité n'est plus qu'un vaste chantier de construction. En 1112, Louis VI le Gros vient s'installer dans le palais royal avec toute sa cour et le Parlement, la *Curia Regis*. Sur les piles du Grand-Pont (le pont Notre-Dame actuel) est construit le Pont-aux-Meuniers, soit une rangée de moulins, doublé en 1142 par le Pont-aux-Changeurs. Au sud, le Petit-Pont est lui aussi bordé de maisons et de commerces. En 1163, l'évêque Maurice de Sully lance la construction de la cathédrale Notre-Dame, réorganise les douze chapelles présentes sur l'île afin d'asseoir l'autorité épiscopale. Au XIIIe siècle, l'enceinte de Philippe-Auguste, protégeant les deux rives de la Seine, englobe entièrement la Cité. Après une phase d'améliorations sous Saint Louis et Philippe le Bel, Charles V quitte la Cité avec la famille royale pour s'installer au palais du Louvre. La Cité compte alors 500 maisons. Le Pont-aux-Changeurs abrite une centaine de commerçants. Le pont Saint-Michel est construit dès 1379 en pierre, tandis que le pont Notre-Dame remplace l'ancien pont romain en 1413. Charles VII cède le palais de la Cité au Parlement.

La Renaissance

La Cité devient au XVIe siècle l'un des seize quartiers administratifs de Paris. Henri III fait relier les deux rives et la pointe de l'île au moyen du Pont-Neuf, en 1578. Les travaux sont achevés par Henri IV, en 1607, qui ordonne l'aménagement d'un espace commercial sur la future place Dauphine, au président du Parlement, Achille de Harlay. La statue d'Henri IV est érigée en 1614. En 1618, un incendie dévaste une partie du palais, entrainant de nouveaux travaux. Entre 1639 et 1647, Michel Villedo et Jean Androuet du Cerceau refont le Pont-au-Change, et y établissent deux rangées d'habitations. De nouvelles règles d'urbanisme rectifient l'alignement des immeubles et modifient les matériaux employés et l'aspect des façades, aux XVIIe et XVIIIe siècles. À la fin du XVIIIe siècle, l'île compte encore dix paroisses sur les quatorze antérieures. Jusqu'à la fin de l'Ancien Régime, la cathédrale et les grandes institutions restent concentrées dans la Cité, tandis que dans un dédale de petites rues comprenant de nombreuses églises, les artisans (orfèvres) continuent d'exercer leurs métiers. Durant la Révolution, l'île est rebaptisée « Ile-de-la-Fraternité ».

L'après Révolution

Durant l'hiver de 1801-02, des inondations contraignent l'aménagement de quais autour de l'île de la Cité. La rue de Constantine est percée sous Louis-Philippe, de même que la rue d'Arcole qui prolonge le nouveau pont d'Arcole, en remplacement de quelques rues étroites et marécageuses. Au milieu du XIXe siècle, de nombreux projets voient le jour afin de retrouver la Cité originelle. Perreymond, fouriériste, suggère de transformer l'île comme centre religieux et culturel de la capitale avec la construction d'un opéra et d'une grande bibliothèque. Viollet-le-Duc souhaite bâtir un grand palais épiscopal près de la cathédrale Notre-Dame. Pour ne pas le vexer, on lui confie la reconstruction de la sacristie de l'église. Finalement, ce sont les travaux d'Haussmann qui dénaturent la Cité. Tous les bâtiments compris entre le palais de Justice et la cathédrale sont rasés, faisant disparaître des centaines de maisons et de nombreuses églises, expulsant près de 25 000 personnes. Seuls deux pans de la place Dauphine et le cloître de Notre-Dame s'en réchappent. La préfecture de police et le tribunal de commerce s'élèvent dans l'espace vide. Le parvis de Notre-Dame est multiplié par six, comparé à celui du Moyen Age, après la démolition de l'Hôtel-Dieu, la suppression des maisons canoniales et d'une vingtaine de sanctuaires. Ces modifications radicales sont très contestées, car elles font disparaître le cœur historique de Paris. Pour une meilleure compréhension, lire l'ouvrage de Victor Hugo, *Notre-Dame de Paris*. Depuis 2016, l'architecte Dominique Perrault et le président du Centre des Monuments historiques, Philippe Bélaval, planchent sur l'avenir de l'île de la Cité. Ils ont formulé 35 propositions afin de mettre en valeur les espaces publics en surface et de réaménager les sous-sols pour y implanter de nouvelles activités. Quels projets ? Le parvis Notre-Dame se doterait d'un sol en verre ; la cour de Mai de l'ancien palais de Justice deviendrait un espace public ouvert. Un embarcadère serait créé au pied de la cathédrale Notre-Dame afin de développer le transport fluvial. Fin des travaux estimée en 2040.

Sainte Geneviève

La rumeur circulait dans les rues : les évêques Germain d'Auxerre et Loup de Troyes étaient envoyés par le pape sur les îles britanniques afin d'y combattre l'hérésie. Geneviève se fraya un passage par les curieux pour apercevoir les saints hommes. Elle rejoignit ses parents Severus et Gerontia. À l'arrivée des deux hommes, tout le monde s'inclina et reçut la bénédiction des évêques. Parvenant au niveau de Geneviève, l'évêque d'Auxerre s'arrêta en souriant :
- Bonjour, comment t'appelles-tu ?
- Geneviève monsieur l'évêque.
- Le Seigneur m'a parlé de toi, déclara-t-il après un moment. Il t'a choisie. Sais-tu ce que cela signifie ? Il te demande de lui consacrer ta vie. Tu es encore jeune, une dizaine d'années à ce que je vois, mais bientôt, l'exemple de tes vertus aidera nombre de pêcheurs à retrouver le chemin du Bien.
Saint Germain se tourna vers les habitants et tout en levant les bras au Ciel, il déclama :

- Voici l'élue de Dieu ! C'est une chance pour vous d'avoir une telle enfant auprès de vous. Écoutez-la, faites-lui confiance, car elle est celle qui montre la voie.

L'homme s'agenouilla devant Geneviève, provoquant la stupeur des spectateurs.

- Geneviève acceptes-tu…
- Oh oui ! Tel a toujours été mon souhait.

Saint Germain ramassa une pièce en cuivre enfoncée dans le sol aux pieds de l'enfant. Il l'essuya, la bénit avant de la remettre à la petite.

- Mets-la autour de ton cou en souvenir de ton vœu. Cette pièce de cuivre sur laquelle figure la croix sera ton seul bijou désormais.

L'évêque se releva, embrassa le front de Geneviève et partit.

Accoudée au muret de la terrasse, Geneviève regardait la ville endormie. Une brise faisait voler son voile et frissonner sa tunique blanche. Elle se souvint de sa rencontre avec l'évêque Germain et de sa promesse prononcée vingt ans plus tôt. Aujourd'hui, elle appartenait au collège des Vierges vivant sur l'île de la Cité. Ses paroles étaient écoutées avec respect, même si Dieu avait été contraint d'intervenir à maintes reprises. Les hommes refusant de faire confiance à une femme. Il lui avait fallu beaucoup d'abnégation et des miracles. Peu de temps après le départ de saint Germain, Geneviève avait béni une coupelle d'eau avant de verser quelques gouttes sur les yeux de sa mère qui avait aussitôt retrouvé la vue. Un autre jour, lors d'une crue de la Seine, seul l'enclos abritant son troupeau fut épargné des inondations. Ce jour-ci était funeste et s'annonçait difficile. Les Huns avaient franchi le Rhin et s'avançaient vers Paris. Les habitants étaient effrayés et la plus grande agitation régnait dans la ville. Geneviève rejoignit le conseil de la Cité et tenta d'apaiser les esprits :

- Superstition ! Tout ce que vous avez entendu n'est que le fruit déformé et amplifié de la réalité. Certes, les Huns sont dangereux, mais ils restent des hommes. Ils ne sont pas invincibles comme vous semblez le croire et ils restent soumis à la loi de Dieu.

Peu à peu, le calme revint et elle put poursuivre :

- On me dit que les plus riches de la cité commencent à craindre pour leurs biens et veulent les mettre à l'abri dans des villes moins exposées ? Mais quelle ville est plus sûre que Paris, entourée de solides remparts et sous la protection de Dieu ? Et croyez-vous qu'il soit prudent de partir sur les routes alors que nous ne savons pas de quel côté les Barbares vont arriver ?

Le préfet Aetius approuva les paroles de Geneviève et harangua la foule à son tour :

- Voilà les paroles qui apaiseront le peuple qui gronde et qui a peur. Voilà l'exemple que vous devez donner, vous, notables de la ville : restez et défendez votre cité. Mais ce n'est pas à la force des armes que vous vaincrez, mais à force de prières. Jeûnez et priez, Dieu étendra alors sa protection sur la ville et elle sera épargnée.

Hélas certains hommes ne l'entendirent pas de cette façon :

- Jeûnez et priez ? Vous croyez que des paroles pieuses suffiront à arrêter la folie d'Attila ? Ce n'est pas à une femme de dire aux hommes ce qu'ils ont à faire. Une vierge ne connaît rien à la guerre.

Quelques bourgeois continuaient de faire leurs valises et d'atteler leur monture pour le départ quand un écho leur parvint. Celui des prières des Parisiennes rassemblées autour Geneviève dans la chapelle de l'île de la Cité. Ne pouvant partir sans leurs épouses, les maris se joignirent à elles et prièrent. Pendant que la ville entière veillait en oraison, 50 000 guerriers d'Attila approchaient de Paris. Ils installèrent leur campement au pied de la cité et attendirent. Passés quelques jours, ils finirent par poursuivre leur chemin, laissant la capitale intacte.

Pont de la Concorde

Grâce au pont de la Concorde, il est possible de franchir la Seine entre le quai des Tuileries, 1er arrondissement, et le quai d'Orsay, 7e arrondissement, plus concrètement de relier la place de la Concorde à l'Assemblée nationale. Le pont est inscrit au titre des monuments historiques depuis le 12 juin 1975.

Odonymie

Au fil du temps, ce pont a porté bien des noms. Pont Louis XVI à ses origines, il est rebaptisé « pont de la Révolution » en 1789. Les noms à consonance monarchique n'étaient plus en vogue. Sous le Directoire, les membres du gouvernement tentent d'apaiser les esprits et rebaptisent l'édifice ; il devient le « pont de la Concorde », soit de l'entente. Sous la Restauration, monarchie oblige, on retrouve le « pont Louis XVI ». Et enfin, à partir de la Monarchie de Juillet, il adopte son nom définitif : pont de la Concorde.

Histoire

Au début du XVIIIe siècle, il est encore malaisé de traverser la Seine. Soit vous deviez rejoindre le pont Royal au niveau du palais des Tuileries, voire descendre jusqu'à l'île de la Cité, soit vous empruntiez le bac. Ce type d'embarcation est visible dans le premier volet du film de Peter Jackson, le *Seigneur des anneaux*. Plutôt instable et rudimentaire, le bac était lent, limité en charge et malmené par le courant. La nécessité de construire un pont pour relier les faubourgs Saint-Germain et Saint-Honoré se fait donc sentir dès 1725. La place Louis XV, l'actuelle place de la Concorde, vient d'être achevée. L'emploi du bac est devenu impossible. Le roi lance le projet de construire un pont. Le chantier est confié à l'architecte Jean-Rodolphe Perronet en 1787. Les travaux commencent l'année suivante, mais sont rapidement interrompus par la Révolution française. Plus de financement et plus d'approvisionnement en pierres. Un événement historique va résoudre l'un des problèmes de l'architecte : la démolition de la forteresse de la Bastille. Actuellement, lorsque vous empruntez le pont de la Concorde, vous foulez les pierres de la prison. Ainsi, les Parisiens pouvaient chaque jour écraser ce symbole de la monarchie. Concept toujours d'actualité si l'on observe sa configuration : le pont conduit les promeneurs depuis l'entrée des jardins des Tuileries (lieu hautement royal) à l'Assemblée nationale (organisme chargé de voter les lois protégeant l'Etat et les citoyens). L'édifice est achevé en 1791.

Architecture

L'ouvrage comprend cinq arches appuyées sur des piles assez minces, terminées par des colonnes tronquées. Elles sont surmontées d'un chapiteau au-dessus duquel se trouve une courte architrave. Une corniche couronne tout le pont. Les parapets sont formés de balustrades identiques à celles de la place Louis XV, qui s'interrompent au niveau des piles. Celles-ci supportent un dé composé de douze pierres. Les membres du Directoire n'apprécient pas la vue de ces dés vides, sorte de socles ou piédestaux dépossédés d'œuvres d'art. Ils projettent d'y installer des pyramides de pierres. La campagne d'Egypte, menée par Napoléon, a laissé des traces et suscité un vif intérêt pour l'art des pharaons. On dessine des croquis, on réalise des prototypes, mais l'idée ne s'avère pas concluante. Elle ne fut donc jamais mise en place. Sous le Premier Empire, l'espace vide perturbe de nouveau. Napoléon 1er y fait installer huit statues en l'honneur de généraux morts au champ d'honneur pendant les campagnes impériales. Les extrémités du pont sont matérialisées par deux colonnes cannelées à tambours. Elles sont surmontées d'un aigle, symbole de l'empereur. Sous la Restauration, cette démonstration du pouvoir impérial n'est guère appréciée. Les colonnes et les statues sont donc détruites. Toutefois, l'idée est conservée. Douze statues monumentales en marbre blanc prennent place. Qui mettre à l'honneur ? Le choix des autorités se porte sur quatre ministres (Colbert, Richelieu, Suger et Sully), quatre militaires (Bayard, Grand Condé, Du Guesclin et Turenne) et quatre marins (Duguay-Trouin, Duquesne, Suffren et Tourville). Hélas, cet ensemble décoratif est beaucoup trop lourd pour le pont qui menace de s'écrouler. Louis-Philippe 1er fait transférer les statues dans le parc du château de Versailles. Aujourd'hui, ces hommes illustres sont observables en divers lieux français. Les quatre militaires : Du Guesclin, Bayard, Condé (détruite en 1944) et Turenne se trouvent à l'école militaire de Saint-Cyr. L'école navale de Brest possède les effigies de Colbert, Duquesne (détruite en 1944), Suffren et Duguay-Trouin. Sully se trouve à Rosny-sur-Seine. Suger est à Saint-Omer. La statue de Richelieu est visible à Richelieu, tandis que Tourville est à Tourville-sur-Seine. En 1840, des candélabres, dus à Henri Labrouste sont installés sur les dés. Ils sont retirés peu de temps après. Une maquette est visible au musée Carnavalet.

Modernisation

Lors de l'exposition des Arts décoratifs de 1925, la circulation du pont Alexandre III est déviée vers le pont de la Concorde qui n'est pas prévu pour accueillir un trafic aussi dense. Les ingénieurs de la ville ont réponse à tout. Ils suppriment les trottoirs afin d'élargir la chaussée. Indignation des badauds qui se voient contraints de bifurquer vers les autres ponts. Pas de soucis. Une passerelle pour piétons est construite en aval. De vastes chantiers pour six mois d'exposition (25 avril – 25 octobre 1925). L'exposition terminée, les ingénieurs comprennent qu'il est impossible de faire machine arrière. Tout le monde s'était habitué à

pouvoir traverser au pont de la Concorde. Dès 1926, le service des Ponts et Chaussées propose un projet d'élargissement. Faute d'argent, les travaux sont reportés jusqu'en 1929. Entre 1930 et 1932, la largeur du pont est doublée pour faciliter la circulation automobile. La largeur de la chaussée passe de 8,75 mètres à 21 mètres, à laquelle s'ajoutent deux trottoirs de 7 mètres. Les ingénieurs des Ponts-et-Chaussées Deval, Henri Lang et Malet, ainsi que les ingénieurs des Travaux Publics de l'Etat Gravet et Retraint prirent grand soin à respecter l'architecture initiale. Les nouvelles voûtes reposent sur des piles évidées comme le voulait Perronet à l'origine. Le pont de la Concorde fut le témoin des affrontements du 6 février 1934. L'ouvrage est rénové en 1983.

Art

Dans sa chanson *Les Champs-Elysées*, Joe Dassin évoque le pont : « Hier soir deux inconnus et ce matin sur l'avenue deux amoureux tout étourdis par la longue nuit. Et de l'Étoile à la Concorde, un orchestre à mille cordes. Tous les oiseaux du point du jour chantent l'amour ». L'édifice est également mentionné dans la chanson *Les Princes* du groupe MZ : « Je vois les feux ensanglantés, les gouttes de pluie, et je pense : « Rien ne peut m'arriver, j'ai le cœur ensommeillé ». Mais cette nuit j'ai mal rêvé, la douleur m'a réveillé. Faire le Pont de la Concorde et revenir à pied. Et t'aimer au-delà d'ton corps, yeah. Penses-tu qu'un jour on ira mieux ? ».

Place Dauphine

La place commence rue de Harlay et se termine rue Henri-Robert. Elle mesure 102 mètres de longueur et entre 12 et 67 mètres de largeur. La place Dauphine est la seconde place royale parisienne du XVIIe siècle, après la place des Vosges. Elle se situe à l'ouest de l'île de la Cité. La pointe du triangle débouche au milieu du Pont-Neuf. L'est de la place est séparé du palais de Justice par la rue de Harlay.

Odonymie

Dès sa création, la place est nommée en l'honneur de la naissance du dauphin, le futur roi Louis XIII.

Histoire

Sur le terrain occupé par cette place, on voyait autrefois deux îles. La plus grande s'appelait « l'île au Bureau ». Elle tirait son nom de Hugues Bureau qui, le 6 février 1462, acheta cet emplacement moyennant 12 deniers de cens et 10 sols de rente annuelle. L'île voisine était moins large, mais plus longue, son nom « d'île à la Gourdaine » lui venait du moulin dit de la Gourdaine. La construction du Pont-Neuf, de 1578 à 1607, entraîne le rattachement à l'île de la Cité de trois îlots alluvionnaires à fleur d'eau : l'îlot du Passeur-aux-Vaches, l'île à la Gourdaine (ou île du Patriarche) et l'île aux Juifs. En l'an 1607, après le début des travaux de la place Royale (actuelle place des Vosges) et l'inauguration du Pont-Neuf, le roi Henri IV souhaite faire aménager la pointe ouest de l'île de la Cité entre le palais royal et le Pont-Neuf. Il décide de créer une place, à l'emplacement des anciens îlots et du verger du roi, devenu alors jardin du bailliage du palais, et en détruisant la maison des Etuves du palais en 1606. Par un bail à cens et à rentes du 10 mars 1607, le roi fait don à son fidèle 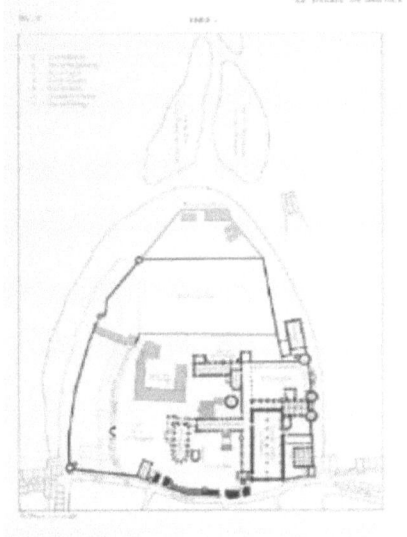 et vieux serviteur Achille 1er de Harlay, premier président à mortier du Parlement de Paris, des terrains formant l'extrémité occidentale de l'île, en récompense de ses loyaux services pendant la Ligue. Il reçoit l'autorisation de créer une place triangulaire. À charge pour lui de construire les nouveaux bâtiments dans l'esprit de la place Royale et conforme au plan imposé par le roi et le Grand voyer Sully : une rangée de maisons identiques comprenant deux étages, un attique avec des lucarnes, et un rez-de-chaussée à arcades abritant des commerces. De Harlay, après s'être acquitté d'une modique redevance, fit commencer les travaux (ainsi que celles des constructions attenantes) en mai 1607, sur une superficie de 3 120 toises (environ 11 000 m²). La place royale fut inaugurée par le roi Henri IV et fut baptisée place Dauphine. Respectant son contrat, Achille de Harlay fit bâtir trente-deux maisons identiques en chaînage de pierre blanche, briques et combles en ardoise, autour d'une place fermée. Le roi voulait isoler les habitants du trafic intense du pont. Seules deux ouvertures permettaient l'accès à la place, une à la pointe occidentale vers le pont et surtout la statue du roi, et une autre au centre de la rue de Harlay. Les commerces étaient réservés aux banquiers et aux changeurs. Grâce à sa proximité avec le palais du Louvre, la place attira rapidement orfèvres, lunetiers et graveurs. Son cadre discret et raffiné servit pour les festivités de 1660, célébrant l'entrée à Paris de Louis XIV et Marie-Thérèse. Hélas, l'absence de règlement urbanistique laissa libre cours à la créativité des propriétaires successifs. La place Dauphine perdit son uniformité au XVIIIe siècle.

L'architecte Germain Boffrand suggéra en 1748 de raser la place Dauphine pour ériger une nouvelle place semi-circulaire en l'honneur de Louis XV. Celle-ci aurait reçu en son centre un arc de triomphe, bordé de chaque côté de façades alternant pilastres corinthiens et colonnes colossales. Face à la statue d'Henri IV, une colonne de style Trajane surmontée d'une statue pédestre du roi Louis XV. En 1787, l'architecte Jacques Pierre Gisors voulut mettre en avant les vertus du roi Louis XVI

en dressant un arc de triomphe sur le terre-plein du Pont-Neuf, orné de colonnes corinthiennes, faisant face à la statue équestre d'Henri IV. Entre 1792 et 1814, la place fut rebaptisée « place de Thionville », en l'honneur de la résistance héroïque des habitants et de la garnison de Thionville contre l'armée prussienne en 1792. Le Consulat, voulant renforcer sa popularité et son prestige, commanda de nombreux monuments patriotiques. Une souscription publique est ouverte, le 26 juillet 1800, pour financer l'édification d'une fontaine et d'un monument à la gloire du général Louis Charles Antoine Desaix (1768-1800), sur la place Dauphine. Les travaux sont confiés à l'architecte Charles Piercier et au sculpteur Augustin-Félix Fortin. La première pierre est posée le 12 septembre 1801, par

Emmanuel Pastoret, au nom de l'assemblée générale des souscripteurs. La plaque commémorative est actuellement conservée au musée Carnavalet. Le 14 juin 1803, le Premier Consul inaugure la fontaine, date anniversaire de la bataille de Marengo durant laquelle Desaix trouva la mort. Le monument se composait d'un bassin rond, au milieu duquel se dressait une colonne en marbre de dix mètres de hauteur, chapeautée par un couple. Une guerrière vêtue à l'antique et casquée, représentation de la France, couronne de laurier le buste du général Desaix. Le socle portait des bas-reliefs aujourd'hui conservés au musée du Louvre. Sur la colonne, une citation apocryphe du général : « Allez dire au Premier Consul que je meurs avec le regret de n'avoir pas assez fait pour la postérité ».

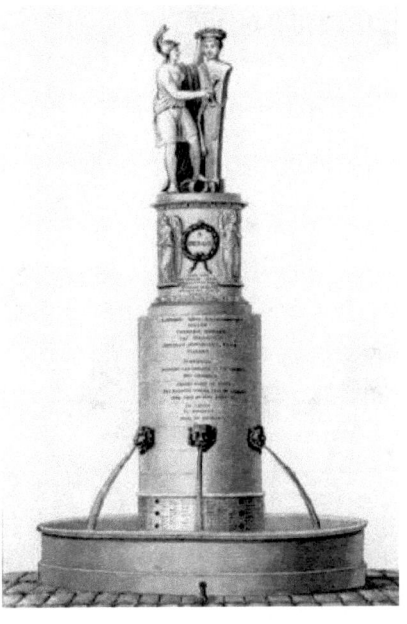

Quatre mascarons de bronze déversaient un jet d'eau dans le bassin. Lors de la restructuration de la place Dauphine, la fontaine est démontée en 1874. Hélas, elle est en très mauvais état. Le coût de restauration étant trop élevé, la fontaine est remisée dans les réserves de la ville de Paris. Le groupe sommital est envoyé à Riom, en 1906, et dressé sur une fontaine de la place Jean-Baptiste Laurent. Elle rejoint l'autre fontaine dédiée au général, rue du Pré-Madame, de la ville puydômoise. Dans sa campagne de grands travaux, le baron Haussmann envisagea de transformer la place en square entouré de bâtiments à l'antique. Il renonça à son projet en apprenant que les propriétaires de maisons étaient majoritairement des magistrats et avocats. En 1874, Viollet-le-Duc fit démolir le côté pair de la rue De Harlay (soit la base du triangle de la place) afin de dégager la façade arrière du palais de Justice. La place perdit ainsi son caractère clos. Des marronniers furent implantés au centre, brisant la vue que le roi Henri IV voulait harmonieuse et lumineuse. Des trente-deux maisons originelles ne subsistent que deux pavillons d'angle, situés sur le pont. Les autres bâtiments furent surélevés, démolis, reconstruits différemment. Les arcades survivantes abritent de nos jours de nombreuses galeries d'art et des petits restaurants.

Arts

Jusqu'à la Révolution, la place accueillait le Salon de la jeunesse, le jour de la Fête-Dieu, permettant à des peintres non-inscrits à l'Académie d'exposer leurs œuvres. La place est mentionnée dans *La Main enchantée* de Gérard de Nerval, dans *Les dieux ont soif* d'Anatole France, dans *Nadja* d'André Breton, et dans *Kaputt* de Curzio Malaparte. André Breton cataloguera la place Dauphine comme sexe de Paris dans son œuvre la *Clé des champs*, en raison de sa forme triangulaire. Côté musique, Jacques Dutronc cite la place dans *Il est cinq heures, Paris s'éveille*, ainsi qu'Yves Simon dans *Nous nous sommes tant aimés*. La place Dauphine servit également de lieu de tournage pour de nombreux films et séries. Pour information, les comédiens Simone Signoret et Yves Montand vécurent au n°15. La maison d'édition de Madame Jeanne Mayer-Odin occupait un appartement du n°24. Le comédien français André Antoine, fondateur du Théâtre-Libre, habita au n°28 de 1912 à 1934. La papeterie Gaubert, située au rez-de-chaussée de l'immeuble, vit le jour en 1830.

Immeuble Sauvage

Henri Sauvage dépose en 1929 un permis de construire entrainant la démolition d'un des bâtiments non classés de la place Dauphine. Le projet soulève aussitôt une levée de boucliers aboutissant à un arrêté de refus en raison de la trop grande hauteur du bâtiment projeté. En réponse à un journaliste de L'œuvre, l'architecte Frantz Jourdain (le papa de la Samaritaine) défend son confrère : « Devons-nous nous lamenter davantage sur la place Dauphine ? Les maisons en sont d'une banalité lamentable. Je ne parle pas des deux pavillons d'entrée, face au Pont-Neuf, qui sont charmants. Mais les autres ! Les connaissez-vous, les avez-vous visités ? Je les connais, moi, ces maisons. Pas d'escalier de service, pas de salle de bains, les water-closets sur le palier, des entresols de deux mètres de haut, des couloirs sans lumière, des cuisines sans air. Ah ! L'étrange manie qu'ont quelques-uns d'admirer une chose, non parce qu'elle est belle, mais parce qu'elle est vieille. Quel culte bizarre pour la pourriture, la puanteur, les microbes et en fin de compte, pour la tuberculose. Habiteriez-vous dans ces vieilles pierres ? Habiteriez-vous dans ces taudis ? Mais s'il vous plaît d'avoir mon sentiment, je flanquerais tout ça par terre ». Les travaux commencent en janvier 1932 avec quelques modifications : les allèges doivent être en brique. En octobre, l'immeuble est terminé et doté d'un grand confort : un incinérateur d'ordures, deux ascenseurs, trois chambres de domestique par appartement. L'ossature et les planchers sont en béton armé jusqu'au 2e étage, ils sont ensuite poursuivis en fer. Les façades, après le rez-de-chaussée en ciment bouchardé, sont en moellons de roches de Mézangère et en brique. Henri Sauvage étant mort en mars 1932, le chantier fut poursuivi par ses collaborateurs d'Escrivan et Charpentier.

Tabarin et Mondor

Tabarin et son maître Mondor animaient sur la place Dauphine des pantalonnades, qui pendant dix ans firent rire les Parisiens. Tabarin jouait le rôle d'un niais, questionnant son maître, vêtu en habit de médecin, qui y répondait avec emphase en employant des termes scientifiques. Tabarin représentait aussi des intrigues dans lesquelles les héros étaient indubitablement dupés. Molière se serait inspiré de ce personnage. Durant le spectacle, le bateleur ventait les qualités merveilleuses de ses potions. En 1634, les spectacles prirent une tournure licencieuse ; le roi mit donc fin à son entreprise.

Rue des Deux-Boules

La rue commence rue des Lavandières-Sainte-Opportune et se termine rue Bertin-Poirée. Elle mesure 80 mètres de longueur et 10 mètres de largeur.

Odonymie

Son nom lui vient d'une enseigne qui s'y trouvait.

Histoire

Du XIIIe au XVIe siècles, la rue prit le nom de « rue Guillaume-Porée », du nom d'un bourgeois qui y demeurait. Dans un manuscrit de 1546, elle apparaît sous le nom de « rue Guillaume-Porée dite des Deux-Boules ». Un autre document mentionne « rue Guillaume Porée autrement Maleparole ». Elle est citée sous le vocable de *vicus de malo verbo* (rue de la Mauvaise Parole) dans le cartulaire de Notre-Dame de Paris. Elle a, en effet, souvent été confondue avec cette dernière rue, qui lui était parallèle (on y entendait caqueter les lavandières et les gens du peuple). Un décret du 3 mai 1848 déclare d'utilité publique le percement de la rue de Rivoli (entre la rue de Sévigné et la rue du Louvre). Les expropriations ont été autorisées par une loi et plusieurs décrets dans les années 1850. Un décret du 21 juin 1854 réorganise les abords des Halles. Dans le cadre de cette vaste opération d'urbanisme, la rue est redressée et élargie par la reconstruction des immeubles du côté pair.

Cadran solaire

L'ancien hôtel particulier des Deux-Boules (n°3) avait été construit en 1720 pour l'usage personnel du régent, le duc d'Orléans (1674-1723). Aux XVIIIe et XIXe siècles, l'hôtel subit de nombreuses transformations. Il fut utilisé par des négociants et les bâtiments servirent d'ateliers. Ces derniers ont été rénovés en 1976 et vendus en appartements. Dans la cour, sur le corps du bâtiment adossé à la rue, entre deux fenêtres du 2e étage, à environ 10 mètres de haut, est peint un cadran solaire. Dans la partie supérieure, la date de 1720 semble être celle de la construction de l'hôtel. Dans la partie inférieure, les dates de 1823 et 1854 doivent indiquer des dates de restauration du cadran. Le cadran a la forme d'un demi-cercle mesurant 1,70 mètre sur 1,50 mètre environ. Son centre est

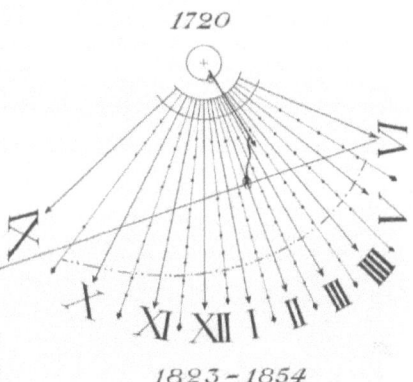

entouré d'un motif décoratif formé de deux demi-cercles concentriques. Les dix lignes horaires, en traits pleins, partent du premier cercle arrivant aux chiffres, et sont terminées par des flèches. Les neuf lignes des demi-heures partent comme les lignes horaires, se terminent entre les chiffres par de petits losanges et comportent des points tout au long des lignes. Un grand arc de cercle, composé d'un petit trait, suivi de deux points, sert probablement à marquer les quarts d'heure par les traits et les cinq minutes par les points. Le style polaire terminé par une flèche, est soutenu par une courte jambe près de sa base et un support ondulé près de sa flèche. Il est légèrement déformé. Le cadran ne semble plus recevoir le soleil le matin, l'immeuble d'en face ayant été surélevé. Il a été repeint en 1990.

Place de l'Ecole

La place dessert le quai du Louvre et les rues de l'Arbre-Sec et de Prêtres-Saint-Germain-l'Auxerrois. Elle mesure 31 mètres de longueur sur 15 mètres de largeur. Elle a conservé son statut de place, bien qu'elle n'en ait plus de réalité topographique.

Odonymie

Le nom évoque l'ancienne école Saint-Germain qui exista jusqu'au XIIIe siècle. Elle constituait un des établissements du cloître Saint-Germain-l'Auxerrois. Les grands monastères et les églises construisaient des

écoles pour former les futurs religieux. Toutefois, le toponyme peut également faire référence à un point d'accostage. C'est probablement vers 1214 que fut créé un nouveau port sur le quai de l'Ecole. D'ailleurs, jusqu'à la fin du XIVe siècle, elle porta le nom de place aux Marchands, probablement parce qu'on vendait ici ce que les bateaux venaient de décharger.

Histoire

En 1806, une fontaine, dessinée par François-Jean Bralle, a été installée au milieu de la place. Elle s'y trouvait encore en 1844 et aurait été détruite en 1854.

Immobilier

N°1 : au XVIIIe siècle, la place comptait un célèbre café, le *Café Manoury*, connu grâce à un dessin à la sanguine du musée Carnavalet montrant une salle élégante avec lustre, glaces et poêle pour le confort.

Ex n°10 : là où se trouve un bâtiment de La Samaritaine, se dressait le *Café du Parnasse*. À la fin de l'Ancien Régime, le jeune clerc Danton, qui fréquentait le café, tomba fou amoureux de la fille du patron, Antoinette Gabrielle Charpentier. Ils se marièrent à l'église Saint-Germain l'Auxerrois le 14 juin 1787. Grâce à la dot de 20 000 livres qu'elle lui apporte et des prêts cautionnés par sa propre famille, Danton peut acheter cette même année la charge d'avocat aux Conseils du roi.

Rue Edouard-Colonne

La rue commence quai de la Mégisserie et se termine rue Saint-Germain-l'Auxerrois et avenue Victoria. Elle mesure 35 mètres de longueur et 15 mètres de largeur.

Odonymie

Le chef d'orchestre Édouard Colonne (1838-1910) fut tout d'abord premier violon à l'Opéra de Paris et s'initia à la conduite d'orchestre. Il créa les Concerts du Châtelet qui devinrent les Concerts Colonne.

Né dans une famille de musiciens d'origine juive, Édouard Colonne entre au Conservatoire de Paris en 1856 et remporte un Premier prix d'harmonie en 1858 puis, en 1863 un Premier prix de violon. Durant ses études au Conservatoire, il est violoniste de rang au Théâtre-Lyrique (actuel théâtre de la Ville) avant de devenir en 1858, premier violon à l'orchestre de l'Opéra de Paris. Il est également second violon du Quatuor Lamoureux, aux côtés du violoniste Charles Lamoureux, puis dans l'orchestre de Jules Pasdeloup, où il effectue ses premières armes à la baguette. En 1873, grâce aux fonds apportés par la maison d'édition musicale Hartmann, il fonde le « Concert national » au théâtre de l'Odéon. Il donne, lors du concert inaugural, la première mondiale de l'oratorio de César Franck, *Rédemption*, avec Vincent d'Indy à la direction du chœur. Après le retrait de Hartmann en raison de difficultés financières, Colonne crée son propre orchestre, les « Concerts du Châtelet », rapidement rebaptisé en « Association artistique des Concerts Colonne ». Installé au théâtre du Châtelet, l'orchestre se fait une spécialité du répertoire français contemporain. En 1892, il est nommé directeur artistique de l'orchestre de l'Opéra de Paris, où il avait débuté, mais n'y reste qu'une saison, préférant se consacrer à son orchestre. Il est, avec André Messager et Camille Chevillard, l'un des trois chefs français de renom pionniers de l'enregistrement orchestral. En 1906-1907, Colonne réalise une vingtaine d'enregistrements pour Pathé à la tête d'un orchestre réduit, comme l'imposait à l'époque la technique de prise de son par cornets acoustiques. Colonne décède en mars 1910 à son domicile, des suites d'une longue maladie.

Histoire

La rue est percée lors de la construction du théâtre du Châtelet qui entraîne la disparition de la rue de l'Arche-Pépin située légèrement plus à l'est. Elle prend le nom de la rue des Lavandières-Sainte-Opportune qu'elle prolonge. Par un arrêté du 16 juillet 1912, le tronçon de cette rue compris entre le quai de la Mégisserie et l'avenue Victoria est détaché et reçoit son nom actuel.

Quai François-Mitterrand

Le quai commence quai du Louvre, avenue de l'amiral de Coligny et se termine quai Aimé-Césaire, avenue du Général-Lemonnier. Il mesure 710 mètres de longueur et 22 mètres de largeur.

Odonymie

Le quai a été nommé en l'honneur de François Mitterrand (1916-1996), président de la République française de 1981 à 1995. Il étudia d'abord le droit à Paris, puis entra dans la Résistance. Député de la Nièvre, il participa à plusieurs gouvernements de la IVe République, puis s'opposa à Charles de Gaulle.

> François Mitterrand est né le 26 octobre 1916 à Jarnac et est mort le 8 janvier 1996 à Paris. Agent contractuel sous le régime de Vichy, puis résistant, il est onze fois ministre sous la IVe République, notamment ministre des Anciens combattants et des Victimes de guerre, ministre de la France d'Outre-Mer, ministre de l'Intérieur et garde des Sceaux, ministre de la Justice. Il est député de 1946 à 1958, sénateur de 1959 à 1962, puis à nouveau député de 1962 à 1981. L'affaire de l'Observatoire le tient un temps à l'écart de la vie politique. Opposé au retour du général de Gaulle au pouvoir, il affronte celui-ci lors de l'élection présidentielle de 1965, qu'il perd au second tour. En 1971, il devient Premier secrétaire du Parti socialiste, créé à l'issue du congrès d'Épinay. Candidat de l'union de la gauche à la présidentielle de 1974, il est battu au second tour par Valéry Giscard d'Estaing. Soutenu par le Parti socialiste, il remporte l'élection présidentielle de 1981 face à Valéry Giscard d'Estaing, président sortant. Premier socialiste à occuper la présidence de la République sous la Ve République, il fait notamment voter l'abolition de la peine de mort, un certain nombre de mesures sociales inspirées du programme commun, puis décide du « tournant de la rigueur ». Avec la « doctrine Mitterrand », il s'engage à ne

> pas extrader les anciens terroristes d'extrême gauche. Après la défaite de la gauche aux élections législatives de 1986, il nomme Jacques Chirac à la tête du gouvernement, inaugurant la première cohabitation. En 1988, il est réélu président de la République face à Jacques Chirac. Son second septennat est marqué par l'engagement militaire de la France dans la guerre du Golfe, par l'adoption du traité de Maastricht, par la deuxième cohabitation (avec Édouard Balladur), par le déclin de sa popularité, par des révélations sur son passé et son état de santé déclinant. Atteint d'un cancer de la prostate dès 1981, il meurt quelques mois après son départ de l'Élysée.

Histoire

Le quai a été créé par arrêté municipal du 8 juillet 2003, par la réunion d'une partie du quai des Tuileries et d'une partie du quai du Louvre.

Cinéma

Le quai apparaît dans une scène, vers la fin du film, *Un monde sans pitié* (1989), d'Éric Rochant. Dans cette scène, Hyppo se fait arrêter au volant de sa Peugeot 404 par la police, de nuit, et embarqué pour un contrôle, son véhicule étant déclaré volé.

Le palais du Louvre

Quasiment tout le monde connaît le Louvre, édifice présent dans la littérature (*L'Assommoir* d'Emile Zola ou *Da Vinci Code* de Dan Brown), les films (*Belphégor* de Jean-Paul Salomé ou *Les Aventures extraordinaires d'Adèle Blanc-Sec* de Luc Besson) et les jeux-vidéo (*Tomb Raider*). Plus de huit millions de personnes déambulent dans les salles du musée chaque année, photographiant la *Joconde*, la *Victoire de Samothrace, la Vénus de Milo* ou le *Scribe accroupi*. Toutefois, connaissent-elles l'histoire du palais ?

Odonymie

Le palais du Louvre doit son nom au lieu-dit « Lupara » qui signifie « louverie ». C'est à cet emplacement que vivaient les chasseurs de loups, car au Moyen Age, les abords de Paris étaient infestés par ces animaux sauvages. D'autres historiens, comme Henri Sauval, pense que le mot « Louvre » fait référence au vieux français « lauer » signifiant « tour de guet ». Jacques Hillairet pense que ce camp renvoie au campement des Vikings près de l'église Saint-Germain l'Auxerrois.

La construction du Louvre s'étend sur sept siècles. Il porte la marque des souverains, des architectes, des artistes qui l'ont créé en ajoutant, en restaurant, et aussi en anéantissant l'œuvre de leurs prédécesseurs. Tout s'est organisé dans une certaine cohérence. Toutefois, il est difficile pour

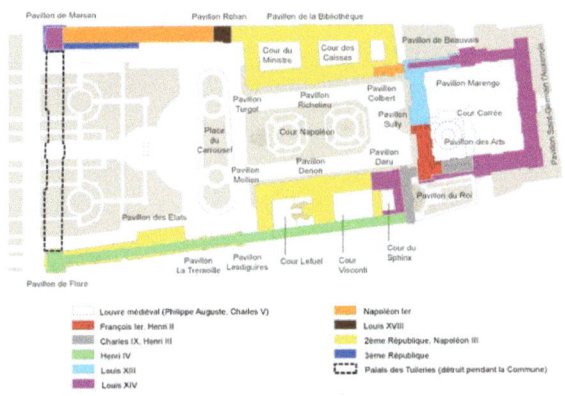

l'œil non averti de distinguer les éléments chronologiques. Et précisons que, pour la plus grande partie du public, ce nom prestigieux est celui d'un musée. Les visiteurs accordant peu d'attention aux bâtiments en eux-mêmes ; trop captivés par les chefs-d'œuvre, ils en oublient le contenant.

La forteresse de Philippe II Auguste

Alors que le souverain s'apprête à s'embarquer pour la Troisième Croisade avec Frédéric Barberousse, l'empereur germanique, et Richard Cœur de Lion, le roi d'Angleterre, il décide de renforcer la défense de la ville. Le Louvre est situé à l'ouest de Paris. Il était nécessaire de consolider ce côté de l'enceinte, considéré comme le plus exposé, sur le bord de la Seine et face à la Normandie, région occupée par les Anglais. **Philippe II Auguste** (1165-1223) achète le terrain aux religieux de Saint-Denis-de-la-Châtre et à l'évêque de Paris. Il fait construire une forteresse constituée d'un donjon, appelée la Grosse tour du Louvre, de 15,6 mètres de diamètre avec une épaisseur de mur de 4,25 mètres à sa base, haut de 32 mètres, entourée d'un fossé circulaire sec d'environ 9 mètres de largeur et 6 mètres de profondeur. Ce fossé sec était pavé de grosses pierres irrégulières. Il se franchissait par un pont-levis. Le donjon était coiffé d'un toit conique en ardoise au-dessus de mâchicoulis. Il disposait d'un puits et d'une grande citerne afin de supporter un long siège. Le donjon se situait au centre d'une enceinte rectangulaire, presque carrée, de 72 et 78 mètres de côté, renforcée de dix tours de défense que l'on franchissait par deux portes avec pont-levis situés respectivement au sud et à l'est. Le fossé d'une dizaine de mètres était alimenté par l'eau de la Seine. Les tours n'étaient pas éloignées de plus de 25 mètres l'une de l'autre, distance correspondant à la portée efficace d'un arc. Elles étaient percées d'archères à ébrasement simples pour assurer la couverture des remparts. Deux bâtiments, abritant les garnisons et les arsenaux, étaient accolés au mur d'enceinte, à l'ouest et au sud de la cour centrale. Les travaux commencés en 1190 s'achevèrent en 1202. Le roi était fortement soutenu dans son initiative par les commerçants parisiens qui s'étaient installés sur la rive droite, en particulier par la puissante corporation des marchands de l'eau : ces fortifications ne contribuaient-elles pas à leur sécurité et à leur prospérité ? Le donjon avait une fonction initialement

militaire, être l'ultime refuge du roi, mais il abrita essentiellement les archives et le trésor royal. Philippe-Auguste avait déjà perdu ses archives à la bataille de Fréteval (1194) contre Richard Cœur de Lion. Il ne voulait plus prendre de risques. Le souverain vécut surtout au palais de la Cité et se servit du Louvre comme prison. On y enferma Ferrand de Flandre après la bataille de Bouvines (1214-1227), Enguerrand de Coucy (1256), Guy de Dampierre (1304), Louis de Dampierre (1356), Charles le Mauvais (1356) et Jean II d'Alençon (1474). Les vestiges de cette construction sont encore visibles dans les sous-sols du musée. Les constructions qui s'élèvent dans cet espace et devinrent de plus en plus denses lui donnèrent l'aspect d'un château-fort hérissé de toitures, de tours et de tourelles.

Le Louvre de Saint Louis et de Charles V

Au siècle suivant, **Louis IX** (1214-1270) prend possession du Louvre. Il le fait agrandir entre 1230 et 1240. De nouvelles salles sont construites sans réel but défensif, comme la salle Saint-Louis. Il y fait transporter le trésor royal en 1317 depuis la Maison du Temple, donnant un nouveau caractère à la forteresse. Clémence de Hongrie, veuve de Louis X le Hutin, y accouche en novembre 1316, de Jean 1ᵉʳ le Posthume, mort cinq jours après.
Il faut attendre le règne de **Charles V** (1338-1380) pour assister aux premières transformations. Avec l'augmentation de la population, Paris s'est étendu largement au-delà de l'enceinte de Philippe-Auguste. Le roi fait construire une nouvelle enceinte qui englobe ces nouveaux quartiers et le château du Louvre se retrouve à l'intérieur de cette nouvelle enceinte. Il perd ainsi une grande partie de son intérêt militaire. Prince artiste et lettré, Charles cherche à donner à cette lourdeur militaire les agréments d'une demeure de plaisance. Il charge l'architecte Raymond du Temple d'agrandir le château et de le renouveler entre 1360 et 1371. Ajout de

nouvelles ailes, élévation des anciennes, percement des murs, ajout de cheminées et décoration sculpturale. Le donjon est réaménagé et percé de huit grandes fenêtres à chaque étage. Les logis sont modifiés pour avoir une hauteur de quatre étages. Des escaliers à vis sont construits dans les angles pour atteindre plus facilement les différents étages. Au nord du château, le roi fait aménager des jardins, et à l'ouest fait construire des communs pour libérer des espaces à l'intérieur du château. La tour de la Fauconnerie devient la tour de la Librairie. Charles V y transfère une partie de sa collection personnelle et commande à de nombreux artistes des livres enluminés d'étoffes et de pièces d'orfèvrerie. Les livres s'étalent sur trois étages, rangés avec soin et dans un grand souci de conservation. Un inventaire daté de 1373 fait mention de 973 manuscrits, répartis en trois catégories : les traités de gouvernements, les romans et les livres religieux. Parmi ces derniers, on note la présence de bibles latines ou françaises, de livres d'église, de missels, de bréviaires, de psautiers, de livres d'heures, mais aussi de traités d'astrologie, de géomancie et de chiromancie. Afin de protéger ces écrits, Charles V fait peindre les vitres des fenêtres et ferme ces dernières à l'aide de barreaux de fer et de fils de laiton. Il était possible d'y travailler à toute heure du jour et de la nuit grâce à la présence de trente petits chandeliers suspendus à la voûte. Les murs étaient lambrissés de bois d'Irlande, tandis que la voûte était recouverte de bois de cyprès, le tout sculpté en bas-relief. La surveillance de la bibliothèque royale était sous la responsabilité de Gilles Mallet, maître d'hôtel du roi. Les ouvrages sont donnés à des institutions

religieuses à la mort du souverain. La grande innovation de cette période reste le grand escalier hélicoïdal, dit *la Grande vis*, dessiné par Raymond du Temple. Escalier dont les 80 premières marches étaient faites de vieilles pierres tombales. La base est constituée par une tour de 5 mètres de diamètre, superposée d'une tour plus étroite (124 marches au total). Le décor sculpté, illustrant les effigies de la famille royale, est confié à Drouet de Dammartin et à son frère Guy. C'est ainsi que Charles V peut recevoir dignement son oncle, l'empereur Charles IV du Saint-Empire, en 1378 (voyage relaté dans les *Grandes Chroniques de France*). Le décès du souverain, deux ans plus tard, provoque l'abandon du château.

En 1407, sous le règne de **Charles VI** (1368-1422), une comète traverse le ciel, effrayant les Parisiens. Le tonnerre gonde et un éclair traverse la chambre du Dauphin, le futur Charles VII, tuant un page. Le futur monarque est épargné et certains y voient le signe d'une protection divine. Pendant la guerre de Cent Ans, les Anglais, commandés par Henri V d'Angleterre, alliés aux Bourguignons, maîtres de Paris, entrent dans la ville le 1er décembre 1420. Ils occupent le château du Louvre et y restent jusqu'en 1436.

Le Louvre de la Renaissance

Le premier Cabinet de tableaux (collections de peintures de chevalet indépendantes sans lien avec la décoration d'une demeure) est constitué, dès 1516, par **François Ier** (1494-1547). Il fait venir d'Italie des artistes tels que Léonard de Vinci, Battista della Palla, Giovan Battista Puccini, Pietro Aretino, Andrea del Sarto… À son retour de captivité en Espagne (1527), les Etats généraux demandent au souverain de résider à Paris, ce qui lui déplaît fortement. Par chance, le château a été grandement endommagé par la guerre de Cent Ans et les travaux traînant, François Ier réside le plus souvent à Fontainebleau où il peut satisfaire son goût pour la chasse. Toutefois, il décide de transformer la forteresse médiévale du

Louvre en palais. Après avoir fait abattre le donjon en 1528 et déplacer l'entrée du château du sud à l'est, vers la ville et plus la Seine, François 1er fait démolir l'aile ouest de la cour afin d'y édifier un corps de logis. Entre 1530 et 1536, est construit le quai du Louvre, entièrement pavé, large de 40 mètres, allant jusqu'au lieu-dit « les Tuileries ». Durant cette période, le souverain reçoit au palais la reine Eléonore d'Autriche (1531), l'ambassadeur du Portugal (1535) et le roi d'Écosse (1537). En 1539, Charles Quint est de passage dans la capitale et François 1er enrage. Le Louvre deviendra un manifeste de la Renaissance française. Il sollicite Serlio dans un premier temps, mais le projet ne le satisfait pas. Le 2 août 1546, il adopte celui de l'architecte français Pierre Lescot, secondé par le sculpteur Jean Goujon. Une cour quadrangulaire formée par trois bâtiments en U, ouverts à l'est vers Paris, dont l'aile principale est percée au centre par un escalier monumental. Hélas, la mort de François 1er en 1547 interrompt les travaux.

Son fils, **Henri II** (1519-1559), s'installe au Louvre et en fait la résidence royale et le siège du gouvernement. Il maintient Lescot comme architecte et fait reprendre le chantier de l'aile occidentale. À plusieurs reprises, le souverain fait modifier les plans initiaux. Par exemple, en 1549, le rez-de-chaussée est presque terminé quand Henri II exige l'aménagement d'une grande salle de réception. L'escalier central est repoussé à l'extrémité nord de l'aile (l'actuel escalier Henri II du musée) et une magnifique salle de 600 m² est créée (la salle des Cariatides). En 1550, le premier corps de bâtiment est terminé (la façade à gauche du pavillon de l'Horloge quand vous regardez en direction de la pyramide). 1551-1553 : ajout d'un attique. Fin des travaux vers 1554-1556.

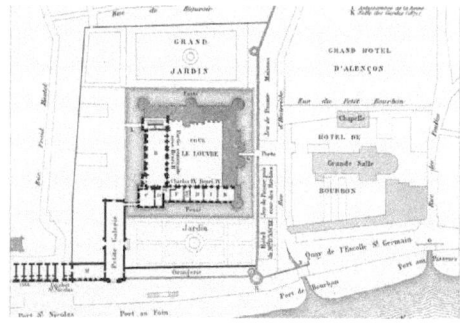

L'aile Henri II, dite Lescot, est l'illustration architecturale de la Renaissance en France ; elle servira de modèle lors de l'élaboration des ailes voisines de la Cour Carrée. L'aile occidentale se dresse sur trois niveaux : au rez-de-chaussée, la salle de réception ; au premier étage, la salle haute, la salle des gardes du roi (réservée aux repas publics du souverain) et des antichambres (nouveauté de la Renaissance) ; à l'attique, les logements de fonction des serviteurs et des dames de compagnie de la reine. La façade dégage un fort sentiment d'horizontalité.

Un rez-de-chaussée en arcades en plein cintre, encadrées de pilastres corinthiens, un étage de fenêtres hautes à pilastres composites, des petites fenêtres somptueusement sculptées en attique. La façade est scandée par trois avant-corps à peine saillants, signalés par des colonnes jumelées, où s'ouvrent trois portes surmontées chacune d'un œil-de-bœuf encadré par des allégories qui s'y appuient. Comme le prouve la gravure de l'architecte Androuet du Cerceau, les niches ne comportaient aucune sculpture. Celles visibles, actuellement, datent du XIXe siècle ; elles sont l'œuvre de divers artistes. Au rez-de-chaussée, en partant de la gauche vers la droite, nous pouvons admirer : *l'Architecture* d'Onésime Aristide Croisy (1898), *Euripyle* d'Henri Frédéric Iselin (1860), *Hélène* d'Antoine Etex (1859), *Pâris* d'Antoine Etex (1859), le *Message* par Alexandre Oliva (1860), la *Sculpture* de François Jouffroy (1861). Autour des œils-de-bœuf, nous apercevons le *Renommée* et la *Gloire du roi*, la *Guerre* et la *Paix*, et enfin *l'Histoire* et la *Victoire*, toutes par Jean Goujon. Les linteaux du premier étage (1552) présentent des motifs symétriques : tête de Diane entre deux chiens sur les avant-corps des extrémités, Diane entre deux lions au centre. Une frise d'enfants tenant une guirlande, sur laquelle se détachent le chiffre royal (H) et le croissant (symbole de Diane) court sur l'entablement. Le décor le plus exubérant se situe à l'attique (1554). Sur l'avant-corps de gauche, de chaque côté des fenêtres, Jean Goujon a illustré les richesses naturelles de la France : les eaux avec Neptune, la vigne avec Bacchus, les forêts avec Pan et les moissons avec Cérès. Sur le fronton, trône la Nature avec sa corne d'abondance. Au centre, autour des fenêtres, deux divinités guerrières, Mars et Bellone, avec deux captifs enchaînés à leurs côtés. Le dieu de la guerre est accompagné d'un loup. L'artiste s'est inspiré des traits du roi Henri II. Gageons que les Révolutionnaires n'auraient pas épargné l'homme s'ils avaient reconnu le souverain. Au-dessus, les armes royales sont tenues par deux Victoires ailées. À l'origine, Jean Goujon avait sculpté deux Victoires ailées présentant la couronne royale surmontant trois fleurs de lys, elles-mêmes entourées du collier de l'ordre de Saint-Michel. Les Révolutionnaires s'attelèrent à faire disparaître ces insignes monarchiques : les fleurs de lys furent remplacées par le sigle « RF », surmonté d'un compas au lieu de la couronne royale. Les deux Victoires ailées présentaient, entrelacés de feuilles de chêne, un faisceau de licteur, symbole révolutionnaire. Quant au collier de l'ordre de Saint-Michel, ils lui substituèrent un serpent qui se mord la queue. L'avènement du roi Louis XVIII rétablit les symboles royaux. Les fleurs de lys ne furent pas rétablies, les sculpteurs préférèrent apposer la lettre H, surmontée de la couronne royale. Par contre, ils conservèrent le serpent. Le faisceau de licteur disparut et les feuilles de chêne restèrent. Sur l'avant-corps de droite, une figure de la *Science* ou de la *Connaissance* avec son caducée, est encadrée de deux savants antiques, peut-être Euclide et Archimède, accompagnés de génies lisant et écrivant. Au niveau des fenêtres du premier étage, nous apercevons des initiales gravées. Au premier coup d'œil, nous lisons un « D ». En fait, il faut y voir un « H », pour Henri II, entremêlé avec un « C » pour Catherine de Médicis, son épouse. Sauf que le mélange évoque un « D » qui n'est pas sans rappeler Diane de Poitiers, la maîtresse du roi.

Deux innovations architecturales apparaissent ici. Le toit brisé qui remplace la haute toiture à la Française et le jeu des couleurs. Sur le calcaire blond de la façade sont incrustés les œils-de-bœuf en pierre fine blanche et des pierres de marbre de couleur, qui dessinent ovales, cartouches et linteaux. Si réduite que soit la place occupée par cette façade dans l'ensemble du palais, c'est elle qui en constitue le noyau, c'est en se greffant sur elle, et en l'imitant, que les bâtiments se sont organisés.

Dans l'esprit de François 1er, le nouveau Louvre devait s'inscrire dans les limites du château-fort. Henri II voit plus loin et plus grand. La décision fut prise, sans doute à la fin de son règne, de quadrupler le palais (ce qui pouvait répondre au goût pour les fêtes et les divertissements qu'illustrèrent son époque). La décoration intérieure n'avait pas à jalouser celle des façades extérieures. Le rez-de-chaussée du bâtiment occidental est occupé par une grande salle de bal, la **salle des Cariatides**. N'oublions pas qu'à la fin du règne des Valois naissent les « ballets de cour » et les  « divertissements ». La tribune des musiciens est portée par quatre hautes figures de femmes inspirées de l'Erechthéion. L'emploi de cariatides antiques comme colonne était une première en France. Goujon conçoit d'altières statues à l'antique, au visage impersonnel, architecturales avant tout. En face, s'élève la tribune royale supportée par des colonnes. Un plafond de bois en partie doré coiffait la pièce. Cette salle superbe, qui accueille aujourd'hui les sculptures de la Renaissance appartenant au musée, a reçu des modifications sous l'Empire qui ajouta notamment une cheminée. Près de celle-ci, se dressait le tribunal du roi, à l'époque, surélevé par cinq marches. En 1610, une effigie en cire d'Henri IV est exposée dans la pièce, afin de permettre aux Parisiens de rendre un dernier hommage au roi assassiné. Le 24 octobre 1658, Molière y joua pour la première fois devant Louis XIV. Au Moyen Age, les escaliers étaient circulaires, étroits et assez sombres. L'escalier renaissance Henri II est large, à double volée droite, selon la mode italienne. Les voûtes du bel escalier, dit le *Grand Degré*, ont été conservées : sur les caissons, le monogramme du roi (H) s'accouple avec les symboles de Diane, déesse de la chasse (têtes de cerfs et autres animaux, croissant de Diane), illustrant le loisir préféré du souverain, de feuilles de chêne et de rosaces, de figures humaines et d'animaux, d'écussons, de guirlandes. Les lieux conservent bien sûr leur fonction (unir la salle de réception du rez-de-chaussée aux appartements du roi, au premier étage), mais deviennent aussi un lieu d'apparat emprunté par les courtisans chaque jour. Le corps de logis fut complété sous la direction de Pierre Lescot après la mort d'Henri II puis, lentement, sous les règnes de François II, Charles IX et Henri III.

Lescot poursuit donc son œuvre, entre 1553 et 1556, en élevant le pavillon d'angle et, en retour, l'amorce du bâtiment méridional parallèle à la Seine. Il entame ensuite la construction du **pavillon du Roi**, à la place de la tour d'angle qui liait la nouvelle aile Renaissance et l'aile méridionale, réservé aux appartements du souverain. Le pavillon s'élève sur quatre niveaux : au rez-de-chaussée, la salle du Conseil ; au premier étage, la chambre du roi ; au dernier niveau, un belvédère dominant la Seine. Tous les matins, les courtisans attendaient la fin de la cérémonie du lever du roi Henri II, ainsi que les musiciens, les tailleurs, les bonnetiers, les chaussetiers et les médecins dans l'antichambre (salle Henri II). Le roi y faisait patienter ses solliciteurs et parfois il y donnait aussi

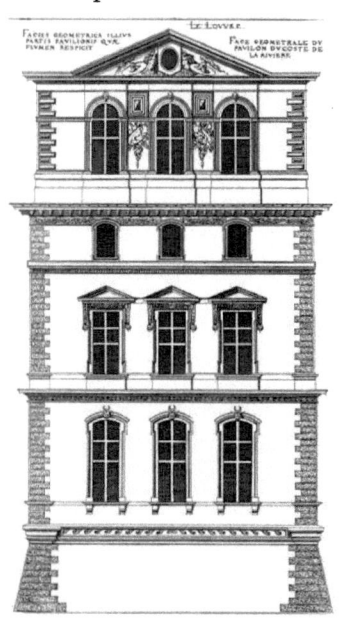

des fêtes. Son aspect a complètement changé, lorsque Louis XIV réunit l'antichambre avec la garde-robe afin d'agrandir la salle. Le menuisier Francisque Scibec de Carpi et le sculpteur Etienne Carmov s'inspirèrent d'un dessin de Lescot pour réaliser le décor en bois sculpté et doré du plafond (cherchez le chiffre II). Louis XIV y apposa aussi sa marque avec le double L. Quant aux peintures, elles datent de 1953, quand Georges Braque dut remplacer celles abîmées. Les travaux furent achevés par Charles IX, fils d'Henri II et de Catherine de Médicis. Résultat : au milieu des H paternels, on trouve le K du fils.

L'aile sud présente la même horizontalité que l'aile Lescot, mais une structure architecturale légèrement différente. Un avant-corps central à fronton triangulaire est encadré par des avant-corps moins saillants. Au rez-de-chaussée, dans les niches, se dressent des statues réalisées par divers artistes : *Omphale* de Gustave Crauk (1859), *Leucothea* de Jean Allasseur (1862), *Aphrodite* de Georges Clère (1859), la *Reconnaissance* de Ferdinand Taluet (1861), *Circé* de Charles Gumery (1860), *Couronne de fleurs* de Mme Lefevre-Deumier (1861), *Mercure* d'Aimé Millet (1861), *Bacchante* de Pierre Schoenewerk (1859), *Gloire* de Victor Edmond Leharivel-Durocher (1860) et la *Verrerie* de Roland Mathieu-Meusnier (1889). Autour des œils-de-bœuf, sont visibles la Comédie et la Tragédie, la Musique et la Poésie, la Sculpture et la Peinture et l'Astronomie et la Géographie (1822-1824) ; toutes de Nicolas Matte. Sur le fronton triangulaire, fut sculptée une représentation de *Minerve accompagnée des Sciences et des Arts* par Jacques Lesueur (1811). À ce stade, la Cour carrée est très hétérogène, deux côtés sont des palais de style Renaissance et les deux autres restent ceux du château médiéval avec murailles, créneaux et tours.

En 1559, **Catherine de Médicis** (1519-1589) abandonne le palais des Tournelles, suite à la mort accidentelle de son époux. Ne se plaisant pas au Louvre, elle ordonne, en 1564, à Philibert de l'Orme (remplacé en 1570 par le concepteur du château d'Écouen, Jean Bullant) l'édification d'un nouveau palais et d'un vaste jardin d'agrément, à l'emplacement d'anciennes tuileries. L'idée de relier les deux palais par une galerie de 470 mètres pouvait passer pour extravagante, pourtant elle deviendra le Grand Dessein poursuivi par les différents rois successeurs. Ce passage comportait d'abord un pont couvert sur le fossé partant du pavillon du roi, obliquait à angle droit par une **Petite galerie** où des arcades s'ouvraient sur une terrasse, puis elle longeait la Seine jusqu'à l'angle du château des Tuileries. Les travaux de la Petite galerie sont amorcés dès 1566. Cette Grande galerie était vraiment trop longue pour que la reine en voie autre chose que l'amorce. Durant les guerres de religion, le Louvre sert de résidence à la famille royale lors de ses séjours à Paris. Il est le témoin des noces de Marguerite de Valois (dite reine Margot) et d'Henri de Navarre (futur Henri IV), le 18 août 1572. Mariage qui ne parviendra pas à réconcilier les catholiques et les protestants, comme en témoigne le massacre de la Saint-Barthélemy du 24 août 1572.

Le palais devient la demeure principale du roi de France à partir du règne d'**Henri III** (1551-1589), soit 1574, et le restera jusqu'au déménagement de Louis XIV à Versailles en 1682.

Le Grand Dessein

Henri IV (1553-1610) parvient en 1589 à la tête d'un pays ruiné par la guerre. Secondé par son ministre Sully, il met fin au conflit religieux qui ensanglante la France et rouvre le chantier du Louvre grâce à un projet colossal nommé le Grand Dessein. Le Grand Dessein était un projet d'organisation politique de plusieurs pays. En collaboration avec la reine Élisabeth I d'Angleterre, le roi de France Henri IV rêvait d'une confédération de pays présidée par un empereur élu. Les pays les plus grands devaient être divisés, tandis que les petits pays, à l'inverse, devaient être regroupés, afin de rationaliser les frontières. Ainsi, aucun pays ne pouvait dominer les autres de par sa taille. Une constitution devait être ratifiée afin d'éviter au pays impérial d'obtenir une prééminence. Enfin, un traité de paix et d'assistance mutuelle devait permettre de réduire les dépenses militaires, d'accroître la défense commune par une politique de tolérance religieuse, et d'affirmer l'influence politique de la France sur les autres pays. Sur le plan architectural, le Grand Dessein consiste à supprimer les derniers vestiges du Louvre médiéval, à construire une cour carrée ayant l'aile Lescot pour base, à réunir le palais du Louvre à celui des Tuileries et enfin à exproprier les habitants des bâtiments entre les deux palais. L'ambitieux chantier débute en 1594 par la destruction des habitations et commerces situés entre les deux palais et l'élaboration de la Grande Galerie ou Galerie du bord de l'eau. Dans le  projet initial, il s'agissait en réalité de deux grandes ailes recoupées par tout un système de cours. L'enceinte de Charles V qui suivait la Seine servit aux fondations de la Grande galerie. Le chantier est confié aux architectes Louis Métezeau et Jacques II Androuet du Cerceau, qui réalisent un bâtiment long de 450 m, large de 13 m et élevé sur deux niveaux. Le gros-œuvre est achevé en 1600. Des boutiques s'installent au rez-de-chaussée, tandis que des logements sont aménagés à l'entresol. Le 1er janvier 1608 le souverain inaugure cet étonnant bâtiment. La galerie se composait de deux parties de styles différents. La première partait de la Petite galerie jusqu'aux guichets de Lesdiguières, tandis que la deuxième s'achevait au pavillon de Flore (nom reçu à la suite d'un ballet donné en 1669). La première partie présente une élévation complexe sur trois niveaux : un rez-de-chaussée à bossages, un entresol percé de petites fenêtres encadrées de pilastres doriques et surmontées d'une large frise (attribué au logement des artistes), et un étage formant la galerie. La frise d'enfants s'abattant dans l'eau souligne cette partie orientale. Ses quinze hautes fenêtres sont encadrées par une paire de pilastres corinthiens cannelés et elles sont surmontées d'un fronton alternativement rectangulaire et curviligne. Chaque baie est séparée par des niches à frontons arrondis abritant des statues : le *Laboureur* de Jean-Claude Petit, *Amazone* de Charles Emile Seurre, le *Pêcheur* de Charles Gumery, le *Commerce* de Gustave Crauk, l'*Athlète* de Thomas, la *Chasseresse au repos* de Cabet, *le Guerrier attendant le combat* d'Eugène-André Oudiné, *Mars* de Jean-Claude Petit, la *Pêche fluviale* de Jean-Jules Allasseur, *Nymphe* de Jean-Baptiste Farochon, *le Berger* de Jehan du Seigneur et *Diane* de Louis Alphonse Eudes. Ont disparu le *Vendangeur* de Cabet et le *Joueur de flûte* d'Armand Blanc. Sur les frontons, nous pouvons voir la *Musique* de Jean-Pierre Hurpin, *Tête de Bacchus* d'Aimé-Napoléon Perrey et Claude François Comperot, la *Navigation* de Pierre-Maximilien Delafontaine et Rouillard, *Tête de Cérès* de Morand et Ambroise Choiselat, *Torse de Belvédère* de Claude Leprêtre et Perrey, *Diane et chiens* de Libersac et Leprêtre, *Trophée et deux figurines* de Georges Jacquot, *Tête de Pallas* de Paul Lechesne et Delafontaine, la *Navigation* d'Ambroise Choiselat et Libersac, T*ête de Gorgone* de Michel Wendling, *Trophée* de Claude François Comperot et Morand, et *Diane sur un cerf* de Pierre Louis Rouillard et Lechesne.

Deux autres pavillons scandaient le parcours jusqu'au pavillon Lesdiguières placé à la limite administrative de la ville. Au centre de la galerie, s'ouvre la porte Barbet-de-Jouy dont le porche est encadré de deux colonnes doriques cannelées et baguées, et surmonté d'un entresol à balcon. La haute fenêtre de l'étage est coiffée d'un fronton arrondi entrecoupé, décoré d'un trophée et deux figures réalisés par Jacquot. Cette réalisation se combine avec un décor emblématique à la gloire d'Henri IV, alliant des dauphins qui symbolisent la naissance de l'héritier royal, mais aussi sceptres et couronnes, balances de la Justice, épis de l'Abondance, ainsi que le chiffre HG qui rappelle l'amour du roi pour Gabrielle d'Estrées.

La mort d'Henri IV interrompit la décoration intérieure de la Grande galerie ; mais le roi avait pu auparavant accorder par lettres patentes des privilèges aux artistes, peintres, sculpteurs, artisans qui y étaient logés. Le rez-de-chaussée fut d'abord occupé par des boutiques et par des ateliers. Les ateliers de tapisserie y restèrent jusqu'à la création des Gobelins en 1671. Ceux des monnaies et médailles jusqu'à ce que fut élevé de l'autre côté de la Seine l'hôtel de la Monnaie, en 1775. Les artistes gardèrent leurs privilèges jusqu'à la fin de l'Ancien Régime. Pendant la Révolution, d'autres privilèges du même ordre leur seront accordés. Parallèlement, l'extension du bâtiment sud de la cour intérieure se poursuivait sous la direction du surintendant Jean de Fourcy. Après la mort de Lescot (1578) ses plans furent assez rigoureusement suivis par du Cerceau et Métezeau et les partis décoratifs de Goujon respectés.

Enfin, la dernière partie, la plus longue, fut continuée, de 1595 à 1610, jusqu'aux Tuileries, sous la direction de Jacques II Androuet du Cerceau. Elle était d'un style différent. Le rez-de-chaussée et l'étage sont unis par un ordre colossal de pilastres composites accouplés. Des frontons également rectangulaires ou curvilignes, couronnent un ensemble de quatre pilastres produisant sur la façade des effets très rythmés. Des bandeaux s'alignent entre les deux étages. Une balustrade courait à la hauteur du comble. Il faudra attendre 1610 pour contempler la décoration programmée par Antoine de Laval : des effigies des rois de France, depuis Pharamond jusqu'à Henri IV. Cette partie fut détruite sous le Second Empire.

C'est également sous le règne d'Henri IV qu'est terminée la Petite galerie. Elle relie en équerre le pavillon du Roi à la Grande galerie. La partie de Pierre Lescot, assisté de Pierre II Chambiges, se distingue par la polychromie des pilastres doriques, alternant pierres blondes et plaques de marbre noir. Il subsiste au centre, une loggia à sept arcades ; l'arcade centrale formant une entrée monumentale. Le décor sculpté se compose d'une frise classique à triglyphes et d'allégories dans les écoinçons des arcs. La galerie est surélevée d'un niveau en 1596 dans lequel est aménagée la galerie des Rois, ornés des portraits des rois et reines de France, décor peint par Toussaint Dubreuil, puis par son successeur Jacob Bunel. À la jonction des deux galeries, Louis Métezeau construit un pavillon à un niveau comprenant la salle des Ambassadeurs (l'actuelle salle d'Auguste du musée). Hélas, la mort précipitée du roi (assassiné par Ravaillac le 14 mai 1610) interrompt les travaux. Les parties nord et est du palais du Louvre restent médiévales.

Quand **Marie de Médicis**, élevée parmi les splendeurs florentines, arriva dans son appartement du Louvre, elle en pleura de déception. Certes, le palais était magnifique à l'extérieur, mais le confort intérieur laissait amplement à désirer. La reine meubla ses appartements avec un luxe inouï ; sa chambre devint un musée d'orfèvreries rares et d'objets précieux entourant un lit gigantesque de bois doré et de soie brodée. Par conséquent, le chantier du Louvre resta à l'abandon sous la régence de Marie de Médicis, entre 1610 et 1617, permettant la construction d'hôtels particuliers dans le quartier.

Ainsi, quand **Louis XIII** accède au pouvoir, le projet du Grand Dessein doit être modifié. Avant de se lancer dans la construction d'une seconde galerie pour rejoindre les Tuileries au nord, Louis XIII jugea plus raisonnable de faire achever la Cour Carrée – ce qui était déjà une tâche considérable puisque Henri IV avait décidé d'en quadrupler la surface. Il fait démolir la partie nord de l'enceinte médiévale afin de prolonger l'aile Lescot. Le chantier est alors confié à Jacques Lemercier en 1624. Il fait construire le pavillon de l'Horloge, prolongé d'une aile identique à celle de Lescot afin de garder une symétrie harmonieuse et double l'escalier Henri II par un escalier nommé improprement escalier Henri IV.

Le **pavillon de l'Horloge** est surmonté d'un niveau, percé de trois hautes baies en plein cintre, séparées par quatre groupes de deux cariatides, dominés par un triple fronton couronné par un dôme sur un plan rectangulaire qui fut très admiré. Le fronton est décoré de deux

Renommées. La décoration du pavillon est confiée aux sculpteurs Jacques Sarazin, Gilles Guérin et Philippe de Buyster. L'ensemble a été retouché sous le Second Empire qui l'a coiffé d'un comble plus volumineux et plus chargé d'ornements, tandis que la face occidentale était livrée à un débordement d'enjolivures.

Quant à la décoration de l'aile dite Lemercier, elle imite le style de sa voisine et fut complétée sous le Second Empire. Dans les niches du rez-de-chaussée, se dressent *l'Orfèvrerie* de Roland Mathieu-Meusnier (1867), la *Céramique* d'Eugène Guillaume (1874), *Aristarque* de Georges Diébolt, achevé par Louis Merley (1866), la *Douceur* de Jean-Esprit Marcellin (1861), *Cléopâtre* de François Auguste Fannière, achevée par Ferdinand Faivre (1902) et le *Fleuve de la vie* de Pierre Eugène Hébert fils (1855). Au niveau des œils-de-bœuf sont visibles la Poésie lyrique et la Poésie pastorale de Manoir (1820), la Force et la Musique de François Gérard (1823) et la Puissance et la Richesse de Gérard Van Opstal (1638). La thématique de la décoration de l'attique est assez surprenante. De chaque côté des fenêtres, se dessinent des personnages illustres : Moïse avec les tables de la Loi, la déesse égyptienne Isis tenant un sistre, l'empereur inca Manco Capac et le 2e roi de la monarchie romaine Numa Pompilius, le tout réalisé par Jean Moitte (1806). Ils sont coiffés par une allégorie de la Loi, encadrée par Thucydide et Hérodote. Sur l'avant-corps central, sont visibles Hercule, le Danube, le Nil et Minerve de Laurent Roland (1806). Ils sont surmontés par la Victoire et l'Abondance. Sur l'avant-corps de droite, sont sculptés Homère, la Guerre, l'Amour et Virgile de Denis Antoine Chaudet (1806), coiffés par la Poésie épique. Afin de se distinguer de l'aile d'Henri II, Louis XIII a fait apposer un A et un L pour Louis et Anne d'Autriche. Le chantier est de nouveau interrompu en 1643 à la mort du roi, puis repris par Louis XIV en 1661.

Le Louvre de Louis XIV

La famille royale, après avoir habitée le palais Cardinal légué à la Couronne par Richelieu, vint, après la Fronde, s'installer au Louvre. **Anne d'Autriche** (1601-1666) et **Mazarin** (1602-1661) font venir d'Italie de nombreux artistes afin d'influencer la capitale. La décoration des appartements du roi, qui datait d'Henri II, fut modifiée avec le concours de sculpteurs dont la plupart devaient travailler à Versailles quelques années plus tard. Anne d'Autriche se fit installer au rez-de-chaussée des appartements d'été dont les pièces étaient décorées de peintures de Le Sueur. Tout cela se trouvait à l'emplacement des actuelles salles de sculptures antiques ; mais des somptuosités du XVIIe siècle, il ne reste rien. Par contre, les voûtes du rez-de-chaussée de la Petite galerie ont conservé un décor de stucs de Michel Anguier et de Girardon entourant des peintures de Romanelli. A la mort en 1654 de Lemercier, l'architecte Louis Le Vau lui succède. Il fait édifier la façade à rez-de-chaussée d'arcades et à un étage à fronton sculpté par Lespagnandelle visible dans la cour du Sphinx couverte d'une verrière. Entre 1655 et 1658, il aménage des appartements pour le cardinal et une chapelle, au premier étage du pavillon de l'Horloge, entre les escaliers Henri II et Henri IV. Après la ratification du traité des Pyrénées (1659), la chapelle se voit consacrée à Notre-Dame-de-la-Paix et à Saint Louis (pour information, Bossuet y prêcha le Carême en 1662 et l'avent en 1665).

Après la proclamation d'un cessez-le-feu avec l'Espagne, le 7 mai 1659, **Louis XIV** (1638-1715) décide de rouvrir le projet du Grand Dessein de son ancêtre. La reprise des travaux de la cour Carrée est annoncée, le 2 juin, par le surintendant des Bâtiments Antoine de Ratabon. Le duc d'Orléans s'en offusque, car le projet entraîne la destruction de l'hôtel du Petit-Bourbon, sa propriété. Les premières adjudications débutent trois jours plus tard. L'hôtel de Choisy est acheté en 1658 et l'achat de l'hôtel de Longueville est ajourné jusqu'en 1662. En 1659, le roi fait abattre la vieille cour des cuisines du château pour commencer le dégagement de l'emplacement de la future Cour Carrée. Un incendie, dû à une imprudence d'ouvrier, se déclara en 1661 dans la Petite galerie dont brûla le premier étage. Elle est reconstruite et doublée en hauteur (donnant naissance à la galerie d'Apollon) en 1665. Le Vau la décora de pilastres, supprimant frontons et lucarnes. Ceux que l'on y voit maintenant ont été ajoutés au XIXe siècle. Charles Le Brun est chargé de la décoration intérieure sur le thème d'Apollon, pour célébrer le Roi Soleil. La salle se couvrit d'un plafond voûté. Le Brun s'adressa à Girardon, Regnaudin et Marsy pour les stucs, à Gontier pour les arabesques, à Monnoyer pour les fleurs. Lui-même décora deux compartiments : l'un représente *Apollon conduisant le char du Soleil et protégeant les Lettres et les Arts*, l'autre célèbre le *triomphe de Neptune*. Le programme est stoppé par le déménagement du roi à Versailles et il faudra attendre Delacroix pour que l'ensemble du plafond soit complété.

Le Vau fait construire la rotonde d'Apollon afin de relier le pavillon du Roi et la galerie d'Apollon. Il fait doubler l'épaisseur de la galerie en lui adjoignant des salles sur son côté ouest, sur la cour de la Reine (l'actuelle cour du Sphinx). Il transforme les premières travées de la galerie du Bord de l'eau à côté de la Petite galerie en créant le Salon Carré (qui n'est pas carré puisqu'il mesure 24 m x 15,70 m). Il est affecté en 1692 à l'Académie royale de peinture et de sculpture. Elle y fait, à partir de 1725, une exposition des travaux de ses membres, ce qui a donné le nom de « Salon » à ce type d'exposition.

Il faut attendre une ordonnance royale du 31 octobre 1660 pour qu'une nouvelle fois, le Grand Dessein soit repris, travaux toujours menés par Le Vau. Non seulement le projet intérieur est repris pour la cour Carrée, mais une extension vers le sud est prévue (pont et collège des Quatre-Nations). L'architecte fit construire l'aile nord et modifia l'aile méridionale. Bien que s'appuyant sur les dessins de Lescot, les bâtiments de Le

Vau gagnaient en longueur, mais perdaient en hauteur. Ils n'avaient en effet que deux étages à deux ordres superposés et la cour en était déséquilibrée. Comme ses prédécesseurs, l'empreinte de Louis XIV est visible sur l'aile nord. Les lettres LB signifient Louis de Bourbon ; le L est d'ailleurs devenu le logo du musée du Louvre. Si l'architecture imite l'aile sud, les sculptures sont différentes. Dans les niches du rez-de-chaussée se dressent *l'Aurore* de Nicolas Victor Vilain (1883), *l'Agriculture* de Jean-Louis Schroeder (1879), *Narcisse* de Paul Dubois (1866), *Pensierosa* de Giovanni Antonio Lanzirotti (1858), *Bethsabée* d'Eugène André Oudiné (1859), *Nymphe des fontaines* d'Augustin Courtet (1858), *Sapho* de Pierre Loison (1859), la *Littérature satirique* de Roland Mathieu-Meusnier (1884), *Phryné* de Louis Elias Robert (1860), *Campaspe* d'Auguste Ottin (1883), *Amphitrite* de François Devaulx (1866) et *l'Art chrétien* d'Emile Chatrousse (1860). Au niveau des œils-de-bœuf sont visibles la Paix et l'Abondance de Jean-Pierre Cortot (1824), la Logique et l'Eloquence de Lange (1824), l'Histoire et l'Eloquence de Louis-Alexandre Romagnesi (1821), la Tragédie et la Gloire d'Etienne Jules Ramey fils (1824), la Terre et l'Eau de Jean-Baptiste Roman (1826) et la Victoire et la Guerre par Théophile François Bra (1821). Sur le fronton triangulaire du corps central est sculpté le *Génie de la France sous les traits de Napoléon évoquant Minerve et les divinités de la Paix et de la Législation pour qu'elles succèdent à Mars et à l'appareil guerrier que la victoire a rendu inutile* de Claude Ramey (1811).

En 1664, Colbert devient le surintendant des bâtiments du roi et reprend le chantier du Louvre. Ce dernier veut y centraliser le gouvernement sauf que Louis XIV a déjà transféré son intérêt pour le château de Versailles. Trouvant Le Vau beaucoup trop présent sur le chantier, Colbert l'envoie restaurer le palais des Tuileries, tandis que la confection des jardins est confiée à André Le Nôtre.

Le surintendant souhaite donner un accès grandiose au palais depuis la place Royale (l'actuelle place du Louvre) et fermer la cour Carrée. Les projets de Charles Le Brun, Pierre Cottard, François Le Vau et Jean

Marot reprennent le principe du pavillon central coiffé d'un dôme avec des ailes latérales et sont accueillis avec réticence. Le projet de François Mansart ne manquait pas de noblesse, mais Colbert savait combien les rapports avec lui étaient difficiles : trop scrupuleux il changeait d'idée en cours de route, allant même jusqu'à démolir des constructions commencées. Colbert était persuadé qu'il ne trouverait qu'en Italie des architectes capables d'édifier un monument dont la magnificence s'imposerait à tous. Les projets furent jugés faibles, compliqués et trop teintés de baroquisme. C'est alors que l'on décida de mander le plus célèbre, Gian Lorenzo Bernini, qui fut accueilli avec de grands égards, et reçut commande du buste du roi. Son projet pour le Louvre présentait une façade onduleuse, délicate, ciselée, toute en terrasses : elle aurait fait figure de corps étranger.

Colbert écrivit à ce sujet : « M. le cavalier Bernin n'a bien pensé qu'à la façade de ce magnifique palais, laquelle est assurément superbe et magnifique, à l'exception de l'ovale qui s'élève en couronne ». Le Bernin propose deux autres projets, très différents : un palais romain sur un soubassement de grosses pierres, dont les deux étages étaient unis par des pilastres avec une terrasse dont la balustrade était ponctuée de statues. Par derrière, tout le vieux Louvre de Lescot disparaissait, cinq cours remplaçaient la cour Carrée, et l'architecte avait même prévu une galerie rejoignant les Tuileries, parallèle à celle du bord de l'eau. Afin de ne pas offenser l'artiste, admiré de toute l'Europe et favori des Papes, la première pierre fut posée le 17 juin 1665, en présence de Louis XIV, et après le retour en Italie de l'artiste, le chantier en resta là. Un conseil restreint est formé en avril 1667 pour trouver une nouvelle solution, formé des architectes Louis Le Vau et François d'Orbay, du peintre Charles Le Brun et du médecin Claude Perrault, académicien, traducteur de Vitruve, architecte amateur. Non sans difficulté, ils mirent au point un projet, plusieurs fois rectifié, qui fut choisi par Louis XIV ; c'est celui de la colonnade actuelle. Si elle est nommée à tort « colonnade Perrault », elle est

le résultat de multiples influences. La pose de la première pierre de la façade orientale a lieu le 19 novembre 1667. Cette célèbre façade, considérée comme le symbole de l'architecture classique française, comprend un rez-de-chaussée percé de vingt fenêtres bombées, dépourvues d'ornement, sur un soubassement à bossages (longueur 183 mètres de long). Le péristyle se compose de 28 colonnes corinthiennes accouplées. En arrière, d'immenses fenêtres rectangulaires sont ornées de frontons et de consoles. L'avant-corps central est construit en 1672. L'opération la plus délicate reste la pose de deux pierres formant la cimaise du fronton ayant chacune 17 mètres de long et 2,5 mètres de large. Depuis leur taille dans une carrière de Meudon, l'opération a duré trois ans et a nécessité la construction d'une machine inventée par le charpentier Ponce Cliquin. Le fronton triangulaire est porté par quatre paires de colonnes corinthiennes. Les deux autres avant-corps sont percés de hautes fenêtres en plein cintre, encadrées par une paire de colonnes corinthiennes et par deux fenêtres plus basses, flanquées de pilastres corinthiens également et coiffé du double L de Louis XIV gravé dans un mascaron. Un toit en terrasse, bordé par une balustrade de pierre, couronne et souligne l'horizontalité de l'ensemble. Les galeries se composent de six paires de colonnes jumelées. En arrière, sept fenêtres, percées en 1807, sont encadrées de pilastres corinthiens couplés. La construction présenta beaucoup de difficultés. Afin de stabiliser les colonnes, une tige de fer est incorporée dans chacune d'elles et un chaînage de fer les fixe au mur du fond (à cause de la rouille, ces fers sont remplacés en 1756). Le péristyle, dont la large terrasse inutile plongeait les appartements dans une demi-obscurité, est un parfait exemple d'architecture anti-fonctionnelle. Le départ pour Versailles en 1682, du roi et de son gouvernement, laisse la colonnade inachevée.

En 1668, le pouvant acheter les terrains devant l'aile de la Colonnade pour y installer l'appartement du roi, il est décidé de le laisser dans l'aile méridionale de la cour Carrée. La même année, l'architecte Le Vau quitte le Louvre pour se consacrer au chantier de Versailles ; Claude Perrault lui succède. Le pavillon d'angle sud-est s'étant amplifié, le souci de rétablir les proportions de l'ensemble entraîna l'agrandissement du pavillon symétrique et du pavillon central. La nouvelle façade se trouvant plus haute que les bâtiments antérieurs, on dut racheter la différence en construisant au revers un étage supplémentaire. Dans un souci esthétique, l'exhaussement devait être généralisé aux autres bâtiments de la Cour. Devant le jardin de l'Infante, cette nouvelle façade est fort majestueuse. Sur un soubassement où s'alignent de hautes fenêtres, deux étages sont unis par un ordre corinthien et couronnés par une balustrade. L'avant-corps central est percé d'un large passage d'accès. L'ensemble est traité dans un style qui s'harmonise avec celui de la Colonnade. Au nord, sur l'actuelle rue de Rivoli, les bâtiments, édifiés aussi sur les dessins de la Commission créée par Colbert, se raccordent au pavillon de la Colonnade et le prolongent dans un rythme identique. Pas de pilastres, mais des bandeaux qui accentuent de bout en bout la dominante horizontale. Une succession d'avancées rompt la monotonie grâce à la discrète répartition des refends. L'année 1678 marque l'arrêt des travaux. Le gros-œuvre des ailes de la Cour Carrée est presque achevé, à l'exception de la jonction des ailes Perrault et Le Vau. L'aménagement des appartements resta en suspens, et même les toitures restèrent inachevées. Malgré les suppliques de Colbert, tous les crédits furent reportés sur Versailles.

Après le départ de Louis XIV à Versailles, le Louvre est déserté. Le Grand Dessein et les projets de Colbert sont abandonnés, bien que la colonnade soit dépourvue de toiture. L'aristocratie désertant les lieux, une nouvelle population plus pauvre s'installe entre le Louvre et les Tuileries. En 1671, le roi Louis XIV fait ouvrir une section consacrée au dessin, l'ancêtre du département des Arts Graphiques du Louvre. Colbert négocie le rachat de la collection Jabach (5 542 dessins et 101 tableaux), estimée à 581 025 livres, pour la somme de 220 000 livres. La garde des œuvres est confiée au peintre René-Antoine Houasse. À partir de 1672, des Académies s'installent dans le palais : l'Académie française, l'Académie de peinture et de sculpture (1692), l'Académie d'architecture dans les appartements de la reine (1692), l'Académie de politique (1697) dans la Grande galerie et l'Académie des sciences (1699).

Le XVIIIe siècle

Sous le règne de **Louis XV** (1710-1774), outre les Académies, le Louvre sert de logements aux artistes. Ces occupations prirent des proportions extravagantes. Les galeries étaient découpées ; des couloirs et des escaliers dérobés les transformaient en dédales. Des occupants de l'étage supérieur perçaient leur plafond pour s'attribuer leur part du grenier. Des tuyaux de poêles étaient accostés aux poutres et débouchaient à travers des carreaux. Tassaert avait fait porter de la terre sur la terrasse de la Colonnade pour y planter des arbres. Le duc de Nevers avait installé ses écuries au rez-de-chaussée de l'aile méridionale. Des artistes redécorent le Louvre selon leurs goûts. Les architectes rédigeaient bien des rapports alarmistes, signalant les plombs rongés, les joints de pierre distendus, les menaces d'incendie, mais la plupart restaient sans suite ou étaient suivis de récidives. Des échoppes cernaient les murs extérieurs attribués généralement à de vieux serviteurs et à leurs descendants. Quelques penseurs du XVIIIe siècle s'en scandalisent, tel Voltaire dans un célèbre quatrain : *Louvre, palais pompeux dont la France s'honore / Sois digne de Louis, ton maître et ton appui / Sors de l'état honteux où l'univers t'abhorre / Et dans tout ton éclat montre-toi : comme lui.* L'Académie de peinture et sculpture avait pu obtenir, pour augmenter ses revenus, d'établir des boutiques au long de la galerie du bord de l'eau pour en percevoir le loyer ; exemple qui fut suivi par l'école gratuite de dessin du côté de la Colonnade. Ces situations scandaleuses se prolongeaient. Ces soucis provoquent le départ des tableaux du Louvre, laissant seul le cabinet de dessin. D'autres intellectuels publient des pamphlets accusant l'état délabré du palais et la politique de Louis XV, tel Lafont de Saint-Yenne (1752) dans *l'Ombre du grand Colbert, dialogue entre Le Louvre et Paris*. Dans le même temps, le marquis de Marigny, surintendant des bâtiments du roi (et frère de la marquise de Pompadour) fait évacuer la Cour Carrée et détruire les constructions populaires indésirables. Malgré tout, à partir de 1750, divers travaux furent conduits sous la direction de Jacques-Germain Soufflot. Les dômes des pavillons sont détruits. C'est alors que fut construit sur le côté nord de la cour l'étage supérieur laissé en attente. Entre 1756-1757, la Colonnade est surélevée d'un deuxième étage. Deux anges tenant les armes royales (remplacés pendant la Révolution) sont sculptés par Guillaume Coustou fils sur le fronton central de l'aile est. La Guerre de Sept Ans (1756-1763) ralentit considérablement les travaux. En 1779, sous le règne de Louis XVI (1754-1793), avec l'accession à la surintendance du comte d'Angiviller, le Louvre retrouve une certaine fortune. Il souhaite transformer le palais du Louvre en musée à partir des collections royales (idée suggérée déjà par Marigny) et envisage de transformer l'intérieur du palais. Dans le but d'aménager la place du côté de Saint-Germain l'Auxerrois, des immeubles qui se trouvaient devant la colonnade et en masquaient la vue furent achetés par le roi ; mais on en resta là. Le Trésor étant à sec, les impôts s'aggravant, les travaux, une fois de plus, durent s'arrêter. Ce qui n'empêchait point les projets d'architecture plus ou moins chimériques, notamment pour le raccordement du Louvre aux Tuileries. Même le choix d'affectations raisonnables, comme le transfert depuis longtemps souhaité de la bibliothèque du roi, et que Louis XV demandait, ne pouvait s'opérer. Seules les archives officielles du royaume furent déposées au Louvre.

Révolution et Convention (1789-1795)

Au fil des années, le Louvre avait perdu sa dimension symbolique. Il fut donc épargné des révolutionnaires. S'il n'appartenait plus au fonctionnement monarchique, il n'appartenait pas encore au peuple. Le 21 juin 1789, le comte d'Angiviller démissionne de ses fonctions et confie le musée aux Etats Généraux. Les collections nationales s'enrichissent grâce à la confiscation des biens du clergé (2 novembre 1789) et des biens des émigrés (8 août 1792). A cette date, les académies sont supprimées. Pourtant, dès 1790, l'Assemblée nationale s'alarme de la destruction massive des œuvres d'art et prend des mesures pour les protéger en créant des dépôts dans d'anciens couvents. Le 1er décembre, une commission est créée afin d'inventorier les monuments et les œuvres d'art nationalisés. Le 6 juin 1791, Alexandre Lenoir, peintre et archéologue, est nommé directeur du dépôt des Petits-Augustins. Il est l'un des personnages qui contribua à la naissance de la notion de patrimoine ; il est souvent considéré comme le premier conservateur de musée. Il est le « papa » du musée des Monuments français à Paris.

La **Convention** adopta par décret l'ouverture d'un muséum des Arts et des Sciences. Le 19 septembre 1792, un décret officiel met les collections nationales sous la protection du palais du Louvre et élit une commission du musée regroupant six membres. Les biens de Versailles sont éparpillés. Les bronzes, les pierres dures et les joyaux de la Couronne sont envoyés au musée, tandis que les meubles sont vendus et les tapisseries brûlées afin de récupérer l'or et l'argent. La conception révolutionnaire de l'idée de musée comprenait une vue pédagogique et l'idée d'un lieu ouvert à tous, mais la commission devait concrétiser ces idéaux tout en respectant les artistes. L'artiste Jacques Louis David insiste pour avoir un accès réservé aux collections afin de pouvoir les étudier à loisir. Le marchand d'art Jean-Baptiste Pierre Lebrun réclame un historien de l'art à la tête du muséum, ainsi qu'un classement par école, initiant une réflexion sur la professionnalisation du musée. Le Louvre est dans un premier temps consacré à la peinture. Réservé en semaine à la formation des artistes, il est ouvert gratuitement au public le dimanche. Après l'ouverture du Muséum central des arts de la République, pour quelques semaines, le 19 novembre 1793, de nombreux critiques s'engagent contre les responsables du muséum, jugés incompétents. Sa réouverture a lieu en février 1794, alors qu'un afflux d'œuvres encombre le musée. La commission des Monuments est remplacée par un Conservatoire qui comprend à ses débuts dix membres (peintres, sculpteurs, architectes, restaurateurs et antiquaires), puis sept membres et enfin cinq. Dirigé par le peintre David, ce conservatoire a pour mission la protection, la sélection, l'exposition, la rédaction d'un catalogue raisonné et le marquage des œuvres. Critiqué par Lebrun, ce dernier préconise la division du musée en neuf sections et un catalogue plus scientifique. Dès l'été 1794, les armées de la République pillent les œuvres d'art des ennemis vaincus, enrichissant le musée de tableaux flamands et hollandais.

Le Directoire (1795-1804)

En 1796, la Galerie d'Apollon sert d'écrin aux dessins et objets d'art. Napoléon Bonaparte prend le commandement de l'armée d'Italie le 27 mars 1796. D'une main, il signe des armistices et de l'autre, il confisque des œuvres d'art. Le Louvre se dote de tableaux de Raphaël, Mantegna,

Véronèse, Titien... Le nouveau conservateur, Léon Dufourny, nommé le 22 janvier 1797, est chargé d'aménager les galeries du Louvre pour y recevoir les œuvres conquises. Un immense cortège de statues antiques fait son entrée au musée dès 1798 (œuvres qui retournèrent dans leurs pays d'origine en 1815). Avec l'arrivée des œuvres d'art italiennes, les collections doivent être remaniées et le musée agrandit. Dufourny récupère alors vingt-six appartements autrefois attribués aux artistes logeant au Louvre ; David en occupait trois à lui tout seul. La Grande galerie est transformée, des cloisons sont abattus dans l'ancien appartement d'Anne d'Autriche afin d'y installer le musée des Antiques (inauguré le 9 novembre 1800). Dans un rapport du 31 août 1801, le ministre de l'Intérieur Chaptal énumère 1 390 tableaux des écoles étrangères, 270 tableaux de l'ancienne école française, plus de 1 000 de l'école moderne, 20 000 dessins, 4 000 planches gravées, 30 000 estampes, 1 500 statues antiques. Dès 1800, Bonaparte fait chasser du Louvre tous les marchands et fait démolir les boutiques. L'année suivante, par un arrêté, les artistes sont à leur tour expulsés. Les œuvres françaises sont transportées à Versailles pour constituer un « musée français ». Il faudra attendre l'année 1806 pour voir le Louvre vide de tout occupant. Dès 1802, le musée prend le nom de musée Napoléon.

Le Premier Empire (1804-1814)

Après s'être proclamé empereur, **Napoléon 1er** (1769-1821) s'installe au palais des Tuileries et charge les architectes Charles Percier et Pierre Fontaine de mettre en place le « grand dessein » des rois. Entre 1805 et 1810, ils se consacrent à la Cour Carrée, tout en respectant le style des constructions antérieures : ajout de sculptures sur la façade de l'aile Lemercier et sur celle de la Colonnade. Sur le fronton, Minerve, entourée des muses de la victoire, couronne un buste de Napoléon 1er, réalisé par François

Frédéric Lemot entre 1808 et 1810. Le buste sera remplacé par celui de Louis XIV (ajout d'une perruque bouclée) à la Restauration. Au-dessus du portail, un bas-relief, sculpté par Pierre Cartellier, représente la Victoire sur un quadrige distribuant des couronnes. L'allégorie est debout sur son char, les  ailes symétriquement déployées. Deux petits génies tiennent chacun les rennes des deux chevaux cabrés qui foulent des trophées guerriers. L'aile de la Colonnade, côté cour, reprend le style de ses voisines. Les niches du rez-de-chaussée abritent *Sapho* de Pierre Travaux (1859), *l'Archéologie* d'Horace Daillon (1891), une *Nymphe* de Pierre Bernard Prouha (1855), *Orphée* de Gabriel-Jules Thomas (1854), *Bacchante* de Jean-Auguste Barre (1854), *l'Abondance* de Jacques-Léonard Maillet (1860), *Apollon* de Nanteuil (1860), la *Peinture* de Jean Pandore de Pierre Loison (1861), la *Modestie* de Louis-Léopold Chambard (1861) et *Penthésilée* de Vital-Gabriel Dubray (1862). Autour des œils-de-bœuf : *la France et la Charte* d'Antoine-François Gérard (1824), *la Poésie épique et l'Elégie* de Petitot fils (1821), *la Justice et la Force* de Charles-René Laitié (1824), *la Tragédie et la Comédie* de Jacques Edme Dumont (1824), *la Poésie et la Musique* de Jean Debay (1822) et *la Justice et l'Innocence* de David d'Angers (1824). Claude Ramey sculpte le fronton de l'aile nord sur le thème *Le Génie de la France, sous les traits de Napoléon, invoquant Minerve, Mercure, la Paix et la Législation pour qu'elles succèdent à Mars et à l'appareil guerrier que la Victoire a rendu inutile*, en 1811. Augustin Félix Fortin exécute en 1809, sur la façade de l'aile sud, côté Seine, le fronton du tympan sur le thème *Les armées de l'empire, accompagnées des muses de l'histoire et des sciences avec les deux Génies debout*. Au-dessus des génies, Antoine-Léonard du Pasquier réalise dans les écoinçons, deux

Renommées couronnant le buste de Napoléon. Ce buste est remplacé sous la Restauration par un casque de Minerve.

De 1809 à 1812, les architectes se concentrent davantage sur le palais. Ils construisent le grand escalier menant au musée. Ce dernier, chef-d'œuvre de l'architecture impériale, fut détruit pour construire l'escalier Daru. Une partie du décor de cet escalier est visible dans les salles Percier et Fontaine. La décoration de la salle des Cariatides est achevée pour y recevoir la collection Borghèse. Les appartements hivernaux d'Anne d'Autriche sont réaménagés. Surtout, l'éclairage zénithal de la Grande galerie est réalisé. Des peintures sont commandées pour la décoration intérieure. En 1807, par la salle de Diane, Pierre-Paul Prud'hon réalise le plafond sur le thème *Diane implorant Jupiter de ne pas l'assujettir aux lois de l'hymen*. Pour la salle de Mécène, Charles Meynier peint *La Terre recevant des empereurs Hadrien et Justinien le code des lois romaines*.

Les premiers projets *Grand Dessein* proposaient des transformations grandioses et présentaient des plans extrêmement ambitieux : tout l'espace compris entre le Louvre et les Tuileries aurait été rempli de colonnades alignées autour de cours immenses. Sur l'aile nord, devaient se greffer un opéra et une monumentale chapelle impériale nommée église Saint-Napoléon. Une place en demi-lune ordonnancée dans le même style était dessinée de l'autre côté, devant la Colonnade, prolongée par une avenue axiale aboutissant à l'Hôtel de Ville ; l'église Saint-Germain l'Auxerrois disparaissant dans l'opération. Ces projets, forts coûteux, déplaisent à l'empereur qui opte un grand espace libre au centre afin de mettre les deux palais en valeur. En 1810, Napoléon 1er accepte enfin le projet des deux architectes : prolongement de l'aile nord le long de la rue de Rivoli, du pavillon de Rohan au pavillon de Marsan, et celle du Bord de l'eau vers les Tuileries, décalage des axes de la cour Carrée et des Tuileries. Les statues d'hommes de guerre installées dans les niches des ailes Napoléon ne prirent place que sous le Second Empire. En 1812, Percier démissionne. Le 31 mars 1814, Paris est occupée par l'armée prussienne qui réclame les œuvres confisquées par l'empereur. Finalement, après leur visite du musée, le roi de Prusse et l'empereur d'Autriche renoncent aux œuvres. Les Cent Jours et Waterloo rendent les relations moins courtoises et les tableaux sont de nouveau exigés.

La Restauration (1815-1830)

En novembre 1815, 5 203 œuvres d'art dont 2 065 tableaux sont restitués. Plus de 300 tableaux et 120 objets d'art sont également rendus aux établissements religieux, mais **Louis XVIII** (1755-1824) s'oppose à la restitution des œuvres des émigrés. Malgré la chute de l'empereur, les architectes Percier et Fontaine sont conservés et les travaux se poursuivent sous la surveillance de la direction des musées, dépendant du comte de Forbin. Le musée est fermé le 15 novembre 1815. Le roi fait terminer l'aile Napoléon 1er le long de la rue de Rivoli, par le pavillon de Rohan, et achever la décoration de la Cour Carrée. Le N impériaux inscrits dans des médaillons sont remplacés par le double L de Louis XVIII. L'essentiel des travaux consistent en des aménagements intérieurs. Le Louvre devient un grand chantier permettant de célébrer la grandeur de la monarchie restaurée. Le Louvre rouvre ses portes le 22 juillet 1816 sous la nouvelle appellation de Musée royal du Louvre. En 1817, trois nouvelles salles sont ouvertes pour abriter les Antiques : la salle de la Melpomène, la salle d'Isis et le corridor de Pan. 1818 : achat de la collection Tochon avec ses 574 vases grecs. 1824 : cinq nouvelles salles sont réservées pour la sculpture dans la galerie d'Angoulême, entre le pavillon de l'Horloge et le pavillon de Beauvais.
Charles X (1757-1836) modifie à son tour les anciennes pièces du palais. Le Grand Cabinet de Louis XIV est réaménagé par l'architecte Fontaine et décoré par le peintre Jean-Baptiste Mauzaisse en 1822, devenant la salle des bijoux. En 1825, le roi achète la collection du chevalier Edme

Antoine Durand comprenant des œuvres romaines et médiévales, ainsi que 2 500 objets égyptiens. Ainsi naît le musée Charles X. Après son voyage à Turin, Jean-François Champollion persuade le souverain d'acquérir la collection Salt en 1826 pour 250 000 francs (plus de 4 000 œuvres), complétée par la collection Drovetti en 1827 (plus de 700 œuvres) pour 200 000 francs. Champollion devient le conservateur de la division des monuments égyptiens et orientaux, le 15 mai 1826. Ce musée s'installe dans les anciens appartements des reines régnantes et les salles de l'Académie d'architecture, au premier étage d'une partie de l'aile Lescot et de celle de Louis Le Vau. Les aménagements sont confiés à l'architecte Pierre Fontaine, quant à la peinture des plafonds, elle illustre le pays d'origine des objets exposés. Exemples : *L'Apothéose d'Homère* (ou *Homère déifié*) par Ingres dans la salle 1, *Le Vésuve recevant de Jupiter le feu qui consumer Herculanum, Pompéi et Stabies* par Heim dans la salle 2, *Cybèle protège contre le Vésuve les villes de Stabies, Herculanum, Pompéi et Résina* par Picot dans la salle 4, *L'Egypte sauvée par Joseph* par Abel de Pujol dans la salle 7, ou *Le Génie de la France anime les Arts, protège l'Humanité* par Gros et Fragonard dans la salle 9. La galerie d'Apollon est fermée par une grille magnifique dont l'un des vantaux provient du château de Maisons. Une horloge est posée au pavillon de l'Horloge remplaçant la baie médiane de l'attique. Le musée Charles X est inauguré le 15 décembre 1827.

La Monarchie de Juillet (1830-1848)

Louis-Philippe (1773-1850) profite de son règne pour enrichir les collections des départements des antiquités du Louvre. Il crée en 1846 l'Ecole française d'Athènes, puis l'Ecole française de Rome et l'Institut français d'archéologie orientale du Caire. Après la dissolution de l'ordre du Saint-Esprit, en août 1830, le trésor de l'ordre est transféré au Louvre. Le souverain ouvre une galerie d'Alger en 1845 sous la Colonnade pour présenter les antiquités rapportées par le commandant Delamare lors de ses opérations militaires. Le 1ᵉʳ mai 1847, le musée assyrien est inauguré. Après trois jours de combats, le roi abdique et quitte le palais des Tuileries qui est envahi par la foule.

La IIᵉ République (1848-1852)

Le pays étant en crise, la IIᵉ République lance une politique de grands travaux pour relancer l'économie. Le 24 mars 1848, est signé un décret décidant l'achèvement de la construction du palais du Louvre. La rue de Rivoli est prolongée jusqu'à la rue Saint-Antoine. Le 19 mai 1848, le ministre des Travaux Publics, Ulysse Trélat, confie à Louis Visconti et à Émile Trélat l'étude des projets et la direction des travaux d'achèvement du palais du Louvre. Dans les nouveaux bâtiments doivent cohabiter une partie du musée, la Bibliothèque nationale et la présentation d'œuvres de l'artisanat et de l'industrie. Deux mois plus tard, Visconti et Trélat présentent leur travail au Conseil général des Bâtiments civils, présidé par Augustin Caristie. Afin de dissimuler le défaut de parallélisme entre le palais du Louvre et celui des Tuileries, les architectes suggèrent de doubler les galeries nord et sud et d'y adjoindre des cours intérieures. Le Conseil approuve les plans, mais envisage de couvrir les cours pour les expositions de l'industrie. L'architecte Pierre Fontaine démissionne le 24 septembre ; il est âgé de 86 ans. Le 10 décembre, Louis Napoléon Bonaparte est élu président. Le devis des travaux du Louvre s'élève à 22 980 000 francs. 12 millions sont débloqués pour la restauration de la galerie d'Apollon et l'aménagement de la décoration des salles des Sept-Cheminées et du Salon Carré. Félix Duban est nommé comme architecte. Le nouveau ministre des Travaux Publics Théobald de Lacrosse présente un projet de loi pour l'achèvement du Louvre devant l'Assemblée nationale le 24 février 1849. Un nouveau projet expurgé est présenté le 4 octobre ; il prévoit des expropriations pour l'aménagement de la place du Carrousel, la rue de Rivoli, ainsi que la restauration des abords de la cour Carrée et la Grande Galerie. En 1850, un musée mexicain est ouvert afin de satisfaire l'engouement des Parisiens pour les mondes lointains, installé au rez-de-chaussée de la Cour Carrée. Depuis le coup d'Etat du 2 décembre 1851, les travaux de restauration sont accélérés. Duban rénove la galerie d'Apollon, pose le compartiment central peint par Eugène Delacroix, fait réaménager la salle des Sept-Cheminées avec le décor de sa voûte et le Salon Carré. Une mésentente s'instaure entre Visconti et Duban, ce dernier donnant sa démission en décembre 1853. Le chantier connaît d'autres déboires : les carrières ne parviennent pas à fournir le nombre de pierres suffisantes, obligeant l'architecte à acquérir des pierres de moindre qualité, sans compter les accidents (527 blessés et 9 morts entre juillet 1852 et décembre 1853).

Le Second Empire (1851-1870)

Peu après le coup d'Etat, en mars 1852, un décret décida l'achèvement de la réunion du Louvre et des Tuileries et la restauration générale des bâtiments situés à l'ouest de la Cour Carrée. Deux ailes prenaient naissance aux extrémités de la cour, celle du nord rejoignant le pavillon de Rohan, l'autre s'étendant à mi-chemin de la Grande galerie. Des guichets assuraient la circulation.
Le 8 mars 1853, **Napoléon III** (1808-1873) décide d'organiser l'exposition universelle de 1855 à Paris. Il demande que le gros-œuvre du nouveau palais du Louvre soit terminé au début de l'exposition. Visconti demande l'autorisation de faire travailler les ouvriers le dimanche, ce que le ministère refuse. Le 29 décembre, le cocher qui ramène l'architecte à son domicile, le découvre mort d'une attaque d'apoplexie. Le 13 février 1854, Hector-Martin Lefuel est nommé architecte des travaux du Louvre. Avec

lui débute le règne de l'exubérance architecturale, du décor ostentatoire. Disposant de crédits importants, l'architecte tente d'impressionner ses pairs et tout Paris. Il n'hésite pas à démolir sous prétexte de restaurer, puis à se livrer à des reconstitutions approximatives. Les travaux placés sous sa coupe durèrent de 1861 à 1870 puis reprirent à la fin de 1871 jusqu'en 1876. Lefuel va parachever l'œuvre des siècles précédents en réunissant enfin le Louvre et les Tuileries. Il modifie légèrement les plans laissés par Visconti. Il termine l'aile dite de Richelieu, rue de Rivoli, ébauchée sous Napoléon 1er, parallèle à la galerie du Bord de l'eau. Celle-ci est également modifiée et se dote d'un grand escalier d'honneur. L'architecte fait édifier les pavillons enserrant l'actuelle cour de la Pyramide. Au nord, les bâtiments destinés au ministère d'Etat englobent trois cours intérieures. Ils sont ponctués d'est en ouest par les pavillons Colbert, Richelieu et Turgot. La façade s'inspire de celle de Lemercier et respecte l'ordonnance classique de celle-ci : des galeries à arcades, des hautes fenêtres à fronton à l'étage, de petites ouvertures ponctuant l'attique surmonté de balustres, le rythme des pavillons… L'aile Richelieu se rompt en retour d'équerre pour s'unir à la Cour Carrée. Le problème réside dans l'ornementation. Si autrefois les sculptures se faisaient discrètes et élégantes, sous Lefuel elles deviennent surabondantes : chaînages vermiculés, chapiteaux trop travaillés, excès de guirlandes, de volutes, de cariatides, de trophées. Ici le visiteur assiste à un débordement de sculptures, jusqu'aux quatre-vingt-six statues d'hommes illustres plantés sur les galeries (Colbert, Rabelais, Grégoire de Tours, Abélard, Malherbe…).

> Napoléon III très fier des travaux de son architecte Lefuel se permit une petite excentricité royaliste : un portrait sculpté. Si vous observez le fronton du pavillon Denon, vous remarquerez une effigie très ressemblante de l'empereur. Le sculpteur Pierre Simart l'a symbolisé entouré des allégories de la Paix et des Arts. Pour information, ce haut-relief est l'unique représentation sculptée de Napoléon III dans la capitale. Sinon qui peut-on

> voir en face, sur le fronton du pavillon Colbert ? Un bébé. Certes, mais pas n'importe lequel. Il s'agit d'Eugène Louis Napoléon, le fils de Napoléon III et d'Eugénie. Le sculpteur Victor Vilain représenta le prince impérial sous la garde de l'Agriculture et du Commerce.

Au sud, côté musée, des bâtiments sont greffés sur la Grande galerie ; les pavillons Daru, Denon et Mollien s'élèvent en réplique de ceux d'en face. Ils renferment les cours Visconti et Lefuel, celle-ci contenant une double rampe en fer-à-cheval élégante destinée à accéder au manège du prince impérial. L'intervention de Lefuel se manifesta de part et d'autre de la galerie par des surélévations et par des travestissements : la grande salle des Etats est construite en excroissance, et toute cette partie de la galerie, y compris le pavillon de Flore, est alors démolie pour être reconstruite et enveloppée d'un décor néo-Renaissance. La Grande galerie fut couverte d'une verrière – d'ailleurs peu favorables à l'éclairage des tableaux.

Si un bâtiment doit retenir l'attention du visiteur, il s'agit du guichet de Lesdiguières, situés entre les deux parties de la Galerie du bord de l'eau. Le bâtiment central présente une triple arcade au rez-de-chaussée surmontées de trois baies au premier étage et coiffées d'une haute toiture. Entre les piliers du guichet, le sculpteur François Jouffroy réalise deux femmes symbolisant la *Marine guerrière* et la *Marine marchande*. Sur le fronton central, *Apollon chevauchant Pégase*, œuvre d'Antonin Mercié, observe le trafic automobile, encadré par le *Fleuve* et la *Rivière* d'Antoine Barye. Aux extrémités, les pavillons de Rohan et de Lesdiguières, surmontés d'un lanternon et d'une girouette. Sur chacun des balcons de ces lanternons, sont apposés des N dorés surmontés de la couronne impériale, qui rendent ainsi hommage à l'empereur Napoléon III. Les N sont à l'envers. Ils furent posés à la fin du second Empire et l'erreur est passée inaperçue. Elle ne fut découverte que lors des travaux de restauration du Louvre, réalisés sous le premier septennat de François Mitterrand, soit plus d'un siècle plus tard. Le moyen pour un ouvrier de manifester son désaccord avec l'Empire. Cette « erreur » donna le jeu de mots « l'artiste déclare sa N à l'empereur ». Dans les niches du premier étage du pavillon de Lesdiguières, se trouvent des statues allégoriques : la *Sculpture* de Jean-Jules Allasseur, la *Science* de Jacques Léonard Maillet et la *Gravure* de Jules-Antoine Droz. Sur l'autre pavillon, sont visibles *Bacchus* de Joseph Félon, *Pomone* de Jean Auguste Barre et *Apollon* de Jean Claude Petit. La façade du guichet, côté place du Carrousel, est beaucoup plus sobre. Surmontant le pavillon de Lesdiguières, se dressent les *Combats* d'Edme Sornet, la *Navigation* de Pierre Travaux, la *Guerre* de Gandolfi et *l'Asie* de Jean-Jacques Elshoecht. À gauche du lanternon, sont posées *l'Architecture*, et à droite, la *Sculpture*, toutes deux d'Augustin Dumont. Les lions au centre des deux pavillons sont des œuvres d'Emmanuel Frémiet. Sur le pavillon de La Trémoille, se trouvent deux guerriers assis de Jean-Joseph Perraud. Au sommet du pavillon, se succèdent la *Vengeance* de Chambard, la *Navigation* de Louis Meunier et la *Chasse* d'Aimé-Napoléon Perrey.

Pendant les travaux, Napoléon III achète la collection Campana (composée de vestiges archéologiques étrusques, romains et grecs et de tableaux de la Renaissance italienne) en 1863 pour la somme de 4 364 000 francs et crée le musée des Souverains. Le musée du Louvre s'enrichit par la suite grâce aux donations de Charles Sauvageot en 1856 (surtout des verres européens des XVIIe et XVIIIe siècles) et de Louis La Caze en 1869 (583 tableaux, dont 275 conservés au Louvre). Pour information, en 1854, le musée du Louvre se divisait en 13 musées : le musée des tableaux des écoles françaises, italiennes, allemandes, hollandaises et flamandes ; le musée de l'école française ; le musée de la galerie des dessins ; le musée des émaux, bijoux et objets divers ; le musée des antiquités grecques et égyptiennes ; le musée des Souverains ; le musée naval ; le musée des Antiques ; le musée de la sculpture égyptienne ; le musée de la sculpture du Moyen Age ; le musée de la sculpture moderne ; le musée de Ninive ; le musée mexicain. Les travaux du palais sont achevés en 1857 et le musée est inauguré le 14 août. Quant aux appartements privés et de réception de l'empereur, ils sont inaugurés lors d'un somptueux bal costumé le 11 février 1861.

La Troisième République (1870-1940)

Après les événements tragiques de la Commune, en 1871, qui aboutirent  à l'incendie du palais des Tuileries et de l'aile nord du Louvre, le nouveau gouvernement républicain charge l'architecte Lefuel de reconstruire le pavillon de Marsan sur le modèle du pavillon de Flore, ainsi qu'une partie de l'aile Rohan, entre 1874 et 1880. Le manque d'argent empêche l'architecte de construire le pendant du pavillon des Sessions, qui devait abriter un théâtre, ainsi que les grands guichets au nord, semblables à ceux déjà construits au sud. Le ministère des Finances, installé depuis 1824 dans un bâtiment détruit par les communards, est transféré dans l'aile Richelieu en 1871. Les Tuileries restèrent en ruine durant douze ans. Dès 1874, les deux ailes latérales des Tuileries sont rasées. La partie centrale, entre le pavillon de la Chapelle et le pavillon Bullant, reste en l'état. Malgré le bon état relatif des ruines, la Troisième République préfère annihiler ce symbole monarchique, puis impérial, oubliant le rôle du palais dans l'histoire de la Première République. Le gouvernement prévoit de faire édifier à sa place un bâtiment qui rappellerait les proportions du palais disparu et d'y installer un musée d'Art moderne (construction ajournée en raison de l'instabilité politique). En rasant le palais des Tuileries, le gouvernement rompt complètement avec le Grand Dessein d'Henri IV, ainsi la Grande galerie et l'aile Richelieu n'ont plus de raison d'être. Un comité national pour la reconstruction des Tuileries milite pour la reconstruction à l'identique du palais. Leurs arguments ? Rétablir l'harmonie d'ensemble et permettre une extension du musée du Louvre. Les opposants au projet, au contraire, déclarent que le bâtiment enfermerait le Louvre dans un carcan oppressant, coûterait trop cher et romprait l'axe Louvre-Etoile-Défense (trois arcs).

Attribuant de faibles ressources au musée, l'acquisition de nouvelles œuvres est difficile. Pour y remédier, l'Etat crée en 1895 la Réunion des musées nationaux, en 1897 la Société des Amis du Louvre, diverses donations, le rapatriement des œuvres du musée du Luxembourg, les fouilles archéologiques… La crue de la Seine de 1910 et la Première Guerre mondiale laissent le musée tranquille. Vers 1927, le directeur du musée Henri Verne réorganise les collections selon un plan plus rationnel et crée le laboratoire du musée. A l'aube de la Seconde Guerre mondiale, Jacques Jaujard, directeur des musées nationaux, fait évacuer les chefs-d'œuvre du musée dès 1938 (200 voyages pour 5 446 caisses). Lieux de destination (secrets à l'époque) : les châteaux de Chambord, de Valençay, de Louvigny, de Pau… En septembre 1939, un abri antiaérien est construit dans le jardin de l'Infante pour accueillir le personnel du musée en cas d'alerte. Le Louvre est rouvert le 29 septembre 1940, gratuitement pour les Allemands, en dépit de l'absence des œuvres majeures (exemple, les murs du premier étage sont vides). Le Louvre sert alors de salle de transfert pour les œuvres volées aux Juifs. À la fin de la guerre, le musée retrouve quasiment toutes ses œuvres.

La Cinquième République (à partir de 1958)

En 1963, André Malraux, ministre de la Culture, fait restituer les fossés devant la colonnade du Louvre, raser les jardins et déposer les grilles. Le but est de restituer les véritables proportions du bâtiment et de détacher le palais de la ville. Jean-Marie Trouvelot, architecte en chef des monuments historiques, est nommé comme maître d'œuvre. Les travaux seront confiés aux militaires du génie et non aux archéologues. Lors du creusement, sont découverts le soubassement de la façade projetée par Le Vau, des sculptures gothiques et des poteries gallo-romaines. Aucun souci, le tout est arasé pour créer les nouvelles douves.

De 1981 à 1999, un projet de modernisation du musée est conçu par le président de la République **François Mitterrand** (1916-1996) : le Grand Louvre. Le but est de rendre la totalité du palais à sa fonction de musée et d'en faire ainsi le plus grand musée du monde. Pour cela, en septembre 1981, le ministère des Finances est invité à déménager. La superficie du musée passera ainsi de 30 000 m² à 55 000 m². L'idée n'émane pas du président, mais du ministre de la Culture, Jack Lang, qui l'évoque dans un courrier daté du 27 juillet 1981. Lui-même reprend un projet soumis en 1927 par le directeur du musée du Louvre. De plus, Jack Lang ne supporte plus l'image de la cour Napoléon transformée en parking. Séduit, François Mitterrand nomme, en octobre 1982, Emile Biasini, directeur du Théâtre, de la Musique et de l'Action culturelle du ministère de la Culture, responsable du projet Grand Louvre. Un nouveau souci apparaît : l'éloignement des salles d'exposition. Dans cet immense bâtiment en U, les deux salles d'exposition les plus éloignées sont distantes de 1,7 km. François Mitterrand décide donc de doter le Louvre d'une entrée rayonnante en son centre géographique, sous la Cour Napoléon. Encore fallait-il signaler cette entrée aux visiteurs et lui apporter de la lumière. Ce hall d'entrée doit contraster avec la forme des bâtiments alentour. Sans recourir à la procédure du concours d'architecture ou de l'appel d'offres, le président de la République choisit l'architecte sino-américain Ieoh Ming Pei, grâce à un artifice juridique assimilant le chantier à une rénovation. L'architecte est nommé à titre de consultant. En juillet 1983, Ieoh Ming Pei se rend à l'Elysée afin de présenter son projet au président, au ministre de la Culture et à divers responsables du patrimoine. Sur la maquette, se dresse un polyèdre de verre. Le 23 janvier 1984, Ieoh Ming Pei présente son projet à la Commission supérieure des monuments historiques. La projection du diaporama terminée, les reproches fusent. Le président de séance, Jean-Pierre Weiss, parvient à renverser la tendance et la pyramide obtient un avis positif (36 voix sur 49).  Dès le lendemain, *France-Soir* titre : « Le nouveau Louvre fait déjà scandale ». Les polémiques ne font que commencer. Deux jours plus tard, *France-Soir* publie un article de l'académicien Jean Dutourd qui lance un « appel à l'insurrection ». Pierre Vaisse du *Figaro* écrit : « Degré zéro de l'architecture ». Dans le *Monde*, l'historien de l'art André Fermigier compare la pyramide à une « maison des morts », à un « entonnoir », à une fantaisie sortie de Disneyland. D'autres journaux prétendent que le monument défigure l'architecture classique du Louvre et empêche sa visibilité. Certains, comme *l'Express* ou le *Nouvel Observateur*, au contraire, apprécient la juxtaposition des styles classiques et contemporains. Le projet doit non seulement faire face à des protestations des milieux conservateurs, mais aussi d'une partie de la droite qui porte l'affaire sur le terrain politique. Michel Caldaguès, maire RPR du 1er arrondissement, lance en février une pétition pour s'opposer à ce que « le Louvre soit défiguré ». Jack Lang redoute la réaction de Jacques Chirac, alors maire de Paris, et sollicite l'aide de Claude Pompidou. Le maire reçoit Ieoh Ming Pei, le 9 février 1984, à l'Hôtel de Ville. Il observe la maquette et se montre séduit. Se tournant vers l'architecte, il déclare : « C'est très intéressant, mais vous vous y prenez très mal politiquement ». Il se fait le porte-parole du projet auprès des journalistes. Il va même demander une simulation grandeur nature du projet dans la cour Napoléon via des câbles en téflon, le 1ᵉʳ mai 1985. En janvier 1985, l'ancien secrétaire d'Etat à la culture, Michel Guy, fonde l'association pour le Renouveau du Louvre qui combat avec acharnement le projet de la pyramide de verre. Il attire des personnalités comme Marguerite Duras et Nathalie Sarraute. De son côté, Jack Lang obtient le soutien de Catherine Deneuve, Pierre Bourdieu, Françoise Giroud et Philippe Sollers. La presse surnomme, à cette occasion, François Mitterrand « Mitteramsès » ou « Tontonkhamon ».

Le projet initial prévoyait d'ériger une statue sur le pilier central, au cœur de la pyramide. François Mitterrand laisse le choix de l'œuvre à Anne Pingeot, mère de sa fille Mazarine et conservatrice au département des sculptures du musée. Elle suggère le *Penseur* de Rodin. Un essai, fait avec une réplique de plâtre, montre que de l'extérieur l'effet de surface est parfait. Par contre, depuis l'accueil, vu d'en bas, le *Penseur* semble assis sur un pot de chambre. *Le Coq* de Brancusi est envisagé en remplacement, mais il ne s'avère pas à la bonne échelle. Néanmoins, les polémiques cessent et le chantier commence. La pyramide est construite entre 1985 et 1989. Près de 5 000 terrassiers, grutiers, maçons, peintres, ingénieurs, tailleurs de pierre… travaillent sur ce chantier titanesque. Rien que pour le pavage des bassins et du sol, il aura fallu 45 000 heures de travail ; 50 000 pavés de granit sont posés. Le polyèdre de verre est une première fois inauguré le 4 mars 1988 par François Mitterrand, puis une seconde fois le 29 mars 1989, à l'occasion de son ouverture au public.

> L'idée de construire une pyramide à cet emplacement ne date pas du XXᵉ siècle. En 1809, Bernard François Balzac suggère d'édifier une pyramide dans la cour du Louvre afin de célébrer l'empereur Napoléon 1ᵉʳ. En 1889, l'architecte Louis Ernest Lheureux propose la construction d'une pyramide cyclopéenne de style néo-aztèque afin de commémorer le centenaire de la Révolution française.

La pyramide est constituée d'une structure d'acier de 95 tonnes et d'un châssis en aluminium de 105 tonnes. Sa structure est composée d'un maillage de 2 100 nœuds, de 6 000 barres, de 603 losanges et 70 triangles de verre dont le vitrage a une épaisseur de 21 mm. En réalité, il y a peu de vrais losanges. La plupart des pièces sont des parallélogrammes qui, grâce à des effets de perspective, semblent être des losanges. Sa surface à la base est de 1 254 m², la largeur de son carré de 35,42 mètres. Elle mesure 21,64 mètres de hauteur. Bien que critiquée, la pyramide est une prouesse technique née du génie des ingénieurs de la firme Saint-Gobain : un verre à la fois solide, léger et transparent. La pyramide n'est pas seule, elle s'accompagne de trois répliques plus petites constituant des puits de lumière (des pyramidions de 5 mètres de hauteur) et d'une pyramide inversée.

Le 18 décembre 1992, le musée ouvre trente-neuf salles consacrées à la peinture française des XVIIIe et XIXe siècles au 2e étage de l'aile Sully. Le 18 novembre 1993, l'aile Richelieu est inaugurée, suivie des salles de Sculptures étrangères le 18 octobre 1994. Depuis 1995, les différentes salles des départements sont réaménagées, à tour de rôle. En juin 2016, l'artiste JR fait disparaître la pyramide du Louvre grâce à un collage géant sur une de ses faces. L'image du pavillon Sully s'étalait sur les parois vitrées. Dissimulé derrière des lunettes noires, l'artiste s'explique : « Mon travail permet de transmettre des histoires passées pour mieux comprendre le présent et trouver des échos

avec notre époque. En effaçant la pyramide, je souligne le travail d'actualisation qui avait été fait par Ieoh Ming Pei tout en remettant le Louvre dans son état d'origine. » À l'occasion des 30 ans de la pyramide, le musée a invité de nouveau l'artiste JR en mars 2019. Cette fois, il a fait sortir l'édifice de terre afin de révéler ses secrets. Toujours par le biais d'un procédé d'anamorphose et de collage, il a décidé de mettre à jour les fondations de l'édifice. 400 volontaires ont accepté de participer à la réalisation de cet immense trompe-l'œil.

Statue de La Fayette

Qui était Gilbert du Motier, marquis de La Fayette ? Pour certains un héros de la guerre de l'Indépendance américaine, pour d'autres un député aux Etats généraux ou un chef de la garde nationale. Un homme ambigu dans tous les cas et l'un des huit citoyens d'honneur des Etats-Unis. Robert Thompson, un Américain, voulut procéder à un échange honorable. Puisque la France avait eu la bonté d'offrir la statue de la Liberté aux  Etats-Unis, lui il offrirait une statue du général La Fayette à la France. Pour cela, il ouvrit une souscription parmi les écoliers américains. Le projet est agréé en 1899 et le sculpteur choisi est Paul Wayland Bartlett (un Américain). L'Etat lui donne comme date butoir l'Exposition universelle de 1900, soit un an pour réaliser son œuvre. Afin de respecter les délais, Bartlett réalise un modèle en plâtre pour l'Exposition. Le 4 juillet 1900, jour anniversaire de l'Indépendance américaine, la statue est installée sur un socle immense, au milieu de la cour Napoléon. Le drap recouvrant la statue est ôté par deux écoliers, un Américain et un Français (l'arrière-petit-fils de La Fayette). Les festivités terminées, Bartlett retourne à son travail : réaliser la statue définitive en bronze. Il décide de remanier son œuvre en troquant le costume Louis XVI de La Fayette contre un costume révolutionnaire, la perruque et le tricorne disparaissent, l'épée brandit dans son fourreau est dégainée. L'artiste mettra sept ans à réaliser la statue en bronze ; elle est installée sur le socle en juin 1908. En 1984, les travaux nécessaires aux fouilles archéologiques et à l'aménagement de la pyramide du Louvre entraînent le déplacement du monument. Celui-ci finit sur le Cour de la Reine, près du Grand Palais, dans le 8ᵉ arrondissement, le 10 avril 1985. Installée entre deux rangées d'arbres rapprochées, elle ne dispose pas d'un recul suffisant pour être bien observée. Lors de la descente de la statue de son socle, les techniciens remarquent un détail, surprenant. Une tortue figure près du sabot postérieur gauche du cheval. Il s'agit d'un message humoristique de l'artiste qui se moque de sa lenteur dans l'exécution de l'œuvre. En 1986, dans la cour Napoléon, à la place de La Fayette prend place une statue équestre de Louis XIV, œuvre inspirée du travail du Bernin, réalisée par Girardon.

Le baron de Guldenstubbé

Le musée du Louvre n'est pas uniquement parcouru par des touristes, des chercheurs, des étudiants en art, le conservateur ou des copistes, mais parfois par des scientifiques. Entre 1857 et 1862, le baron de Guldenstubbé, père de la Pneumatologie positive, se rend au Louvre pour tester quelques expériences spirites. Procédé expliqué dans *La Réalité des esprits et le phénomène merveilleux de leur écriture directe*. Le baron rangea un papier blanc et un crayon dans une boîte fermée à clé, la déposa au Louvre et prit soin de conserver la clé toujours sur lui. Il revint pendant douze jours, guetta et fut déçu de ne rien voir. Aucune trace de crayon. Le 13 août 1856, grand étonnement, d'étranges caractères sont inscrits sur la feuille. Notre baron aurait ainsi obtenu la signature de Jules César, le 28 août 1856, en présence du comte d'Ourches ; le dessin d'un trépied pythique signé E, le 4 novembre 1857, près de la statue d'Euripide, en présence du prince Shakowskoi ; et quelques lignes de Cléopâtre, le 4 septembre 1862.

Faussaires

Le 22 août 1911, le peintre Louis Béroud se rend au Louvre afin d'y faire le croquis de *Mona-Lisa au Louvre*, son prochain tableau. Au lieu d'y rencontrer le sourire emblématique de l'Italienne, il trouve un mur vide. Béroud interroge les gardiens ; le tableau est à l'atelier photographique de la maison Braun. Le peintre revient quelques heures tard, le tableau n'est toujours pas sur le mur. N'étant pas chez Braun, le vol est déclaré. Le préfet Louis Lépine envoie sur place Octave Hamard, chef de la sûreté et de la préfecture de police, ainsi que 60 inspecteurs. Le criminologue Alphonse Bertillon découvre une empreinte de pouce sur le cadre vide de la Joconde et fait relever les empreintes des employés du Louvre (environ 257 personnes). Le tableau reste introuvable et le directeur du musée, Théophile Homolle démissionne. Le juge d'instruction Joseph Marie Drioux fait arrêter le poète Guillaume Apollinaire et l'accuse de complicité de recel de malfaiteur. Des statuettes phéniciennes subtilisées au Louvre, ayant été retrouvée chez lui. Le peintre Pablo Picasso est également soupçonné. La Société des amis du Louvre offre une récompense de 25 000 francs. La revue l'Illustration promet 50 000 francs pour qui rapporterait le tableau dans les locaux du journal. Le tableau acquiert une renommée mondiale, éclipsant dans les gazettes les menaces de guerre. Le tableau est finalement retrouvé en Italie en décembre 1913. Il avait été dérobé par Vincenzo Peruggia, vitrier italien mettant sous verre les tableaux importants du musée. Il conserva la Joconde pendant deux ans, dans sa chambre parisienne, cachée dans le double fond d'une valise, sous son lit. De retour en Italie, il propose de le revendre le 10 décembre à un antiquaire florentin, Alfredo Geri, qui avait passé une petite annonce pour acheter des œuvres d'art. Le marchand donna aussitôt l'alerte. Le voleur est arrêté dans sa chambre d'hôtel et condamné à 18 mois de prison. La presse italienne salua son patriotisme. Le 4 janvier 1914, le tableau revient au Louvre dans une voiture de première classe spécialement affrétée à cette occasion. Depuis il est placé sous haute surveillance. Les vacances de Mona Lisa firent la joie des journaux illustrés et des fabricants de cartes postales. Le 11 juin 1939, Stanislas Bogousslavsky, un Russe, « emprunta » *L'Indifférent* de Watteau. Le malfrat fut appréhendé deux mois plus tard. Les « mauvaises » langues remarquèrent que les cambriolages précédaient toujours les guerres mondiales. Une question reste en suspens : les tableaux retrouvés sont-ils des vrais ou des copies ? *Hommage à Léonard de Vinci*, catalogue publié en 1952, évoquait 61 copies officielles de la *Joconde*. Sept furent exposées, au Grand-Palais, entre juin et juillet 1955, lors de l'exposition *Le Faux dans l'art et dans l'histoire*.

Ce n'est pas moi qui pourrais vous renseigner sur l'authenticité du tableau de Vinci, néanmoins je vais vous raconter l'histoire d'un faux. Sur les conseils d'Albert Kaempfen (directeur des Musées nationaux) et des archéologues Antoine Héron de Villefosse et Salomon Reinach, le Louvre acquit en mars 1896, une tiare en or massif, pesant 460 g, et décorée de motifs en relief illustrant des épisodes de l'Iliade. Bien que datant de 300 ans avant Jésus-Christ, l'objet était dans un excellent état de conservation. Valeur d'achat : 200 000 francs-ors. Des érudits attribuèrent la tiare à un roi scythe Saïtapharnès. L'Académie française y consacra sa séance du 1er avril 1896. Le journal *Le Figaro* fit le récit de la vie de Saïtapharnès. Peu de temps après, quelques experts émirent des doutes sur l'authenticité de la tiare. L'archéologue allemand Adolf Furtwängler énuméra les problèmes stylistiques des dessins et s'étonnait du manque de patine sur l'objet. Sept ans plus tard, l'orfèvre Israël Rouchomovski reconnut être l'auteur de la tiare. À cette annonce, 10 000 visiteurs vinrent admirer la tiare exposée dans la salle des Antiques. Le ministre des

Beaux-arts fit venir d'Odessa, Israël Rouchomowsky, le 5 avril 1903, qui démontra la supercherie en révélant ses secrets de fabrication. En 1894, deux commerçants avaient commandé à l'artisan une tiare. Il s'agissait d'un cadeau destiné à un ami archéologue. Ces derniers avaient fourni à Rouchomovsky des détails sur les fouilles récentes de leur ami afin de faciliter son travail. Le Louvre avait payé une fortune pour un faux ! À l'époque, l'artisan avait été payé 7 000 francs pour son travail. Offusqué, le directeur du musée fit disparaître l'objet dans les réserves. Loin d'être incriminé, l'artisan d'Odessa reçut une médaille d'or au salon des arts décoratifs de Paris pour la qualité de son travail. En 1997, le musée d'Israël, à Jérusalem emprunta au Louvre la tiare de Saïtapharnès lors d'une exposition consacrée au travail d'Israël Rouchomovsky. La tiare n'est pas le seul faux du musée, nous comptons trois Clouet, *Le Martyre de saint Sébastien* de Jacques Callot, *Le Concert* de Watteau…

Roland Dorgelès

Roland Dorgelès, journaliste au *Canard enchaîné*, n'était pas un homme ordinaire. Un jour qu'il se promenait dans les rues de Montmartre, il observa le sculpteur Buzon à l'ouvrage. Maladroitement, il bisa le nez d'une tête qu'il était en train de sculpter. L'artisan mécontent s'éloigna de son œuvre et le badaud en profita pour voler l'objet. Voulant faire une bonne blague, il se rendit en galante compagnie au musée du Louvre, la tête dissimulée dans le manchon de la dame. Il posa la tête sur un socle, après lui avoir accroché une étiquette ironique : « n°402. Tête de divinité (fouille de Délos) ». Un mois s'écoula. Dorgelès revint sur le lieu de son crime, accompagné d'amis journalistes et d'un photographe de *l'Excelsior*. Aussitôt, il cria au scandale, prétextant avoir découvert un faux. Une foule de curieux se massa autour du groupe. Le journaliste tenta de récupérer sa figurine, mais un gardien s'interposa. Interdiction de toucher aux œuvres d'art. L'aventure était contée dès le lendemain dans *l'Excelsior*. Marius de Buzon put se féliciter d'être entré au Louvre de son vivant ; de son côté, le musée resta silencieux. Loin de se décourager, Dorgelès écrivit au directeur du musée afin de récupérer sa tête. Il ne reçut jamais de réponse. La tête divine appartenait désormais aux collections de l'Etat. Ici, ni voleur, ni faussaire, mais un donateur clandestin prit à son propre jeu.

Jardin de l'Infante

En 1611, Marie de Médicis fit tracer un jardin, de plan carré, formant une terrasse surélevée par rapport à la Seine. Il se dota d'arbres divers, de tonnelles, de massifs et d'une fontaine. Un petit pont reliait le jardin à l'aile méridionale du palais du Louvre, où habitaient les reines-mères. Les médisants nommaient ce ponceau le Pont-d'Amour, en référence aux visites guères discrètes de Concini à la reine. Puis ce jardinet fut rebaptisé en 1721 en l'honneur de la fiancée de Louis XV. Marie-Anne Victoire d'Espagne était promise au roi, âgé de 11 ans, alors qu'elle n'en avait que trois. La petite fille fut alors échangée contre la princesse Louise Élisabeth, Mademoiselle de Montpensier, fille du Régent, le duc d'Orléans. À son arrivée, le 2 mars 1722, l'Espagnole fut logée dans l'appartement des reines-mères, dans la Petite Galerie du Louvre. L'architecte Robert de Cotte repensa le jardin en l'ornant de statues rapportées de Marly, les *Nymphes de Diane*. L'Infante y résida trois mois, avant son départ pour Versailles en juin 1722. En 1725, la petite fille fut renvoyée auprès de sa famille en Espagne, suite au mariage de Louis XV avec la fille du roi de Pologne, Marie Leszczynska âgée de 22 ans (la Couronne avait besoin d'un héritier en urgence). L'Infante épousa le roi du Portugal, le 19 janvier 1729. Pendant la Révolution, le jardin servit de dépôt lapidaire. Le jardin fut redessiné par l'architecte Duban, sous le Second Empire, pour sublimer l'entrée des Antiques. Celle-ci fut décorée de vases en marbre, sous la surveillance de sphinx. La composition actuelle du jardin, avec son damier en buis, remonte aux travaux du Grand Louvre sous la présidence de François Mitterrand.

Avenue du Général-Lemonnier

La rue commence quai des Tuileries et se termine rue de Rivoli. Elle mesure 317 mètres de longueur et 20 mètres de largeur.

Odonymie

Pendant la guerre, Emile Lemonnier (1893-1945) fut envoyé au Tonkin. En 1945, les Japonais envahirent la péninsule et attaquèrent Lang Son, forteresse où s'était retranché le général. Sommé de capituler sous peine de mort, il refusa. Il fut capturé lors de l'attaque, puis périt, la tête tranchée, avec 460 prisonniers.

Histoire

La voie fut ouverte vers 1877 sous le nom de « rue des Tuileries ». Elle était alors entièrement en surface, franchissant le jardin des Tuileries. Elle devint ensuite « l'avenue Paul-Déroulède » en l'honneur de Paul Déroulède (1846-1914). Il existait déjà une autre avenue de ce nom dans le 15e arrondissement. L'avenue prit son nom actuel en vertu de l'arrêté du 25 mars 1957.

Rue de Harlay

La rue commence quai de l'Horloge et se termine quai des orfèvres. Elle mesure 120 mètres de longueur et 21 mètres de largeur. La rue de Harlay est une rue de l'île de la Cité, limitant l'ancien palais de Justice à l'ouest en le séparant de la place Dauphine.

Odonymie

Achille de Harlay était un personnage important de l'histoire française du XVIe siècle. Né en 1536 dans une famille noble, il a grandi dans le Paris de la Renaissance, entouré d'intellectuels et influencé par les idées humanistes de son époque. La rue s'appela primitivement « rue Harlay-au-Palais » afin de la distinguer de la rue Harlay-au-Marais, située dans le 3e arrondissement (elle fut renommée rue des Arquebusiers en 1879).

Dès son adolescence, Achille de Harlay se passionna pour le droit et décida de poursuivre une carrière dans ce domaine. Il rentra à la faculté de droit de Paris et devint rapidement un juriste éclairé, reconnu pour sa grande rigueur intellectuelle. Il fut nommé avocat au Parlement de Paris en 1564, débutant ainsi une longue carrière juridique. Au fil des années, Achille gravit les échelons de la hiérarchie judiciaire. En 1574, il fut nommé conseiller au Parlement, puis premier président en 1589. Ce poste lui conféra une grande influence politique. Pendant son mandat de premier président, Achille s'efforça de réformer le système judiciaire français. Il prôna l'égalité devant la loi et la rigueur dans l'application des sanctions. Il s'opposa également aux abus de pouvoir de la monarchie, plaidant en faveur de la séparation des pouvoirs et de la protection des droits individuels. Malgré son engagement en faveur de la justice et de la réforme, Achille fut écarté du pouvoir à la fin de sa carrière. En 1606, il fut destitué de son poste de premier président et se retira dans sa résidence de campagne. Achille de Harlay mourut en 1616,

> laissant derrière lui un héritage important dans l'histoire du droit français. Ses idées ont grandement influencé l'évolution du système juridique français.

Histoire

Vers 1607, une rue de 8,75 mètres est tracée sur des terrains concédés à Achille de Harlay. Elle longeait les jardins de l'hôtel du Bailliage, dit « jardin du roi ». En 1671, un passage est ouvert en face de la place Dauphine, entre la rue de Harlay et la cour Harlay. Le projet d'agrandissement du palais de Justice du 26 mai 1840 prévoit la démolition des maisons situées sur le côté impair de la rue de Harlay, sauf que la préfecture de police profite de la situation pour occuper les bâtiments vides. Finalement, les maisons sont détruites entre 1871 et 1872. Les maisons, côté pair, sont démolies à leur tour en 1874 pour dégager la vue sur le nouveau palais de Justice. Aujourd'hui, seul le n°2 a réchappé au massacre.

Rue Henri-Robert

La rue commence place Dauphine et se termine place du Pont-Neuf. Elle mesure 19 mètres de longueur et 12 mètres de largeur.

Odonymie

Ce fut le pseudonyme de Robert Henri (1863-1936), un des plus célèbres avocats de cour d'assises de la Belle Epoque. Historien et académicien, il est l'auteur, notamment, des quatre tomes des *Grands procès de l'Histoire*.

> Enfant naturel, né de père et de mère inconnus, il passe pour être le fils du duc de Morny. Il reçoit les prénoms de baptême Robert Henri, mais adoptera plus tard le nom composé

Henri-Robert, le plus souvent écrit avec un trait d'union. Licencié en droit en 1885, il devient avocat cette même année et secrétaire de la Conférence des avocats en 1887. Obtenant son doctorat en 1895, il gagne rapidement une grande notoriété par ses plaidoiries dans de célèbres affaires criminelles. Bâtonnier du barreau de Paris de 1913 à 1919, considéré comme l'un des meilleurs avocats d'assises de sa génération par ses talents d'orateur, sa réputation lui vaut le surnom de « maître des maîtres de tous les barreaux ». Il s'occupe également de travaux historiques et publie plusieurs ouvrages, ce qui lui vaut d'être élu à l'Académie française le 15 novembre 1923 au fauteuil 16, succédant à Alexandre Ribot. Il est conférencier à l'université des Annales et président du Conseil judiciaire de la Société des gens de lettres. Il est inhumé à Paris dans le cimetière des Batignolles.

Histoire

C'est en 1948 qu'on a donné son nom actuel à une partie de la place Dauphine.

Quai de l'Horloge

Le quai commence boulevard du Palais, au niveau du pont-au-Change, et se termine place du Pont-Neuf, au niveau du pont éponyme. Il mesure 325 mètres de longueur et 8,50 mètres de largeur.

Odonymie

Le quai de l'Horloge tire son nom de l'horloge ornant la tour de l'Horloge de l'ancien palais de la Cité. Le quai fut commencé en 1580 et achevé en 1611, puis partiellement élargi en 1736 et en 1816. Il a porté les noms de « quai du Grand-Cours-d'Eau » (XVIIe siècle), « quai des

Lunetiers » (car un grand nombre d'opticiens et de lunetiers y travaillaient), et « quai des Morfondus » (il était exposé au vent du nord, et les piétons, l'hiver, y souffraient du froid). Le vieux verbe « morfondre » signifiait jadis « causer un froid incommodant ». Pendant la Révolution, on l'a appelé « quai du Nord », car il se trouve au nord de l'île de la Cité.

Histoire

Charles V fit ériger entre 1350 et 1353, sur un ancien terrain marécageux, une tour de 47,30 mètres de hauteur dont le beffroi était dominé par un lanternon. Cette tour de forme carrée permettait aux guetteurs de veiller sur la sécurité du palais royal. Il la dota en 1370 de la première horloge publique parisienne, œuvre de l'horloger lorrain Henri de Vic. Située dans une tour carrée formant le coin de ce quai et du boulevard du Palais, elle fut baptisée horloge du Palais. Ses sonneries rythmaient le travail des Parisiens. Le cadran n'est cependant pas installé sur la face de la tour bordant le quai, mais à quelques mètres, sur celle bordant le boulevard du Palais. L'année suivante, la tour fut pourvue d'une cloche en argent. En 1418, un cadran extérieur fut installé. En 1472, Philippe Brille restaura le cadran. Un nouveau cadran sera mis en place sous le règne d'Henri III, en 1585 ; Germain Pilon sculpta l'encadrement et deux figures allégoriques, La *Loi* et la *Justice*. Nouvelle campagne de restauration en 1685. Ces œuvres seront détruites sous la Révolution et reconstituées en 1852, puis en 1909. Entre 1840 et 1843, la partie inférieure de la tour est consolidée et un corps de garde est aménagé à sa base. Les dates des différentes campagnes de restauration figurent sur l'édifice. Deux plaques, encadrant l'horloge, portent des inscriptions latines. Au sommet : « Celui qui lui a déjà donné deux couronnes lui en donnera une troisième », allusion aux couronnes de Pologne et de France portées par Henri III. En dessous : « Cette machine qui fait aux heures douze parts si justes enseigne à protéger la Justice et à défendre les lois ». Grande campagne de restauration entre 2011 et 2012. L'horloge retrouve sa première apparence grâce à l'étude de documents archivés.

Immobilier

N°5 : la Cour de cassation. Le bâtiment s'élève là où se trouvaient avant le Second Empire des maisons et des commerces. En 1861, la construction de la Cour de cassation est entreprise par l'architecte Louis Lenormand.

N°19-23 : ces immeubles furent rénovés dans les années 1990, puis réunis pour former l'ensemble baptisé Hôtel de Harlay. Ils accueillent la Maison du barreau de Paris.

N°31 : Louis-Vincent Chevalier, ingénieur et opticien, fonde sa maison au XVIIIe siècle. Son fils Vincent lui succède et ouvre un autre établissement au n°69.

N°39 : l'immeuble appartenait à la famille de Polignac quand, en 1775, s'y installe Abraham Louis Breguet qui y fonde la maison d'horlogerie Breguet.

N°69 : ancien atelier de Jean Lerebourg auquel succéda Vincent Chevalier. Il travailla sur la conception de lentilles achromatiques pour microscopes et commercialisa *chambre obscure* et *chambre claire* entre 1821 et 1831.

Rue Jean-Lantier

La rue commence rue Saint-Denis et se termine rue Bertin-Poirée. Elle mesure 168 mètres de longueur et entre 10 et 12 mètres de largeur.

Odonymie

Le nom de la voie s'est trouvé déformé, car il s'agissait à l'origine de la rue Jean-Lointier (un de ses riches habitants).

Histoire

La rue existait déjà au XIIe siècle sous les noms de « rue Jehan-Loing-Letier », « rue Jehan-Lonctier » ou « rue Jehan-Lointier ». Au XVe siècle, elle prend le nom de « rue Philippe-Lointier », puis « rue Jean-Lointier » avant de prendre son nom actuel. En 1817, cette rue commençait rue des Lavandières-Sainte-Opportune et se terminait rue Bertin-Poirée. En 1854, la rue est prolongée de la rue des Lavandières à la rue Saint-Denis. Ce prolongement fait disparaître la rue Perrin-Gasselin, la place du Chevalier-du-Guet et la rue du Chevalier-du-Guet.

La princesse Jabirowski

Le promeneur richement vêtu, faisant les cent pas au bord de la Seine, profitant de l'été ensoleillé de 1671, attire bien des regards. Son allure et ses gardes du corps trahissent à coup sûr un personnage de la haute société. Justement, le promeneur sort du Louvre. Pour une affaire grave : il a rencontré le roi, qui lui a fait bien des compliments avant de conclure : « J'ai toute confiance ». Ce qui en langage royal signifie « débrouillez-vous ». Et le temps presse. La situation est grave et le souverain mécontent. Depuis que Colbert l'a fait nommer voici quatre ans lieutenant-général de la police, Gabriel Nicolas de La Reynie, à quarante-six ans, ne s'est jamais trouvé devant pareille situation : en trois mois à peine, vingt-six jeunes gens, de dix-sept à vingt-sept ans, ont mystérieusement disparu à Paris. Il y a lieu de s'inquiéter. Or, on ne sait rien. Absolument rien. Tout à coup, La Reynie presse le pas, remonte en voiture, rentre à ses bureaux, et fait appeler Lecoq, le meilleur de ses policiers.

- Le roi a promis mille livres à quiconque résoudrait l'énigme.

Lecoq se met à déambuler à son tour avant de s'écrier :

- J'ai une idée ! Nous allons vêtir richement mon fils, qui a dix-sept ans, et le suivre par les rues !

Le lieutenant-général hésite un instant, puis donne carte blanche et le jeune Exupère Lecoq se retrouve aussitôt déguisé en riche héritier, baguenaudant à travers les quartiers à la mode de Paris, suivi discrètement d'une dizaine de « mouchards ».

Quatre jours passent, mais rien ne survient. On désespère. Il fait chaud. Et tout à coup, au cinquième jour, vers 15 h 00, sur la terrasse du jardin des Tuileries, qui domine les vertes étendues des Champs-Élysées, Exupère croise le regard d'une jeune femme. Elle est superbe, pourtant son instinct lui conseille la prudence. Exupère doit remplir sa mission. Il doit mettre de côté sa timidité, ne pas baisser les yeux, relever le défi. Il s'assoit sur le premier banc libre et fixe la mince silhouette qui poursuit son chemin. S'est-il mépris ? Une dame s'installe alors à ses côtés, le salue poliment et engage la conversation. En quelques minutes, la jolie fille aperçue tout à l'heure devient le sujet du discours.

- Je veille sur elle ! Elle est la fille d'un prince polonais ! déclare à mi-voix la gouvernante.

À l'en croire, le prince Jabirowski serait venu autrefois séduire une jeune marchande de la rue Saint-Denis avant de disparaître. Le roi de Pologne ayant appris l'affaire l'a envoyée chercher l'enfant dont la mère était morte entre-temps, pour en faire une noble et riche héritière. Exupère écoute et s'interroge. Serait-il sur une fausse piste ? Pourquoi une princesse polonaise kidnapperait-elle des hommes ?

- Bienheureux qui l'épousera ! ajoute la dame d'un air entendu.

Il faut donner le change. Exupère, dont la curiosité est piquée au vif, se lance alors dans un discours duquel il ressort qu'il est lui-même un nanti, fils d'un riche bourgeois de province. La dame, satisfaite, précise que la demoiselle recevrait bien Exupère chez elle et lui fixe rendez-vous pour le soir même, devant le portail de Saint-Germain l'Auxerrois.

Ce mardi 14 juillet 1671, voilà Exupère Lecoq, dix-sept ans à peine, en route pour sa première mission. Il regarde autour de lui, aperçoit les dix policiers en civil qui le protègent, respire profondément et attend dans la nuit tombante. Il sursaute quand le prend par le bras une vieille femme courbée qui frôle le porche de l'église. C'est la gouvernante.

- Pourquoi ce déguisement ?
- C'est qu'il y a tant de garçons qui voudraient connaître l'adresse de la princesse Jabirowski que mieux vaut ne pas être reconnue, précise la vieille en emmenant son protégé.

Les voilà partis à travers le dédale des ruelles de ce quartier boueux qu'on appelle la « Vallée de la Misère ». Ils s'engagent dans la rue de Béthisy, tournent dans celle des Lavandières, remontent la rue des Mauvaises-Paroles et débouchent passage des Deux-Boules. On tourne en rond. Tout à coup, elle s'arrête devant la chapelle Saint-Eloi, dans la rue des Orfèvres, et désigne une bicoque sombre située au coin de la rue Jean-Lantier. Sentant sans doute la réticence du jeune homme, la vieille femme précise aussitôt que ce n'est pas la résidence réelle de la princesse, mais un repaire qui lui appartient et où elle reçoit dans la discrétion. On entre. Exupère est introduit dans un salon éclairé par des bougies, meublé d'un divan rouge sur lequel est allongée la princesse en tenue légère. Elle lui tend aussitôt les bras, l'invitant à le rejoindre. Exupère sent le rouge lui monter aux joues. Une situation délicate pour un jeune homme inexpérimenté. Il ne doit rien laisser paraître, il ne doit pas hésiter ni se précipiter, mais jouer son rôle, regarder, écouter. Assis sur le canapé, Exupère est rapidement troublé par les caresses de la belle et il en oublie sa mission. Le temps passe. Lecoq père s'inquiète. Le signal ne vient pas. C'est long, trop long. Alors l'inquiétude gagne et Lecoq lance un bref coup de sifflet qui rassemble ses hommes. La maison est envahie. En entendant le bruit des pas, la princesse abandonne son amoureux pour disparaître par une petite porte. Exupère est seul. Retrouvant ses esprits, il fouille la pièce à la recherche d'indices. Il ouvre un placard et, saisi d'effroi, tombe sur vingt-six têtes coupées, alignées sur des plats en argent. Un plat est vide, le vingt-septième, le sien ! À cet instant, la princesse surgit, entourée de quatre hommes armés jusqu'aux dents. Mais à quatre contre dix policiers, les voici bientôt menottés et embarqués. Les quatre hommes sont interrogés, torturés et rapidement pendus. De leurs aveux, il ressort qu'ils se livraient à un trafic de cadavres vers l'Allemagne : les têtes pour les chirurgiens, les corps pour les étudiants en médecine d'Outre-Rhin. Quant à la princesse, une jeune Anglaise, Olympia Guilford, elle a disparu.

Rue des Lavandières-Sainte-Opportune

La rue commence avenue Victoria et rue Saint-Germain-l'Auxerrois, et se termine rue des Halles. Elle mesure 178 mètres de longueur et entre 12 et 15 mètres de largeur.

Odonymie

Les blanchisseuses ou lavandières habitaient cette rue pour être plus proche de la Seine. Elles lui donnèrent son nom. L'épithète du couvent Sainte-Opportune fut rajouté postérieurement afin de distinguer la rue de celle des Lavandières place Maubert dans le 5e arrondissement (aujourd'hui disparue). Le tronçon compris entre le quai de la Mégisserie et l'avenue Victoria fut rebaptisé rue Édouard Colonne, selon un arrêté du 16 juillet 1912.

Histoire

En 1816, cette rue commençait rue Saint-Germain-l'Auxerrois et finissait rue des Fourreurs. La rue faisait alors partie de trois quartiers : Louvre, Saint-Honoré et des Marchés. La rue est prolongée jusqu'au quai de la Mégisserie lors de la construction du théâtre du Châtelet.

Arts

Admirez la statue de sainte Opportune, située place Sainte-Opportune, ainsi que l'enseigne du restaurant *A la tête d'or*, localisé au carrefour. *Lavandières* est le titre d'une chanson écrite et interprétée par Pierre-Michel Sivadier en référence à la rue. La chanson est publiée en 2008 dans l'album du compositeur intitulé *Rue Francoeur*.

Immobilier

Le greffier au Grand Conseil, Nicolas Félix Vandive (1712-1792) décéda dans sa maison située dans cette rue. Lors de la dernière maladie du roi Louis XV, il fut envoyé le dimanche 1er mai 1774 par le Parlement de Paris pour aller s'enquérir de sa santé peu avant son décès.

Germain Boffrand (1667-1754), architecte et ingénieur, aurait vécu dans cette rue en 1726.

Faits divers

À l'époque mérovingienne, un pèlerin trouve sur son chemin un serpent basilic. Comme chacun le sait, le regard du reptile tue. Le malheureux va donc trépasser. Transporté à l'église, il ressuscite grâce aux mérites de sainte Opportune.

Le 24 décembre 1551, une jeune femme, estourbie à coups de marteau sur le chemin de la messe de minuit, est dépouillée de ses bijoux. Arrêté, le propriétaire du marteau, le serrurier Adrien Doué, résiste aux tortures : « La violence des tourments ne put lui arracher l'aveu ». Remis estropié en liberté, il décède peu après. Vingt ans plus tard, deux hommes avoueront avoir tué la femme, avec un marteau volé chez le serrurier.

Passerelle Léopold-Sédar-Senghor

La passerelle Léopold-Sédar-Senghor traverse la Seine pour relier le quai Anatole-France (7ᵉ arrondissement) et celui des Tuileries (1ᵉʳ arrondissement), créant ainsi une connexion entre les musées d'Orsay, du Louvre et de la Légion d'honneur. La passerelle est le 36ᵉ pont de Paris.

Odonymie

Léopold Sédar Senghor était un écrivain, poète et homme politique sénégalais, qui devint le premier président de la République du Sénégal après l'indépendance en 1960. Né en 1906 à Joal, Senghor était le fils d'un chef sévère. Il montra très tôt un talent pour la poésie et les arts, ainsi qu'une passion pour la littérature française.

Senghor partit étudier en France où il fréquenta les universités de Paris et de Bordeaux. C'est là qu'il rejoignit un groupe de jeunes intellectuels noirs, connu sous le nom de « la négritude », qui cherchaient à redéfinir l'identité africaine et à lutter contre le colonialisme français. Senghor devint l'un des principaux défenseurs de ce mouvement, qui valorisait la culture, l'histoire et la contribution des peuples africains à la civilisation mondiale. Après avoir terminé ses études, Senghor enseigna la philosophie en France. Il continua néanmoins à écrire de la poésie et à s'engager politiquement pour l'indépendance de son pays. En 1960, après des années de lutte et d'activisme, le Sénégal obtient enfin indépendance et Senghor fut élu comme premier président du pays. En tant que président, Senghor prôna une politique d'unité nationale et de développement économique. Il mit en place des politiques visant à promouvoir la culture africaine, notamment en favorisant les langues locales et en encourageant les arts et la littérature. Senghor joua également un rôle clé dans la création de l'Organisation internationale de la Francophonie, qui promeut la langue française et la coopération entre les pays francophones. Après vingt ans à la tête du pays, Senghor décida de se retirer de la vie politique en 1980. Il se consacra alors entièrement à son œuvre littéraire et à la promotion de la culture africaine. Il fut un poète renommé, publiant de nombreux recueils de poésie et recevant plusieurs prix prestigieux, dont le Grand Prix de la Francophonie en 1995. Léopold Sédar Senghor décéda en 2001, laissant derrière lui un héritage important en tant que défenseur de la négritude et de la culture africaine.

Histoire

Le premier pont est construit entre 1858 et 1859 sur les plans des ingénieurs Paul Martin de La Gallisserie-Gallocher et de Jules Savarin. Il  prend le nom de Solferino en hommage à la victoire de Napoléon III sur les Autrichiens lors de la campagne d'Italie. Les trois arches en fonte, de 40 mètres de large chacune, supportent un tablier de 106,50 mètres. Entre les culées en maçonnerie, sont aménagées des arches de halage. Côté décoration, des écussons en pierre sculptés du monogramme de Napoléon et de la couronne impériale ornent les piles. L'empereur ouvre le pont à la circulation en 1861. En 1959, les services techniques observent de nombreuses fissures et avaries causées par les chocs répétitifs avec les péniches. Le ministère des Travaux Publics fait fermer le pont et ordonne sa reconstruction. Le pont est détruit en 1960 et remplacé par une passerelle piétonne provisoire l'année suivante. Le pont en acier, reposant sur deux piles de béton, est édifié une trentaine de mètres plus en amont. L'édifice provisoire perdura jusqu'en 1992. Dès 1991, un concours d'architecture est lancé. Huit projets s'opposent et des conflits naissent entre l'Etat et la mairie sur le choix du candidat. Finalement, le concours est remporté par l'architecte Marc Mimram. Dans le cahier des charges, le vainqueur doit faire face à deux grosses difficultés : l'accessibilité des quais (hauts et bas) et le respect de l'environnement architectural. Côté rive droite, comment construire un pont menant aux quais sans gêner la voie express ? Côté rive gauche, comment sécuriser l'accès au quai bas en raison de la voie sur berge ? L'architecte opte pour une arche unique de métal soudé, longue de 140 mètres et large de 15 mètres. Deux arcs d'acier s'élancent depuis les quais hauts et les berges pour se rejoindre au-dessus du fleuve. Le tablier de cette passerelle métallique est couvert de 120 tonnes de bois exotique (de l'azobé, un bois brésilien). Ses deux niveaux se rejoignent au centre et desservent aussi bien les quais que les berges de la Seine. Les fondations, des piliers en béton armé, s'enfoncent de 15 mètres sous terre. Sa structure est un assemblage de six éléments de 150 tonnes fabriqués par les établissements Eiffel. Coût total des travaux : 81 millions de francs (environ 9,8 millions d'euros). Le nouveau pont Solferino est construit entre 1997 et 1999. Durant les travaux, une passerelle provisoire fut utilisée de 1992 à 1999. Le pont est inauguré le 14 décembre 1999 en présence de la ministre de la Culture et de la

Communication, Catherine Trautmann, de l'architecte Marc Mimram et de bien d'autres personnalités politiques. Seul le maire de Paris, Jean Tiberi, joue les absents. Pourquoi ? Un nouveau conflit entre l'Etat et la mairie. Les frais de construction furent pris entièrement à la charge de l'Etat, mais l'entretien est laissé aux soins de la mairie, or le nouvel édifice connaît déjà des difficultés. Certaines parties du plancher sont glissantes, donc dangereuses pour les passants, elles doivent être sécurisées en urgence. Les participants (environ 400 ce jour-là) racontent que le pont tangue ou vibre. Conclusion, une semaine après son ouverture, le pont est fermé. Quatorze amortisseurs sont posés et un système antidérapant est ajouté. Coût supplémentaire des travaux : 6 millions d'euros, à la charge de Tiberi cette fois. Le pont est rouvert le 12 novembre 2000, soit onze mois plus tard. Néanmoins, l'ingéniosité et l'élégance de la passerelle valurent en 1999 à son concepteur, Marc Mimram, le trophée de « l'Equerre d'argent », sorte de prix Pulitzer pour les architectes. La passerelle fut rebaptisée par le maire de Paris, Bertrand Delanoë, et le secré-

taire général de la Francophonie, Abdou Diouf, du nom de Léopold-Sédar Senghor, le 9 octobre 2006 à l'occasion du 100ᵉ anniversaire de la naissance du chef d'Etat sénégalais. La même année, l'extrémité de la passerelle est décorée d'une statue de Thomas Jefferson, réalisée par le sculpteur Jean Cardot, et offerte par la fondation Florence Gould. Elle fut inaugurée le 4 juillet 2006, jour anniversaire de la fête nationale américaine.

Un peu de culture

L'année 2011 fut prolifique. Le collectif Gainsbourg 20 ans tourna sur le pont le clip de la chanson *Requiem pour un con*, en hommage à Serge

Gainsbourg. L'épisode 13 de la saison 1 de *XIII, la série* y fut tournée. Et surtout les cadenas d'amour ont envahi ses parapets. En juin 2023, un énorme anneau d'or, *Ring de Luxe*, œuvre de Plastique Fantastique, a enserré le pont durant la Nuit Blanche.

Résistance

Membre des Francs-Tireurs et Partisans depuis mars 1944, la jeune résistante Madeleine Riffaud obéit au mot d'ordre d'intensifier les actions armées en vue du soulèvement parisien d'août 1944. Le 23 juillet 1944, elle tue, en plein jour, de deux balles dans la tête un officier allemand. Prenant la fuite à vélo, elle est rattrapée et renversée par la voiture de Pierre Anquetin, intendant de police de Seine-et-Oise et Seine-et-Marne depuis avril 1944. Ce dernier l'emmène au siège de la Gestapo, rue des Saussaies, où elle est torturée par les Allemands, puis par les Français à la préfecture de police. N'ayant rien dit, Madeleine est condamnée à mort. Internée à Fresnes, puis à Compiègne, promise à la déportation, à laquelle elle échappe, sauvée par une femme qui la fait sauter du train. Elle est à nouveau arrêtée et bénéficie finalement d'un échange de prisonniers. Elle est libérée le 18 août.

Place du Louvre

La place dessert les rues de l'amiral-de-Coligny, Perrault et des Prêtres-Saint-Germain-l'Auxerrois. Elle mesure 113 mètres de longueur par 33 mètres de largeur.

Odonymie

La place est située devant le palais du Louvre. Le nom a souvent été dit issu du latin *luparia* (la terre hantée par les loups), toponyme commun en France pour désigner un lieu éloigné de toute habitation. Or, le Louvre du Moyen Age se trouvait bien à l'extérieur des murs. Il est cependant plus probable qu'il dérive du germain *lawer*, intégré au vocabulaire français du XIIIe siècle et désignant un poste de guet. La place s'est appelée « place d'Iéna » de 1806 à 1815. Son aménagement a fait disparaître la place Saint-Germain-l'Auxerrois, la rue des Fossés-Saint-Germain-l'Auxerrois (fossés creusés par les Normands autour du camp qu'ils installèrent ici lors de leurs premières incursions vers 866), la rue du Petit-Bourbon, la rue du Demi-Saint (une statue de saint Bernard à demi mutilée avait été placée à son extrémité au XVe siècle pour en interdire l'accès aux chevaux), la rue d'Angiviller, la rue Chilpéric et la rue du Cloître.

Histoire

C'est à cet endroit que se trouvait le camp des Vikings qui ont essayé de prendre Paris en 885. Par la suite, avec la construction du Louvre et le développement de la ville, cet emplacement fut loti avec de beaux hôtels comme le Petit-Bourbon. C'est pour la construction de la colonnade du Louvre et avec les travaux haussmanniens que la place sera totalement dégagée. La prestigieuse colonnade du Louvre ne pouvait pas continuer d'observer un carrefour étriqué, il lui fallait une place dégagée à son image. Quarante projets voient le jour entre 1660 et 1848 pour glorifier l'entrée du palais. La majorité prévoyait une place monumentale d'où une large avenue conduirait vers l'Hôtel de Ville (l'avenue Victoria en est un début). Conséquence, l'église Saint-Germain l'Auxerrois devait être détruite. Par bonheur, ces projets ne furent pas réalisés. Le quartier étant fortement peuplé, le rachat des maisons se serait avéré très onéreux. Les projets sont dépoussiérés sous le Second Empire, secondés par la loi d'expropriation votée par l'empereur. L'église est à nouveau menacée de démolition et Haussmann s'y oppose. N'y voyez pas là un acte héroïque ou un souci artistique, non rien de cela n'a dicté la conduite du baron. Cette décision fut politique. Haussmann est protestant et le carillon de l'église Saint-Germain l'Auxerrois représente le symbole de la Saint-Barthélemy. En le rasant, il effacerait ce souvenir pénible, mais surtout, il a peur d'être accusé de vengeance. Il précise dans ses *Mémoires* : « Je n'ai pas le culte des vieilles pierres, lorsqu'elles ne sont pas animées d'un souffle artistique, mais Saint-Germain l'Auxerrois rappelle une date que j'exècre comme protestant, et que par cela même, je ne me sens pas libre de l'effacer du sol parisien comme préfet. Personne au monde ne voudrait y voir autre chose qu'une revanche de la Saint-Barthélemy. » Conséquences : oublié l'axe Louvre-Hôtel de Ville, demeurée l'église Saint-Germain l'Auxerrois et rasées les maisons insalubres.

Eglise Saint-Germain l'Auxerrois

Comme indiqué plus haut, l'église Saint-Germain l'Auxerrois se situe sur la place du Louvre, près de la mairie du 1er arrondissement de Paris, face à la colonnade du Louvre. Elle doit son vocable à saint Germain, évêque d'Auxerre. Jusqu'à la Révolution de 1789, elle était surnommée la paroisse des artistes, le « *Saint-Denis du génie et du talent* », car entre 1608 et 1806, l'église accueillit la dépouille de nombreux artistes du Louvre.

Histoire

L'existence d'un premier lieu de culte chrétien, à cet emplacement, est attestée dès l'époque mérovingienne, soit vers le VIIe siècle. Des sarcophages en plâtre datant de cette époque furent retrouvés en 1898. Le roi Chilpéric 1er (roi des Francs) ordonna au VIe siècle la construction d'une église afin de remplacer la petite chapelle, édifiée en 540, pour le roi Childebert 1er et sa femme Ultrogothe, afin d'y recevoir le tombeau de saint Germain. Le roi meurt assassiné en 584, les travaux étant inachevés. Présentant un plan circulaire, peut-être inspiré de celui du Saint-Sépulcre, l'église prit le nom de Saint-Germain-le-Rond. Elle se composait d'une rotonde circulaire, d'un cloître et de fossés, réalisés sous l'épiscopat de l'évêque Germain de Paris au VIe siècle. Des traces de ces fossés furent retrouvées dans la rue des Fossés-Saint-Germain-l'Auxerrois. Selon la légende, saint Landry, le cinquième évêque de Paris, aurait participé à la fondation de l'église. À sa mort (655-656), son corps aurait été inhumé dans l'église, faisant de cette dernière un lieu de pèlerinage important. Les fresques d'une des chapelles du déambulatoire rappellent les épisodes de la vie du saint. Le 25 juillet 754, sous le règne de Pépin le Bref, le corps de saint Germain est translaté de la petite chapelle de Saint-Symphorien dans le chœur de l'église Saint-Germain. La première église est détruite lors des invasions normandes de 885-886. Elle est rebâtie au XIe siècle, sous Robert II le Pieux et prend le vocable de Saint-Germain l'Auxerrois. Nom commémorant la rencontre entre l'évêque saint Germain d'Auxerre et la sainte patronne de Paris sainte Geneviève, au Ve siècle. Le XIIe siècle voit la naissance du clocher dont ne subsiste aujourd'hui que la base romane. Il était dominé d'une flèche, abattue vers 1754 et remplacée par la balustrade actuelle. L'église est à nouveau reconstruite au XIIIe siècle, sous Philippe IV le Bel. Sont édifiés le portail occidental, le chœur et la chapelle de la Vierge. Saint-Germain l'Auxerrois devient l'église attitrée de la famille

royale, après l'installation des Valois au palais du Louvre, au XIVe siècle. La chapelle est reconstruite au XVe siècle et se dote du porche actuel. Sous l'Ancien Régime, l'église se voit associée à l'épisode tragique de la Saint-Barthélemy. De son clocher retentit, dans la nuit du 24 août 1572, la sonnerie déclenchant le massacre des huguenots, répétée, de l'autre côté de la Seine, par la cloche de la Tour de l'Horloge du palais de Justice. Pour information, au XVIe siècle, il était conforme aux règles de sonner les cloches des églises à minuit le soir de la saint Barthélemy. Ce tocsin fut mis à profit pour indiquer l'heure du début du massacre ; les cloches n'ayant en aucun cas sonnées exprès pour déclencher ce dernier. Une des cloches, nommée Marie, datant de 1527, existe toujours. L'église fut aussi le témoin du mariage de Molière et d'Armande Béjart, le 20 février 1662. Les mutilations débutèrent au XVIIIe siècle. Pour gagner de la luminosité, les vitraux sont remplacés par du verre blanc en 1728. En 1745, le jubé de Lescot est détruit lors de l'union du chapitre de Saint-Germain l'Auxerrois avec celui de la cathédrale Notre-Dame, afin d'agrandir le chœur. Les chanoines demandent, en 1756, à l'architecte Claude Bacarit et au sculpteur Louis Claude Vassé de moderniser le chœur de l'église. Plans approuvés sans complexe par l'Académie d'architecture. Les colonnes sont alors cannelées, les chapiteaux dotés de têtes d'anges, les ogives des voûtes sont arrondies en plein cintre, la flèche de pierre et les quatre clochetons surmontant le clocher sont abattus. Au début de la Révolution, après le retour forcé de la famille royale de Versailles aux Tuileries, le futur Louis XVII y fait sa Première communion. Dès 1793, l'église est fermée au culte et vidée de son contenu, avant d'être convertie en magasin de fourrage, en imprimerie, en poste de police, en fabrique de salpêtre. Le culte théophilanthropique y est même célébré en 1795 sous le nom de Temple de la Reconnaissance. L'édifice retrouve sa vocation catholique en 1802. Le 13 février 1830, une messe funèbre, commémorant l'assassinat du duc de Berry le 13 février 1820, est célébrée à Saint-Germain. Les émeutiers, favorables à la Monarchie de Juillet, y voient une provocation et dévastent l'église. Les dégradations étant importantes, l'édifice est fermé et sa destruction revient sur le tapis. Pour la protéger, le maire de l'arrondissement fait inscrire sur la façade de l'église : « Mairie du 4ᵉ arrondissement », la rendant ainsi intouchable. Commence alors un grand travail de restauration, dirigé par Jean Baptiste Antoine Lassus et Victor Baltard. Les travaux sont financés en grande

partie par le curé de l'époque, l'abbé Jean-Baptiste Demerson. Il est représenté sur une fresque, au-dessus de l'ancienne porte de la sacristie, plaçant l'église sous la protection de saint Germain et de saint Vincent. Le bâtiment est rendu au culte catholique six ans plus tard, le 13 mai 1837 ; la messe d'ouverture étant célébrée sous la présidence de monseigneur de Quélen, archevêque de Paris. Entre 1840 et 1865, l'église est redécorée pour pallier aux disparitions et aux destructions : de nouveaux vitraux sont installés dans les chapelles (œuvres du maréchal de Metz, Vigné, Etienne Thévenot et Antoine Lusson), une verrière est installée dans la chapelle d'axe (ses panneaux narrant la vie du Christ), des tableaux sont achetés par les marguilliers. En 1912, l'élargissement de la rue des Prêtres-Saint-Germain l'Auxerrois provoqua une modification de la face sud de l'église. En 1993, l'archevêque Jean-Marie Lustiger fait expulser les intégristes occupant l'église. Depuis 2007, la forme extraordinaire du rite romain de l'Eglise catholique selon le missel de 1962 y est célébrée, conjointement à la forme ordinaire du rite romain.

Architecture extérieure

La façade ouest fait face à la colonnade du Louvre. Une corniche à balustrade de pierre encercle l'église, surmontée sur la façade principale, par une grande rose ouvragée, flanquée de deux tourelles d'escalier octogonales. Au sommet du fronton triangulaire, percé par un oculus, domine la statue de saint Michel, archange du Jugement dernier.

Le **porche**, richement orné de pinacles, a été construit sous la domination anglaise, entre 1431 et 1439, par le maître-maçon Jean Gaussel, dans le style gothique flamboyant bourguignon, avec celui de la Sainte-Chapelle. Ils sont uniques à Paris. Des cinq arcades en arc brisé, les trois arcades centrales sont les plus hautes. Leurs voûtes sont dotées de clefs pendantes représentant, à gauche, l'Adoration des mages ; à droite, la Cène. Quant à la statuaire, elle fut remplacée au XIXe siècle, à l'exception de saint François d'Assise et sainte Marie l'Egyptienne, datant du XVIe siècle. Bien que celle visible aujourd'hui soit un moulage, l'originale (fragile) est exposée dans la chapelle de la Vierge. Les autres statues furent commandées en 1841 à Louis Desprez. À l'étage du porche, sont aménagées deux salles : les archives et le conseil de la paroisse.

Derrière le porche, vient le **portail central**, du XIIIe siècle. Les sculptures des trois cordons des voussures illustrent les Vierges folles et les Vierges sages, les Apôtres, et les élus et les damnés. Au tympan, était représenté le Jugement dernier. En 1710, le trumeau et le tympan sont détruits pour permettre le passage du dais processionnel du Saint-Sacrement.  En 1842, Victor Mottez exécuta une grande fresque sur le nouveau tympan qui elle-même, très abîmée, fut recouverte d'un badigeon en 1967. Hélas, la fresque du tympan ne résista pas au climat parisien (ou à la pollution) et finit par disparaître. Depuis le tympan est resté vide. Quant à la statue de saint Germain datant du XIIIe siècle, elle a été retrouvée en 1950 dans un caveau de l'église. Elle est maintenant exposée dans la chapelle de la Vierge. Les statues des piédroits, restaurées en 1840, représentent des personnages de l'Ancien testament et des saints : à gauche, la reine Ultrogothe, le roi Childebert 1er et le diacre Vincent. Côté droit, saint Germain, sainte Geneviève (elle tient un cierge qu'un diable s'amuse à éteindre) et un ange. Sur le trumeau de la porte centrale, trône une *Vierge à l'enfant* du XIXe siècle.

Architecture intérieure

L'église mesure 79 mètres de long sur 41 mètres de large, pour 19,50 mètres de haut (au vaisseau central). Son plan accuse une légère déviation du chœur vers le nord.

La **nef** se divise en quatre travées de style gothique flamboyant et elle est flanquée de doubles collatéraux à chapelles. Elle présente deux niveaux d'élévations. Au rez-de-chaussée, de grandes arcades en arc brisé reposent sur des piliers circulaires, tandis que l'étage laisse entrer la lumière via ses grandes baies à cinq lancettes voûtées d'ogives quadripartite. La nef date du XIIIᵉ siècle, mais fut reconstruite entre 1420 et 1425 à la demande des paroissiens. Afin de financer ces projets, les paroissiens faisaient une offrande (plus ou moins conséquente selon l'aisance matérielle du donateur) au conseil de Fabrique, géré par les marguilliers (des laïcs). Les revenus ordinaires de la paroisse complétaient ces dons. En 1767, des grilles en fer forgé, du serrurier Pierre Dumiez, séparèrent la nef et le chœur.

Au sud, le deuxième collatéral est formé d'une chapelle unique : la **chapelle de la Vierge**. Elle correspond à l'union de quatre anciennes chapelles du XVIᵉ siècle. Elle est isolée du bas-côté sud par une boiserie de style gothique, mesurant environ 2 mètres de hauteur. Entre 1844 et 1845, le peintre Eugène Amaury Duval, élève d'Ingres, décore le mur du fond d'une représentation du Couronnement de la sainte Vierge. Au centre de cette fresque, fut placée une statue de Marie, datant du XIVᵉ siècle. Elle est ici représentée en reine du ciel, avec sa couronne et son habit bleu. Une des verrières de la chapelle, le vitrail de la Passion, posée en 1839, est considérée comme le prototype des vitraux historicistes.  Composée de petites scènes juxtaposées, inscrites dans des médaillons à fond rouge ou bleu, elle s'inspire des verrières anciennes et des manuscrits dans sa composition et son iconographie. Les autres verrières évoquent des personnages de l'Ancien Testament comme Manassès, Ezéchias et Jonathan trônant, surmontés par Judith en buste.

En face, le collatéral a conservé ses quatre chapelles : Notre-Dame de la Compassion, celle de sainte Madeleine, saint Jean-Baptiste et les fonts baptismaux, dite de saint Michel. Les collatéraux sont éclairés par des baies à trois lancettes. Les vitraux ont été réalisés par les maîtres-verriers Maréchal et Gugnon, entre 1844 et 1847. Cette fois, les personnages sont issus du Nouveau Testament.

Un monumental **retable** en bois verni, réalisé par l'école flamande, en 1519, se trouve dans la chapelle Notre-Dame de la Compassion. Le haut-relief en chêne mesure 3,3 mètres de hauteur sur 2,9 mètres de largeur. Il fut offert par le comte de Montalivet, ministre de Louis-Philippe, en

1839. Le retable illustre l'Arbre de Jessé, ainsi que des scènes de la vie et de la Passion du Christ. Le premier registre est scindé en cinq scènes : le Mariage de la Vierge, la Naissance du Christ, le songe de Jessé, l'Adoration des mages et la Présentation au temple. Le registre supérieur représente la Montée au Calvaire, la Crucifixion et la Descente de croix. Ces trois dernières scènes sont comparables aux scènes du retable de la Passion, exposé au musée du Louvre.

Dans la quatrième travée de la nef, se dresse le **banc d'œuvre**, surmonté d'un dais, en bois sculpté. Il fut réalisé par Mercier, d'après des dessins de Perrault et Lebrun. Il était réservé à Louis XIV et à la famille royale. Ils contribuèrent à l'enrichissement de l'église et l'œil averti pourra y déceler quelques vestiges de leur présence : le blason à fleurs de lys avec la crosse de saint Germain et la palme de martyre de saint Vincent ou les fleurs de lys sur les draperies. Mutilé lors de l'insurrection de 1831, il fut restauré sous Louis-Philippe. À son revers, était accolé un grand triptyque anversois peint et sculpté, datant des années 1540. En face, une **chaire** de 1684, dessinée par Lebrun. Vers 1541, les chanoines font élaborer un **jubé**, selon les plans de Pierre Lescot, à l'entrée du chœur pour séparer ce dernier de la nef. Il était sculpté en marbre blanc, doté de deux autels latéraux et orné de plusieurs bas-reliefs du sculpteur Jean Goujon (dont une Déploration du Christ conservée au musée du Louvre et les quatre Evangélistes). Si vous souhaitez voir ce jubé, détruit en 1745, deux images existent ; l'une est conservée à l'Ecole des Beaux-Arts et l'autre au département des estampes de la BNF.

Le **transept** est peu saillant. Le bras nord du transept est l'œuvre de Jean Moreau et Louis Poireau, tandis que le bras sud fut créé par Louis Poireau. Jusqu'en 2009, les transepts nord et sud conservèrent une grande partie de leurs vitraux du XVIe siècle. Hélas, l'atelier chargé de leur restauration prit feu, entraînant dans sa chute les verrières. Au nord, nous pouvions admirer des scènes de la Passion, de martyres des saints et de la vie du Christ, ainsi qu'une Cour céleste dans la rose de la façade. Au sud, une Pentecôte (rose) et l'Incrédulité de saint Thomas exécutées par Jean Chastelain sur des cartons de Noël Bellemare, datant de 1532 et 1533, ainsi que le Père éternel et une Assomption de la Vierge (1534-1535).

Le **chœur** est la partie la plus ancienne de l'église (XVe siècle), même s'il subit quelques modifications au XVIIIe siècle comme les cannelures sur ses piliers. Il est doté de cinq travées à voûtes barlongues et de grandes baies à une ou deux lancettes. Le chœur se termine par un chevet semi-circulaire avec un déambulatoire parfois double ainsi que des chapelles rayonnantes. Faute de place (présence de la rue de l'Arbre-Sec), le second déambulatoire a été supprimé et remplacé par des chapelles. L'église se termine par une abside avec un mur plat.

À l'entrée du **déambulatoire** sud, figure une inscription sur la face interne du pilier de la tour carrée rappelant le vœu de Willette relatif à la messe célébrée chaque mercredi des Cendres pour les artistes devant mourir dans l'année. Entre le chœur et le déambulatoire, se trouve un **retable**, triptyque marial, œuvre de l'Ecole française du XVIe siècle datée entre 1510 et 1530. Confisqué à la Révolution, il est dans un premier temps vendu puis la paroisse de Saint-Germain l'Auxerrois l'achète en

1831 lors des travaux de restauration. Toutefois, ce retable est incomplet. Il s'agit d'un triptyque dont les volets sont peints tandis que la caisse comporte un ensemble sculpté en bois polychrome. Les parties peintes représentent la Vierge (registre inférieur) et le péché originel (registre supérieur).

Au-dessus de la porte de la **sacristie**, on peut admirer une fresque de saint Martin à cheval tranchant son manteau pour en donner la moitié à un pauvre, œuvre de Victor Mottez. Après le transept nord, le long du chœur, viennent les chapelles de Saint Louis (celle comportant le Saint-Sacrement), de saint Vincent de Paul, de saint Charles Borromée et enfin celle commune de saint Denys, saint Rustique et saint Eleuthère. Autour du chœur rayonnent cinq chapelles : sainte Geneviève, saint Germain Saint Vincent, celle du Tombeau, de la Bonne mort et de saint Landry.

La **chapelle Notre-Dame de la Bonne-Garde** possède un vitrail représentant Saint Louis rendant la justice sous le chêne de Vincennes, ainsi qu'une statue de la sainte Vierge, datant de 1857 et réalisée par Landelle. Elle fut offerte par l'empereur Napoléon III en 1861. Depuis 1850, la chapelle est recouverte d'ex-voto, témoignages de remerciements à la Vierge pour avoir exaucé des prières.

La **chapelle des Saints-Patrons** est dédiée à saint Germain et à saint Vincent. Elle possédait autrefois de nombreuses sépultures, notamment un caveau pour les personnes ayant payé le droit d'être enterré dans l'église. De nombreux cercueils furent retrouvés lors des travaux de restauration de la chapelle en 1841. Elle recèle dans une niche un mausolée-cénotaphe de la famille des marquis de Rostaing. Ce dernier se trouvait initialement dans la chapelle Notre-Dame de la Bonne-Garde avant d'être transféré, à la Révolution, mutilé au musée des Monuments français. Il revint à Saint-Germain en 1824, mais dans une autre chapelle. Le cénotaphe est l'œuvre de Philippe de Buyster et fut commandé en 1659. Il illustre deux orants à genoux, Tristan de Rostaing (mort en 1591), premier gentilhomme de la Chambre du roi, et son fils Charles (mort en 1660).

La **chapelle du Tombeau** (ou chapelle du Calvaire) fut fondée en 1505 par Jehan Tronson, riche marchand drapier qui orna l'extérieur de l'église d'une frise de morceaux de carpes. Les membres de la famille y furent inhumés. Elle devint le siège de la confrérie des drapiers qui y tenaient leurs réunions corporatives et célébraient des messes. Lors de saccage de 1831, les sépultures furent profanées. La chapelle fut peinte et décorée à l'antique par Auguste Couder. Les vitraux, signés par Etienne Thevenot, s'inspirent de ceux de la Sainte-Chapelle. L'autel de style Louis XVI date de 1840. En pierre de Conflans, il comprend un Christ gisant dont l'origine est incertaine, peut-être un reste d'un ensemble de l'Ecole française du XVIe siècle repris par Fouginet au XIXe siècle.

La **chapelle de la Bonne-Mort** fut remaniée en 1841. Elle abrite des vitraux de Thévenot datant de 1859. À droite, un saint Pierre, pieds nus, la tête auréolée, croisant sur sa poitrine ses deux clés. Au centre, dans quatre compartiments, saint Joseph, la Vierge, le Christ et saint Michel. À gauche, c'est saint Tobie portant un pot d'aromates et muni d'une bêche. Saint Tobie est le saint des sépultures, le patron des fossoyeurs.

La **chapelle Saint-Landry** fut bâtie entre 1521 et 1522. Elle est cédée à Étienne d'Aligre en 1634 et devient la chapelle et le lieu de sépulture de

sa famille. En 1817, Louis XVIII y fait déposer le cœur de Joseph Hyacinthe François de Paule de Rigaud, comte de Vaudreuil, grand fauconnier, dont le corps se trouve dans la sépulture familiale au cimetière du Calvaire. La décoration date des années 1843-1845. Les fresques murales, peintes à l'huile, sont l'œuvre de Joseph Guichard et racontent la vie de saint Landry. On y trouve un autel avec un retable néo-gothique du même artiste. La chapelle contient deux statues funéraires du XVIIe siècle, celles d'Etienne d'Aligre père et fils, par Laurent Magnier, tous deux chanceliers de France. Ces statues séjournèrent quelque temps parmi les collections du musée des Monuments français d'Alexandre Lenoir avant de revenir à Saint-Germain. Elles ont été restaurées par Louis-Denis Caillouette vers 1838.

Les orgues

Il ne reste aucune trace des orgues de la paroisse royale, détruits sûrement au moment de la Révolution. Seule information : Louis Claude Daquin en était l'organiste vers 1738. L'orgue actuel provient de la Sainte-Chapelle. Œuvre de François Henri Clicquot, selon des dessins de Pierre Noël Rousset, il fut transporté en juillet 1791. Pourtant, tous les historiens ne sont pas d'accord avec cette version. D'après eux, les dimensions de l'orgue de Saint-Germain ne correspond pas avec celles de la Sainte-Chapelle. Sa décoration néo-classique ne convient pas pour un orgue daté soi-disant du XVIIIe siècle. Quoi qu'il en soit un orgue est bien là et il est somptueux. En 1838, Louis Paul Dallery le restaure complètement, suite à la réouverture de l'église. Le 1ᵉʳ août 1840, Alexandre Boëly est nommé organiste. Un pédalier « à l'allemande » est installé pour pouvoir interpréter les œuvres de Jean-Sébastien Bach. Entre 1847 et 1850, Ducrocquet modifie la structure de l'orgue. Boëly est renvoyé en 1851 (jugé trop conservateur) et son assistant, Eugène Vast, lui succède jusqu'en 1909, sans jamais être titularisé. Remaniement de l'orgue en 1864, par Joseph Merklin. Derrière l'orgue, se succèdent Marcel Rouher, Jean Pergola, Michel Chapuis, Edouard Souberbielle et Ricardo Miravet. Dans les années 1970-1980, on tente de retrouver l'état d'origine de l'orgue. Hélas, ce dernier se dégrade et devient muet en 1995. Fait très gênant pour un instrument de musique. En 2005, Michel Goussu le remet en vent, permet à l'orgue de fonctionner occasionnellement. En 2008, Laurent Plet tente de réparer l'orgue tout en lui conservant ses pièces historiques. Hélas, le jeu de restauration est compliqué quand un instrument présente des phases aussi disparates, lesquelles sont à conserver, lesquelles sont à ôter ?

Des défunts illustres

Compte tenu de la proximité du Louvre où résident de nombreux artistes après le départ de la Cour à Versailles, l'église devient la dernière demeure de nombre d'entre eux. Parmi ses locataires, nous comptons divers corps artistiques. Des poètes : Abraham Remy († 1646), François de Malherbe († 1628), Etienne Jodelle († 1573). Des peintres : Jacques Stella († 1657), Jacques Bailly († 1679), Claude Mellan († 1688), Noël Coypel († 1707), Jean-Baptiste Chardin († 1779). Des sculpteurs : Jean Varin († 1672), Jacques Sarrazin († 1660), Antoine Coysevox († 1720), Nicolas († 1733) et Guillaume Coustou († 1746). Des architectes : Jacques Lemercier († 1654), Louis Le Vau († 1670), François Soufflot, Ange-Jacques Gabriel († 1782) …

Symbolisme animalier

Il ne faut pas partir de Saint-Germain, sans pénétrer dans la cour, située entre la mairie et l'église. Dirigez-vous vers la gargouille centrale, à proximité d'une scène d'allaitement. Vous y trouverez une « boule-aux-rats », illustration du monde (la sphère) rongé par la misère (les rats). Pour information, seules deux autres « boule-aux-rats » existent en France. La première orne la cathédrale du Mans, et la seconde l'église Saint-Siffrein de Carpentras, sauf que la boule parisienne est spécifique. Dans les deux autres, les rats pénètrent dans la sphère, tandis qu'à Paris, les rats en sortent.

Autre décoration singulière, celle du chevet, situé rue de l'Arbre-Sec. Le pourtour de la chapelle centrale est décoré d'une frise sculptée où des tronçons de carpes (tête, corps et queue) alternent avec des rosaces. En 1505, un riche drapier nommé Tronson aurait demandé au sculpteur, Jean Solas, d'illustrer son nom sur la chapelle afin que les Parisiens sachent qu'il en avait financé la construction. Le commerçant comptait-il des poissonniers parmi ses ancêtres ? Le sculpteur voulut-il jouer avec le nom du commanditaire (Tronson et tronçons de carpes) ? Personne ne connaît la réponse à ces questions et ces bouts de carpe continuent de surprendre le badaud.

Concino Concini

Au XVIIe siècle, être favori n'était pas un poste enviable. Plaire à la mère peut vous attirer les foudres des fils, le maréchal d'Ancre en fit les frais.

Concino Concini, maréchal de France, marquis d'Ancre, baron de Lésigny, comte de Penna, était un favori de la reine régente Marie de Médicis. Son influence attira la jalousie du jeune roi Louis XIII et des autres courtisans. Comment se débarrasser d'un homme s'appuyant sur une armée de 7 000 soldats ? La ruse. Louis XIII, avec l'aide du duc de Luynes, attira le maréchal au Louvre et le fit assassiner, à coup de pistolet, par le baron de Vitry, capitaine des gardes du corps, le 24 avril 1617. Le mort fut enterré discrètement dans l'église Saint-Germain l'Auxerrois. Dès le lendemain, les Parisiens exhumèrent le corps et le traînèrent dans les rues de Paris. Après avoir été lapidé et bastonné, le cadavre fut pendu par les pieds à une potence dressée pour l'occasion sur le Pont-Neuf. Il fut ensuite dépecé et brûlé. Ses cendres furent vendues un quart d'écu l'once. Quant à sa femme, Leonora Dori, confidente de la régente, elle fut jugée pour juiverie, soit sorcellerie, et exécutée en place de Grève, le 8 juillet 1617. Leurs biens (le château de Lésigny et l'hôtel parisien de la rue de Tournon), confisqués, furent attribués au duc de Luynes.

Mairie du Premier arrondissement

La loi du 16 juin 1859 découpait la ville de Paris en vingt arrondissements, au lieu des douze de 1793. Le découpage administratif né sous la Convention était si complexe, qu'il fut remanié en 1860 avec plus de logique : la numérotation des nouveaux arrondissements partirait de la Seine, dans le sens des aiguilles d'une montre (d'où la forme escargot). Le Premier était le centre de la spirale. Il regroupa les quartiers de l'ancien 4e (Louvre, rue Saint-Honoré, rue de la Banque, rue des Marchés), 2e (butte des Moulins, Palais-Royal), 3e, 5e (rue Montmartre, Saint-Eustache, rue Montorgueil) et 1er (Tuileries). L'ancienne mairie du 1er se situant maintenant dans le 8e, l'arrondissement récupéra la mairie du 4e, située dans la rue du Chevalier du Guet. Hélas, la création des rues de Rivoli et des Halles obligea à sa démolition.

Histoire

En 1851, la création de la place du Louvre, face à la colonnade Perrault, est déclarée d'utilité publique. Le baron Haussmann y souhaite une architecture homogène, inspirée des immeubles de la rue de Rivoli et de ses arcades. Face à la colonnade, il fallait un bâtiment pour faire symétrie avec l'église Saint-Germain l'Auxerrois, tout en copiant sa silhouette et son décor. Haussmann écrivit à ce sujet : « Je cherchais, non sans peine, un agencement de la nouvelle place dans lequel Saint-Germain l'Auxerrois eut sa raison d'être. Je crus l'avoir trouvé dans la construction de la mairie suivant un alignement bien en sens inverse de celui de l'église ». Le baron Haussmann demande à l'architecte Jacques Hittorff, le 12 avril 1855, de construire un bâtiment s'inspirant de l'édifice religieux pour abriter la mairie du 1er arrondissement. Il présenta sept projets, tous avec un porche, au préfet le 1er septembre 1855.

Architecture

Tout le vocabulaire architectural classique y est présent : colonnes, balustrades, frontons… Les travaux s'étalèrent de 1857 à 1860. Au porche bourguignon de l'église répondit un porche de cinq arcades irrégulières, flanquées de colonnes ioniques cannelées, surmonté d'une balustrade de

pierre à motifs de rinceaux. Au premier étage, s'ouvre une grande rosace flamboyante très élaborée, inscrite dans une arcade en plein cintre, encadrée de deux avant-corps quadrangulaires en forme de tourelles dont les niches abritent les figures de la *Justice* d'Aimé Millet
(à gauche) et de la *Bienfaisance* de Travaux (à droite). Le dernier étage forme un pignon percé de trois fenêtres surmontées d'une petite rosace trilobée. Au faîte du pignon, la *Loi* de Gustave Crauk, assurant la symétrie avec saint Michel, l'archange du Jugement dernier, qui termine de frontispice de l'église. À ces trois allégories s'ajoutent des armes impériales, des monogrammes de Napoléon III, ainsi que des emblèmes municipaux.
L'architecte organisa les divers services administratifs de la mairie autour d'une cour polygonale, dont les façades sont percées de nombreuses fenêtres, éclairant les pièces grâce à ce puits de lumière. Les baies sont encadrées de pilastres, de corniches et de frontons, leur donnant des allures d'hôtel particulier. Le vestibule d'entrée profite de l'éclairage naturel de la cour, du porche et des portes en claire-voie. Le tout orné de lanternes en fer forgé. Située face à la colonnade du Louvre, prolongée par une terrasse dominant le porche, la salle des Mariages est éclairée par la rosace centrale. Au plafond, une voûte en plein cintre et à caissons géométriques. Au sein de pilastres corinthiens, une cheminée monumentale, encadrée par deux cariatides symbolisant les *Travaux* et les *Devoirs* du couple (œuvre du sculpteur Jean-Baptiste Klagmann) fait face à la rosace. Dans les tympans en demi-cercle, trois peintures d'Albert Besnard

illustrant les âges de la vie : le *Printemps* (le matin de la vie), *l'Eté* (le milieu de la vie) et *l'Hiver* (le soir de la vie). Petit bémol, la décoration de la salle fut effectuée 23 ans après la construction de la mairie, en 1881. La commande fut passée en 1886 et les peintures mises en place en mai 1887.

Le beffroi

Entre la mairie et l'église, se dresse un beffroi de style gothique flamboyant, élevé entre 1858-1862, par l'architecte Théodore Ballu, dans le  style de ceux du nord de la France. Il est souvent pris par erreur pour le clocher de l'église. Haut de 38 mètres, il se compose de quatre étages inégaux. La base carrée est percée d'un portail à voussures ornées de rinceaux, surmontée d'une arcature infléchie encadrée de deux pinacles en ronde-bosse. Le premier étage est percé de deux fenêtres en ogive qui enchâssent une niche abritant l'effigie de saint Germain, évêque d'Auxerre. Les vitraux sont l'œuvre d'Eugène Stanislas Oudinot, *Le Mauvais riche* et *la Résurrection de Lazare*. À ce niveau, la statuaire est abondante : saint Landry, saint Denis, le roi Childebert, Clovis, Pépin le Bref, Philippe-Auguste, Saint Louis, Hugues Capet, Charlemagne, Dagobert. Au second étage, trois cadrans sont disposés : une horloge au cadran d'émail bleu à lettres d'or, un baromètre et un thermomètre. Quant au dernier étage, il s'inscrit dans un plan octogonal et est percé de hautes fenêtres formant abat-son. Une tourelle placée contre la façade arrière, permet d'atteindre le 3e étage via un escalier à vis, et de poursuivre sa progression vers la plate-forme à balustrade par des escaliers en bois et en métal. Le beffroi est décoré de gargouilles, de pilastres avec arcs-boutants (3ᵉ étage), de baies ogivales à meneaux. Il est relié à la mairie et à l'église par deux pans de murs percés chacun d'une grande porte ogivale. Le beffroi-campanile possède un carillon parmi les plus complets et les plus parfaits de France. Il compte 38 cloches (trois gammes chromatiques). Installé en 1884, il fonctionna jusqu'en 1975. Date à laquelle il dut être entièrement restauré.

Quai du Louvre

Le quai comment au pont Neuf, rue de la Monnaie, et se termine au quai François-Mitterrand, rue de l'amiral de Coligny. Elle mesure 80 mètres de longueur et 32,8 mètres de largeur.

Odonymie

Le quai longe le palais du Louvre. Sa partie orientale (jusqu'à la rue de l'Amiral-Coligny) s'est appelée jadis « rue de l'Ecole » ou « rue de l'Ecole-Saint-Germain ». Au XIVᵉ siècle, ce fut le « quai du Cloître-Saint-Germain-devant-les-Buttes ». À la fin de l'Ancien Régime, le quai s'appelait « quai Bourbon », car la rue du Petit-Bourbon y aboutissait. La Révolution le rebaptisa « quai du Muséum ».

Histoire

Pendant la Révolution française, le quai se nomme « quai du Muséum ». En 1817, le quai du Louvre commence place et quai de l'Ecole et finit au guichet Fromenteau et place de Iéna. En 1868, trois quais (le quai de l'Ecole, le quai de Bourbon et le quai du Louvre) sont réunis pour former le quai du Louvre. Il doit son nom à la proximité du palais du Louvre.

En janvier 1964, le premier couloir de bus est mis en service sur le quai du Louvre et le quai de la Mégisserie.

Cadran solaire

Catherine de Médicis avait souhaité une grande galerie, le long de la Seine, pour relier le château des Tuileries, qu'elle venait de faire construire, au palais du Louvre. Henri IV fit édifier cette galerie, entre 1595 et 1610, par les architectes Jacques II Androuet du Cerceau et Louis Métezeau. Sur la façade, à gauche de la porte Lefuel, dans l'angle inférieur à droite de la troisième niche, au deuxième étage, à environ 9 mètres de hauteur, un cadran solaire de chantier fut grossièrement gravé dans la pierre. Il avait sans doute été dessiné par les ouvriers qui construisaient la galerie pour connaître approximativement l'heure. Le cadran mesurait environ 30 cm sur 30 cm. Seules cinq lignes horaires étaient visibles. Les quatre lignes des demi-heures étaient plus courtes. Le style polaire avait disparu. Lors des travaux de rénovation de la galerie, en 2022-2023, le cadran a été supprimé.

Quai de la Mégisserie

Le quai commence au pont au Change, place du Châtelet, et se termine au pont Neuf, rue du Pont-Neuf. Il mesure 315 mètres de longueur et 23,20 mètres de largeur. Ce quai est connu pour ses nombreuses animaleries et ses pépiniéristes.

Odonymie

Le quai, créé en 1369, fut baptisé quai de la Saulnerie, car il se trouvait près de la maison de la Marchandise du sel (ou grenier à sel), à l'emplacement de l'actuel Châtelet. Le sel était fort important, non seulement parce qu'il permettait d'assaisonner et de conserver les aliments, mais également parce que la perception de la gabelle offrait à l'Etat de conséquentes rentrées d'argent. Le quai fut ensuite rebaptisé « quai de la Poulaillerie », car s'y tenait un marché à la volaille. Puis des marchands de vieux métaux vinrent y tenir marché, et on renomma l'endroit « quai de la Ferraille ». Le nom actuel est dû aux mégissiers qui apprêtaient leurs peaux à proximité, sous le pont au Change. Ils occupaient presque toutes les maisons du quai. En 1673, ils partirent s'installer, avec les peaussiers, sur les rives de la Bièvre et à Chaillot. La mégisserie est l'art de blanchir les peaux, en enlevant les poils ; ces peaux étaient souvent utilisées pour fabriquer des gants.

Histoire

Reconstruit vers 1520, le quai est prolongé jusqu'au château du Louvre. Il est ensuite élargi en 1769. Au débouché du Pont-Neuf, les sergents recruteurs étaient chargés de lever des volontaires pour l'armée. La proximité des nombreux cabarets du quartier facilitait leur activité.

Immobilier

N°14 : immeuble construit par l'architecte Henri Blondel en 1864. Les sculptures sont l'œuvre d'Aimé Millet.

N°20 : une plaque rend hommage au courage et au sacrifice de l'inspecteur C. Deloge, mort lors de la libération de Paris en 1944.

N°48 : le peintre Pierre-Antoine Demachy mourut le 10 septembre 1807 à son domicile.

Littérature

Dans le roman d'Anatole France, *Les dieux ont soif*, Maurice Brotteaux prépare des crêpes et des beignets sur le quai de la Mégisserie, un moyen de gagner de l'argent pendant la Révolution française.

Les bouquinistes

Les bouquinistes de Paris sont des libraires de livres anciens et d'occasion, présents sur une grande partie des quais de Seine, autour de l'île de la Cité et de l'île Saint-Louis.
À l'origine des bouquinistes, se trouve un mot : « bouquin », forme familière de « livre ». Le terme de « boucquain », dérivé du flamand « boeckijn » signifiant « petit livre » fait son apparition en 1459 (au moment de l'invention de l'imprimerie par Gutenberg). Vers la fin du XVIe siècle, il devient « boucquain » signifiant vieux livre dont on fait peu de cas. Le terme « bouquiniste » apparaît dans le *Dictionnaire de l'Académie française* dans l'édition de 1762 avec la définition suivante : « Celui qui vend ou achète de vieux livres, des bouquins ». Le terme conserve son sens de livre de peu de valeur ou d'occasions. Le métier est alors masculin. Il faudra attendre la huitième édition du dictionnaire, en 1932, pour voir le bouquiniste désigné comme un homme ou une femme.
La tradition des bouquinistes parisiens remonte aux alentours du XVIe siècle avec des petits marchands estaleur et colporteurs. Ce dernier vend

ses livres dans un panier porté au col ou en bandoulière. L'estaleur, plus sédentaire, vend des livres présentés sur des tréteaux ou à même le sol sur une toile. Il exerce son métier sur les quelques quais alors maçonnés de la ville, tel le quai des Grands-Augustins sur la rive gauche et les quais de Gesvres et de la Mégisserie sur la rive droite. Finalement sur le Pont-Neuf dès 1606. Mais, en 1649, sous la pression de la corporation des libraires, un règlement interdit les boutiques portatives et l'étalage de livres sur le Pont-Neuf. Il faut avouer que c'est aussi là que se vendait le plus de  pamphlets politiques et religieux, voire d'autres gazettes à scandales. Le pouvoir de l'époque était assez soucieux de limiter les marchés parallèles non soumis à la censure. Les libraires ambulants sont donc, selon la période, chassés, puis réintégrés sous agréments. Néanmoins, les bouquinistes résistent et vont même se créer un blason : « d'azur party de gueules à la boîte à bouquins soutenue de pierres, au chef d'argent au lézard convoitant l'épée ». En clair, le lézard symbolise les bouquinistes toujours à la recherche du soleil pour vendre leurs livres. L'épée représente leur aspiration à la noble profession de libraire à laquelle on accordait le privilège de porter l'épée.

En dépit de la restriction éditoriale révolutionnaire (seuls leurs journaux et leurs brochures étaient autorisés), les bouquinistes prospèrent et s'enrichissent en pillant les bibliothèques des aristocrates et du clergé. La condition des bouquinistes évolue avec le Premier Empire et les évolutions urbanistiques. Les quais sont alors pour la plupart maçonnés et les bouquinistes sont définis et reconnus par l'administration qui les assimile aux commerçants publics de la ville de Paris. Les vendeurs de livres se répandent du quai Voltaire au pont Saint-Michel. Vers 1840, l'écrivain Charles Nodier s'inquiète de la disparition des bouquinistes. Il écrit à ce sujet : « Le nom du bouquiniste est un de ces substantifs à sens double qui abondent malheureusement dans toutes les langues. On appelle également bouquiniste l'amateur qui cherche des bouquins, et le pauvre libraire en plein air qui en vend. Autrefois, le métier de celui-ci n'était pas sans considération et sans avenir. On a vu le marchand de bouquins s'élever du modeste étalage de la rue, ou de la frileuse exposition d'une échoppe nomade, jusqu'aux honneurs d'une petite boutique de six pieds carrés ». Comme si cette mise en garde n'était pas suffisante, l'écrivain s'en prend à un certain Passard « qui avait colporté, sous le bras, sa boutique ambulante, du passage des Capucines au Louvre, et du Louvre à l'Institut, avait tout vu, tout connu, tout dédaigné du haut de son orgueil de bouquiniste ».

Le 10 octobre 1859, la ville de Paris permet aux bouquinistes de s'installer à des points fixes en leur louant des concessions. Ils disposent de 10 mètres de parapet pour un loyer annuel de 26,35 francs et une patente de 25 francs. Les horaires sont du lever du jour jusqu'au coucher du soleil. Ainsi, chaque soir, ils doivent remiser leurs livres. En 1866, les bouquinistes font intervenir Paul Lacroix, plus connu dans l'univers de l'érudition et de la bibliophilie sous le pseudonyme du Bibliophile Jacob, auprès de Napoléon III. Sa mission : persuader l'empereur de négocier avec Haussmann afin de leur permettre de rester sur les rives de la Seine. Victoire ! Les bouquinistes sont autorisés à rester et les boîtes actuelles sont officialisées en 1891. Un arrêté municipal autorise enfin les libraires ambulants à laisser leurs marchandises la nuit sur le lieu de vente qui leur est concédé. En 1892, la capitale comptait 156 bouquinistes pour 1 636 boîtes. Vers 1900, il est requis que toutes les boîtes doivent être de la même couleur dite « vert wagon », en référence au premier métropolitain. Les colonnes Morris et les fontaines Wallace doivent adopter la même couleur. Quant au couvercle, il ne doit pas dépasser 2,10 mètres au-dessus du sol, afin de ne pas obstruer la vue. Lors de l'Exposition universelle de 1900, Paris comptait 200 bouquinistes. En 1930, les dimensions des « boîtes » sont fixées. Mais le 27 janvier 1943, un décret du préfet de la Seine ramène la longueur d'exploitation des quais à 8 mètres. Avant la fin de la Seconde Guerre mondiale, le nombre de bouquinistes atteint le chiffre de 275. En 1957, les chiffres sont en baisse avec 238 bouquinistes, dont 109 femmes et 129 hommes. En 1991, les Rives de la Seine à Paris s'inscrivent au patrimoine mondial de l'UNESCO, englobant les bouquinistes parisiens. Paris comptait à cette époque 240 marchands pour 900 boîtes vertes. Plus de 300 000 livres d'occasion sont proposés, ainsi que des estampes, des revues, des timbres et des cartes postales. Les touristes peuvent également y acquérir des bijoux, des tableaux, des colifichets, des étoffes ou des souvenirs. Toutefois, les bouquinistes sont soumis à un règlement strict concernant leur activité. L'article 9 de l'arrêté municipal du 1er octobre 1993, signé par le maire de Paris Jacques Chirac, stipule que les boîtes doivent mesurer 2 mètres de long sur 0,75 mètre de large, pour une hauteur côté Seine de 0,60 mètre (côté quai 0,35 mètre), sur une longueur totale maximum de 8,60 mètres de long. Ces huit mètres de parapet permettent l'installation de quatre boîtes. Les commerçants ne payent ni taxe ni loyer, mais s'engagent à travailler au moins quatre jours par semaine, sauf en cas d'intempéries. L'autorisation de stationnement peut être enlevée à tout moment par la mairie de Paris et n'est valable que pour cinq ans. Comme tout commerçant, ils doivent être inscrits au registre du Commerce et des Sociétés. En 2009, le maire de Paris commence à donner des avertissements aux bouquinistes qui vendent majoritairement des colifichets au lieu de livres. Avec l'essor du tourisme dans la capitale, ce phénomène est

sensible aux abords des monuments touristiques et des zones les plus fréquentés. La baisse des ventes de livres d'occasion ne fait qu'amplifier ce phénomène, poussant même dans certaines zones à la fermeture massive des boîtes. La même année, Jérôme Callais fonde l'association culturelle des bouquinistes de Paris. Elle est la seule association de promotion et de valorisation des bouquinistes des quais de Paris aujourd'hui active. Sous son impulsion, les commerçants lancent, en 2014, leur premier festival. 50 bouquinistes s'étaient alors réunis pour présenter leurs meilleurs choix de livres anciens et d'occasion. Les 4 et 5 septembre 2021, un 2e festival est organisé par une quarantaine de bouquinistes sur les 200 que compte la profession. Intitulé *Paname bouquine*, il propose diverses animations : rencontres avec des écrivains, ateliers d'écriture ou encore chasse au trésor pour les enfants. Le 6 février 2019, avec le soutien de la mairie de Paris et du ministère de la Culture, les bouquinistes entrent au patrimoine culturel immatériel de l'inventaire français. Jérôme Callais ne s'arrête pas là, il poursuit son combat pour faire inscrire son métier au patrimoine culturel immatériel de l'Unesco. La passion de ces commerçants a inspiré d'autres capitales, comme Ottawa, Pékin, Rome ou Tokyo. En vue des Jeux olympiques d'été de 2024, la mairie de Paris évoqua le déplacement temporaire des bouquinistes pour des raisons de sécurité. Les commerçants exigent un écrit officiel et reçoivent une lettre de la préfecture de Paris leur demandant de quitter les lieux, quelques jours avant la cérémonie d'ouverture. Les bouquinistes préviennent que les boîtes ne survivront pas au démontage et tentent de faire comprendre leur précarité. Ils ont besoin de cet afflux touristique pour remonter leur chiffre d'affaires. Nouvelle victoire ! Les commerçants purent rester.
Aujourd'hui la capitale compte 230 bouquinistes, s'étendant sur plus de trois kilomètres, sur la rive droite, du pont Marie au pont des Arts, et sur la rive gauche, du pont Sully au pont Royal. Hélas, ce métier risque de disparaître et une partie de l'âme de Paris avec lui. La cause ? Internet, le terrorisme, le déclin de la culture, puis le coronavirus. Internet permet

aux gens d'acheter un ouvrage, neuf comme d'occasion, en quelques secondes sans bouger de chez eux. Les menaces terroristes avaient fait fuir les touristes. Et il faut bien le reconnaître, notre curiosité culturelle s'éteint. En avril 1993, Simone Douek était allée à la rencontre des bouquinistes pour l'émission « Les îles de France ». À cette époque, les commerçants se disaient heureux mais inquiets pour leur avenir. Et l'avenir leur a donné raison. Un bouquiniste déclare que son principal ennemi est Internet. « 20 ans en arrière, il arrivait à gagner 1 000, voire 2 000 francs par jour. Maintenant (en 2020), s'il parvient à gagner 100 euros par mois, c'est miraculeux. » Un autre bouquiniste, d'origine italienne, justifie l'emploi de ses quatre boîtes. Trois sont réservées aux livres, la quatrième propose des bibelots et autres objets touristiques. Pourquoi ? Les livres ne se vendent plus. Les gens se tournent vers Internet quand ils ont besoin, et d'autres ne lisent plus et préfèrent les séries télévisées. Son chiffre annuel tourne autour des 4 000 euros. Même constat chez les autres bouquinistes et d'après eux, ce n'est pas la nouvelle génération qui va stopper le problème. Les commerçants se font l'effet de fossiles exposés sur les quais. Les touristes les photographient, au même titre que la cathédrale Notre-Dame ou la tour Eiffel, mais ne s'intéressent pas aux contenus de leurs boîtes. Ils appartiennent au folklore parisien. Et le peu de gens qui s'arrêtent pour acheter un livre, délaissent les classiques pour commander la biographie d'une starlette ou d'un homme politique. Pour tenter de sauver la profession, deux étudiants, Chloé et Grégoire, secondés par Jérôme Callais, ont lancé en 2020 une pétition de soutien qui stipule : « Amoureux des livres, de Paris ou d'ailleurs, dès que les conditions sanitaires vous le permettront, par pitié : flânez ! Baladez-vous sur les quais de Seine, arrêtez-vous un instant pour observer ces véritables étendages de civilisation que sont les célèbres boîtes vertes et laissez-vous séduire par l'appel chaleureux des milliers de livres qu'ils renferment. »

Rue de la Monnaie

La rue commence quai du Louvre et rue du Pont-Neuf, et se termine rue de Rivoli. Elle mesure 125 mètres de longueur et 13 mètres de largeur.

Odonymie

Au XIIIe siècle, cette voie existait sous le nom de « rue du Cerf » ou « rue aux Cerfs », en référence à une enseigne. En 1320, elle portait le nom de « rue dite du Foin » parce qu'elle conduisait au port au Foin. Elle prend le nom de rue de la Monnaie en 1387 à la suite du transfert des ateliers de la Monnaie, alors situés rue de la Vieille-Monnaie, dans un hôtel des Monnaies, situé à l'emplacement où fut ouverte la rue Boucher. On y frappa pièces et médailles royales jusqu'en 1778.

Histoire

Vers 1565, une partie des maisons construites le long de la Seine sont démolies, formant une place à laquelle une enseigne fit donner le nom de « place des Trois-Maries ». La rue commence alors place des Trois-Maries et se termine rue des Fossés-Saint-Germain-l'Auxerrois.

La Samaritaine

La Samaritaine était un grand magasin situé entre la rue de Rivoli et la Seine, au niveau du Pont-Neuf. Il tenait son nom d'une pompe à eau située sur le Pont-Neuf dont l'existence remonte à 1609. Cette pompe était décorée d'un bas-relief évoquant la rencontre de Jésus et de la

Samaritaine près du puits de Jacob. Une première échoppe aurait occupé une des corbeilles du pont.

Naissance

Ernest Cognacq exerce plusieurs métiers de vendeur avant de devenir calicot dans une tente sur le Pont-Neuf. Le 21 mars 1870, il s'arrange avec le patron d'un café, rue de la Monnaie, pour lui louer sa salle annexe et y installe une petite échoppe, *A la Samaritaine*, un commerce de nouveautés. La façade est badigeonnée en bleu et la salle mesure 8 mètres sur 6. L'immeuble deviendra par la suite le magasin 1 de la Samaritaine. Dès le 1er avril, la boutique est contrainte de s'agrandir. Ernest Cognacq épouse en janvier 1872 Marie-Louise Jaÿ, première vendeuse du rayon des confections du Bon Marché, avec laquelle il dirigera désormais le magasin. La jeune femme lui apporte, outre son savoir-faire, une dot de 20 000 francs. Passant de 48 m² à son ouverture à plus de 100 m² en 1874, le magasin s'agrandit progressivement et donne naissance en 1900 aux *Grands magasins de la Samaritaine*. Cognacq s'inspire des méthodes commerciales d'Aristide Boucicaut, créateur du Bon Marché. Chaque rayon est géré par un responsable indépendant. En 1874, le chiffre d'affaires atteint les 840 000 francs ; trente ans plus tard, il dépasse les 100 millions. En 1974, le couple emploie 40 personnes.

Expansion

Petit à petit, le couple rachète ses voisins afin d'agrandir son magasin, soit les immeubles rues de la Monnaie, du Pont-Neuf et de Rivoli. Dès 1883, ils font appel à l'architecte Frantz Jourdain et lui confie les travaux d'aménagement intérieur et d'entretien. Parallèlement au développement du magasin 1, les Cognacq acquièrent des immeubles d'habitations de l'autre côté de la rue de la Monnaie et fondent le magasin 2, entre 1886 et 1903. Les travaux débutent vers la fin de l'année 1904 et se succèdent par tranches successives (car il n'est pas question de fermer les magasins ou de gêner les clients). Dans le magasin 1, la distribution intérieure est entièrement repensée, tandis que l'aspect des façades est laissé intact. Virulent défenseur du rationalisme de l'Art nouveau, Frantz Jourdain construit le magasin 2 autour d'une structure métallique visible (fait qui ne gêne pas le propriétaire qui visait une clientèle dite populaire), dont les poteaux creux laissent passer tous les fluides (aération, électricité, eaux pluviales). Le magasin s'ouvre sur l'extérieur par de grandes fenêtres, tandis que l'intérieur est éclairé par des verrières zénithales supportées par des poutres métalliques. Les planchers sont constitués de

dalles de verre reposant sur des poutres métalliques ; ils deviendront une caractéristique du groupe. Ce procédé permet d'augmenter la hauteur sous plafond afin de laisser passer la lumière entre les niveaux. Toutes les parties métalliques sont peintes en bleu canard, couleur de la galerie des machines de l'Exposition universelle de 1889. Les façades sont recouvertes d'un décor de lave polie et émaillée, couvrant poutres et montants. Le nom des articles est inscrit au milieu d'un motif floral blanc, vert et rouge sur fond orange, œuvres de Francis Jourdain, fils de l'architecte, François Gillet et Eugène Grasset. Ce dernier dessine l'enseigne de *La Samaritaine*. Au rez-de-chaussée, les montants en bois sont sculptés par Janselme sur des socles en grès flammé d'Alexandre Bigot, avec des plaques en cuivre repoussé d'Edouard Schenck.

Un passage sous la rue de la Monnaie est creusé pour faire communiquer les deux boutiques entre elles. Des rotondes surmontées de coupoles polychromes sont édifiées dans les angles du magasin 2. Le style tapageur du nouveau bâtiment, et en particulier de ses coupoles, est largement critiqué par les partisans d'une esthétique plus traditionnelle. En 1910, Ernest Cognacq décide de faire construire dans un autre quartier un nouveau magasin destiné à une clientèle aisée. La *Samaritaine de luxe* ouvre ses portes en 1917 au 27, boulevard des Capucines. Les magasins de vente sont complétés par d'importants entrepôts situés boulevard Morland, quai des Célestins, rue de Bercy et rue Saint-Jacques.

En 1922, Cognacq souhaite agrandir le magasin 2 vers la Seine. Il rachète l'îlot d'immeubles situés entre la rue des Prêtres-Saint-Germain l'Auxerrois et le quai du Louvre. Ernest Cognacq demande un nouveau permis de construire au Comité technique et d'esthétique de la Ville de Paris. Animé par le photographe Pierre Lampué, hostile à l'architecte Frantz Jourdain (qui ne lui avait pas pardonné ses couleurs vives et ses coupoles métalliques), le Comité exige la démolition des deux dômes de la façade de la rue des Prêtres-Saint-Germain et le renoncement à l'usage visible du fer. Comprenant l'inutilité de lutter dès 1924, l'architecte fait appel à un ami et confrère Henri Sauvage. Le bâtiment se dote d'une façade Art déco, mêlant acier et pierre. Le marchand dut promettre de ne pas mettre de mosaïque et de peindre en bronze toutes les parties métalliques (adieu le bleu canard). Bien qu'ayant gardé les  structures métalliques, les deux façades tranchent par leur différence. Les travaux s'échelonnent de juin 1926 à octobre 1928. Grand mécène, Ernest Cognacq reversait 65 % des bénéfices à ses employés et dépensait sa fortune en achetant des œuvres d'art qu'il exposait dans ses magasins.

Quand Ernest Cognacq meurt en 1928, il est veuf depuis deux ans et laisse le magasin sans héritier direct ; le poste est donc repris par son petit-neveu Gabriel Cognacq et par Georges Renand, tous deux anciens élèves de l'Ecole des Hautes Etudes Commerciales de Paris. Gabriel était alors responsable du service des expéditions de la Samaritaine, et Georges directeur de l'organisme de crédit. Le magasin poursuit son expansion et deux nouvelles boutiques voient le jour. Les nouveaux patrons acquièrent les immeubles situés entre la rue de Rivoli et la rue Boucher, pour bâtir sous la direction d'Henri Sauvage, le magasin 3, en 1930. Libéré des contraintes de la préfecture, l'architecte remplace les pierres crème du magasin 2 par des pierres rosées pour le n°3. En 1932, achat des ateliers de fourrure Révillon frères, situés au nord du magasin 2, de l'autre côté de la rue Baillet. Ces immeubles vont constituer le magasin 4. Les travaux sont confiés à Louis Marie Charpentier et Louis d'Escrivan (Henri Sauvage venant de mourir). La transformation des façades dans le style Art déco est projetée, mais ne voit pas le jour à cause de la crise économique des années 1930. Lorsque Gabriel Cognacq meurt en 1951, Georges Renand conserve la direction de la *Samaritaine* et y associe son fils Maurice, également formé à la HEC et docteur en droit. Une passerelle est construite, en 1958, dans la rue Baillet, afin de relier le 2e étage des magasins 2 et 4. Elle est surélevée en 1966 pour relier le 3e étage, puis à nouveau transformée en 2000 pour faire communiquer les deux magasins au niveau du 1er étage. Aujourd'hui, seule la passerelle du 1er étage est conservée. À la mort de son père, Maurice Renand devient premier gérant. Son fils Georges lui succède. En 1959, le hall de la maroquinerie du magasin 2 est remanié afin d'y installer un ensemble d'escaliers mécaniques desservant chaque niveau. La *Samaritaine* est alors le grand magasin parisien le plus important en surface de vente avec ses 48 000 m², devançant les *Galeries Lafayette* et le *Printemps*. Son slogan publicitaire restant dans la mémoire collective : « On trouve tout à la Samaritaine ».

Déclin et changement

Les magasins connaissent un déclin dès les années 1970, obligeant le directeur a loué les magasins 1 et 3 à d'autres enseignes dès 1998. En 1986, la Samaritaine de luxe est transformée en immeuble de bureaux et commerces. Entre 1986 et 1988, la fresque de la grande verrière du magasin 2 est restaurée. La Samaritaine est vendue au groupe LVMH en 2001. Les grands magasins sont contraints de fermer leurs portes en 2005, le temps de se mettre en conformité avec les nouvelles normes de sécurité. Les laves émaillées de la rue de la Monnaie sont dégagées de la peinture qui les masquait. Un projet est présenté en juin 2008 par LVMH pour le réaménagement du site avec des bureaux, des commerces, un hôtel et quelques logements sociaux, pour une ouverture prévue en 2015. Le coût des travaux est estimé à 400 millions d'euros et la durée à 27 mois. Le chantier est confié à l'agence japonaise SANAA et à l'agence française Édouard François. Le projet semble sur le point d'être adopté, quand des associations (société pour la protection des paysages et de l'esthétique de Paris et SOS Paris) s'y opposent. Ils refusent de voir des immeubles du XVIIe siècle et la façade de 1852 du magasin 4 détruits. En vain, car les bâtiments sont bien démolis. Toutefois, le permis de construire est annulé le 13 mai 2014 par le tribunal administratif de Paris. Le 19 juin 2015, le Conseil d'Etat valide le projet et le chantier reprend en août 2015. Date à laquelle il devait s'achever. Ces désagréments reportent la date d'ouverture de la nouvelle Samaritaine en 2020. Hélas, un nouveau caillou vient se glisser dans l'engrenage : la pandémie de coronavirus. Des adaptations supplémentaires sont nécessaires pour se conformer aux nouvelles normes imposées par les mesures de distanciation sociale. Comme tous les chantiers, celui de la Samaritaine s'est arrêté le 17 mars, a repris en juillet, pour s'achever en juin 2021.

Le projet du groupe Louis-Vuitton-Moët-Hennessy est à la fois architectural, environnemental, urbain et économique. Il offre 26 400 m² de commerces, 96 logements, une crèche de 80 berceaux, 20 000 m² de bureaux et un hôtel de prestige de 72 chambres et suites ; le tout respectant le patrimoine architectural des anciens magasins 2 et 4, en construisant des immeubles alliant fonctionnalité et écologie, en créant 1 500 emplois. Les **commerces** s'étendent sur tout le rez-de-chaussée au magasin 2, rue de Rivoli, ainsi que sur les différents niveaux rue Baillet. Les acheteurs peuvent trouver leur bonheur dans le grand magasin, l'une des moyennes surfaces ou le restaurant. Ils y trouvent des rayons mode, joaillerie, maroquinerie, beauté, bien-être, épicerie… Les 96 **logements** sociaux sont côté rue de l'Arbre-Sec. L'îlot Rivoli abrite 40 appartements et 56 autres sont accessibles dans l'ancien magasin 2. Pour **l'hôtel**, un emplacement  de choix, le magasin 2 quai du Louvre. La rénovation de l'aile Art déco a été confiée aux architectes Édouard François et Peter Marino afin d'y accueillir l'hôtel du Cheval-Blanc. Les 72 chambres et suites s'articulent autour de terrasses ou de jardins d'hiver, avec vue sur la Seine. L'hôtel s'accompagne d'un restaurant gastronomique, d'une brasserie contemporaine et d'un bar. La **crèche**, située au rez-de-chaussée du magasin 2, côté rue Baillet, accueille 80 enfants habitants le 1er arrondissement. Quant aux **bureaux**, ils s'étalent sur les étages des magasins 4 et 2 (aile Jourdain). Ils offrent des espaces de travail modulables, respectant les labels environnementaux, un éclairage naturel possible grâce aux grandes baies, verrières et puits de lumière. Une opportunité accueillit avec joie par les sociétés internationales cherchant à s'implanter au cœur de la capitale. Coût des travaux réévalués à 750 millions d'euros.

Culture

Avant sa transformation, la Samaritaine a servi de décor pour le 7ᵉ Art. Une vue de la façade apparaît dans le film *Au bonheur des dames* de Julien Duvivier, tourné en 1930. Une longue séquence du film *Les moutons de Panurge*, datant de 1961, a été tournée à la Samaritaine. Le film *Bébert et l'omnibus* fut tourné en partie dans le magasin en 1963. L'édifice apparaît brièvement dans le film *Tatie Danielle*, sorti en 1990, lors de la promenade en voiture dans Paris. Le film *Au bonheur des ogres*, sorti en 2013, a été tourné à la Samaritaine. Idem pour le film *Holy Motors* de Léos Carax. Le film *Nocturama* y fut tourné durant l'été 2015. Et pour finir, dans une scène du film *La Mémoire dans la peau*, sorti en 2002, Jason Bourne, alias Matt Damon, tient en joue son contact sur le toit du magasin.

Pont Neuf

Le Pont-Neuf relie la pointe de l'île de la Cité aux rives droite et gauche de la Seine. Il prolonge la rue Dauphine dans le 6ᵉ arrondissement et la rue du Pont-Neuf dans le 1ᵉʳ arrondissement. En dépit de son nom, le Pont-Neuf est le pont visible le plus ancien de la capitale. Dans le mot « neuf », il faut entendre nouveauté, car ce pont en regorge. Premier pont en pierre. Premier pont à relier les deux rives de la Seine. Premier pont dénué d'habitations. Premier pont doté de trottoirs protégeant les piétons des chevaux et de la boue.

Naissance

Dès le milieu du XVIᵉ siècle, la nécessité d'un pont aux abords de l'île de la Cité se fait ressentir. Seuls quatre passages permettent de franchir le fleuve et ils sont souvent encombrés. Preuve que les embouteillages, à

Paris, ne datent pas d'hier. Sa construction est décidée en 1577. Le 2 novembre, une commission est chargée par le roi Henri III d'en assurer l'édification, aux frais du Trésor. Claude Marcel, contrôleur général des Finances, assure les communications entre les deux partis. Henri III pose, en grand apparat, la première pierre le 31 mai 1578, en présence de la reine-mère Catherine de Médicis et de la reine Louise de Lorraine. Pourtant, le roi n'avait guère le cœur en joie, car deux jours plus tôt, il avait enterré, en l'église Saint-Paul, l'un de ses mignons, Quelus, blessés lors d'un duel. Maugiron était mort le jour même du duel, le 27 avril, sur la place des Vosges. Les Parisiens le surnommèrent, non sans ironie, le « pont aux pleurs ». Les travaux, sous la direction de l'architecte Baptiste Androuet du Cerceau, puis de ses constructeurs Guillaume Marchant et François Petit, se poursuivent pendant presque trente ans (1578-1607). Le chantier ayant dû être interrompu, entre 1588 et 1599, suite au soulèvement de la ville contre le roi. Henri IV inaugure le pont à cheval en 1607 et le baptise Pont-Neuf.

Samaritaine

En 1608, Henri IV autorise la construction d'une grande pompe à eau, au niveau de la deuxième arche depuis la rive gauche, dite *Pompe de la Samaritaine*. Son rôle est d'alimenter en eau les palais du Louvre et des Tuileries, ainsi que les jardins. Le château d'eau est fini en 1609, œuvre de son inventeur flamand Jean Linthaër. Il s'agissait d'un petit immeuble d'habitation sur pilotis entre ceux-ci tournaient deux roues de moulin. La façade était ornée d'un bas-relief en bronze doré représentant la rencontre du Christ et de la Samaritaine au puits de Jacob, œuvre de Bernard et René Frémin. Jean (4.1-14) : « Quand Jésus apprit que les Pharisiens avaient entendu dire qu'il faisait plus de disciples et en baptisait plus que Jean, il quitta la Judée et regagna la Galilée. Or, il lui fallait traverser la

Samarie. C'est ainsi qu'il parvint dans une ville de Samarie appelée Sychar, non loin de la terre donnée par Jacob à son fils Joseph, là-même où se trouve le puits de Jacob. Fatigué du chemin, Jésus était assis tout simplement au bord du puits. C'était environ la sixième heure. Arrive une femme de Samarie pour puiser de l'eau. Jésus lui dit : « Donne-moi à boire ». […] Mais cette femme, cette Samaritaine, lui dit : « Comment ? Toi, un Juif, tu me demandes à boire à moi, une femme samaritaine ! ». Les Juifs, en effet, ne veulent rien avoir en commun avec les Samaritains. Jésus lui répondit : « Si tu connaissais le don de Dieu et qui est celui qui te dit : « Donne-moi à boire », c'est toi qui aurais demandé et il t'aurait donné de l'eau vive ». La femme lui dit : « Seigneur, tu n'as pas même un seau et le puits est profond ; d'où la tiens-tu donc, cette eau vive ? Serais-tu plus grand, toi, que notre père Jacob qui nous a donné le puits et qui, lui-même, y a bu ainsi que ses fils et ses bêtes ? ». Jésus lui répondit : « Quiconque boit de cette eau-ci aura encore soif ; mais celui qui boira de l'eau que je lui donnerai n'aura plus jamais soif ; au contraire, l'eau que je lui donnerai deviendra en lui une source jaillissant en vie éternelle ». En dessous, dans une banderole, on pouvait lire : « FONS HORTORUM PUTEUS AQUARUM VIVENTIUM » (fontaine des jardins, puits d'eaux vives). La pompe était surmontée d'une horloge astronomique, égrenant les heures, les jours et les mois, associée à un bruyant carillon, dont la résonance attirait les promeneurs. Les

badauds venaient admirer le défilé des douze apôtres à midi. Le bâtiment servait de logement au gouverneur, responsable de la sécurité des boutiques installées sur le pont. En 1665, un cadran anémomique fut ajouté à l'édifice. Par le moyen d'une renommée tournante au gré du vent, le cadran se haussait quand l'air était pesant et se baissait quand il était léger. La bâtisse hydraulique exigeait de fréquentes réparations. Dans les années 1712 et 1714, elle est presque entièrement renouvelée. En février 1715, le bâtiment et la pompe sont entièrement reconstruits par l'architecte Robert de Cotte en neuf mois. Ils sont restaurés en 1771 par Soufflot et Gabriel. Le 26 août 1791, Louis XVI donne la fontaine à la municipalité. Les bronzes sont expédiés à la fonte et la façade est dé-

molie. Le monument est transformé en poste de garde nationale. Devenu gênant pour la navigation, la pompe est détruite en 1813. Une de ses cloches est alors transférée à l'église Saint-Eustache. La véritable raison est le coût de l'entretien de la pompe devenu exorbitant. Le musée Carnavalet, à Paris, possède l'une des deux maquettes de la fontaine, une horloge-baromètre. Il s'agit de l'un des deux exemplaires commandés par le comte d'Artois pour être offerts en cadeau à son épouse, Marie-Thérèse de Savoie, et à la dauphine Marie-Antoinette.

Projets pour le pont

En 1662, l'architecte Nicolas de l'Espine conçoit un projet, à la demande de l'aide des cérémonies de Louis XIV, le sieur Dupin. Celui-ci souhaitait magnifier les abords de la statue équestre du grand-père du souverain. L'architecte s'inspira des forums antiques. Il voulait agrandir le terre-plein et percé à l'ouest une loggia surmontée de deux obélisques. Les statues des grands capitaines, ayant vaillamment défendu le royaume de

France, devaient être érigées sur la balustrade. Un bassin devait être creusé derrière la statue d'Henri IV. Au centre, encore une statue, celle de Jeanne d'Arc. Le roi ne fut pas intéressé.
En 1748, l'architecte Germain Boffrand proposa de construire la place Louis XV à l'emplacement de la place Dauphine, entraînant par conséquent la destruction de celle-ci. Au centre de la nouvelle place, une colonne romaine, style colonne Trajane, surmontée de la statue pédestre du roi.
La place aurait été fermée par un bâtiment semi-circulaire composé de colonnes corinthiennes colossales aux extrémités et de pilastres corinthiens au centre. En amont de l'édifice, un arc de triomphe. Nouvel échec.
Long de 238 mètres, large de 20,50 mètres (11,50 mètres de chaussée et 9 mètres de trottoirs), le Pont-Neuf se compose de deux ponts distincts, séparés par un terre-plein central. La partie nord possède sept arches, dont les ouvertures sont comprises entre 16,40 mètres et 19,40 mètres. Le grand bras du pont mesure 154 mètres de long. Tandis que la partie sud se contente de cinq arches, d'ouvertures comprises entre 9 et 16,70 mètres. Le petit bras mesure quant à lui 78 m de long. Les arches sont toutes en plein-cintre mais de largeurs différentes. Les piliers se terminent par des avant-becs pointus, surmontés de tourelles. Une corniche moulurée est soutenue par de hautes consoles, posées elles-mêmes sur 385 mascarons (ou masques grotesques). Les têtes présentent une grande variété d'expressions et d'ornements. On y distingue des faces de satyres, parfois barbus ou cornus comme des béliers, d'autres moustachus coiffés de diadèmes de coquille, de grappes de raisin, de feuilles aquatiques ou de vignes. Les sculptures seraient l'œuvre de divers artistes comme Germain Pilon, Maindron, Lavigne, Barye, Fontenelle… Ce dernier est l'auteur de 61 mascarons sur la face en amont du petit bras. Quelques-

uns des masques sont des copies du XIXe siècle ; les originaux sont conservés au musée Carnavalet et au musée national de la Renaissance à Ecouen. Dix mascarons étaient autrefois exposés au musée de Cluny, à Paris.

Commerces

À la fin du XVIIIe siècle, le Pont Neuf est très populaire en raison de ses animations commerciales. Les promeneurs y faisaient de bonnes comme de mauvaises rencontres, entre les autres badauds, les commerçants et les escrocs. En 1769, le roi Louis XV permet aux marchands ambulants de s'installer dans les demi-lunes du pont. Nous pouvions y côtoyer bouquinistes, frituriers, tondeurs de chiens, limonadiers, merciers, confiseurs, marchands d'encre, arracheurs de dents, marchands d'onguents, danseurs, chansonniers, bateleurs. Hélas, ce pont était le lieu privilégié par les coupe-bourses et les tire-laines. Les premiers détachaient les bourses que les hommes et les femmes portaient à leur ceinture, tandis que les seconds arrachaient brutalement les manteaux des épaules des passants, puis prenaient leurs jambes à leur cou. C'est ici qu'opérait, sous Louis XIII, un joueur de gobelets à la dextérité légendaire. Célèbre au

point de prêter son nom au cardinal de Richelieu : maître Gonin, ce qui signifiait « fourbe habile ». Des boutiques fixes y emménagent plus tard, mais elles seront détruites vers 1851. Quelques décennies plus tard sur la corbeille de la deuxième arche, à l'emplacement même de l'ancienne pompe à eau, s'installe un jeune homme qui, sous un grand parapluie rouge, bonimente et crie sa marchandise. Cet homme se nomme Ernest Cognacq, futur fondateur des magasins La Samaritaine. Dès 1851, les boutiques laissent place à des bancs en pierre, faisant corps avec le parapet. En raison de sa vétusté, le pont est reconstruit entre 1848 et 1855. En 1854, Victor Baltard ajoute des candélabres sur le pont et le terre-plein central. Leurs pieds sont ornés de têtes de divinités fluviales en alternance avec des dauphins. Le pont fait l'objet d'un classement au titre des monuments historiques depuis 1889. Son inscription au patrimoine mondial de l'UNESCO date de 1991. Entre 1990 et 2007, la ville de Paris est obligée de pratiquer la rénovation complète du pont.

Statue équestre d'Henri IV

La statue d'Henri IV se dresse sur le terre-plein central, à la pointe de l'île de la Cité. Il s'agissait de la première statue équestre de plein air dédiée à un souverain. La réalisation de ce groupe en bronze connut bien des vicissitudes. Dès 1604, Marie de Médicis projette la réalisation d'un monument équestre en l'honneur de son époux. Un cheval de bronze, destiné à porter une statue de Ferdinand de Toscane (hélas décédé avant), est offert à Marie de Médicis par son oncle, Ferdinand 1er, grand-duc de Toscane. Quant à l'effigie cavalière du roi, elle est commandée à Jean de Bologne. À la mort de ce dernier, survenue en 1608, son élève Pietro Tacca entreprend de terminer l'œuvre. Celle-ci est achevée en 1613, soit trois ans après la mort du roi. Le 30 avril, le cheval et son cavalier sont embarqués à Livourne. Au large des côtes de la Sardaigne, le bateau fait naufrage. Le groupe est repêché seulement un an plus tard. Sortir la bête de 12 400 livres, enlisée dans le sable, ne fut pas une mince affaire. En mai 1614, la statue remonte la Seine sur un bateau plat de Rouen à Paris, et le 23 août, elle fut hissée en grande pompe sur un piédestal de marbre dont Louis XIII avait posé la première pierre un mois auparavant. Le groupe est entouré des quatre esclaves enchaînés en bronze et de bas-reliefs de Pierre Francheville de Cambrai. Ces esclaves

étaient représentés à différents âges de la vie, « permettant de souligner l'universalité du pouvoir royal sur les hommes et les continents ». Sous Louis XVI, la statue est protégée derrière de hautes grilles en fer forgé. Alors qu'il réalise la statue de la Justice pour le palais de Justice, situé sur l'île de la Cité, le sculpteur Étienne-Pierre-Adrien Gois propose divers projets d'embellissements de la statue royale qui restèrent sans suite. Le roi ayant d'autres préoccupations. En 1787, l'architecte Jacques-Pierre Gisors propose à Louis XVI un énième projet d'aménagement du terre-plein. À l'emplacement des deux maisons finissant la place Dauphine aurait été installé un arc de triomphe, décoré de colonnes corinthiennes. Devant, une statue équestre du roi, placée juste en face de celle de son ancêtre. Projet avorté par la Révolution française. Le 14 août 1792, la royale effigie est brisée et envoyée à la fonderie, ainsi que les bas-reliefs, par les révolutionnaires, pour faire des canons. Par chance, les esclaves sont épargnés car considérés comme des victimes du souverain. Ils sont aujourd'hui visibles au musée du Louvre. Des débris du cheval de la statue d'Henri IV, retrouvés dans la Seine, sont visibles au musée Carnavalet : l'antérieur gauche du cheval, une des bottes du roi, sa main gauche ainsi que son bras droit tenant le pommeau. L'emplacement reste vide durant le Consulat et l'Empire, enfin presque. Un café s'installe momentanément sur place. En 1804, l'architecte Guy de Gisors expose un projet de création de thermes qui auraient été tout naturellement baptisées : thermes Napoléon 1er. Il s'agissait d'un bâtiment de quatre niveaux, percé d'arcades, encadré par deux ailes en retour d'équerre. Au centre, côté Seine, une fontaine monumentale. La bâtisse devait abriter 76 cabines de bain. Un bassin de plein air, destiné aux baigneurs, devait être aménagé sur la Seine, au pied d'un escalier à double révolution. L'empereur ne s'intéressa pas au projet. Par  contre, en 1810, il lança un concours. Il souhaitait élever sur le terre-plein un obélisque en granit de Cherbourg, haut de 104 mètres, de 14 mètres de diamètre, surmonté d'un observatoire, portant l'inscription : « de l'empereur Napoléon au peuple français ». Les projets furent nombreux (François Joseph Bélanger, Baltard, Léon Dufourny…) mais n'aboutirent pas.

Le 3 mai 1814, à l'occasion de l'entrée de Louis XVIII, une statue provisoire est exécutée par Henri-Victor Roguier, à partir d'un moulage en plâtre d'un des chevaux du Quadrige de la Porte de Brandebourg. Le socle du monument portait l'inscription : « Le retour de Louis fait revivre Henri ». Elle est remplacée le 25 août 1818 par la statue de François-Frédéric Lemot visible actuellement, payée par souscription nationale. Le bronze fut fourni par les statues de Napoléon situées sur la place Vendôme et de Boulogne. Henri IV est représenté la tête nue, ceinte d'une couronne de laurier, le corps vêtu d'une armure à la Française, main gauche sur la bride du cheval, main droite tendue serrant le bâton de commandement à fleurs de lys. Lors de sa réalisation, plusieurs objets furent placés dans le ventre du cheval : des parchemins narrant l'inauguration de la statue, 26 médailles et trois ouvrages sur Henri IV. Ces documents sont aujourd'hui conservés aux Archives Nationales. Parmi les praticiens, se trouvait un fervent bonapartiste. Outragé, le fondeur Mesnel vengea la profanation des statues impériales en dissimulant dans le bras droit d'Henri IV une effigie de Napoléon emballée dans des pamphlets antiroyalistes. En 1820, le piédestal est décoré de deux bas-reliefs ; au nord, *l'Entrée d'Henri IV dans Paris en 1594*, et au sud, *Henri IV distribuant du pain aux Parisiens*. Aujourd'hui, le cavalier surplombe toujours le carrefour de son piédestal surélevé de sept marches et il est entouré d'une grille.

Faits divers

Dame d'honneur d'Isabeau de Bavière, Catherine de Thian, se noie dans la Seine en 1419. Au dire des Parisiens, son cocu de mari avait vendu sa main droite au Diable afin d'être vengé.

Un sac contenant le ministre des Finances Pierre de Giac, et sa main droite coupée, est balancé dans le fleuve en 1427. Il avait dilapidé à son profit un trésor destiné à l'achat d'armes pour combattre les Anglais.

En 1656, de jeunes aristocrates s'amusent nuitamment à détrousser les passants esseulés. À l'arrivée du guet, tous s'enfuient sauf le comte de Rochefort et le chevalier des Rieux qui seront relâchés sans délai, par égard pour leur condition sociale.

Le 18 décembre 1700, la malle de Tours est attaquée en plein jour, au milieu du pont par une bande qui se disperse sans être inquiétée.

Par une nuit glaciale de décembre 1718, Pierre Fertet, un drapier ruiné par la spéculation, enjambe le parapet du pont. Un homme le retient et lui demande les raisons de son désespoir. Le malheureux avoue qu'il doit 27 000 livres à des rapaces. L'inconnu s'engage à résoudre le problème et lui demande de prendre contact avec ses créanciers. Effectivement, le lendemain, un vieillard décati règle la dette du drapier. La joie des créanciers sera de courte durée, car ils se font dévaliser peu après. Trois ans plus tard, Cartouche reconnaîtra s'être grimé en vieil homme.

Art et Cinéma

Le Pont-Neuf a inspiré de nombreux artistes au fil des ans, comme le plasticien Christo, qui l'a totalement emballé dans 40 000 m² de tissu en 1985, ou le couturier Kenzo, qui l'a recouvert de fleurs en 1994. Pour information, le Pont-Neuf a servi de décor aux films *Quatre nuits d'un rêveur* de Robert Bresson (1971), *Les Amants du Pont-Neuf* de Léos Carax (1991) et *La Mémoire dans la peau* de Doug Liman (2002).

Quai des Orfèvres

Le quai commence au pont Saint-Michel, boulevard du Palais, et se termine au Pont-Neuf, place du Pont-Neuf. Il mesure 366 mètres de longueur et 14 mètres de largeur.

Odonymie

Le nom fut attribué à la partie occidentale de l'actuel « quai des Orfèvres », construit de 1580 à 1643, dès son achèvement, en raison de la présence d'orfèvres et de joailliers dans cette voie. La chapelle de leur saint se trouvait de l'autre côté de la Seine. Sur la partie la plus occidentale, presque à la pointe de l'île, se trouvait un moulin longtemps appelé de la Gourdeyne, qui devint en 1551, la Monnaie du Moulin des Etuves. On y installa les premières presses à balancier.

Histoire

Le quai des Orfèvres tel qu'il existe aujourd'hui résulte de la réunion (décidée en 1807 et effective en 1810) de deux voies initialement distinctes, orientées est-ouest et parallèles à la Seine, situées de part et d'autre de l'ancienne rue de Jérusalem (disparue en 1883), dont l'extrémité sud se trouvait à hauteur de l'actuel n°38.

Jusqu'à la fin du XVIe siècle, l'île de la Cité s'arrêtait au bout du palais de la Cité. Plus au nord, se trouvait trois îlots alluvionnaires à fleur d'eau. Entre la Seine et les murs qui entouraient le palais et son jardin, se trouvait un terrain en pente. En 1578, il est décidé de construire un nouveau franchissement sur la Seine, le Pont-Neuf. Les trois îlots sont alors rattachés à l'île de la Cité. Pour cela, la construction du quai des Orfèvres  et du quai de l'Horloge commence en 1580. Terminé en 1643, le quai relie la rue de Jérusalem et le Pont Neuf. La nouvelle voie reçut dès l'origine le nom qu'elle porte encore aujourd'hui. Celui-ci n'a pas varié, exception faite pour l'époque révolutionnaire au cours de laquelle la voie fut dénommée « quai du Midi » avant de reprendre son nom actuel sous Napoléon 1er. Parallèlement, une nouvelle voie est ouverte en 1623 sous Henri IV entre la rue de la Barillerie (absorbée par le boulevard du Palais) et la rue de Jérusalem pour faciliter la communication avec le Pont-Neuf. Cette voie est appelée à l'origine « rue Neuve », puis « rue Neuve-Saint-Louis » (1623) et enfin « rue Saint-Louis », parfois « rue Saint-Louis-du-Palais » (1776). Pendant la période révolutionnaire, elle est appelée « rue Saint-Louis-du-Palais-des-Marchands » (1791) et « rue Révolutionnaire » (1793).

Au nord de la rue Saint-Louis s'étendait un ensemble de bâtiments où logeaient les chanoines de la Sainte-Chapelle royale du Palais, dit « quartier des chanoines » qui ne doit pas être confondu avec celui du cloître Notre-Dame des chanoines de la cathédrale, également appelé ainsi.

La rue Sainte-Anne, ultérieurement « rue Sainte-Anne en la Cité », fut percée en 1631 à travers cet enclos, depuis la rue Neuve-Saint-Louis jusqu'à la cour du Palais. Crée conformément à un brevet du 25 juin 1624, confirmé en 1630 par Louis XIII, afin de faciliter l'accès et la sortie du palais de la Cité.

La rue Saint-Louis, contrairement au quai des Orfèvres situé dans son prolongement, était bordée de maisons longitudinales sur ses deux côtés. En vertu d'un décret du 7 juillet 1807, les maisons riveraines de cette rue du côté du fleuve, sont démolies pour permettre la construction d'un nouveau quai et la fusion de ce dernier avec son voisin, sous la toponymie commune de « quai des Orfèvres » en 1810. Ces mesures obligèrent environ la moitié des riverains de la rue Saint-Louis-du-Palais à se reloger, voire à transporter leurs enseignes ailleurs.

Immobilier

<u>N°4</u> (disparu) : ancien emplacement de l'Académie Suisse. Cet atelier de peinture fut fondé en 1815 par Martin François Suisse, dit le Père suisse, un ancien modèle de David. Il dirigea l'atelier jusqu'à sa mort en 1859. Son neveu, Charles Alexandre Suisse, assura la relève jusqu'à la fin du Second Empire. En 1870, l'atelier est racheté par Filippo Colorassi. Moyennant une somme modique, les artistes bénéficiaient de la présence d'un modèle. Aucun examen d'entrée n'était requis, les peintres avaient une liberté absolue dans ce « sanctuaire de l'art et du tapage ». La grande pièce crasseuse était meublée d'un divan bas et d'une estrade pour le modèle, ainsi que de tabourets de hauteurs différentes. Les apprentis

artistes s'asseyaient où ils pouvaient, leur planche à dessin posée sur les genoux. Au fond de la pièce, une banquette permettait à ces derniers de se reposer. De nombreux peintres y firent leurs débuts comme Jean-Baptiste Corot, Paul Cézanne, Édouard Manet, Claude Monet, Camille Pissarro, Honoré Daumier, Gustave Courbet, Alfred Sisley…

N°18 (disparu) : dernier domicile de Pierre-Henri de Valenciennes (1750-1819), peintre de paysages, professeur à l'Ecole des Beaux-arts, chevalier de la Légion d'honneur, dont le « cabinet », composé de « tableaux, dessins, estampes, livres », fut vendu à cette même adresse deux mois après son décès, le 26 avril 1819.

N°20 : en 1839, les sapeurs-pompiers formaient un bataillon de 636 hommes, dont 16 officiers. Dans cet immeuble, se trouvait leur état-major.

N°26 (disparu) : domicile, en 1802, du graveur Jean-César Macret (1768-1825).

N°36 : emplacement de l'ancien hôtel du premier président de la cour d'appel de Paris incendié lors de la Commune en 1871 et remplacé par le bâtiment actuel, construit entre 1875 et 1880 par les architectes Emile Jacques Gilbert et Arthur-Stanislas Diet.
Jules Ferry y installe le siège, l'état-major et les services communs de la Direction régionale de la police judiciaire de la préfecture de police de Paris, connue sous le nom de « Quai des orfèvres » ou « 36 ». La DRPJ déménage en 2017 rue du Bastion, dans le 17ᵉ arrondissement, au n°36.

N°40 (disparu) : la rue de Harlay, tracée en 1607 était jusqu'à la 2ᵉ moitié du XIXᵉ siècle, bien plus étroite qu'aujourd'hui. Elle débouchait entre les n°40 et 42 du quai des Orfèvres. En vertu de l'ordonnance du 26 mai

1840, relative au projet d'agrandissement du palais de Justice de Paris, la maison du n°40 fut détruite, de même que tous les immeubles du côté impair de la rue de Harlay. Or, après expropriation des occupants, ces maisons furent attribuées, en attente de leur démolition, à la préfecture de police de Paris dont les services durent, à la même époque, quitter leurs locaux de la cour Harlay. Cette solution, initialement provisoire, se prolongea jusqu'à la disparition effective du côté est de la rue de Harlay et du n°40 du quai des Orfèvres, vers 1871-1872.

N°42 : immeuble construit en 1923. Emplacement de l'ancienne demeure, depuis au moins 1792, du marchand joaillier Frédéric Devoix qui fut, cette même année, appelé comme expert auprès du tribunal criminel dans le cadre de l'affaire du vol au garde-meuble.

N°54 : Y sont assassinés le lieutenant-criminel de Paris Jacques Tardieu, 72 ans, et sa femme Marie, le matin du 24 août 1665, par les frères Touchet. Les deux jeunes avaient essayé de leur extorquer de l'argent. Personne ne regretta l'officier avare et corrompu. Toutefois, le double homicide relança le débat de la sécurité dans la capitale devant l'incapacité du chef de la police à se protéger lui-même. Pas de police organisée. Une justice menée par l'argent. Jugés le matin du 27 août, les assassins furent frappés à mort. Le roi Louis XIV réforma la police et nomma à sa tête le lieutenant Gabriel Nicolas de La Reynie.

N°54 : Le graveur sur bois Auguste Trichon (1814-1898) vécut un temps dans cette maison.

N°58 : l'orfèvre et joaillier Jean-Charles Cahier s'installa dans cette maison au début du XIXe siècle. Il est connu pour avoir fourni des croix, des croix de procession, des calices, des encensoirs et autres objets liturgiques. Bien que nommé orfèvre du roi en 1816, il fit faillite en 1830, en raison de problème de gestion. Quelques années plus tard, l'atelier et la boutique sont repris par l'orfèvre Louis Bachelet qui travailla en autres pour Viollet-le-Duc. Son fils Georges lui succède, mais renonce à l'orfèvrerie liturgique.

N°68 : emplacement de la librairie et maison d'édition de Martin et Karl Flinker, entre 1948 et 1988.

Paul-Philippe Gudin de La Brenellerie (1738-1820), auteur dramatique, naquit dans une maison du quai le 6 juin 1738.

Rue des Orfèvres

La rue commence rue Saint-Germain-l'Auxerrois et se termine rue Jean-Lantier. Elle mesure 58 mètres de longueur et 10 mètres de largeur.

Odonymie

Au XIIe siècle, l'hôtel et l'abbaye des religieux de Joyenval, près de Chartres, étaient installés dans cette rue et lui donnèrent son nom : « rue des Moines de Joienval », « rue aux Moines de Jenvau » ou « rue Moignes de Jenvau ». Il est aussi possible de la trouver mentionnée sous le nom de « rue des Deux Portes », « rue aux Deux portes » ou « rue Entre Deux Portes », en raison des portes situées à chacune de ses extrémités.
En 1550, les orfèvres de Paris acquirent dans cette rue une propriété qu'ils convertirent en hospice pour les ouvriers malades ou sans travail.

Ils érigèrent, au n°8, une chapelle dédiée à saint Eloi, patron de leur corporation. De 1636 à 1886, la rue s'appela « rue de la Chapelle-aux-Orfèvres ».

Immobilier

N°2-4 : à la place de l'école maternelle actuelle, se situait un grenier à sel en 1698, dont l'entrée se faisait par la rue Saint-Germain l'Auxerrois. Précédemment, nous pouvions trouver la résidence des abbés de Joyenval. Cette belle bâtisse, de briques rouge et jaune, est percée de larges fenêtres en anses de panier et décorée d'un écusson à l'angle de la rue.

N°6 : résidaient dans cette maison du XVIIe siècle les directeurs de la Gabelle et de la juridiction du grenier à sel. Elle comporte un étage avec combles aux lucarnes irrégulières.

N°8 : s'y situait l'ancienne chapelle Saint-Éloi des orfèvres, construite par Philibert de l'Orme entre 1550 et 1556, à la demande la corporation des orfèvres. Elle était destinée à remplacer celle construite au XIVe siècle, en même temps qu'un hôpital réservé aux orfèvres malades ou aux nécessiteux. La chapelle est désaffectée en 1786 et transformée en locaux d'habitation. Aujourd'hui, il n'en reste que la façade étroite (inspirée de la chapelle des Médicis à Florence) et des traces d'arcatures dans la cour. Les deux étages sont ornés de pilastres cannelés et des deux niches sont visibles à l'attique. À l'origine, le bâtiment était coiffé d'un fronton triangulaire (aujourd'hui disparu).

N°9 : ancienne maison des gardes de la corporation des orfèvres, datée du XVIIIe siècle. Elle s'ouvre sur la rue par un large portail à refends, orné d'un pendentif portant l'inscription : *Anthiaume Md Orfèvre*. Les fenêtres à consoles sont parées de belles ferronneries.

N°10 : subsiste un ensemble très ancien. Il s'agit du centre de la corporation des Orfèvres. Sur des plans de J.S. Cartaud, architecte du duc d'Orléans, apparaissent ces grands bâtiments, avec trois étages carrés aux fenêtres sommées d'agrafes et de mascarons. Sur le pan coupé à l'angle des rues Jean-Lantier et des Lavandières, on peut voir un aigle, symbole des orfèvres, sculpté par Fournier en 1742.

Boulevard du Palais

Le boulevard commence quai de la Corse et quai de l'Horloge, et se termine quai du Marché-Neuf et quai des Orfèvres. Il mesure 220 mètres de longueur et 30 mètres de largeur. Il se partage entre le 1er (numéros pairs) et le 4e (numéros impairs) arrondissement.

Odonymie

Le boulevard longe le Palais de Justice, mais son nom évoque un autre palais, l'ancien palais de la Cité, siège des rois de France jusqu'à Charles V, sur l'emplacement duquel il fut construit.

Histoire

L'actuel boulevard du Palais occupe l'emplacement d'une des plus anciennes voies de Paris. La rue initiale fut percée lors de la reconstruction du Grand-Pont (devenu le pont au Change), au début du XIIe siècle. Longeant le palais des Rois, en se courbant vers l'est, elle formait un nouvel axe de communication qui permettait de passer de la rive droite à la rive gauche en empruntant le Grand et le Petit-Pont. La réédification en aval du Grand-Pont initial ayant supprimé l'alignement entre les deux ponts, la traversée de l'île de la Cité se faisait en bifurquant vers l'est par la rue de la Vieille-Draperie puis vers le sud par la rue de la Juiverie (actuelle rue de la Cité).

Le premier tiers de l'actuel boulevard a porté le nom de « rue Saint-Barthélemy », à partir de 1220, en raison de l'église Saint-Barthélemy située en face de la salle du Roi du palais de la Cité. L'église fut transformée en théâtre sous la Révolution française. Cette rue reliait, au XVe siècle, les ponts aux Meuniers et aux Changeurs à la rue de la Vieille-Draperie, qui faisait face à la Grande Porte du Palais. Y donnaient la salle de cuisine de bouche et le cellier du roi. La tour de l'Horloge fut dressée à l'extrémité nord-ouest.

Le deuxième tiers restant, entre les débouchés de la rue de la Vieille-Draperie et de la rue de la Calandre, portait le nom de « rue de la Barillerie ». On y trouvait des marchands de tonneaux et de barriques. La légende veut que la rue ait dû son nom aux tonneaux de vin que Charlemagne stockait dans les caves de son palais de l'île de la Cité. Cette portion étroite (5 à 6 mètres) longeait la Chambre et la tour du Trésor du Palais.

Quant au tiers sud, il fut baptisé « rue du Pont-Saint-Michel », pont construit en 1378 pour désengorger le Petit-Pont et réaliser un nouvel axe de traversée de l'île de la Cité. À l'ouest de la rue, étaient édifiées au Moyen Âge, les demeures des chanoines de la Sainte-Chapelle.

Au XVe siècle, le Palais est agrandi vers l'est afin d'y loger les boutiques et les hôtels des courtisans. Conséquence : la rue de la Barillerie est davantage incurvée. En 1787, l'architecte Pierre Desmaisons transforma l'intersection de la rue de la Vieille-Draperie et de la Barillerie, face à l'ancien pont-levis qui menait au Palais, en une place semi-circulaire qui prit le nom de « place du Palais-de-Justice » et qui constituait le pendant à la cour du Palais de Justice. L'ensemble de la rue prend le nom de rue de la Barillerie au XIXe siècle.

Le 23 septembre 1858, Haussmann souhaite prolonger le boulevard de Sébastopol, entre le pont au Change et le pont Saint-Michel. Le nouvel axe, large de 30 m, entraîne la destruction de la rue de la Barillerie et de la place du Palais-de-Justice. D'abord nommée « boulevard de Sébastopol », la nouvelle voie prend le nom de « boulevard du Palais » en 1864. Toutes les maisons du quadrilatère délimité par le boulevard du Palais, la rue de la Sainte-Chapelle, la rue Mathieu-Molé (anciennement rue sainte-Anne) et le quai des orfèvres sont démolies en 1907 pour permettre la construction d'une nouvelle aile du palais de Justice par Albert Tournaire.

Cadran solaire

En 1900, dans le cadre de la construction de l'aile du palais de Justice donnant quai des orfèvres, l'architecte Albert Tournaire fait décorer la façade sud donnant sur la Seine par des statues représentant la Vérité, le Droit, l'Eloquence et la Clémence. À l'extrémité de la façade, sur la tour qui rappelle celle de l'Horloge, un bas-relief évoque le Temps et décore un cadran solaire. La sculpture est signée Injalbert 1900. Au-dessus du cadran, le Temps lève sa faux. À droite, la Justice porte d'une main une balance et de l'autre une épée ; dominant les éléments, elle pèse et tranche. Dans un bandeau sous le cadran, la devise est inscrite avec des lettres en relief : HORA FVGIT STAT JVS (la justice ne varie pas avec le temps ou l'heure fuit, la justice demeure). Cette devise est à rapprocher de celle de l'horloge de l'ancienne tour : « Cette machine qui fait aux heures douze parts si justes enseigne à protéger la justice et à défendre les lois. » Le cadran est inscrit dans un arc de cercle. Il est encadré par une grande

structure rectangulaire d'environ 1,70 mètre sur 1,20 mètre. Le point d'implantation du style est entouré d'un Soleil et d'un arc de cercle. De cet arc de cercle, partent dix lignes horaires et neuf lignes des demi-heures. Ces dernières sont plus courtes que les lignes précédentes. Le chiffre romain VI du soir n'est pas inscrit. Le style polaire est recourbé à sa base. De cette façon, il n'a pas son implantation à la convergence des lignes horaires. Le cadran est visible depuis le quai des orfèvres, mais il est préférable de prendre du recul et de l'observer du quai des Grands-Augustins.

Eglise Saint-Barthélemy

L'église Saint-Barthélemy était l'ancienne chapelle primitive du palais de la Cité. Selon la légende, sainte Clotilde y aurait fait baptiser ses deux fils, avant même la conversion de Clovis. Le corps de saint Magloire y aurait été déposé lors des invasions normandes. L'église demeura la paroisse royale jusqu'à la fondation de la Sainte-Chapelle. Sous la Révolution française, elle servit pour des bals publics, de théâtre (théâtre de la Cité-Variétés) et de loge maçonnique pour disparaître sous le Second Empire. Le terrain vacant est exploité par le marché aux Fleurs et aux Oiseaux de Paris. Après les travaux d'Haussmann et la destruction du bal du Prado (1858), le Tribunal de commerce y est édifié entre 1860 et 1865, sur les plans de l'architecte Antoine Nicolas Bailly (s'étant inspiré de l'hôtel de ville de Brescia, en Italie).

Immobilier

N°3 : Maison Bosc, fondée en 1845, fabriquant des robes pour les magistrats et les avocats.

N°7 : cet hôtel mitoyen de la préfecture de police fut affecté à l'habitation personnelle du préfet de police et à son cabinet.

N°9 : le bâtiment suivant contient l'état-major des sapeurs-pompiers de Paris.

Amour maudit

Marié depuis quatre ans avec Rozala, Robert II le Pieux reste sans héritier et décide de partir à la recherche d'une nouvelle épouse. Au début de l'an 996, il rencontre la comtesse Berthe de Bourgogne, épouse d'Eudes de Blois, comte de Champagne. Robert et Berthe s'éprennent l'un de l'autre, en dépit de l'hostilité du roi Hugues Capet. Sans vouloir briser le mythe, l'intérêt est sentimental et politique. Cette année-là, Eudes et Hugues décèdent, libérant le jeune couple de toute contrainte. Celui-ci respecte les neufs mois réglementaires de veuvage fixés par la loi et cherche un prêtre pour les marier. Le comte de Carinthie, élu pape sous le nom de Grégoire V, s'oppose à cette union pour deux raisons. Primo, Robert et Berthe sont cousins au troisième degré. Deuzio, Robert est le parrain de Thibaud, un des fils de Berthe. Donc, selon le droit canon, le mariage est impossible. L'archevêque de Tours, Archambaud de Sully, accepte tout de même de les marier en novembre 996. Grégoire V s'offusque et convoque deux conciles afin de faire annuler l'union incestueuse : Pavie en février 997 et Rome en 998. Berthe doit être répudiée, en dépit de l'affection du roi et de la grossesse. Robert est condamné à faire pénitence pendant sept ans et menacé en cas de non-séparation, d'excommunication. Un excommunié

ne peut entrer dans aucune église, ni boire ni manger avec un autre chrétien. Pendant l'interdit, il est défendu de célébrer l'office divin, d'administrer les sacrements aux adultes, d'enterrer les morts en terre sainte, les cloches cessent de sonner, on couvre les tableaux dans les églises, on descend les statues des saints, on les revêt de noir et on les couche dans la cendre et dans les épines. Le roi se retrouve abandonné de ses courtisans et de ses serviteurs. Toutefois, il continue d'assister à l'office, sur les marches de l'église Saint-Barthélemy. Après cinq ans d'union, le couple reste sans descendance (l'enfant étant mort-né). Les sept années de pénitence prennent fin en 1003. Robert quitte Berthe pour épouser Constance d'Arles, dans l'espoir d'obtenir enfin le garçon tant espéré.

Faits divers

Le sous-diacre Marcel (né en 350) transforme de l'eau de la Seine en vin pour remplacer celui qui venait d'être volé en l'église Sainte-Prudence. On loue de toutes parts les merveilles accomplies par le futur saint Marcel. N'a-t-il pas apaisé un taureau furieux et affronté, hors de la ville, un dragon qui, vaincu, a préféré se noyer dans le fleuve ?

Saisi le 14 juillet 1560, après avoir volé un ciboire et jeté les hosties sur un tas d'ordures, Jean Petit, 23 ans, est pendu et étranglé puis son corps brûlé et réduit en cendres. La cour précise que n'ayant pas « fait l'acte par dédain, mais nécessité », il fut mis à mort « en état de bon chrétien ». Au VIIe siècle, les fils de Clovis, Childebert et Clotaire, liquident deux fils de leur frère Clodomir pour augmenter leur part d'héritage. Plus tard, Frédégonde exécute Chilpéric pour accaparer ses biens.

Le prévôt Étienne Marcel, menant gens armés, fait égorger le maréchal de Champagne devant le futur Charles V, le 22 février 1354. Pour protéger le dauphin de l'ire des Parisiens, le prévôt pose son bonnet sur la tête de l'enfant.

Une fausse Jeanne d'Arc est exhibée nue, cuisses ouvertes, sur une table de marbre en 1440, afin que le peuple puisse vérifier qu'elle n'était pas pucelle, ayant été mariée avec un chevalier dont elle avait eu deux fils.

En 1530, les tailleurs s'opposent aux fripiers sur un délicat dilemme : quand un vêtement devient-il vieux ? Deux cent quarante-six ans plus tard, l'affaire reste en suspens, lorsqu'en 1776 Turgot supprimera les corporations.

L'incendie qui fit disparaître, le 7 mars 1618, les pièces relatives à l'assassinat d'Henri IV était-il intentionnel ?

En 1663, les laquais du marquis de Sauvebeuf estoquent le sieur de Lierville réglant ainsi définitivement le différend qui opposait la victime à leur maître.

Le 12 mai 1839, Armand Barbès, 29 ans, chef insurrectionnel, se trouve accusé d'avoir tiré sur le lieutenant Drouineau, l'officier du poste du palais qui refusait de se rendre. Jugé par la Cour des pairs, Barbès disculpe ses coaccusés, mais nie avoir tiré. Il refuse de répondre aux questions et qualifie ses juges « d'ennemis politiques ». La cour prononce la peine capitale, bien que le rapport d'autopsie ait innocenté Barbès. Face aux protestations, le roi commue sa peine en travaux forcés à perpétuité.

En juin 1873, Clotilde Thomas écope de dix ans de réclusion. Mise à la rue par son mari, sans aucune ressource, elle avait tenté de se suicider avec ses deux enfants qui, eux, n'avait pas survécu. Le père, entendu comme simple témoin, fait figure de victime.

Condamné pour des « attentats d'une nature particulière » le 16 mars 1898, un rentier de 52 ans, M. Portail, avale en plein tribunal un flacon de strychnine : « Je suis innocent, déshonoré ! Dans vingt minutes, j'aurai cessé de vivre ».

Le 27 février 1913, à l'issue du procès de la bande à Bonnot, Carouy, qui vient de sauver sa tête, ne supporte pas l'idée de passer le reste de sa vie au bagne. Lui, qui ouvrait la cage des oiseaux, s'empoisonne au cyanure de potassium.

En marge d'une procédure opposant des étudiants géorgiens le 26 mars 1926, Merabachvili, un social-démocrate, assassine le communiste Veschapeli.

Le lundi 16 septembre 1929, M. Edmond Bayle, directeur du service de l'identité judiciaire de la Préfecture de police se rend au Palais de Justice à Paris. Alors qu'il atteint la colonnade, un individu qui guette son arrivée lui tire dessus à trois reprises avec une arme de poing. Représentant de commerce en tissus en faillite, Joseph Émile Philipponet, quarante-quatre ans, n'oppose aucune résistance aux agents de police qui viennent le saisir. Il explique devant les enquêteurs de la brigade criminelle de la police judiciaire avoir prémédité le crime. Ce dernier a conclu une affaire avec le propriétaire de son logement, puis l'a assigné en justice en invoquant l'illégalité de l'accord. Chargé de l'expertise du document, M. Bayle conclue à l'avantage du propriétaire dans un rapport long d'une quarantaine de pages, faites d'analyses précises et indiscutables. Philipponet décide de châtier le malheureux chimiste. Le 15 janvier 1930, la cour d'assises de la Seine condamne Philipponet aux travaux forcés à perpétuité. Le 17 février 1931, il embarque à bord de la Martinière à destination de la colonie pénitentiaire de Guyane, d'où il ne revint jamais.

Me Marcelle Huet-Weill, avocate depuis 1919, se tire une balle dans le cœur, dans le bureau du bâtonnet Carpentier, le 20 juillet 1938.

Le 27 août 1941, cinq magistrats de la Cour d'appel, qui ont accepté de former une « section spéciale », condamnent à mort des résistants communistes (Octave Lamand, Léon Redondeau, Bastard, Abraham Fiedmann et André Bréchet) pour des faits déjà jugés ou antérieurs aux lois de Vichy. D'autres magistrats avaient refusé, tel Cournet, indignés. À la Libération, le président de la section spéciale Benon et l'avocat général Guyenot, condamnés respectivement aux travaux forcés à perpétuité et à cinq ans de prison, seront très vite élargis. Des peines légères seront prononcées contre les autres magistrats, Guyot, Baffos, Larricq, Cottin et Linais. En 1972, le garde des Sceaux René Pleven interdisait toujours l'ouverture du dossier de la section spéciale pour ne pas « porter préjudice à des intérêts privés et réveiller les passions ».

Le 11 avril 1972, prévenue libre, Évelyne Ségard assiste à l'interrogatoire de son mari Georges et de leur complice Christian Jubin, dans le cabinet du juge d'instruction. Jubin plonge la main dans le sac à main de la femme et en sort un revolver. Les trois inculpés s'évadent du Palais avec trois policiers, le juge et deux greffiers en otages. Le trio sera arrêté le lendemain, par hasard.

Alors que, le 8 juillet 1975, Jean-Charles Willoquet comparait pour un vol de voiture, une avocate en robe hurle soudain : « Que personne ne bouge ! J'ai une grenade dégoupillée ! À la moindre résistance, je fais sauter la salle ! » Il s'agit de Martine, l'épouse de Willoquet, qui enjambe le box, désarme un gendarme et prend le président et le substitut en otages. Dans sa fuite, le bandit tire sur deux gendarmes, dont le colonel Guillaume, commandant la garde du Palais de Justice. Les deux magistrats seront retrouvés dans un parking. Martine Willoquet sera finalement condamnée à cinq ans de prison et son truand de mari à vingt ans.

Yves Bonniec, auteur du livre *Suicide mode d'emploi*, est incarcéré à l'issue de l'audience du 23 octobre 1985. La famille d'un ancien séminariste, qui avait mis fin à ses jours après avoir demandé des précisions sur un cocktail létal, avait porté plainte. Outre l'interdiction du livre, la loi sera modifiée afin de poursuivre « l'incitation au suicide ». Le nombre de suicides était passé de 7 834 en 1970 à plus de 12 000. La mortalité due aux suicides devenait supérieure à celle des accidents de la route, sans compter les tentatives, estimées à plus de 2 pour 1 000 habitants de 15 ans et plus. Les suicides réussis concernent plutôt des hommes âgés. Les tentatives, des adolescents et souvent de jeunes filles.

Sous le coup d'un arrêté d'expulsion, un Ivoirien de 27 ans décède au dépôt en novembre 1977, dans des circonstances troubles. La presse révèle le viol d'un détenu algérien, énumère les violences physiques, les suicides… Le dépôt, espace hors légalité, s'inscrit dans la logique des lois de 1974 (fermeture des frontières) et de 1993 qui tentent de faire de tout étranger un suspect.

Le 13 avril 2000, un journaliste de *L'Humanité* remet au procureur général près de la Cour d'appel de Paris, un cédérom contenant plus de 8 500 photos, trouvé à Zandwoort (Pays-Bas) chez un pédo-criminel international. La médiatisation de l'affaire avait poussé la garde des Sceaux, Élisabeth Guigou à demander la remise de ce disque compact « dont la justice ne disposait pas ». En fait, le parquet des mineurs le possédait depuis un an, mais avait classé l'affaire au motif qu'il « n'y avait aucune incrimination pénale ». Sur le cédérom figurent des viols de nourrissons bien réels.

Le palais de la Cité

Le Palais de la Cité était la résidence et le siège du pouvoir des rois de France, du Xe au XIVe siècle, tout en restant le siège des principales cours de justice jusqu'à nos jours. Une partie du palais fut convertie en prison d'Etat en 1370, après l'abandon du palais comme résidence par Charles V et ses successeurs. La prison de la Conciergerie occupait le rez-de-chaussée du bâtiment bordant le quai de l'Horloge, tandis que l'étage supérieur était réservé au Parlement de Paris. Jusqu'au printemps 2018, une grande partie du site a été occupée par le palais de Justice de Paris.

Naissance d'un palais

Entre 308 et 336, l'île de la Cité fut ceinte d'un mur défensif. Ainsi défendue, l'île fut dotée de deux grands monuments publics : à sa pointe occidentale le grand *castellum* ou *palatium*, et sous l'actuel Marché aux Fleurs, une basilique de très grande taille. Lors des invasions barbares, l'île de la Cité devint un enjeu stratégique et deux empereurs militaires y résidèrent : **Julien** en 358, et **Valentinien 1er** durant l'hiver 359-360. En dépit de ses deux mètres d'épaisseur, la muraille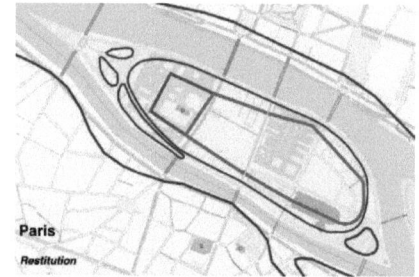
constituait une défense relativement faible. Le *Palatium* occupait une surface avoisinant un hectare. Cet espace abritait le Tribunal du prétoire. La basilique, partiellement découverte en 1844, n'a été identifiée qu'en 1986 à l'occasion de fouille archéologique.

Durant le Moyen Age, le palais accueillit les rois Francs, ponctuellement sous les Mérovingiens, puis de façon permanente sous les Capétiens. La période mérovingienne est mal connue du fait de la pauvreté des sources textuelles. Il est vraisemblable que les rois mérovingiens, lorsqu'ils séjournaient à Paris, résidaient dans la Citadelle de la Cité, toujours ceinte des murs du Bas-Empire. **Dagobert 1er** (602-638), roi des Francs de 629 et 638, avait une cour itinérante et séjourna quelques fois à Paris. L'importance du lieu est confirmée par le fait qu'il y fit établir un atelier monétaire : les pièces portent l'inscription *Palati moneta* et représentent saint Éloi. En 635, fut fondée, sous la direction de ce saint homme et sous la protection du roi, face au palais, une abbaye de femmes consacrée à saint Martial de Limoges et connue ensuite sous le nom de Saint-Eloi.

Les rois carolingiens ne s'intéressèrent pas à la Cité. **Charlemagne** (742-814) vint rarement au palais. Sous le règne de son petit-fils, **Charles II le Chauve** (823-877), les remparts de la Cité furent endommagés, à la suite des raids Normands. Le roi Eudes les fit restaurer, bien qu'il n'habitât pas à Paris. Par la suite, le palais devint la demeure des comtes de Paris. Avec le Xe siècle, arrivent les Capétiens qui font de Paris la capitale du royaume. **Hugues Capet** (939-996) s'installe au palais et y établit la *Curia Regis*, c'est-à-dire le Conseil royal, ainsi que divers services de son administration. Selon le témoignage du moine Helgaud, son fils, **Robert II le Pieux** (972-1031), entreprit à la fin de son règne de reconstruire un palais remarquable. Tout en demeurant dans les limites du rempart, il transforma profondément l'ancienne citadelle du Bas-Empire, qui formait un quadrilatère d'environ 100 à 135 mètres de côté. Il s'agit du premier « Logis du roi » : le bâtiment est visible sur une des miniatures des *Très*

Riches Heures du duc de Berry. La résidence s'ouvrait sur la pointe de l'île, aux abords d'un jardin, en retrait par rapport aux bâtiments dévolus à l'administration royale et à la justice. Cette partie résidentielle s'ouvrait sur la pointe de l'île, en retrait par rapport aux bâtiments dévolus à l'administration royale et à la justice. Robert II fit aussi réédifier l'ancien Tribunal du prétoire, au nord-est du palais. S'établissant sans doute sur les fondations antiques, le nouveau corps du bâtiment abrita la Salle du Roi, que les chartes dénomment *Aula Regis* (la future Grand-Salle, mais de surface plus réduite). Une chambre du roi fut construite dans son prolongement occidental. À l'emplacement de la future Sainte-Chapelle, le roi fit édifier une chapelle Saint-Nicolas. À partir du règne de Robert II, le palais demeure, jusqu'au règne de Philippe IV, contraint dans son quadrilatère fortifié du Bas-Empire. Le rempart était défendu par des tours en nombre inconnu. Les documents relatifs aux règnes d'Henri 1er et Philippe 1er ne fournissent que de rares indications sur le Palais. Cependant, l'existence d'une Salle du Roi y est bien confirmée dès le XIe siècle.

À partir de 1043, plusieurs diplômes font état de la réunion de la *Curia Regis*, instance qui rassemblait les seigneurs palatins autour du roi et l'aidait à administrer le royaume, dans *l'Aula Regis*. **Louis VI le Gros** (1081-1137) procéda à des adjonctions et réfections importantes. Selon la *Chronique de l'abbaye de Saint-Pierre-le-Vif de Sens*, il fit édifier une « Grosse tour », la tour Montgomery, dont les soubassements subsistent dans les sous-sols du Palais de justice. Elle s'élevait, avec sa haute toiture, au centre des autres corps de bâtiments. Il s'agissait d'un haut cylindre, percé de deux étroites meurtrières. Elle avait des créneaux et sa base avait une base de 11,70 mètres de diamètre, et dont les murs avoisinaient les 3 mètres d'épaisseur. Le donjon du Louvre, construit sous Philippe II Auguste, fut nommé « Tour neuve » par opposition à la Grosse Tour du palais. Celle-ci subsista jusqu'en 1778. Louis VI fit modifier également le Logis du roi, entre les deux tours quadrangulaires qui l'encadraient, la Tour carrée et la Tour de la Librairie. Le logis se caractérisait par une façade structurée : quatre arcades surbaissées, ornées de moulures, portées par de hauts contreforts et surmontées par un chemin de ronde. Ce dernier était percé de onze ouvertures rectangulaires. Le contrefort situé entre la 2e et la 3e arcade abritait un escalier à vis. Un bandeau soulignait la limite entre le rez-de-chaussée et le premier étage. Louis VI fit également achever la chapelle Saint-Nicolas et pourvut généreusement à l'entretien d'un chapelain qu'il y nomma.

En 1141, **Louis VII le Jeune** (1120-1180) établit auprès du Palais et de façon exclusive les changeurs sur le Grand-Pont. Du côté oriental, l'entrée principale du palais se faisait dans la Grande Cour où existait un escalier d'honneur. Ainsi, vers 1165-1166, le roi accueillit officiellement les moines de Vézelay sur les « degrés du palais ». Ces degrés devaient donner accès à l'étage d'une galerie reliant la Salle du Roi à la chapelle Saint-Nicolas. Louis VII fit édifier dans le palais un oratoire royal, dédié à la Vierge, situé à l'emplacement de l'actuelle chapelle des Girondins. Dans la chapelle Saint-Michel, située au sud-est du palais, Maurice de Sully, évêque de Paris, baptisa le fils de Louis VII, le futur Philippe II Auguste, un dimanche de la deuxième quinzaine d'août 1165 (soit le 22 ou le 29 août). Cette chapelle resta en dehors de l'enceinte du palais jusqu'au règne de Jean II le Bon.

Philippe II Auguste (1165-1223) élargit les fonctions du palais en lui attribuant en 1190, avant son départ pour la croisade, la conservation des archives royales. Le roi fit réaliser de nombreux travaux dans le palais comme en témoigne le premier compte général connu (1202-1203). Ces travaux ont porté sur l'agrandissement de la grande salle, divisée en deux vaisseaux par une file de piliers et la construction d'une tour qui se trouvait dans la petite cour entre la galerie des Merciers et les logis du roi. Cette tour, détruite à la suite de l'incendie du Palais de 1776, a servi de prison à Ravaillac, à Cartouche et à Damiens. Son diamètre était de 12,68 m pour une épaisseur de murs de 3,57 m. C'est sous le règne de Philippe Auguste que des lettres patentes mentionnent pour la première fois la charge de concierge du Palais ; ce dernier exerçant les fonctions de basse et moyenne justice sur le territoire du palais et ses dépendances.

Le chroniqueur Rigord rapporte que le roi, incommodé par les odeurs nauséabondes des rues, ordonna le pavement des abords du palais, ainsi que des artères importantes. « Le roi était un jour dans son château du Louvre, et se promenait, songeant aux affaires du royaume. À ce moment, passa une lourde charrette dont les rues, en remuant la boue des rues, en firent sortir une odeur insupportable. Quand il sentit cette puanteur, Philippe eut une grande abomination de cœur. Aussitôt, il manda le prévôt et les bourgeois de la ville et leur donna ordre de faire paver les rues de pierres grosses et fortes, ce qui fut fait ».

Les crues de la Seine isolaient régulièrement l'île, obligeant le souverain à se réfugier à l'abbaye Sainte-Geneviève, par exemple en 1197. À l'ouest, le Jardin du Roi occupait la pointe de l'île, au-delà d'une cour délimitée par le mur d'enceinte du palais datant de l'antiquité. Philippe Auguste l'aurait fait clos par une muraille. C'est sous le règne de Philippe Auguste que le palais de la Cité perdit son statut de principale forteresse de Paris, suite à la construction du château-fort du Louvre et d'un nouveau rempart.

Le palais à partir de Saint Louis

Le véritable chamboulement du palais de la Cité a lieu sous le règne de **Louis IX** (1214-1270). Durant près d'un siècle de travaux, le Palais connut une expansion et une structuration remarquables correspondant au développement du rayonnement et de la centralisation du pouvoir royal. Saint Louis partagea l'espace du quadrilatère initial : la partie occidentale réservée aux appartements privés de la famille royale, une partie orientale ouverte sur la Cité, une partie méridionale dévolue aux chanoines de la Sainte-Chapelle et aux chapelains du roi. Louis IX fit construire la Sainte-Chapelle entre 1242 et 1248. Les travaux commencèrent avec la démolition de la chapelle Saint-Nicolas. En janvier 1246, le roi fonda un collège de chanoines et de marguilliers chargés de la garde des reliques. Le 26 avril 1248, la chapelle haute, dédiée à la Sainte-Couronne et à la Sainte-Croix, fut consacrée par le légat du Pape, Eudes de Châteauroux, tandis que la chapelle basse, dédiée à la Vierge, fut consacrée par l'archevêque de Bourges, Nicolas Berruyer. Se plaçant dans la lignée architecturale et symbolique de l'antique modèle de Saint-Vital de Ravennes (526-547) et des chapelles palatines carolingiennes comme celle d'Aix-la-Chapelle (vers 800), la Sainte-Chapelle est une version magnifiée de chapelle à deux étages, aussi élevée qu'une cathédrale gothique. À côté de la Sainte-Chapelle, jouxtant par un passage la première travée nord de son abside, Saint Louis fit édifier le Revestiaire, qui abritait les sacristies et le Trésor des Chartes. Très proche sur le plan architectural, mais de dimensions plus restreintes, ce petit bâtiment comptait deux travées droites et une abside à cinq pans. Un escalier polygonal desservait ses deux niveaux au nord-ouest. Le voisinage direct de la Sainte-Chapelle conféra une dimension protectrice très particulière aux archives royales. À proximité, fut aménagée la parcheminerie où l'on préparait les supports sur lesquels étaient transcrits les actes royaux. Le Trésor des Chartes a subsisté jusqu'en 1783. Au nord-ouest du Palais, hors de l'enceinte de Philippe Auguste, Saint Louis fit élever la salle sur l'Eau, qui était vraisemblablement destinée à accueillir des cérémonies solennelles et d'apparat. De plan rectangulaire, l'édifice était scandé au nord comme au sud par sept contreforts et par deux autres sur ses murs pignons. L'étage abritait une vaste salle alors que le rez-de-chaussée était divisé en deux et abritait les cuisines. Peu modifiée jusqu'au milieu du XVIII siècle, au cours du temps, la salle sur l'Eau subsista jusqu'en 1865. La tour, connue sous le nom de tour Bonbec, fut longtemps la tourelle des Réformateurs. Elle ne comportait comme la salle sur l'eau que deux étages. Elle fut haussée d'un étage sous le Second Empire. C'est dans cette tour que les accusés étaient soumis à la question (torture), sur ordre du juge de la Tournelle, juridiction criminelle. Ses méthodes, ayant le don de délier les langues, valurent le nom de « bon bec » à l'édifice. Saint Louis consomma son mariage dans la Chambre verte, pièce jouxtant l'oratoire, au nord du Logis du roi. Sinon il couchait dans la Chambre du Roi, pièce haute contiguë à la Salle du roi, et prenait ses repas à l'étage inférieur. Dans le Palais, au milieu de la cour de Mai, on plantait chaque année au printemps, un arbre d'une quinzaine de mètres afin de célébrer les bienfaits de la nouvelle saison. Dans la cour, le magnifique escalier, nommé Grand Degré, montait jusqu'à la galerie des Merciers que Saint Louis avait fait construire pour accéder directement de ses appartements à la Chapelle haute de la Sainte-Chapelle.

Sous le règne de **Philippe III le Hardi** (1245-1285), le palais s'agrandit à l'ouest, au nord, au sud, au-delà de l'enceinte du III siècle. Autour du palais, les berges furent étendues. En 1278, la Salle du Roi cessa d'être l'endroit où se tenaient les sessions juridiques de la *Curia Regis* pour devenir la chambre d'attente des plaideurs avant leur entrée dans la Chambre *aus Paiz*. En-dehors des séances des plaids, le roi y prenait ses repas, tandis que le « Commun » se restaurait sous la Salle du Roi. Le roi dormait dans la Chambre du Roi, dite Chambre Haute. La tour, qui jouxtait la Chambre du roi, abritait la garde-robe dans laquelle mangeaient les chambellans. Entre la galerie des Merciers et le flanc nord de la Sainte-Chapelle, se trouvait la Maison d'audience du Roi qui voisinait avec le Trésor des Chartes. Au cœur du palais, se trouvait la Chambre aux deniers ou caisse de l'hôtel du Roi, citée dans un document de 1286.

Le palais sous Philippe le Bel

Philippe IV le Bel (1268-1314) fit reconstruire le palais. Les travaux furent achevés en 1313 sous l'impulsion de Enguerrand de Marigny. La source essentielle pour étudier ces travaux est constituée par les journaux du Trésor. Des enclaves morcelant alors le terrain royal, Philippe IV expropria les occupants. De nombreuses chartes réglant les indemnités d'expropriation ont été conservées. De vastes salles furent construites au nord et au sud du palais de la Cité. À l'est, à l'emplacement de l'ancienne Grande salle de Robert II le Pieux, Philippe IV fit aménager la Grand-Salle. Cette salle était la pièce où le roi tenait ses « lits de justice » et dans laquelle avaient lieu les réceptions. Les repas étaient servis sur la table de marbre noir (dont il reste un vestige à la Conciergerie). C'était une salle immense supportée par une file de piliers qui la séparait en deux nefs couvertes de berceaux lambrissés. Murs et piliers étaient ornés de statues représentant chacun des rois de France depuis Pharamond à Philippe IV le Bel, contemporain de ces travaux. Cette salle est exceptionnelle (le plus grand vestige de salle civile gothique d'Europe) : longue de 64 mètres, large de 27,5 mètres et haute de 8,5 mètres à la clé, elle fut édifiée en 1302 et en 1313. Pour se faire une idée de l'apparence de cette salle, il faut visiter la grande salle du  palais de Westminster à Londres. La Salle des Gens d'Armes aménagée sous la Grand-Salle servait de réfectoire au très nombreux personnel (environ 2 000 personnes) employé au service du roi. À l'est également, la façade donnant sur la rue de la Barillerie, absorbée par le boulevard du Palais, fut également remodelée et complétée. En 1298, la nouvelle enceinte était construite : c'est donc de cette époque que datent les deux portes d'entrée fortifiées ouvertes sur le front oriental du palais, placées au droit de deux voies d'antiques d'origine, traversant l'île vers la cathédrale. Au nord-est, la grande porte, encadrée par deux échauguettes, se situait en face de la rue de la Vieille-Draperie, et au sud-est, la porte Saint-Michel, flanquée de deux tours, donnait sur la rue de la Barillerie. À l'est enfin, Philippe Iv le Bel transforma l'aspect de l'entrée officielle du palais qui se trouvait dans le long corps de bâtiment rectangulaire et peu profond appelé la Galerie des Merciers (on appelait Galerie mercière le premier étage) : créée sous le règne de Saint Louis, cette longue aile servait à relier la Sainte-Chapelle et le reste du palais. L'escalier monumental était appelé au XVIIIe siècle, Grand Degrés, et au XVIIe siècle, Perron du Beau roi Philippe. Le retable du Parlement de Paris par André d'Ypres, vers 1450, présente le Grand Perron avec son trumeau sur lequel était représenté le roi Philippe IV, son fils étant à sa droite, et Enguerrand de Marigny, probablement à sa gauche. À l'ouest, là où se trouve le square du Vert-Galant, sont dessinés des jardins et le verger du roi, jouxtant la Chambre du Roi sous Saint Louis. Ils furent agrandis vers le nord, après la démolition des deux lignes de rempart, pour former un nouvel espace assurant la jonction entre la Grand-Chambre et la Salle sur l'Eau. Ce genre de cloître, appelé le Grand Préau, était caractérisé par ses arcades brisées et moulurées, portées par des colonnes à chapiteaux ornés de motifs végétaux. A l'ouest également, le roi fit agrandir ses appartements par l'adjonction d'une aile sur le revers oriental du Logis, dont il modifia la forme des baies. Au nord, les comptes de 1302 à 1305 et de 1307 font état de la construction d'une série de « Chambres sur l'eau », rendues nécessaires par la mise en place de nouvelles procédures judiciaires ou administratives : la Grand-Chambre ou Chambre des plaids, la Chambre des enquêtes qui instruisait les affaires, la Chambre des requêtes qui examinait les demandes des justiciables, une chambre spécialisée dans les affaires criminelles. La Grand-Chambre fut réédifiée avec splendeur : elle était réservée au Parlement. Elle abritait la chambre d'appel des tribunaux royaux et la Chambre de première instance réservée aux pairs de France. Le Parlement enregistrait les actes royaux. En 1499, la pièce est dotée d'un plafond sculpté à clefs pendantes réalisé à l'occasion du mariage de Louis XII et Anne de Bretagne. Au nord encore, le roi fit bâtir une enceinte bordant la Seine et qui renforçait les tours toujours existantes, dites « tour d'Argent » (allusion au Trésor royal qui y était gardé) et « tour César » (ainsi nommée en souvenir de ses fondations romaines). Philippe IV fit construire une Salle des Gardes vers 1310 qui servait d'antichambre au rez-de-chaussée de la Grand-Salle.

Jean II le Bon (1319-1364) fit réaliser plusieurs aménagements dans le palais de la Cité. En décembre 1349, juste avant son avènement, alors duc de Normandie, il fit procéder à des travaux dans la « Chambre du palais », au 2e étage du Logis du roi. Au début des années 1350, il fait surélever l'aile de la Galerie des Merciers, en construisant des galetas à l'est du palais. L'appartement du dauphin se trouvait dans la « Chambre des Galethas » : le futur Charles V y résida entre 1357 et 1358. En 1353, le roi fit édifier, à l'angle nord-est du palais, le pavillon carré des cuisines qui était destiné au « commun » de l'hôtel du Roi. Reliées à la salle des Gens d'armes, les cuisines formaient un petit bâtiment carré de 17 mètres de côté à deux niveaux. À l'étage, une grande cheminée centrale, carrée, était portée par des colonnes, tandis que la salle basse éclairée par deux baies sur chaque face, était subdivisée en quatre travées et quatre cheminées occupaient les angles. Les quatre travées ouest de la salle des Gens d'armes furent isolées du reste de la salle par des grilles et un mur. Toujours au nord-est, entre 1350 et 1353, sur un ancien terrain marécageux, Jean II fit construire une tour dont le beffroi était dominé par un lanternon et qui devint par la suite la tour de l'Horloge du

palais de la Cité. Elle joua un rôle de guet pour la sécurité du palais. Cette tour, de forme carrée, haute de 47 mètres, possède des murs de près d'un mètre d'épaisseur. La tour repose sur un soubassement très élevé et son corps en maçonnerie forme un léger retrait. Les façades nord et est sont percées de deux fenêtres, sur deux rangées superposées. Au sommet, un petit pavillon rectangulaire est surmonté d'un clocheton. En 1356, apparaît la première mention de la Salle de la Pointe qui occupait la pointe occidentale de l'île de la Cité, à l'extrémité des remparts. Ce petit bâtiment fut dénommé par la suite « Logis », « Hostel » ou encore « Maison des Etuves du palais ». À partir de 1354, les comptes ne signalent plus que des travaux d'entretien, notamment en 1357, où l'on modifia la Salle sur l'Eau. On attribue également à Jean II d'autres aménagements à la Chambre du Parlement ou à la tour de la Libraire.

Changement de fonction

Le 6 janvier 1378, le roi **Charles V** (1338-1380) donne un banquet en l'honneur de l'empereur de Bohème, Charles IV, et de son fils Wenceslas, roi des Romains. Le repas a lieu dans la Grand-Salle du Palais en présence de la cour et d'une foule considérable de dignitaires. Les événements consécutifs à la capture de Jean II, conduisirent son fils à quitter le palais dès 1360 pour s'installer au Louvre. Sa mère partit à l'hôtel Saint-Pol. Charles V ne se désintéressa pas pour autant du palais et le conserva pour célébrer sa souveraineté. Le cadre était, en effet, idéal au déploiement des fastes de la royauté française, notamment pour assurer de grandes réceptions. La Grand-Salle ne servit plus que pour les banquets royaux et les lits de justice. Le roi fit réaliser plusieurs travaux pour maintenir et embellir le palais de la Cité. Ainsi, lors de réparations entreprises en 1370, il dota la tour nord-est de la première horloge publique à Paris, construite par Henri de Vic, horloger lorrain. L'année suivante, la tour se dota d'une cloche en argent. La Garde du palais, devenue résidence honoraire et occasionnelle, fut confiée au concierge. Le nom de conciergerie s'étendit à l'ensemble des bâtiments gardés par le concierge du palais. Cette dénomination avait une triple signification : logis du concierge, logis du roi et enfin, prison attachée à l'exercice de la juridiction du concierge, mise par la suite au service du parlement.

Sous **Charles VI le Bien-aimé** (1368-1422), différents travaux furent entrepris et le palais continua de servir de cadre aux fêtes royales. Ainsi, à partir de 1381, une série de travaux fut dévolue à l'aménagement d'un espace carcéral. Le rez-de-chaussée de l'ancien hôtel du roi fut utilisé comme prison. Jusqu'alors, les prisonniers du Parlement étaient gardés au Grand Châtelet. La conciergerie devint une annexe du Grand Châtelet. Parmi les prisonniers figurent Ravaillac, Montgomery, Cartouche, Mandrin, Damien et Madame de La Motte (qui tenta de se suicider en se fracassant le crâne à coups de pot de chambre). Sous la galerie des Merciers, se trouvait le logis du geôlier. Par la travée occidentale de la Grand-Salle basse, on accédait aux geôles aménagées dans la Salle des Gardes. Mais les principaux cachots se trouvaient le long de la berge nord. En 1383, on remplace la flèche de la Sainte-Chapelle, dont la charpente était pourrie, par une nouvelle flèche, œuvre de Robert Fourchier. En 1416, l'empereur Sigismond demanda à visiter le palais : il assista à une messe à la Sainte-Chapelle et à une séance du Parlement. En 1418, la municipalité réclama que l'horloge compotât un cadran extérieur « pour que les habitants de la ville puissent régler leurs affaires de jour comme de nuit ».  Après l'occupation anglaise, le fils de Charles VI, **Charles VII** (1403-1461) rétablit les services de l'administration royale dans le palais de la Cité, mais il n'y résida pas, de même que **Louis XI** (1423-1483).

Période de la Renaissance

Après que le roi **Charles VIII** (1470-1498) eût affirmé son droit de régner, lors d'un lit de justice tenu solennellement dans la Grand-Chambre en juillet 1484, il fit réaliser des travaux à la Sainte-Chapelle. Il y fit notamment mettre en place une balustrade ornée d'un K, pour Karolus (Charles), et modifia de manière significative l'aspect de sa façade occidentale en la dotant d'une rose flamboyante. En 1491, à l'occasion de son mariage avec Anne de Bretagne, Charles VIII fit orner d'un plafond à caisson et clefs pendantes la Grand-Chambre.

Louis XII (1462-1515), successeur de Charles VIII, réalisa plusieurs travaux. Il remania la partie sud de la cour du palais aux abords de la Sainte-Chapelle. Pour magnifier les cérémonies qui s'y déroulaient, il fit édifier un escalier monumental couvert de voûtes. Les quarante-quatre marches longeaient son flanc méridional et aboutissaient au porche de la chapelle haute.  Cet escalier fut démonté au début du XIXe siècle. Le roi fit aussi édifier une nouvelle Chambre des comptes. Célèbre grâce aux gravures d'Israël Silvestre, de Pérelle et bien d'autres artistes, sa façade orientale est bien connue. Elevée à partir de 1504 par l'architecte italien Fra Giovanni Giocondo, elle était ornée de fleurs de lys, de dauphins couronnés et de cinq statues placées dans des niches de part et d'autre des fenêtres du premier étage : la Tempérance, la Prudence, Louis XII, la Justice et la Force. Son escalier latéral conduisait au premier étage, vers deux salles d'audience, puis vers le Grand Bureau destiné aux audiences solennelles. Au rez-de-chaussée, se tenaient la Chambre de France et celle d'Anjou. La Chambre des Comptes de Louis XII disparut dans les flammes de l'incendie survenu dans la nuit du 26 au 27 octobre 1737. Elle est reconstruite en 1740 par l'architecte Gabriel. Louis XII fit également rénover la Grand-Chambre par l'architecte italien. Ses dorures, son plafond sculpté et ses riches tentures fleurdelisées lui valurent l'appellation de Chambre dorée.

François 1er (1494-1547) célèbre autour de la table de marbre de la Grand-Salle ses noces avec Eléonore de Habsbourg, le 7 juillet 1530. Le frère de celle-ci, Charles Quint, y est somptueusement reçu le 1er janvier 1540.

Sous le règne **d'Henri II** (1519-1559), le Parlement continua à s'octroyer un rôle croissant jusque dans la conduite de la politique intérieure et extérieure. En-dehors des aménagements liés à l'apparat des séances royales, seuls quelques travaux concernèrent le sud du palais. La rue de Nazareth et la rue de Jérusalem, bordant l'ancien quartier des chanoines, furent reliées entre elles par l'arc de Nazareth.

Dès 1578, **Henri III** (1551-1589) entreprit la réalisation du terre-plein du futur Pont-Neuf, en réunissant les anciens îlots isolés (île aux Vaches, îlot de Gourdaine, îlot aux Juifs), par un apport considérable de remblais. Il fit aussi remblayer la rive sud pour y établir un quai. Ces travaux marquèrent la disparition du Jardin du Roi et de l'hôtel du Baillage, hôtel occupé depuis le règne de Charles V par le concierge du palais, nommé bailli.

Avec le règne d'**Henri IV** (1553-1610) commença une période d'intense urbanisation aux abords du palais médiéval. Le roi concéda en 1607 au premier président du Parlement, Achille de Harlay, les terrains situés à la pointe de l'île, à charge d'y bâtir des maisons. Ceci aboutit à la création entre 1607 et 1620 de la place Dauphine. La rue de Harlay, percée entre l'aile orientale de la place et le jardin du baillage, fut aménagée dans la foulée, à la suite d'expropriations faites en 1608.

Louis XIII (1601-1643) poursuivit l'œuvre de son père en créant les premiers véritables quais de pierre de l'île de la Cité. Le remblaiement du quai nord se fit aux dépens du rez-de-chaussée de la Conciergerie, qui fut encavé de plusieurs mètres en 1611. L'incendie de la nuit du 6 au 7 mars 1618 détruisit l'étage de la Grand-Salle et causa de grands dommages dans le reste du palais. Seule la Salle des Gens d'armes est épargnée. Louis XIII finança la reconstruction de la partie haute de la Grand-Salle par la vente de terrains situés au long des fossés de Saint-Germain-des-Prés. Confiée à Paul et Salomon de Brosse, elle ne fut achevée qu'en 1622. Les deux architectes conservèrent le plan à deux vaisseaux, mais le transposèrent en style classique. Les travaux durèrent jusqu'en 1638. À la suite d'un second incendie en 1630, il fallut également reconstruire la flèche de la Sainte-Chapelle. Par lettres patentes du 14 février 1640, le roi fit transformer la Galerie des Merciers et édifier au sud de la Grand-Salle, la Galerie Dauphine.

Sous le règne de **Louis XIV** (1638-1715), le palais connut divers travaux, dont la reconstruction de la Première Chambre des requêtes, du Parquet et du Greffe. Par ailleurs, des agrandissements furent entrepris vers l'ouest. En 1671, Guillaume de Lamoignon, premier président du Parlement de Paris, établit un projet d'agrandissement du palais. Le jardin de l'hôtel du Baillage du roi fut cédé le 23 février 1671 afin d'y faire construire les nouveaux bâtiments. Apparaissent les cours de Lamoignon et de Harlay, permettant d'entrer dans le palais par l'ouest en venant du Pont-Neuf et de la rue de Harlay. En 1686, un bâtiment neuf fut élevé par Libéral Bruant pour la cour des Monnaies. Les crues de la Seine lors de l'hiver 1689-1690 détruisirent les vitraux de la chapelle basse de la Sainte-Chapelle.

En 1737, sous le règne de **Louis XV** (1710-1774), le palais connut un troisième incendie qui détruisit la Chambre des comptes. Jacques V Gabriel construisit alors à la place un ensemble classique. Commencés en 1738, les travaux furent achevés deux ans plus tard. Cette nouvelle Chambre des Comptes est connue par des photographies prises après l'incendie de 1871.

Un quatrième incendie eut lieu au début du règne de **Louis XVI** (1754-1792), dans la nuit du 10 au 11 janvier 1776, détruisant les bâtiments situés entre la Sainte-Chapelle et la Conciergerie. Le chantier de reconstruction suscita des rivalités entre architectes, ainsi qu'entre autorités de tutelle (Contrôle général des Finances et Bâtiments du Roi). C'est d'abord l'architecte du Palais, Joseph-Abel Couture, qui est désigné. Il est remplacé en 1779 par Pierre-Louis Moreau-Desproux et Pierre Desmaisons. Le premier abandonna en 1781, laissant le second seul aux commandes. L'architecte dut affronter les entrepreneurs et l'Académie royale d'Architecture dont il était pourtant membre. Lui fut adjoint en 1782 Jacques Gondouin, puis l'année suivante Denis Antoine, qui l'aida à terminer le chantier. Le chantier consistait à faire table rase des constructions orientales et à remplacer l'ancienne cour dissymétrique par une cour d'honneur néoclassique imposante, dont l'homogénéité allait masquer l'identité primitive du lieu et ses édifices les plus remarquables. Ces projets nécessitaient des capitaux, or les caisses de l'Etat étaient vides. Pour y remédier, le roi leva un nouvel impôt réservé aux Parisiens. Les

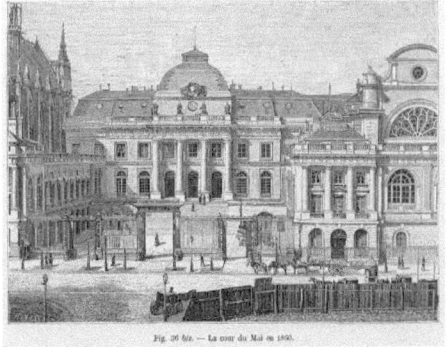

nouvelles façades de la galerie Mercière (avec son ordre colossal corinthien, son dôme carré et son escalier monumental) et de la Galerie Dauphine furent alors aménagées. Le porche avec sa colonnade remplaça les simples pilastres du projet Couture. Il avait été voulu par Desmaisons pour contrebalancer la poussée des voûtes de la Galerie Mercière, objet de toutes les inquiétudes lors du chantier de reconstruction. En 1778, la Grosse tour fut démolie par Couture. Il avait également le projet de démolir les quatre tours du quai de l'Horloge, sauvées par Desmaisons. La démolition de l'enceinte orientale commença en 1781 et fut suivie en 1783 de celle du Trésor des Chartes. En 1785, Desmaisons et Antoine entamèrent la construction d'une nouvelle aile est-ouest, dite « galerie de la Sainte-Chapelle », bordant cette dernière sur son flanc nord. La Galerie Dauphine fut modifiée pour border la totalité de la Salle des Pas-Perdus (l'ancienne Grand-Salle). Enfin, la nouvelle cour d'honneur du palais fut fermée en 1787 par une grille en fer forgé et doré, œuvre de Bigonnet, sur un dessin de Desmaisons. On doit encore à ce dernier la construction d'une chapelle dans la Conciergerie, dite depuis Chapelle des Girondins, pour remplacer l'oratoire détruit dans l'incendie.

La Révolution française

En 1789, le palais de la Cité abritait les principales institutions du royaume de France, dont la Chambre des Comptes, la Cour des Monnaies, la Cour des Aides et surtout le Parlement de Paris. Dès le mois de novembre, l'activité de ce dernier fut interrompue et six tribunaux de district le remplacèrent en partie, dont un seul fut hébergé par le palais de la Cité. Mais ce dernier resta le cœur du pouvoir judiciaire. En 1791, il abrita le Tribunal de Cassation, établi dans la Grand-Chambre, le Tribunal criminel de Paris y fut également installé, de même que les départements de la Police, des Domaines, des Finances et des Contributions.

Entre le 10 août 1792, date de la prise des Tuileries, et le 21 septembre, date de la proclamation de la République, la ville de Paris vécut une période d'insurrection accompagnée de massacres qui s'amplifièrent sous la Terreur. Le Tribunal révolutionnaire fut créé le 17 août 1792, supprimé par la Convention, et rétabli en mars 1793. Le 6 avril 1793, il s'installa au premier étage, dans l'ancienne grande chambre du Parlement de Paris, rebaptisée salle de la Liberté ; une seconde salle, dite de l'Egalité, fut établie dans l'ancienne salle Saint-Louis. L'accusateur public du tribunal, Fouquier-Tinville, avait aménagé ses bureaux au même étage, entre les tours de César et d'Argent. De 1793 à 1794, plus de 2 700 personnes comparaissent devant lui, dont Marie-Antoinette d'Autriche, Jean Sylvain Bailly, la comtesse du Barry, Charlotte Corday, Danton, les Carmélites de Compiègne, Élisabeth de France, Anne-Louise de Sérilly, Francisco de Miranda, Jacques René Hébert, Antoine Lavoisier, Théophile de Viau, Chrétien Guillaume de Lamoignon de Malesherbes, Fabre d'Eglantine, Philippe d'Orléans, Robespierre, Madame Roland, André Chénier, Antoine Jullien, Olympe de Gouges… Tous les prisonniers qui étaient détenus dans les différentes prisons de Paris, ainsi que dans certaines prisons de province, et qui devaient comparaître devant le tribunal, furent progressivement transférés à la Conciergerie. Déjà réputée comme la plus dure des prisons, pendant la Terreur, les cellules accueillaient plus d'une centaine de prisonniers, dans des conditions inhumaines. Le nombre de condamnation des « ennemis du peuple » ne cessa de croître jusqu'à la chute de Robespierre, surtout après le vote de « la loi des suspects » du 17 septembre, qui ordonnait l'arrestation de tous les ennemis de la Révolution, avoués ou présumés. Les procès collectifs remplacèrent les procès individuels des grandes figures de l'époque. Les détenus, qui avaient comparu devant le Tribunal révolutionnaire et avaient été condamnés à mort, n'étaient pas ramenés dans leur cachot. Ils étaient séparés des autres prisonniers et conduits, pour les hommes dans l'arrière-greffe, pour les femmes dans de petites cellules situées dans le couloir central.

À l'arrivée du bourreau et de ses aides, ils étaient regroupés dans le vestibule baptisé salle de la toilette pour y être dépouillés de leurs effets personnels, tondus et attachés. Encadrés par des gendarmes, les condamnés traversaient la salle du guichet et gagnaient la cour de Mai où les attendaient les charrettes. Puis direction la guillotine. En 1794, témoins et défenseurs furent supprimés et chaque jour, plusieurs dizaines de personnes furent guillotinés. Arrêté le 9 thermidor de l'an II (27 juillet 1794), Robespierre fut condamné à mort le lendemain par le Tribunal révolutionnaire. Le 12 prairial de l'an III (31 mai 1795), la Convention supprima le Tribunal révolutionnaire et le Tribunal de Cassation revint de son exil place du Panthéon. Au fil des réformes consulaires, puis impériales, l'administration judiciaire prit possession du palais, qui devint alors le Palais de Justice de Paris.

A partir du XIXe siècle

Sous le **Premier Empire** (1804-1814), la Sainte-Chapelle fut transformée en dépôt annexe des Archives Nationales et conserva cette affectation jusqu'en 1837. La prison de la Conciergerie fut réorganisée. L'architecte Beaumont fut chargé de réaliser un plan du palais de la Cité à partir de 1807, puis des relevés systématiques furent effectués en 1810 et 1811 par Antoine-Marie Peyre, nommé architecte du palais de justice. Il fit surélever la salle Saint-Louis afin d'y établir la Cour de Cassation. L'escalier Louis XII de la Sainte-Chapelle fut refait dans un pseudo style égyptien. En 1812, le sol de la salle des Pas perdus s'effondra, Salomon de la Brosse ayant mal calculé les charges sur les piliers des deux niveaux. Les travaux de restauration s'avérèrent difficiles, car la Salle des Gens d'armes était devenue, au fil des décennies, une cave obscure remplie de gravats. Peyre renforça la partie intérieure des arcs, l'intrados, et les piliers de la travée centrale.

Sous la **Restauration** (1814-1830), à la demande de **Louis XVIII** (1755-1824), fut édifiée une chapelle expiatoire à l'emplacement du cachot de la reine Marie-Antoinette. En 1817, les lieux dévolus à la justice et à l'incarcération furent séparés et l'entrée de la prison quitta la cour du Mai pour le quai de l'Horloge. En 1819, les voûtes des cuisines de Jean le Bon s'affaissèrent. Les monuments et cénotaphes à la mémoire des juges et des avocats du XIXe siècle remplacèrent la Galerie des Rois de Philippe le Bel. La façade septentrionale du palais entre la tour de l'Horloge et la tour Bonbec fut reprise dans un style médiéval.

Sous la **Monarchie de Juillet** (1830-1848), Guy de Gisors refit entre 1833 et 1835 la galerie Saint-Louis en style néogothique où il mit en œuvre les premières théories sur la restitution de la polychromie médiévale. Parallèlement, entre 1835 et 1840, Jean-Nicolas Huyot conduisit avec une équipe d'architectes une série de réflexions ambitieuses sur l'agrandissement du palais après le refus du projet de Gisors. Ils prévoyaient la suppression de la place Dauphine, la transformation du palais selon un principe de symétrie nécessitant la création de deux tours et d'une grande salle au sud, la suppression de la tour Bonbec et la création de tours carrées aux angles, ainsi qu'une nouvelle répartition des activités liées à l'exercice de la justice au sein du palais rénové. Le palais de Justice devait être régularisé et structuré par deux grandes galeries prolongeant les deux ailes en retour sur la cour de Mai. Le quai des Orfèvres devait être transformé en une promenade menant jusqu'au parvis de la cathédrale Notre-Dame de Paris. Le 18 août 1836, le projet d'agrandissement et d'isolement du palais de Justice fit l'objet d'un arrêté de déclaration d'utilité publique. Après le décès de Huyot, le 15 août 1840, après le décès de Huyot, Rambuton, le préfet de la Seine, nomma les architectes Joseph-Louis Duc et Honoré Daumet pour le remplacer. En 1847, ils adoptèrent un nouveau projet, sensiblement différent du précédent : la création d'une nouvelle façade dotée d'un escalier monumental.

Sous le **Second Empire** (1851-1870), ce projet fut en grande partie mené à bien parallèlement aux travaux de restauration de la Sainte-Chapelle et des bâtiments médiévaux de la Conciergerie. En 1853, la façade des six Chambres civiles du Tribunal de Première Instance, le long du quai de l'Horloge, fut reconstruite en style néogothique, de même que la façade de la Salle des Pas-Perdus. Le palais fut agrandi au nord-est et du côté du quai des Orfèvres. Notamment avec la construction des bâtiments de la Cour de Cassation en 1856 et la destruction de l'ancien Logis du roi.

Dans les derniers jours de la **Commune**, pendant la Semaine Sanglante, le palais de justice, tout juste achevé, fut victime d'un incendie criminel, dans la nuit du 23 au 24 mai 1871, provoquant la disparition de la salle des Pas-Perdus et de la Grand-Chambre. Les architectes Duc et Daumet furent contraints de reprendre un grand nombre de leurs travaux.

Sous la **Troisième République** (1871-1900), les travaux portèrent en particulier sur une révision de l'organisation des parties centrales et sud-ouest du palais (ils s'achevèrent en 1914). En 1874, le côté est de la place Dauphine fut démoli pour mettre en valeur l'ordonnance néoclassique de la façade de Harlay. Celle-ci est dotée d'un majestueux escalier orné de lions couchés. En 1881, la Cour de Cassation fut terminée. Albert Tournaire se vit confier le chantier de restructuration des Chambres correctionnelles et d'agrandissement du palais. Les habitants de l'ancien quartier des chanoines furent expropriés en 1904 afin d'y édifier les locaux du Tribunal de Grande instance de Paris. Les travaux commencèrent en 1907 et furent achevés en 1914, peu de temps après que la crue de la Seine de 1910 ait inondé le palais. A la suite de ces travaux, le palais fut l'objet de réaménagements intérieurs et perdit définitivement sa fonction de prison en 1934.

Lors du Bicentenaire de la Révolution française, les espaces sont à nouveau remaniés. Aujourd'hui, le bâtiment héberge un musée dédié à la prison avec la reconstitution des bureaux du greffier et du concierge, la cellule de Marie-Antoinette, les cachots, la salle des gens d'armes, les cuisines et bien d'autres découvertes. La conciergerie et la Sainte-Chapelle sont gérées par le Centre des monuments nationaux depuis le 2 avril 2008.

La Conciergerie

Sous Charles VI, la Conciergerie devient une annexe de la prison du Grand Châtelet. L'établissement pénitentiaire connaît une grande période d'activité sous la Révolution avec l'installation du tribunal révolutionnaire et la multiplication des condamnations. De 1793 à 1794, plus de 2 700 personnes comparaissent devant l'accusateur public Fouquier-Tinville. Tous les prisonniers qui étaient détenus dans les différentes prisons de Paris, ainsi que dans certaines prisons de province, et qui devaient comparaître devant le tribunal, furent progressivement transférés à la Conciergerie. Les cellules accueillirent plusieurs centaines de prisonniers dans des conditions inhumaines. En 1817, les lieux dévolus à la justice et à l'incarcération se séparèrent ; l'entrée de la prison quitta la cour de May pour le quai de l'Horloge. Il fallut attendre 1934 pour que le palais perde sa fonction pénitentiaire.

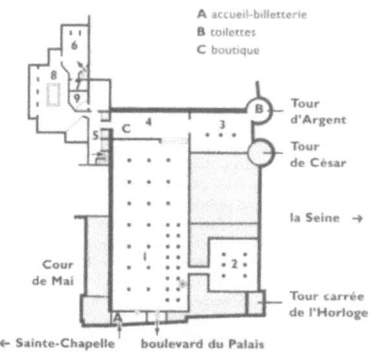

1. La salle des gens d'armes
2. Le pavillon des cuisines
3. La salle des Gardes
4. La rue de Paris
5. Le couloir des prisonniers
6. La chapelle dite des Girondins
7. La chapelle commémorative de Marie-Antoinette
8. La cour des femmes
9. La cellule de Marie-Antoinette

La Grand-Salle

Cette pièce date de la fin du règne de Philippe IV le Bel. Avec une superficie de 1 730 m², elle figure parmi les plus vastes salles d'Europe, dans le profil du Mont-Saint-Michel ou du Palais des papes d'Avignon. Construite par Enguérand de Marigny, entre 1302 et 1313, elle mesure 64 mètres de long, 27,5 mètres de large pour une hauteur de 8,55 mètres. Elle formait deux nefs parallèles, sur deux niveaux dont seul le niveau inférieur subsiste (la salle des gens d'armes). Les piliers composés des neuf travées sont semi-enterrés. Le chauffage était assuré par quatre immenses cheminées, toujours présentes. Un dessin de Jacques 1er Androuet du Cerceau, daté de 1576, illustre la Grand' Salle haute. La couverture se composait de deux voûtes en bois carénées, l'éclairage était assuré par des lancettes géminées trilobées surmontées d'un oculus quadrilobé, jumelées dans chaque travée. Chaque pilier était décoré d'une statue polychrome de l'un des rois de France, située à cinq mètres de hauteur. Ces sculptures, menées par Evrard d'Orléans, ont été détruites dans l'incendie de 1618. Cette immense salle est l'ancien réfectoire du personnel au service du roi, soit environ 2 000 personnes. Le personnel accédait aux cuisines au moyen d'un escalier à vis, détruit en 1353. En-dehors des repas, la pièce servait aux séances de juridiction des enquêteurs réformateurs généraux du royaume ; à l'occasion, elle servait aussi de salles de réceptions pour les dîners royaux. Sous la Révolution, la salle est convertie en prison pour hommes, puis compartimentée en cachots. Face au nombre toujours croissant des prisonniers, un plancher fut installé à mi-hauteur, afin de permettre l'aménagement de nouvelles cellules.

Les cuisines

Les cuisines sont construites sous le règne de Jean le Bon, entre 1350 et 1364. Les denrées y parvenaient par voie fluviale. Chaque cheminée avait une fonction spécifique : les soupes, les ragoûts, les viandes et mystère. Cette salle voûtée se compose de 21 colonnes, disposées en quinconce, dont neuf isolées et douze engagées.

La salle des Gardes

Construite sous Philippe le Bel, en 1310, elle servait d'antichambre à la Grand-Salle. Le roi y tenait son lit de justice et plus tard, le tribunal révolutionnaire y siégea. Les piliers massifs sont parés de magnifiques sculptures.

La rue de Paris

Elle tire son nom à Monsieur de Paris, surnom donné au bourreau du Tribunal révolutionnaire, qui rendait visite aux prisonniers par ce couloir. Elle fut annexée à la prison des hommes et compartimentée en de minuscules cellules.

Le couloir central

Sombre et étroit, il distribuait sur son parcours de nombreuses pièces : la salle du guichet, le bureau du concierge, le greffe, l'arrière-greffe, le parloir, une salle de repos pour les guichetiers, l'infirmerie, la chapelle, la salle de la Toilette et quelques cellules pour femmes... Le greffier consignait le nom des détenus sur les registres de la prison. L'ancien bureau est devenu la buvette du palais de Justice. Dans la salle de la Toilette, les condamnés à mort étaient dépouillés de leurs objets personnels, pour le compte de l'Etat ou du bourreau. Ils étaient assis sur un escabeau, les mains liées dans le dos, afin d'avoir les cheveux coupés au niveau de la nuque. Une charrette les attendait dans la cour du Mai pour les conduire jusqu'à l'échafaud, sous les insultes d'une foule hostile.

La chapelle des Girondins

L'ancien oratoire de Louis VII fut transformé en prison collective où furent enfermés 21 Girondins, dans l'attente de leur exécution, la nuit du 29 au 30 octobre 1793.

La 1e cellule de Marie-Antoinette

La reine Marie-Antoinette est incarcérée à la Conciergerie le 2 août 1793 ; Louis XVI est déjà mort. Elle est installée dans l'ancienne chambre de réunion des guichetiers. Une pièce humide donnant sur la cour des femmes par une fenêtre étroite, dotée d'un lit de sangle avec deux matelas, d'un fauteuil en canne, de deux chaises et d'une table. Marie-Antoinette était gardée par Madame Larivière, trop compatissante,

vite remplacée par la citoyenne Harel, épouse d'un membre de la police secrète, ainsi que par deux gendarmes. Comme il est possible de le voir sur le plan, il s'agissait en réalité de deux pièces, séparées uniquement par un paravent. La reine était donc sous surveillance en permanence et privée d'intimité.

Le 28 août, Marie-Antoinette reçut la visite de Jean-Baptiste Michonis, administrateur des prisons et d'un inconnu. Le limonadier avait l'habitude de venir humilier l'ancienne reine de France et faisait visiter sa cellule à des étrangers, tels des touristes venant contempler un animal en cage. L'Autrichienne restait de marbre et prenait son mal en patience. Sauf que ce visiteur était différent. Il était venu aider la reine à s'évader. Cet allié se nommait Alexandre Joseph Gonsse de Rougeville, plus connu sous le nom de chevalier de Maison-Rouge. Discrètement, il fit tomber aux pieds de la reine les deux œillets blancs qu'il portait à la boutonnière. Au milieu des pétales, il avait glissé un message pour l'avertir de son plan. Dans la nuit du 2 au 3 septembre, la reine sortit de sa cellule, franchit les différents guichets et avança tranquillement vers la porte de la sortie. Hélas, le garde en faction fut pris de remords, renonça au pot-de-vin et dénonça Marie-Antoinette. Celle-ci fut reconduite dans sa cellule, avant d'être transférée dans celle vacante de Robespierre. La pièce fut reconstituée en 1989.

La cour des femmes

L'ancien jardin bordant le logis du roi servit de lieu de promenade aux femmes emprisonnées. Dans la cour, elles lavaient leur linge à une fontaine (toujours présente) et prenaient leurs repas sur des tables de pierre. Dans un coin, subsiste ce qui fut le « côté des Douze » : un enclos triangulaire séparé par une grille de la cour des femmes, dépendant du quartier des hommes, qui contenait les « douze » condamnés à mort, qui pouvaient dire au revoir à leur famille avant d'être embarqués vers la guillotine (à bord d'une charrette à 12 places).

La 2ᵉ cellule de la reine

La cellule se situait à côté de la petite chapelle royale. Marie-Antoinette fut transférée dans l'ancienne cellule de Robespierre. Elle y résida du 2 août au 16 octobre 1793, jour de sa mort, à l'âge de 37 ans. Louis XVIII la transforma en chapelle expiatoire.

Les cellules

Les conditions de détention dépendaient de la bourse des prisonniers. Les détenus sans ressources, les *pailleux*, dormaient sur la paille et s'entassaient jusqu'à cinquante par cellule. Ils recevaient quotidiennement

1,5 livre de pain et une soupe. La paille était changée tous les mois et coûtait 1 sol. Les *prisonniers à la pistole,* les classes moyennes, possédaient un lit (5 sols par jour pour un lit). Les draps étaient renouvelés toutes les trois semaines en hiver et tous les quinze jours en été. Pour le chauffage, comptez 20 sols, 22 livres par mois pour la demi-pension ou 45 pour la pension complète, plus 20 sols pour les frais de geôlage (soit le droit d'entrée ou de sortie). Les prisonniers pouvaient faire venir leur repas de l'extérieur, contre une retenue de 16 % du prix des courses, ou le faire cuisiner par un autre prisonnier. Tandis que les plus riches patientaient dans des cellules individuelles meublées, illuminées, voire possédant un nécessaire d'écriture (il était d'usage de rédiger ses mémoires avant de mourir). Entre 1770 et 1780, environ 200 prisonniers fréquentent les différentes cellules de la Conciergerie. On dénombre 99 hommes et 22 femmes à la paille en 1776, 29 hommes à la Pistole, 25 hommes au Cachot, 13 hommes et 14 femmes à l'infirmerie. Durant la Terreur, ils seront près de 600. Le *Cachot,* lieu clos et obscur, était réservé aux condamnés à mort et aux suppliciés. La paille est renouvelée tous les 15 jours. Les conditions de détention pour le Commun et la Pistole étaient plus souples. Les hommes pouvaient se promener de 6 h 00 à 19 h 00, sauf entre midi et 14 h 00 afin de permettre aux femmes d'accéder à la cour. Durant le XVIIIe siècle, les Dames de Charité apportèrent du réconfort aux prisonniers. Du linge propre était livré chaque semaine, des vêtements neufs offerts à Noël, une soupe chaude servit deux fois par semaine et de la viande tous les quinze jours. Trois conseillers du Parlement inspectaient la prison cinq fois par an. Le Concierge, payé 15 000 livres par an, visitait les cellules chaque jour, en compagnie d'un guichetier et assistait à la messe. Par comparaison, les six guichetiers de la Conciergerie, qui officiaient en tant que domestique pour les prisonniers à la Pistole, étaient rémunérés 100 livres par an. Si les cellules semblaient être des lieux détestables, l'infirmerie était un cauchemar. Les malades s'entassaient à quatre ou cinq par lit ; le médecin-infirmier s'avérait être un prisonnier. Il faudra attendre 1780 pour voir la construction d'une nouvelle infirmerie à l'étage, proposant des lits individuels.

Lavalette

Antoine Marie Chamans de Lavalette épousa le 22 avril 1798 Émilie de Beauharnais, nièce de l'impératrice, et ce, sur les conseils de Bonaparte. Conseil avisé puisque les deux époux s'aimèrent tendrement. En dépit du retour de Louis XVIII sur le trône et l'exil de Napoléon à Sainte-Hélène, Lavalette refusa de s'enfuir. Le 18 juillet 1815, il est arrêté chez lui et conduit à la Conciergerie pour conspiration contre l'Etat et usurpation de fonction (il a signé le passeport du comte Ferrand, ministre des postes, à sa place). Le comte est mis au secret, sans droit de visite, jusqu'à l'ouverture de son procès. Sa seule compagne aurait été la flûte du maréchal Ney, détenu au-dessus de lui. Le procès fut des plus agités : multiplication des faux témoignages et manipulation des jurés. Lavalette fut condamné à la peine capitale le 21 novembre 1815. Son épouse tentait chaque jour d'obtenir sa libération, ou au moins une remise de peine, auprès du roi, des ministres, ou d'une personne influente. Le pourvoi en cassation fut rejeté. Le 19 décembre, veille de son exécution, elle et sa fille rendirent visite au prisonnier : « Il paraît trop certain que nous n'avons plus rien à espérer. Il faut donc, mon ami, prendre un parti : à huit heures, vous sortirez couvert de mes vêtements, vous montrez dans ma chaise à porteurs, qui vous conduira jusqu'à un cabriolet que monsieur Baudus vous tiendra prêt... Point d'objections : je meurs si vous mourrez ». Le

comte, guère enjoué par ce plan, céda aux suppliques de sa femme. Il revêtit les affaires de son épouse, puis quitta la cellule au bras de sa fille. Il dissimula son visage dans un mouchoir, en passant devant le greffier, feignant d'être chagriné, monta les escaliers et sortit de la Conciergerie. Le cabriolet d'Amable de Baudus l'attendait et le conduisit au ministère des Affaires étrangères, dirigé par un complice le duc de Richelieu. Lavalette se cacha dans l'appartement de fonction de Bresson, le chef de la division des fonds et de la comptabilité. Le 8 janvier 1816, il quitta Paris avec la complicité de trois officiers anglais (Bruce, Hutchinson et le général Robert Wilson), déguisé en colonel, sous le faux nom de Lossack. Il gagna Mons en Belgique, puis la Bavière, siège de la famille Beauharnais. Gracié en 1822, Lavalette revint dans la capitale française et retrouva son épouse. Hélas, celle-ci, enfermée dans le cachot de Ney, fut maltraitée, menacée, terrorisée. Après l'accouchement de son enfant mort-né, elle perdit complètement la raison, et c'est dans cet état que son mari la retrouva.

La Sainte-Chapelle

La Sainte-Chapelle est l'un des derniers vestiges de l'ancien palais de la Cité. Cette chapelle palatiale fut édifiée sur l'île de la Cité à la demande de Saint Louis afin d'abriter diverses reliques de la Passion, dont la Couronne d'épines et un morceau de la Vraie-Croix. Aujourd'hui, elle est surtout réputée pour la beauté de ses vitraux. L'édifice est inscrit au patrimoine mondial de l'Unesco depuis 1991.

Les Saintes reliques

Lors du siège de Constantinople en 1204, durant la quatrième croisade, les Chrétiens se retournent contre leurs frères de foi. Tels des barbares, les chevaliers occidentaux et les Vénitiens dévalisent les palais et pillent les églises, mettant leur butin en vente sur les marchés. Baudouin VI de Hainaut fouille le palais de Boucoléon et s'empare de la Vraie Croix et de la Sainte Couronne. Les deux reliques entrent dans le patrimoine familial et se transmettent de génération en génération. En 1237, le dernier empereur latin de Constantinople, Baudouin II de Courtenay, vient en France afin de trouver des alliés pour l'aider à affronter les Bulgares assiégeant Constantinople. Afin de financer sa guerre, Baudouin met en gage la Sainte Couronne, en septembre 1238, auprès de Nicolo Quirino, un marchand vénitien proche du doge de Venise. Si le prêt n'est pas remboursé dans un délai de quatre mois, la relique deviendra la propriété du marchand. Peu enclin à une militaire, Saint Louis se montre en revanche très intéressé par l'achat de la Sainte Couronne. Après maints pourparlers, afin de vérifier l'authenticité de la relique, le roi de France l'acquiert pour la somme de 135 000 livres tournois (soit plus de la moitié du revenu annuel du domaine royal). Sous la surveillance de deux Dominicains, Jacques et André de Longjumeau, la relique prend alors la route de la France en 1239. Le 10 août, le cortège fait une entrée solennelle à Villeneuve-l'Archevêque, puis à Sens, le lendemain. Les y attendent le roi Louis IX, son frère Robert 1er d'Artois, évêque du Puy, leur mère Blanche de Castille et l'archevêque de Sens, Guillaume Cornut afin de vérifier les scellés qui attestent de l'authenticité de la relique. Saint Louis ajoute son sceau et le cortège poursuit sa route par voie fluviale. Le 18 août, la Sainte Couronne entre dans Paris, en la présence d'une grande foule de spectateurs et l'ensemble du clergé de la capitale. Lors d'une grande cérémonie, le lendemain, la relique est déposée en la chapelle Saint-Nicolas du palais de la Cité. En 1241, le roi acquiert un grand morceau de la Sainte Croix et de sept autres reliques de la Passion : un morceau du manteau de pourpre et du roseau, les menottes, le sang du Christ et un bout de pierre du sépulcre. L'année suivante, ce sont des morceaux de la Sainte Lance et de la Sainte Eponge qui sont ajoutés à la Sainte Collection.

Un édifice

Fier de sa Sainte Collection, Saint Louis décide l'édification d'une chapelle conçue comme une véritable châsse afin de pouvoir la vénérer. Il n'a toutefois pas l'intention d'en faire un sanctuaire national ou un lieu de pèlerinage de premier ordre, ce qui est exprimé par l'absence d'accès extérieur à la chapelle haute, lieu d'exposition de la grande châsse. Le nouvel édifice prend place dans le palais de la Cité et remplace l'ancienne chapelle Saint-Nicolas. En implantant les reliques au cœur du palais royal, le roi affirme le lien sacré entre la couronne royale et Dieu, comme le faisaient les empereurs byzantins et germaniques. Les reliques acquièrent aussi un rôle judiciaire ; les seigneurs et vassaux doivent prêter serment dessus. La chapelle doit répondre à une quadruple vocation : écrin pour la conservation des reliques permettant également leur vénération ; chapelle palatine ; siège d'un collège de chanoines et lieu de culte pour le personnel du château. La Sainte-Chapelle n'est pas la mieux adaptée pour faire face à l'afflux de foules de pèlerins : l'absence de déambulatoire ne permet

pas un défilement devant les reliques, et les visiteurs doivent emprunter l'un des escaliers à vis de la façade occidentale. Aussi, la chapelle ne dispose-t-elle pas d'une tribune royale, car les jours ordinaires, seulement le clergé, la famille royale et ses invités ont accès à la chapelle. Dans la chapelle, le roi dispose d'un oratoire qui est juste une niche ménagée dans le mur de la 4e travée, au sud. La chapelle ne contient initialement pas de stalles ; l'assistance doit prendre place sur les bancs de pierre qui courent tout autour. Tous ces éléments montrent le caractère personnel de la Sainte-Chapelle. La date exacte de la construction reste obscure. Les travaux commencent entre l'automne 1241, date de l'arrivée des reliques à Paris, et mai 1244, date à laquelle une bulle pontificale évoque pour la première fois le chantier. Dès 1246, Saint Louis fonde un collège de cinq maîtres-chapelains chargé de garder les reliques, d'entretenir les vitraux et les luminaires, et de célébrer le culte dans la chapelle. L'édifice est officiellement consacré le 26 avril 1248. La chapelle haute, dédiée à la Sainte Croix, est consacrée par le légat du pape Eudes de Châteauroux, tandis que la chapelle basse, dédiée à la Vierge, est bénie par l'archevêque de Bourges Philippe Berruyer. Entre quatre et six ans furent nécessaires à la construction d'un tel prodige architectural (et pour un coût modeste de 40 000 livres tournois, modeste si on le compare avec le prix d'achat de la Sainte Couronne !). Le nom de l'architecte reste un mystère. La tradition évoque Pierre de Montreuil, car les sculptures de la Sainte-Chapelle offrent des airs de ressemblance avec celle de la chapelle de la Vierge de l'abbaye de Saint-Germain-des-Prés. D'autres hypothèses existent. Robert Branner penche pour Thomas de Cormont, maître-maçon de la cathédrale d'Amiens, tandis que Dieter Kimpel et Robert Suckale évoquent plutôt Robert de Luzarches. Le programme architectural s'accompagne d'un programme symbolique qui se manifeste à la fois dans le contenu du reliquaire et la décoration de la chapelle haute. Grâce aux reliques, la monarchie capétienne s'affiche comme véritable héritière de l'idée impériale, et dans le prolongement de cette idée, le pape Boniface VIII qualifie Louis IX d'empereur dans sa bulle de canonisation de 1297. Avec la translation des saintes reliques de la Vierge Marie, entre 1238 et 1239, depuis la chapelle du palais d'Aix-la-Chapelle, le Saint-Empire entre au centre du monde chrétien. À l'époque des Croisades, les Capétiens cherchent également à s'approprier la légitimité de la monarchie d'Israël et acquièrent une relique de Moise, au début des années 1240. Louis IX souhaite montrer qu'il marche dans les pas du Christ, procédant chaque Jeudi saint au lavement des pieds des pauvres. Mais contrairement à la vision sombre du XIVe siècle, la Passion est perçue comme indissociable de la Résurrection du Christ, représentée sur une face de la grande châsse. En dépit de la représentation de scènes de martyres sous les arcatures plaquées des soubassements des fenêtres, le programme symbolique de la chapelle haute et toute son architecture expriment l'optimisme, qui émane de l'élévation vertigineuse de l'espace, de la haute flèche, de la dématérialisation de l'espace où le verre le remporte sur les murs, et de l'harmonie des couleurs. La flèche devient une nouvelle tour de Babel inébranlable (pourtant elle sera remplacée en 1383, en 1460 et en 1640). Les vitraux illustrent l'histoire du peuple de Dieu, et mettent en scène les précurseurs.

Les serviteurs de la Sainte-Chapelle

Grâce à un privilège attaché à la couronne de France, le clergé de la Sainte-Chapelle ne dépend pas de l'évêque, ni de la paroisse de son périmètre (l'église de Saint-Barthélemy). Afin que cette exemption ne soit pas contestée par l'évêque de Paris, celui-ci n'est invité pas à la cérémonie de consécration, présidée par le légat apostolique et l'archevêque de Reims. En 1273, le clergé de la Sainte-Chapelle est rattaché au Saint-Siège. Il est installé en janvier 1246 par un acte de Louis IX, la « Première Fondation », et se compose de membres de trois rangs : cinq maîtres-chapelains (futurs chanoines), un sous-chapelain pour chacun d'eux et un diacre. Le temporel est administré par deux marguilliers, dont les postes sont supprimés sous Philippe le Hardi. S'y ajoutent des souschapelains chargés de lire des messes pour les défunts de la famille royale. Le chef des maîtres-chapelains est le trésorier, car sa principale responsabilité est la garde du Trésor. Il est en même temps curé de la Sainte-Chapelle et veille sur les âmes de son clergé, de son personnel laïc et de certains officiers du palais (dont le concierge). Le second personnage le plus important de la Sainte-Chapelle est le chantre, qui doit être présent à l'ensemble des offices et doit diriger le chœur lors des fêtes. Le poste étant contraignant, il est souvent difficile de trouver un volontaire. Tout le clergé de la Sainte-Chapelle est astreint à résidence au palais. Bien que leurs salaires soient confortables, les maîtres-chapelains vivent dans des logements souvent exigus et insalubres. À côté de ça, ils roulent en carrosse et ont une écurie de quatre chevaux.

Cérémonies

La vie cultuelle de l'édifice est ponctuée par de grandes cérémonies. Il convient de distinguer celles se rapportant aux reliques de la Passion, qui sont au nombre de trois et ont été instituées par Saint Louis, et celles se rapportant au culte de Saint Louis lui-même, instaurées après sa canonisation en 1297, et qui sont au nombre de deux. Le roi assiste à ces cérémonies, mais sa présence demeure exceptionnelle lors des autres messes. Il fait parfois célébrer des offices extraordinaires pour des hôtes de marque afin de les faire profiter des vertus des reliques. La nuit du Jeudi au Vendredi Saint, la Vraie croix est exposée à l'intention des malades, surtout les épileptiques. Cérémonie se finissant généralement dans des crises d'hystérie de masse. Des messes sont célébrées quotidiennement dans la chapelle haute et dans la chapelle basse, les unes destinées à la cour, l'es autres destinées au personnel du palais et de la Sainte-Chapelle. La qualité de la musique chantée atteint un haut niveau, et parmi les maîtres de musique, on trouve Marc-Antoine Charpentier (1698-1704) ou Nicolas Bernier (1704-1726). L'orgue, remplacé en 1493, 1550 et 1762, sera expédié à l'église Saint-Germain-l'Auxerrois. Les messes de fondation ne sont pas à confondre avec les célébrations eucharistiques s'adressant au cercle de fidèles qui ont accès à la chapelle. Elles se déroulent en silence et souvent sans assistance. La Liturgie des Heures est instaurée par Charles VI en 1401, mais il s'avère que ces offices sont peu fréquentés par le clergé lui-même. Les devoirs et les obligations des chanoines sont si nombreux qu'ils finissent par ne plus être observés. Des réformes sont ainsi menées à trois reprises, en 1475, 1521 et 1681.

Célébrations

Bien que le palais royal soit abandonné par Charles V, la Sainte-Chapelle continue d'être fréquentée par la famille royale. Pourtant, les mariages royaux et les sacres n'y sont plus célébrés dès la fin du XIVe siècle. Puis la Sainte-Chapelle n'est plus retenue que pour les services funéraires. Après la mort de Louis XV en 1774, un différend éclate entre la Chambre des Comptes et le collège des chanoines à propos du droit de choisir l'orateur funèbre et de dresser la liste des invités. Louis XVI tranche et fait interdire tout service funèbre dans la Sainte-Chapelle. Des querelles et des procédures judiciaires intentées par des membres de son clergé à d'autres instances officielles ponctuent par ailleurs l'histoire de la Sainte-Chapelle. Vers l'extérieur, les chanoines donnent l'impression d'être mesquins, suspicieux, défendant jalousement leurs nombreux privilèges. Au détriment du règlement, ils cumulent parfois les fonctions et négligent ainsi leurs missions principales. Au XVIIIe siècle, les philosophes des Lumières iront même jusqu'à remettre en cause l'authenticité des reliques, discréditant leur vénération. Le 11 mars 1787, le Conseil du roi de France décide une rationalisation administrative et financière des différentes Saintes-Chapelles du royaume. Les biens et droits des chanoines sont mis sous séquestre, et les nominations aux postes vacants sont interdites. Ainsi, l'édifice entre en sommeil deux ans avant la Révolution française. En 1790, la chapelle basse de la Sainte-Chapelle est cependant encore le siège de l'une des 52 paroisses urbaines du diocèse de Paris. Elle est ouverte aux habitants du palais de Justice et de ses dépendances. Son curé depuis 1784, l'abbé Jean-François Roussineau, prête le serment constitutionnel avec les 13 autres prêtres qui composent le clergé de cette paroisse. En février 1791, par une suite de décrets de l'Assemblée Constituante pris sur une proposition de la mairie de Paris, la Basse-Sainte-Chapelle, comme les neuf autres églises de l'île de la Cité, perd son statut de siège de paroisse au bénéfice de la cathédrale Notre-Dame de Paris.

Le reliquaire

Les reliques les plus prestigieuses sont conservées dans la grande châsse qui trône dans l'abside de la chapelle haute, d'abord sur une plate-forme accessible par une chapelle, puis à partir de 1254 sur un édicule voûté accessible par deux escaliers à vis en bois, et abrité symboliquement par un dais. La grande châsse est une sorte de coffre-fort d'orfèvrerie de 2,70 mètres de large. Deux vantaux extérieurs s'ouvraient à l'arrière et deux vantaux intérieurs en treillis assuraient une seconde protection. Saint Louis portait les dix clés en permanence sur lui et ne les confiait qu'à des personnes de confiance, en échange de lettres de créance. L'intérieur renfermait plusieurs reliquaires sous la forme de croix, vases, bustes et tableaux. Ils contenaient la Sainte Couronne, le Sang du Christ, une grande partie du bois de la Lance, des morceaux de fer de la Lance, du Manteau de pourpre, du Roseau, de l'Eponge et du Saint-Suaire, un vestige du linge avec lequel le Christ avait lavé les pieds des Apôtres, les menottes, un morceau de la pierre du Saint-Sépulcre, une Sainte-Face, la Croix de la Victoire, des drapeaux de l'Enfance, du lait de la Vierge, des cheveux de la Vierge, des morceaux de son voile, du sang miraculeux sorti d'une image du Christ frappé par un infidèle, le haut du crâne de saint Jean-Baptiste et la prépuce de Moïse. Un mécanisme de pivotement permettait aux fidèles de pouvoir admirer toutes les faces du reliquaire.

Son décor architecturé comportait des bas-reliefs sur trois côtés : la Crucifixion à l'ouest, la Flagellation du Christ au nord et la Résurrection du Christ au sud. La Sainte-Chapelle possède bien sûr une grande quantité d'autres reliques, dont la plupart sont conservés dans deux grandes armoires dans la sacristie, en réunion avec de petits objets précieux. Vingt-deux ans après sa mort, Louis IX est canonisé par le pape Boniface VIII. Cette formalité est importante pour la royauté française, car elle honore toute la dynastie Capétienne et assoit plus solidement le pouvoir royal. L'église espère pour sa part des faveurs de la part du roi de France, et plus particulièrement la protection de la monarchie pontificale. Le corps de Saint Louis est levé dans le cadre d'une grande cérémonie en la basilique Saint-Denis, le 25 août 1298. La nouvelle châsse d'argent est portée en procession à la Sainte-Chapelle. Philippe le Bel concède qu'elle y reste pour toujours, mais les religieux de l'abbaye Saint-Denis s'y opposent. En février 1300, la châsse repart pour la nécropole royale de la basilique de Saint-Denis. Après six ans de négociations avec le pape et les moines de Saint-Denis, le roi obtient finalement de pouvoir récupérer la tête de son ancêtre, sauf la mâchoire inférieure, et la place dans un reliquaire d'or le 17 mai 1306. La présence de la relique, symbole d'un roi qui incarnait l'équité et la justesse, doit rappeler aux juges qu'ils doivent maintenir les lois, protéger les gens de bien et rendre la justice à tous. La valeur inestimable des reliques de la Passion n'empêche pas les souverains successifs d'en prélever des fragments pour les offrir à des communautés monastiques et à des évêques en France et à l'étranger. Huit reliquaires de la Vraie Croix ont été créés en province. En 1492, Charles VI offre des ossements de Saint Louis aux ducs de Berry et de Bourgogne, aux grands damnes des moines de Saint-Denis qui décident de sceller la châsse. En 1672, la reine Marie-Thérèse d'Autriche fait prélever un morceau de la Vraie Croix et l'offre à son fils Louis-François de France afin de le protéger (il décède à l'âge de cinq mois). Des fragments de la Vraie Croix sont dérobés en 1534 et en 1555, et ne seront jamais retrouvés. Puisque le cercle de personnes y ayant accès est restreint, on soupçonne en 1555 Henri III et sa mère Catherine de Médicis, d'avoir porté en gage l'objet en Italie. Pour calmer les rumeurs, le roi prélève un autre morceau de la Vraie Croix et le place dans un reliquaire identique à celui qui vient d'être volé. Le roi prélèvera également cinq gros rubis de la Sainte Couronne, estimés à 250 000 écus, afin de les mettre en gage. En 1562, Charles IX retire des ornements de plusieurs reliquaires et les envoie à la Monnaie pour y être fondus.

La Révolution française marque la fin du reliquaire de la Sainte-Chapelle. Les reliques elles-mêmes ne sont pas profanées, car du fait de leur antiquité, elles imposent le respect même aux révolutionnaires non-croyants. La grande châsse et les reliquaires sont fondus respectivement en 1791 et en 1793, dans le but de récupérer les métaux précieux, tandis que les reliques sont confiées à Jean-Baptiste Gobel, évêque constitutionnel. Elles sont envoyées à la basilique Saint-Denis, d'où pourtant certaines finiront par disparaître mystérieusement. La Couronne

d'épines est déposée dans le cabinet des Antiques en 1793, du musée du Louvre, avant d'être remise au cardinal Jean-Baptiste de Belloy en 1804. Aujourd'hui, elle est conservée au trésor de Notre-Dame de Paris. Le camée du *Triomphe de Germanicus* (ou Grand Camée de France) et le buste de Constantin sont envoyés au cabinet des Médailles, et le missel et trois évangéliaires avec des plats de reliure en or au département des Manuscrits de la Bibliothèque nationale de France. Le reliquaire de « la pierre du sépulcre » et la Vierge d'ivoire sont conservés au département des Objets d'art du musée du Louvre. Le reliquaire de saint Maxien, saint Lucien et saint Junien est au musée de Cluny.

La Révolution

La date de la fin définitive du culte n'est pas actée, mais il paraît que la suspension du traitement du clergé par l'arrêté du 11 mai 1787 met déjà un terme au service régulier de la Sainte-Chapelle. À la veille de la Révolution, elle reste officiellement affectée au culte et se trouve sur le point d'être sacrifiée en raison de restrictions budgétaires. Son fonctionnement occasionne des dépenses colossales qui sortent directement des caisses de l'Etat, alors que les monastères, les collégiales et les paroisses s'autofinancent par les dîmes et par des rentes. L'Assemblée nationale examine la question de la Sainte-Chapelle et commande un rapport au chanoine Sauveur-Jérôme Morand. Il est chargé de l'inventaire des titres de la Sainte-Chapelle et d'éplucher toutes les archives. Ses travaux sont regroupés dans le livre *Histoire de la Ste-Chapelle royale du Palais*, soumis à l'Assemblée le 1er juillet 1790. À l'instar des autres édifices religieux désaffectés, la Sainte-Chapelle aurait dû être vendue comme bien national, mais elle reste finalement propriété de l'Etat. Elle accueille le Club de la Sainte-Chapelle. La flèche est démolie, tandis que la chapelle basse est affectée aux réunions de l'Eglise réfractaire à la constitution civile. En

1797, la chapelle haute est convertie en dépôt d'archives du palais de Justice. Les statues des Apôtres sont démontées en vue d'être envoyées au musée des Monuments français d'Alexandre Lenoir, deux sont brisées pendant le transport, et seront dispersées à la fin de ce musée en 1816. À la fin de la Révolution, l'état de la Sainte-Chapelle est déplorable. Tout le mobilier liturgique a disparu, les vitraux sont disjoints ou brisés, les sculptures du portail inférieur sont mutilées, le décor du chevet est abîmé et la flèche est absente. Ni sous l'Empire, ni sous la Restauration, le rétablissement du culte dans la Sainte-Chapelle n'est envisagé. En 1811, les boutiques et les maisons construites entre les contreforts sont rasées dans le cadre de la construction d'un escalier extérieur accolé à la façade sud. L'ouvrage d'Antoine-Marie Peyre remplace celui érigé sous Louis XII, il est qualifié de néo-égyptien. En 1825, ouverture des débats sur l'avenir du palais de justice : doit-il retrouver son état original ou doit-il être modernisé ? La Sainte-Chapelle prend des allures d'obstacles, voire de verrue. Dès lors, des partisans de sa préservation entament un combat pour sa restauration et son isolement au sein du Palais de Justice si possible afin de mettre en valeur son élévation et de laisser entrer la lumière par ses vitraux. Au milieu des années 1830, les hommes qui s'engagent pour le patrimoine architectural médiéval sont Adolphe Napoléon Didron et Prosper Mérimée. Victor Hugo tente de sensibiliser l'opinion

publique à travers son roman *Notre-Dame de Paris*, et son article paru dans le *Journal des débats* en 1835. La Sainte-Chapelle est l'un des édifices les plus populaires de la capitale, il faut lui rendre une apparence digne de son histoire. Parallèlement, un jeune architecte Jean-Baptiste-Antoine

Lassus présente un travail sur la Sainte-Chapelle au Salon de 1835 et obtient la médaille d'or.

La Restauration

Le palais de Justice est placé sous la supervision du Conseil des bâtiments civils, qui est constitué d'une large majorité d'architectes néoclassiques. Sous l'impulsion du service des monuments historiques, il décide la restauration de la Sainte-Chapelle en 1836. Le projet est placé sous la responsabilité de l'architecte Félix Duban en tant que maître d'œuvre, auquel est adjoint Jean-Baptiste Lassus comme premier inspecteur des travaux. Le premier n'a aucune connaissance de l'architecture médiévale et le second est encore inexpérimenté. Ils présentent un premier projet au Conseil des bâtiments civils, et obtiennent un crédit de 600 000 francs grâce à l'appui du premier président de la cour royale Pierre-Armand Séguier. La Sainte-Chapelle devient un chantier-école permettant à de nombreux artisans et artistes de gagner de l'expérience. Bien que ce soit un pari risqué que d'expérimenter de nouvelles méthodes sur un monument de premier ordre, la restauration de la Sainte-Chapelle s'avère être l'une des restaurations les plus réussies du XIXe siècle. Plusieurs cas de figure se posent pour la première fois, tels que l'antagonisme entre les défenseurs du patrimoine et les partisans du progrès accusant les premiers de passéisme, et le conflit avec les urbanistes sur le contexte bâti du monument. Entre les deux principales approches de la restauration, qui sont soit la réfection complète et systématique, soit le remplacement des seules parties manquantes, c'est la seconde qui a été retenue. Tous les acteurs mènent un travail de recherche titanesque afin de baser leurs connaissances sur des réalités historiques. Les travaux vont durer vingt-six ans. Presque tout le parement extérieur doit être repris. La sculpture doit être complétée en grande partie, ce qui soulève la question du raccordement avec les parties existantes. Les sculpteurs et élèves des Beaux-arts ne connaissent que la sculpture classique, et leur expérience de restauration se limite généralement à des pièces de musée. Hors de question de démonter les fragments et de leur substituer une copie intégrale. Un mortier spécifique est mis au point. Après la sculpture, se pose le problème de la polychromie architecturale, assez bien conservée dans la chapelle haute, sauf sur les soubassements des fenêtres. Dans la chapelle basse, une inondation en 1690 avait gravement altéré le décor, et au revers de la façade, il est absent en raison de la présence de l'orgue jusqu'à la Révolution. Pour les architectes, la restauration de la polychromie est indispensable pour rendre au monument son apparence d'origine. Hélas, la démarche ne fait pas l'unanimité, car certains y voient un moyen d'exalter la foi religieuse. Duban est le partisan d'une certaine retenue dans l'intensité des couleurs alors que Lassus se montre plus ambitieux. Dans la chapelle haute, les couleurs sont ravivées grâce à une application de cire à chaud. Le projet-phare de la restauration est l'édification de la nouvelle flèche, qui est dessinée par Lassus en 1850. Elle imite le style gothique flamboyant du XVe siècle. Pour l'érection de la nouvelle flèche en 1853, le nouveau toit terminé en 1840 doit être démonté. Bien que la Sainte-Chapelle n'ait obtenu son escalier extérieur qu'à la fin du XVe siècle, Duban et Lassus proposent un nouvel escalier dans le style du XIIIe siècle, sobre, afin de remplacer celui néo-égyptien. Hélas, le crédit n'est pas accordé et le projet est avorté, toutefois l'escalier de Peyre est démonté. En 1849, Duban démissionne et la direction du chantier est confiée à Lassus. La restauration de l'édifice étant bien avancée, la messe de l'institution de la magistrature est célébrée dans la chapelle haute cette année-là. Cette célébration annuelle est supprimée en 1895 dans le cadre des premières lois de laïcité. Au début des années 1850, les fonds viennent à manquer et le chantier rentre en sommeil. Des projets sont donc avortés comme l'isolement de la Sainte-Chapelle en 1855, la grille de clôture de la tribune des reliques, un maître-autel et la grande châsse. Seul le dais est reconstruit en réemployant des éléments entreposés à l'Ecole des Beaux-arts.

Lassus meurt le 15 juillet 1857 et il est remplacé par Emile Boeswillwald qui termine les travaux en 1863. La Sainte-Chapelle est classée aux monuments historiques par liste en 1862. Des nouvelles campagnes de restauration ont lieu à partir de 2008, sous la conduite des architectes en chef des monuments historiques Alain-Charles Perrot, puis Christophe Bottineau.

Architecture

L'église reprend le schéma traditionnel des Saintes-Chapelles : un plan simple, sans collatéraux, ni transept, ni déambulatoire et offrant une élévation d'un seul niveau, sans grandes arcades (donc pas de collatéraux et de triforium). Extérieurement, la Sainte-Chapelle mesure 36 mètres de long, 17 mètres de large et 42,5 mètres de haut sans la flèche. Celle-ci atteint une hauteur de 33,25 m, ce qui place son sommet à 75,75 m au-dessus du niveau du sol. L'édifice abrite deux chapelles superposées : la chapelle basse, destinée aux serviteurs, aux soldats et aux courtisans ; et la chapelle haute réservée à l'usage de la famille royale, aux grands dignitaires de la couronne et aux souverains étrangers de passage à Paris. L'ensemble est précédé d'un porche (côté façade occidentale) et compte quatre travées barlongues et une abside à sept pans, voûtée d'ogives. Des tourelles d'escaliers, situées dans les angles côté façade, permettent la liaison entre les deux niveaux. Sous l'Ancien Régime, l'accès à la chapelle haute se faisait surtout par la galerie des Merciers qui aboutissait au porche côté nord.

Elévations latérales et chevet

La Sainte-Chapelle est conçue comme une châsse de verre mettant en valeur les reliques qui y étaient conservées. Les élévations latérales et le chevet sont analogues, sauf que les pans de l'abside sont plus étroits. Le premier et le dernier pan de l'abside sont plus étroits, car l'architecte voulut les rendre quasiment invisibles afin de faire paraître l'édifice plus long. La grande hauteur de l'ensemble et les contreforts saillants renforcent la verticalité de l'édifice. En dépit de leur saillie, les contreforts sont insuffisants pour contrebuter un édifice d'une telle hauteur et opposer assez de résistance à la poussée des voûtes. L'architecte innova en intégrant dans les murs un chaînage métallique, révolutionnaire pour l'époque. Les étrésillons sont horizontaux et traversent les piliers, mais restent imperceptibles, car ils se confondent avec les barres de fer séparant les différents registres des vitraux. Au-dessus des premières fenêtres, court une frise de crochets de feuilles d'acanthe. Au niveau des fenêtres de la chapelle haute, les contreforts présentent quatre niveaux de larmiers. La majorité de la décoration sculptée se concentre sur les parties hautes, près de la toiture. Chaque fenêtre est surmontée d'un gâble sommé d'un fleuron, les rampants étant garnis de crochets. Les fenêtres elles-mêmes possèdent des archivoltes moulurées de tores et de gorges qui se confondent dans les contreforts en retombant. Une frise faisant alterner crochets et feuilles appliquées complète les archivoltes. Quant aux contreforts, ils sont amortis par des pinacles munis de gargouilles, reliés entre eux par une balustrade à jour percée d'étroites arcatures trilobées, avec des trèfles aux écoinçons. Ces balustrades prennent appui sur une corniche de crochets. Côté sud, le mur de l'oratoire de Saint Louis se remarque par sa balustrade de fleurs de lys, par deux gargouilles et par des personnages en buste tenant des phylactères en haut de chaque angle. Les fenêtres sont rectangulaires, et au centre du trumeau, l'on aperçoit une petite statue de la Vierge dans une niche, marquant le sommet d'un gâble. Garni de crochets et orné de réseaux plaqués, il repose sur des piliers ondulés, qui, tout comme les bustes et les soufflets sur le réseau plaqué, annoncent le style gothique flamboyant. Deux grandes niches à statues et leurs dais ciselés décorent les angles, abritant des statues de Saint Louis et d'un évêque. Le toit est couvert de grandes feuilles de plomb. À la limite orientale de la ligne de faîte, se trouve une statue monumentale de l'archange Michel, conçue pour tourner avec le soleil moyennant un mécanisme d'horlogerie.

La flèche

En 1630, le feu prend dans les combles et le clocher s'écroule. Un nouveau clocher (le 4ᵉ) est achevé trente ans plus tard. Lors de la Révolution, le sculpteur Poyet est chargé de faire disparaître tous les emblèmes monarchiques de la flèche. Jugeant la tâche impossible, on juge plus simple de la démolir entièrement en 1793. La flèche actuelle (5ᵉ) date de 1853-1855. Elle est construite en bois de cèdre revêtu de plomb et pèse 230 tonnes. De plan octogonal, elle se compose d'un soubassement, de deux étages ajourés d'arcatures et d'une haute pointe. De fins clochetons entourent le premier étage et y sont reliés par des arcs-boutants. La décoration est minutieuse : feuillages, crochets, fleurons et fleurs de lys dorées sur les arêtes de la pointe. Des baguettes d'or recouvrent les joints entre les feuilles de plomb. Des statues colossales des douze Apôtres sont adossées aux arcatures trilobées du soubassement, à raison de deux par face, sauf côtés est et ouest, car les rampants du toit ne laissent pas de place. Le personnage de saint Thomas a reçu les traits de Lassus et porte comme attribut une équerre où est inscrit le nom de l'architecte. On peut également reconnaître le peintre Louis Steinheil dans la figure de saint Philippe. D'autres statues, plus petites, se trouvent à la naissance de la pointe ; ce sont des anges porteurs des instruments de la Passion. La statuaire a été réalisée dans l'atelier de Adolphe-Victor Geoffroy-Dechaume par Michel-Pascal et Aimé-Napoléon Perrey. Exhibées à l'Exposition universelle de 1855 avant d'être montées, elles ont été favorablement accueillies par le public, et la flèche a suscité de nombreuses louanges pour sa prouesse technique, les recherches archéologiques menées par son concepteur et son élégance. Elle a servi d'inspiration à la flèche de Viollet-le-Duc pour Notre-Dame de Paris.

La façade occidentale

La façade s'élève sur quatre niveaux : les deux étages du porche, la grande rose flamboyante et le pignon flanqué des deux tourelles d'escaliers. Les différents étages sont marqués par une frise de crochets et une balustrade de pierre.

Le **porche** est encadré par quatre contreforts, séparant deux arcades étroites et une arcade centrale plus large. Les contreforts se terminent par des clochetons. Les arcades ont des archivoltes moulurées qui s'ouvrent entre deux paires de colonnettes à chapiteaux. Les deux premiers niveaux possèdent des **portails**, cachés par l'avancée du porche. Les sculptures initiales furent détruites pendant la Révolution. Nous devons leur retour aux recherches du sculpteur Adolphe-Victor Geoffroy-Dechaume. La *Vierge à l'enfant* du trumeau du portail inférieur était réputée miraculeuse. Vers 1304, le théologien Jean Duns Scot aurait prié devant cette statue et elle aurait penché sa tête en signe d'approbation de la théorie de l'Immaculée Conception enseignée par ce docteur. Le soubassement du trumeau et les stylobates sont ornés de losanges galonnés, alternant des fleurs de lys et des châteaux de Castille. Le tympan représente le *Couronnement de la Vierge* et est inspiré du  portail nord de la façade occidentale de la cathédrale Notre-Dame, ainsi que du portail principal de la basilique de Longpont-sur-Orge. Le *Jugement dernier* est représenté sur le portail supérieur, avec un *Christ bénissant* au trumeau. Des cordons de fleurs et de feuillages sont insérés entre les colonnettes, dont les stylobates comportent de petits bas-reliefs avec des scènes de l'Ancien Testament, dont l'histoire de Jonas. Le linteau représente la résurrection des morts, avec au milieu, saint Michel pesant les âmes. Autour de lui, les défunts soulèvent leurs dalles funéraires au son des olifants des anges. À gauche, Abraham reçoit dans son sein les âmes élues (les petits personnages nus). Sur le tympan, trône le Christ Rédempteur avec la Vierge Marie assise à sa droite et saint Jean à sa gauche, intercédant pour le sort des âmes. Deux anges agenouillés brandissent les instruments de la Passion (couronne d'épines, lance, croix et clous). Sur les trois voussures de l'archivolte, seize anges conduisent les âmes au ciel, apportent des couronnes, tiennent des encensoirs ; dix martyrs brandissent les instruments de leurs supplices et les douze Apôtres observent l'ensemble. Au troisième niveau, se dévoile fièrement la grande **rose** de neuf mètres de diamètre. Elle séduit par les formes organiques de son réseau s'articulant autour d'un hexalobe central. On peut distinguer six festons identiques qui ont chacune un réseau primaire de trois mouchettes, dont une symétrique est accolée à l'oculus central et pointe vers l'extérieur, alors que les autres dissymétriques sont accolées aux flancs de la première et pointent vers le centre de la rosace. Le réseau secondaire comporte trois petites mouchettes pour les formes symétriques et quatre pour les formes dissymétriques. Les écoinçons comportent également des mouchettes.

Au dernier niveau, un **fronton triangulaire** percé d'une rosace éclairant les combles, se situe en retrait d'une balustrade de pierre ornée de fleurs de lys. Le réseau de cette rosace est limité aux formes d'inscription de cinq trèfles et d'un pentalobe central. Trois oculi feints encerclent la rosace. Leur forme résulte de la superposition d'un carré et d'un quatrefeuilles, comme les oculi de l'étage des galeries de la nef de Saint-Martinaux-Bois et du transept de Saint-Antoine de Compiègne. La balustrade dissimule une coursière reliant les deux tourelles d'escaliers octogonales. Les flèches reposent sur des plateformes rondes et leurs arêtes sont garnies de crochets.

La chapelle basse

La première impression dégagée par cette chapelle est lugubre, dus aux volumes surbaissés (6,6 mètres de hauteur sous les voûtes), aux fenêtres étroites et à la polychromie sombre. Pour permettre à la chapelle de supporter le poids de sa voisine du dessus, tous les piliers sont doublés par une colonne isolée, et placés à peu de distance à l'intérieur de la nef et de l'abside. Il en résulte des faux bas-côtés et un semblant de déambulatoire comme à Morienval. Ces derniers sont voûtés d'ogives rendant les arcades séparant leurs travées presque invisibles entre les voûtains. Deux barres de fer relient les colonnes aux piliers engagés dans les murs, ainsi que des étrillons sous la forme de demi-arcade à tête tréflée et aux écoinçons ajourés. Les colonnes libres sont coiffées de chapiteaux aux tailloirs en forme d'étoile à huit branches. Du côté des murs, les ogives et les doubleaux retombent sur des faisceaux d'une colonne au tailloir à bec et de quatre colonnettes, dont deux sont sans rapport avec le voutement et font partie des arcatures plaquées du soubassement des fenêtres. Les formerets se fondent dans ces ar-catures. Elles sont au nombre de cinq par travée, et retombent sur un total de cinq colonnettes en démit moyennant des tailloirs octogonaux.

Les socles reposent sur des bancs de pierre au droit des murs. Dans la nef, les fenêtres prennent l'allure d'yeux géants. Un oculus hexalobé s'insérant entre deux triangles tréflés aux côtés curvilignes. Quant aux sept fenêtres de l'abside, elles se composent de deux lancettes trilobées, surmontées d'un hexalobe. À gauche de l'abside, le visiteur peut apercevoir une piscine liturgique reconstituée par Boeswillwald. On ignore si elle existait à l'origine ou s'il s'agit d'une création de l'architecte. La polychromie, très marquée, était destinée à mettre en valeur les vitraux, qui dans la chapelle basse ont tous été détruits et remplacés par du verre blanc en 1691. Abîmés par l'inondation de 1690, les murs furent recouverts d'un badigeon. La restauration au XIXe siècle par Boeswillwald de la salle a fait ressurgir les rouges et les bleus ; l'or est utilisé pour rehausser les moulurations, les chapiteaux et les clés de voûte. Des petits motifs en or sont appliqués sur les voûtes, sur les colonnes et sur les murs. Il s'agit surtout de fleurs de lys, de châteaux de Castille (en référence à Blanche de Castille) et de motifs végétaux. Cette décoration est basée sur les vestiges retrouvés, exceptées les fausses tapisseries des arcatures imaginées par Boeswillward. Le peintre Auguste Steinheil a restauré les vitraux en recourant à la technique de la grisaille. Il a aussi restitué les médaillons qui se trouvaient initialement au milieu de chaque série d'arcatures. Très peu de vestiges ont subsisté de ces peintures du XIIIe siècle, enrichies d'incrustations en pâte de verre et verroteries. Dans l'abside, fut dégagée, en 1849, une *Annonciation*, ainsi qu'une *Vierge à l'Enfant* entourée de deux anges. Ces deux médaillons ont été repeints, après analyse chimique, mais les autres peintures du chevet étaient trop effacées pour deviner leurs motifs. Les douze médaillons de la nef illustrent les Apôtres et tiennent lieu de croix de consécration. Quant au sol, il a perdu ses pierres tombales, des XIVe et XVe siècles, usées par le passage des nombreux visiteurs. La chapelle est maintenant employée comme boutique de souvenirs du Centre des monuments nationaux.

La chapelle haute

L'architecte a donné la pleine mesure de son talent, en réduisant le support des pierres au strict minimum, pour laisser le discours aux maîtres-verriers. Bien que lumineuse, la chapelle haute n'est généralement pas inondée de lumière, car les vitraux du XIIIe siècle sont semi-opaques. Le grand espace n'est encombré par aucun pilier contrairement à la chapelle basse. Certaines astuces ont été utilisées afin de faire paraître le vaisseau plus long : les deux pans droits de l'abside sont de 35 cm plus étroits que les autres et ne se dévoilent qu'en approchant, et les fenêtres de l'abside sont moins hautes que les autres (elles mesurent 13,45 mètres au lieu de 15,35 mètres). Le chevet paraît donc plus éloigné du portail occidental qu'il ne l'est réellement. La largeur des baies latérales est de 4,70 mètres et celles des baies du chevet de 2,10 mètres. Une frise sculptée de feuillages repose sur les arcatures trilobées et sert de base aux fenêtres. Dans la nef, les baies se divisent en deux lancettes aux têtes trilobées surmontées d'un quatre-feuilles, le tout coiffé d'un oculus hexalobé. Les baies de l'abside sont différentes et présentent deux lancettes aux têtes trilobées non inscrites, surmontées de trois trèfles. Les voûtains sont peints en bleu et rehaussés de petites étoiles, et non de fleur de lys comme dans la chapelle basse. Le décor peint des supports est plus

complexe qu'au rez-de-chaussée et s'avère en grande partie d'origine. Les Apôtres qui font partie intégrante du programme symbolique ne le sont plus. Les six statues d'origine qui avaient retrouvé leur place après leur restauration au milieu du XIXe siècle ont rejoint les autres au musée de Cluny. Chaque statue porte une croix de consécration. Les tentures peintes sous les arcatures ont été imaginées par Lassus et les médaillons sur le thème du martyre ont été restaurés, et en partie entièrement refaits par Steinheil. Dans les écoinçons, des anges en haut-relief sont visibles. Le portail s'ouvre sous une arcade brisée, flanquée de deux arcades plus étroites en tiers-point. Les peintures des tympans sortent de l'imagination de Steinheil (la présence de l'orgue avait laissé le mur vierge) ; il a opté pour trois scènes de sacrifice de l'Ancien Testament : un Christ bénissant, flanqué d'anges en prière, et encadré des prophètes Isaïe et Jérémie, puis les trois figures du sacrifice de la Croix (l'immolation de l'agneau pascal, le sang sur les maisons des Hébreux afin que l'ange de la mort épargne les premiers-nés et le serpent d'airain de Moïse dans le désert. Le dallage du sol a été conçu par Lassus d'après des dessins de Steinheil, mais réalisé par Boeswillward. Le dallage est formé de pierres dures gravées en creux où sont incrustées des mastics de couleurs. Dans la nef, des rinceaux encadrent des oiseaux, des quadrupèdes et des emblèmes héraldiques, tandis que dans l'abside ont été représentés les quatre fleuves du paradis comme symbole de la grâce divine, ainsi que les sept sacrements qui jaillissent comme des sources d'un rocher.

Au milieu de l'abside, se dresse la tribune des reliques qui avait été entièrement démontée à la Révolution. Le baldaquin de pierre qui surmontait la châsse avait été envoyé à Saint-Denis, pendant que l'un des escaliers et des fragments des arcatures dormaient au couvent des Petits-Augustins après la suppression du musée des Monuments français. Lassus et Duban les ont récupérés, reconstitués et ont recréés les parties manquantes, entre 1843 et 1850. Ce long travail s'explique par la difficulté de définir tous les détails. Le *Pontifical de Poitiers* du duc de Bedford et une gravure de Nicolas Ransonnette étaient les seules sources iconographiques connues. Les six anges ailés dans les écoinçons ne sont visibles sur aucune gravure ancienne ; peut-être sont-ils une fantaisie des deux architectes. La raréfaction des crédits à partir de 1850 a empêché la réalisation de la grille de clôture, du maître-autel et de la grande Châsse. Ainsi, le baldaquin, symbole du pouvoir royal, n'a jamais retrouvé sa fonction, et le programme symbolique de la décoration, dont font partie les vitraux, les Apôtres et les scènes de martyres des médaillons, reste incomplet sans les bas-reliefs de la grande châsse : avec les scènes de la *Crucifixion*, de la *Flagellation* et de la *Résurrection* du Christ, ils marquaient son aboutissement.

Les vitraux

On ignore qui a conçu le programme iconographique des vitraux. L'iconographie est peut-être tirée de la Bible moralisée de Tolède, très richement illustrée, et un peu antérieure à la Sainte-Chapelle. Comme presque toujours au Moyen Age, le nom des artisans reste mystérieux. On ne sait pas de quels ateliers sortent les vitraux, ni qui sont les peintres sur verre qui les ont confectionnés et combien d'artistes ont participé pour permettre leur réalisation en moins de quatre ans. Louis Grodecki penche pour trois ateliers. L'atelier principal aurait réalisé les verrières du côté nord de la nef et de l'abside. L'atelier du Maître d'Ezéchiel aurait réalisé les vitraux des baies consacrées aux livres d'Ezéchiel, de Daniel et des Rois. Quant à l'atelier du Maître de Judith et d'Esther, lui sont attribuées les verrières de Judith, de Job et du livre d'Esther. L'histoire des reliques de la Passion serait le fruit d'une collaboration entre l'atelier principal et celui du maître d'Ezéchiel. Dans tous les cas, on reconnaît bien le style des verriers du XIIIe siècle : des personnages masculins de proportions élancées, avec une tête ronde sans menton prononcé, enveloppés dans un manteau soulignant la silhouette, aux plis souples et retenu par une main.

Les vitraux sont restaurés dès la fin du XIIIe siècle, puis au XIVe et au XVe siècle. La rose occidentale du XIIIe siècle due être remplacée sous le règne de Charles VIII, entre 1485 et 1498. L'art du vitrail disparaît au XVIIe siècle, au moment où les vitraux de la Sainte-Chapelle ont besoin d'être restaurés. Faute de peintres sur verre, beaucoup d'églises se voient privées de leurs verrières. Par chance, des maîtres-verriers évitent à la chapelle palatine de connaître un tel sort en puisant dans leurs stocks et réparent les vitraux en 1765. En 1783, l'architecte Guillaume-Martin Couture suggère leur suppression, mais son projet est rejeté. De 1803 à 1838, la Sainte-Chapelle sert de dépôt d'archives judiciaire ; ses fenêtres sont murées jusqu'à 2,5 mètres de hauteur au-dessus de l'allège. Les panneaux concernés sont détruits ou démontés avant d'être vendus au peintre-vitrier Oran qui demeurait rue Saint-Anne-du-Palais (il les revendit à des particuliers). Ils sont en grande partie rachetés par des collectionneurs anglais, car Outre-Manche, le mouvement pour la préservation du patrimoine naît dès le début du XIXe siècle. Des vitraux de la Sainte-Chapelle se retrouvent ainsi dans des musées anglais, dans les églises de Twycross et Wilton, ainsi qu'à la cathédrale de Canterbury. Des éléments sont également visibles à Rouen et au musée de Cluny. La restauration des vitraux est décidée en 1837 par Louis-Philippe 1er et lancée en 1845. L'organisation de l'iconographie est confiée au baron Ferdinand de Guilherny, les cartons à Auguste Steinheil et la réalisation à Antoine Lusson. Leur objectif est de restituer les verrières dans leur état de 1248. Travail titanesque : des éléments manquent et de nombreux panneaux sont en désordre ou installés dans de mauvaises fenêtres. Les vitraux sont démontés et restaurés l'un après l'autre, en commençant par la Genèse. Les panneaux postérieurs sont démontés et envoyés au musée de Cluny ; ceux manquant sont repeints. Les rares panneaux d'origine sont nettoyés et les plomberies refaites. Pendant les deux guerres mondiales, les verrières furent démontées par précaution. En raison de la pollution et de l'oxydation, les vitraux furent nettoyés et réparés dans les années 1970. À partir de 2008, commença la restauration de la Rose occidentale par les Ateliers Vitrail France qui lui apposèrent un double vitrage protecteur. Les verrières de la chapelle haute constituent une Bible de verre, un livre d'images. Elles forment un ensemble de quinze fenêtres réparties sur les deux faces de la nef et l'abside. Des panneaux de 70 m² chacun narrant l'histoire du monde jusqu'à l'arrivée des reliques à Paris à travers 1 113 scènes. Leur superficie totale s'étend sur 750 m² environ (sans la rosace). La lecture se fait de gauche à droite, et de bas en haut, ligne par ligne. La lecture commence par la première fenêtre au nord et le début de l'Ancien Testament, et finit par la rose de l'Apocalypse. Le programme narratif commence par la Création, illustre l'histoire du peuple hébreu jusqu'à son installation en Israël avec l'installation de la royauté et se termine par l'histoire de Saint Louis recevant les reliques de la Passion. S'y insère un cycle prophétique autour de la vie de Jésus-Christ, encadré par les vies de saint Jean-Baptiste qui annonce l'Agneau de Dieu, et de l'apôtre Jean qui a la vision de l'Apocalypse.

Iconographie

Le programme iconographique se répartit entre l'Ancien Testament avec onze verrières, le Nouveau Testament au chevet avec trois verrières, l'histoire de la Passion du Christ avec une verrière et l'Apocalypse sur la rose occidentale. L'histoire commence par la première fenêtre au nord et se poursuit dans le sens des aiguilles d'une montre.
Baie O ou 13 : le **vitrail de la Genèse** (jusqu'au chapitre XLV) comporte quatre-vingt-onze scènes. Récit des origines, il commence par celui de la création du Monde par Dieu, suivi d'un second relatant celle du premier couple humain. Ce second récit montre ensuite qu'Adam et Eve (le

premier couple) désobéissent et sont alors exclus du Jardin d'Eden. Dieu détruit ensuite l'Humanité par le Déluge dont seuls Noé et sa famille sont sauvés. Enfin, Dieu différencie les langues et disperse l'Humanité sur la surface de la Terre, lors de l'épisode de la tour de Babel. Après cela, l'essentiel de la Genèse est consacré aux histoires d'Abraham, de Jacob et de Joseph.

Baie N ou 11 : le **vitrail de l'Exode** (cent douze scènes). Il raconte l'exode hors d'Egypte des Hébreux sous la conduite de Moïse, le don des Dix Commandements et les pérégrinations du peuple hébreu dans le désert du Sinaï en direction de la Terre promise. Remarquez une insistance sur les sujets de Moïse comme élu de Dieu (Dieu lui apparaît ou lui parle dans sept scènes), Moïse comme législateur et Moïse comme chef religieux. Plusieurs panneaux supérieurs se rapportent au Lévitique et non à l'Exode. Le nom Lévitique vient du terme « lévite » signifiant prêtre hébreu issu de la tribu de Lévi. Il s'agit des devoirs sacerdotaux en Israël. Ce livre met l'accent sur la sainteté de Dieu et le code moral selon lequel son peuple devait vivre pour devenir saint. Son but est d'enseigner les préceptes moraux et les rituels religieux de la loi de Moïse.

Baie M ou 9 : le **vitrail du livre des Nombres** se divise en quatre-vingt-dix-sept scènes dont vingt concernent le couronnement de princes de diverses tribus. Il doit son nom aux nombreux dénombrements ou recensements des Israélites qu'il comporte. Ce livre raconte l'histoire du voyage d'Israël depuis le mont Sinaï jusqu'aux plaines de Moab à la frontière du Canaan. Les scènes de batailles contre les ennemis d'Israël occupent souvent les compartiments en amande, plus facilement lisibles. Moïse est reconnaissable par les deux cornes qui symbolisent les deux rayons de lumière, et Aaron a comme attribut la mitre. Ce vitrail est situé au-dessus de la niche où prenait place Louis IX. Le roi parait tel un vicaire royal investi par Moïse et Aaron dont il prolonge la mission vis-à-vis du peuple français.

Baie L ou 7 : le **vitrail du Deutéronome** et le **vitrail du livre de Josué** (65 scènes). Deutéronome signifie seconde loi. Le livre contient le récit des derniers discours de Moïse aux Israélites et le récit de sa mort avant qu'ils n'entrent au pays de Canaan sur l'autre rive du Jourdain. Les épisodes retenus pour les vitraux traitent de la lutte contre l'idolâtrie, la construction des villes de refuge et la désignation de Josué par Moïse comme son successeur. Le passage du Jourdain, la prise de Jéricho et le combat contre les infidèles sont les principales scènes tirées du livre de Josué. Le sujet récurrent de l'idolâtrie et les fréquentes scènes de batailles servent de justification morale aux Croisades. Le tympan est entièrement consacré à l'histoire de Ruth.

Côté abside. Baie K ou 5 : le **vitrail du livre des Juges**. La lancette de gauche est consacrée aux Juges, les chefs de l'ancienne Israël, qui défendent le peuple contre les envahisseurs. Les scènes choisies narrent l'histoire de Gédéon, vainqueur des Madianites dont il se vengea cruellement ; du fils de Gédéon, Abimelech, couronné prince d'Israël ; de Jephté ; et de Samson qui affronta les Philistins. Ce dernier est l'un des héros les plus populaires de l'Ancien Testament dont les aventures se rapprochent de celles d'Héraclès.

Baie J ou 3 : le **vitrail d'Isaïe**. En bas de la lancette de gauche, se dessine l'annonce de la venue du Christ. Les deux lancettes sont indépendantes. Celle de gauche relate la vie et les prophéties d'Isaïe, tandis que celle de droite est consacrée à l'arbre de Jessé. Celle-ci s'inspire du préambule de l'Evangile selon saint Matthieu. Le cycle narratif de l'Ancien Testament s'interrompt avec cette lancette.

Baie I ou 1 : le **vitrail de saint Jean l'Évangéliste** et le **vitrail de l'enfance du Christ** (seize scènes).

Baie H ou 0 : le **vitrail de la Passion du Christ** (cinquante-sept scènes). La Passion est l'ensemble des événements qui ont précédé et accompagné la mort de Jésus de Nazareth. Le récit va jusqu'à la Pentecôte qui donne son sens à la Passion, symbolisant la Rédemption et le rachat de l'Humanité par le sacrifice du Christ. Les quatre moments clé du cycle sont : l'arrestation de Jésus, Jésus conduit devant le grand-prêtre Caïphe, Jésus rencontrant le préfet romain Ponce Pilate et la Crucifixion.

Baie G ou 2 : le **vitrail de la vie de saint Jean le Baptiste** et le **vitrail du livre de Daniel**. Les thèmes sont répartis entre deux lancettes. Les scènes retenues du livre de saint Jean sont la naissance du Précurseur, la prédication où il annonce l'Agneau de Dieu et son martyr. Les épisodes tirés du livre de Daniel sont la condamnation de l'idolâtrie, l'interprétation du songe de l'arbre de Nabuchodonosor, l'épisode de la fosse aux lions et la vision de la bête à quatre cornes.

Baie F ou 4 : le **vitrail du livre d'Ezéchiel**. Il se rapporte aux visions du prophète concernant notamment les menaces de Dieu contre l'idolâtrie, la destruction de Jérusalem dont les habitants ont trahi Dieu et l'alliance nouvelle scellée par David. Il s'agit de paraboles résumant l'histoire religieuse d'Israël et les scènes retenues montrent des parallèles avec l'Apocalypse. Ézéchiel voit en vision les symboles des quatre Evangélistes.

Baie E ou 6 : le **vitrail de Jérémie** et le **vitrail de Tobie** (cinquante scènes). Les deux lancettes sont indépendantes. La première raconte la vie de Jérémie et ses visions qui sont à l'origine des lamentations, ainsi que les péchés d'Israël comme l'idolâtrie, qui entraîne sa perte et la ruine de Jérusalem. La seconde lancette narre la mise en captivité de la famille de Tobit où son père perdit la vue ; la pêche miraculeuse par Tobit, guidé par l'archange Raphaël, dont le fiel du poisson rendit la vue à son père ; et son mariage avec Sara. Saint Louis affectionnait beaucoup le personnage de Tobit ; durant les trois jours suivant son mariage avec Marguerite de Provence, le roi entra en prière pour suivre le cycle de Tobie.

Côté sud. Baie D ou 8 : le **vitrail de Judith** et le **vitrail de Job** (quarante scènes). Les panneaux inférieurs traitent de l'histoire de Judith et des circonstances l'amenant à assassiner Holopherne.

Baie C ou 10 : le **vitrail du livre d'Esther** (cent vingt panneaux). Esther réussit à épouser le roi de Perse, Assuérus, et fait triompher les partisans du juif Mardochée sur ceux d'Haman. Ce vitrail se situe au-dessus de la niche occupée par Blanche de Castille, dite Oratoire de Saint Louis, et face à la place du roi. Il comporte des châteaux de Castille, blason de la mère du roi, ainsi que des fleurs de lys. À travers l'histoire d'Esther, le vitrail rend hommage à la mère de Louis IX. Pour remarque, aucune référence n'est faite à la reine Marguerite de Provence dans toute la Sainte-Chapelle.

Baie B ou 12 : le **vitrail des livres des Rois** (cent vingt-et-une scènes). Elles sont tirées des deux livres des Rois et des deux livres de Samuel. L'ordre des livres a été modifié afin que le vitrail et celui de l'Apocalypse encadrent celui des reliques, faisant de Louis IX le roi guidant son peuple vers l'Apocalypse. Saint Louis n'est pas seulement un guide politique, mais aussi un guide spirituel, une sorte de roi-prêtre.

Baie A ou 14 : le **vitrail de l'histoire des reliques de la Passion**. Pour la lecture de ce vitrail, on peut s'appuyer sur le *Speculum historiale* de Vincent de Beauvais. Trois cycles se superposent : celui de Constantin, celui de Charlemagne et celui de Saint Louis. Pour ce dernier, le récit se concentre sur l'acquisition des reliques. Les trois couples de rois et prélats se distinguent par la couleur des draperies recouvrant les reliques : tissu vert pour Saint Louis et l'évêque Gauthier, tissu jaune pour Charlemagne et l'évêque Turpin, tissu rouge pour Constantin et l'évêque Sylvestre.

Et enfin la rose de la façade occidentale. Baie 15 : le **vitrail de l'Apocalypse** selon saint Jean (quatre-vingt-sept panneaux).

Palais de Justice

Le mot « palais » désigne généralement la demeure du chef de l'Etat. Aussitôt, nous pensons à l'Élysée, au Louvre, voire au Palais-Royal, mais certainement pas au Palais de Justice et pourtant. Cet ensemble de bâtiments hétéroclites fut l'une des prestigieuses demeures royales.

Aujourd'hui, il abrite la cour d'assises spéciales (les affaires sensibles), la cour d'appel de Paris et la Cour de cassation. Le Tribunal judiciaire de Paris (anciennement Tribunal de grande instance de Paris) a déménagé en 2018, porte de Clichy, dans le 17ᵉ arrondissement.

Histoire

Le lieu retrouve sa dimension politique sous la Restauration. Depuis Louis XVIII et Charles X, le débat judiciaire dispute la préférence au débat parlementaire. De nouveaux emplois sont créés, toutefois les locaux ne suffisent plus à accueillir le volume croissant des affaires. Les premiers travaux de restauration sont entrepris. C'est à ce moment que les tout premiers travaux de restauration sont entrepris. Les affaires ne cessant d'augmenter, la Monarchie de Juillet lance un vaste programme d'agrandissement du Palais. Le projet est confié à Jean-Nicolas Huyot. En 1840, une ordonnance royale officialise le projet de plan d'agrandissement et d'isolement du palais de justice. Joseph-Louis Duc et Etienne-Théodore Dommey, à la suite du décès de Huyot, sont nommés pour reprendre le flambeau. Les plans sont modifiés en 1846. La Révolution de 1848 privera Louis-Philippe de son projet, qui sera poursuivi par Napoléon III. Les statues de Charlemagne et de Philippe Auguste sont l'œuvre en 1860 du sculpteur Philippe-Joseph-Henri Lemaire. Le palais est pratiquement achevé lors des événements de 1870. Allumé en divers endroits du Palais de Justice par la Commune, l'incendie du 24 mai 1871 réduit en cendres un quart de siècle de travaux. Tout est à recommencer. La première chambre du tribunal de première instance est installée à l'emplacement de la chambre dorée. Honoré Daumet est nommé architecte unique en 1879, après le décès de Duc. Les plans sont refaits et le chantier reprend en 1883. En 1884, madame Clovis Hugues, l'épouse d'un député des Bouches-du-Rhône, tue de six coups de revolver, devant la porte de la grande chambre de la Cour de cassation, un agent des affaires nommé Morin qu'elle poursuivait pour diffamation (il avait mis en cause son honneur publiquement). Le 6 août 1910, un peintre lithographe nommé Médaille tue sa femme à coups de revolver, au sortir d'une audience de divorce. Entre 1911 et 1914, Albert Touraine édifia les chambres correctionnelles à l'angle du boulevard du Palais. Ainsi, le palais se présentait sous quatre aspects : la police quai des Orfèvres, la justice dans la cour de May, le religieux avec la Sainte-Chapelle et les souvenirs d'emprisonnements révolutionnaires dans la Conciergerie. Sur la façade sud, sont visibles les traces des impacts de balles tirées lors de la Libération de Paris en août 1944. Dès 1997, le gouvernement s'interroge sur le déménagement du Tribunal de Grande Instance (TGI). Le 27 janvier 2005, il était question de l'expédier à Tolbiac, dans le 13e arrondissement, mais la mairie de Paris s'y oppose. Le 29 avril 2009, le président Nicolas Sarkozy veut l'envoyer sur le site des Batignolles dans le 17e arrondissement. En janvier 2013, le président François Hollande donne son accord pour le déménagement. Les travaux du nouveau tribunal commencent en juin 2013. Le nouveau site accueille le TGI, le tribunal de Police, le tribunal des affaires de Sécurité sociale, les services de l'officier du ministère public et les tribunaux d'instance. Dans le palais, restent la Cour de cassation, la cour d'appel et la cour d'assises, rejointes par le Conseil des prud'hommes, l'antenne de l'Ecole nationale de la magistrature et la Cour de Justice de la république. Le palais de Justice dispose également de bureaux, d'une bibliothèque et de vestiaires, mis à la disposition des avocats. Trois lieux de détention existent au palais. Le *dépôt* concerne les personnes déférées à l'issue de leur garde à vue, environ 80 par jour, placées sous le contrôle de la Préfecture de police. La *souricière* est le lieu d'attente des détenus écroués avant leur comparution ou audience devant un juge (soit dans l'une des 75 cellules). Et un centre de rétention administrative prévu pour les personnes en situation irrégulière. Pour information, le palais reçoit 13 000 individus chaque jour.

Depuis 2018

En décembre 2016, dans un rapport remis au président de la République François Hollande, le président du centre des monuments nationaux, Philippe Bélaval, et l'architecte Dominique Perrault proposent de renforcer l'attractivité culturelle et touristique de l'île de la Cité. Dans ce cadre, la Cour de Mai et la galerie deviendraient un grand pôle public, permettant de relier la Conciergerie et la Sainte-Chapelle. Des cours seraient couvertes par des verrières, à l'image du palais du Louvre. Le Palais de Justice accueille en 2021 et 2022, dans une construction provisoire dans la salle des Pas-Perdus, le procès des attentats du 13 novembre 2015, et celui de l'attentat du 14 juillet 2016 à Nice. Cette salle a nécessité 13 mois de travaux. Le procès des attentats de janvier 2015 s'est, quant à lui, déroulé en 2020 dans le nouveau palais de justice.

La cour de Mai

Cette grille en fer forgée, en partie dorée, fut mise en place sous la surveillance de l'architecte Desmaisons lors des travaux de reconstruction après l'incendie de 1776. Elle est l'œuvre du maître-serrurier Bigonnet selon des goûts antiques. On y retrouve des éléments architecturaux comme des colonnes, des chapiteaux et des corniches. Cette grille est l'un des derniers exemples de ferronnerie possédant des ornements de cuivre. Sa conception est assez simple : deux pilastres soutiennent un entablement, lui-même surmonté d'un fronton. Longue de 40 mètres, la grille est percée de trois grandes portes à doubles battants, dont celle du milieu est surmontée d'un globe orné de fleurs de lys dominé par une couronne. Négligés, les vantaux se corrodent et finissent par se désassembler. Leur restauration est confiée à l'architecte Peyre qui prend le soin de rétablir la grille dans son état primitif. Elle a été réparée et redorée en 1875 et en 1967.

Les chambres correctionnelles

Le bâtiment sur le quai des Orfèvres, construit entre 1904 et 1911 par Albert Tournaire, complète le palais de Desmaisons. Il remplace l'ancienne police correctionnelle édifiée par Duc, devenue étroite en raison de l'augmentation du nombre de prévenus. Des tours se dressent à chaque extrémité de l'édifice afin de faire un pendant aux tours médiévales situées sur le quai de l'Horloge. Disparition des ordres antiques au profit d'une « simple » frise sculptée à l'attique. Quatre statues allégoriques sont disposées dans des niches à chaque articulation. De gauche à droite, on peut voir la *Vérité* par Lombard, le *Droit* par Allar, l'*Eloquence* de Verlet et la *Clémence* par Coutant.

Rue de Harlay

La place Dauphine est créée en 1607, entraînant avec elle la création de la rue de Harlay. Elle doit son nom à Achille de Harlay, premier président du Parlement et propriétaire du terrain. Large alors de 8,80 mètres, elle séparait la place du jardin du roi. En 1854, Joseph-Louis Duc fait édifier une nouvelle façade et modifie la rue. Afin de mettre en valeur son nouvel escalier monumental, l'architecte fait démolir les maisons du côté pair en 1874. La place se retrouve ainsi amputée d'une partie de son triangle. Un dessin du  temple d'Hathor à Dendérah en Égypte fut retrouvé dans les dossiers de l'architecte ; peut-être s'en inspira-t-il pour sa façade ? On retrouve la façade rythmée par des colonnes, ainsi que la dichotomie entre les murs pleins et les ouvertures s'interrompant au tiers inférieur. Les hautes verrières permettent d'éclairer le grand hall des pas perdus. Les deux lions, encadrant le grand escalier, peuvent être un rappel des sphinx bordant les allées des temples égyptiens ou un lion américain symbolisant la justice éclairée.

La Basoche

Philippe le Bel, vers 1303, fonde la communauté des clercs du Parlement, dite la Basoche. Son rôle est de s'informer sur les différends et de protéger ses membres. Vouée à l'étude et à la discipline, la communauté devient rapidement une société de divertissements. Son chef, nommé roi, porte la toque et le bonnet, frappe une monnaie éponyme et il est secondé d'un chancelier, de greffiers et d'huissiers. Un blason est même créé : trois écritoires d'or sur champ d'azur, timbrés de casques et de morions. La Basoche pratique un droit de justice exclusif et sans appel, sur tous les clercs du Palais (droit élargi plus tard aux juridictions dépendant du Parlement de Paris). Philippe le Bel institue une « montre générale », sorte de représentation publique, vers la fin du mois de juin. Tous les membres de la Basoche, plus les clercs du Châtelet (environ 5 000 personnes), défilaient dans les rues, avant de se réunir autour d'un bal et d'une Comédie. Dans leurs premières représentations théâtrales, les clercs se contentaient de se moquer d'eux-mêmes et des gens du palais. Le sujet se tarissant, la communauté se tourna vers la Cour, les moines et le peuple. En offrant la grande table de marbre du Palais de justice aux Basochiens, Louis XII accrut leur liberté d'expression. Quand ses courtisans rapportèrent au roi que sa libéralité n'empêchait guère les clercs de se moquer de lui, ce dernier leur répondit : « Je veux qu'on joue en liberté, et que les jeunes gens déclarent les abus qu'on fait à la cour, puisque les confesseurs, et autres qui font les sages, n'en veulent rien dire, pourvu qu'on ne parle pas de ma femme, car je veux que l'honneur des femmes soit gardé ». La représentation publique la plus célèbre était celle de la *Plantation du Mai*, durant laquelle un arbre, coupé dans les forêts de Bondy, était planté dans la cour du palais, au bas de l'escalier. Lors du *plaidoyer de la cause grasse*, entre 9 h et 12 h, les clercs déployaient leur éloquence et leur esprit, en plaidant sur des sujets ridicules ou grivois, réels ou imaginaires. La communauté commença à perdre de son prestige vers le XVIe siècle, pour disparaître entre le XVIIe et le XVIIIe siècle.

Cinéma

De nombreuses séries télévisées ou films furent tournés au palais de justice : *Le Clan des Siciliens* d'Henri Verneuil (1969), *L'aventure c'est l'aventure* de Claude Lelouch (1972), *Délits flagrants* de Raymond Depardon (1994), *36 quai des Orfèvres* d'Olivier Marchal (2004), *Commis d'office* d'Hannelore Cayre (2008), *9 mois ferme* de Albert Dupontel (2013), *Tout pour être heureux* de Cyril Gelblat (2016), *Retour au Palais* de Yamina Zoutat (2017), *J'accuse* de Roman Polanski (2019), *Le Comte de Monte-Cristo* de Alexandre de La Patellière et Matthieu Delaporte (2024), ainsi que les séries *Alice Nevers, le juge est une femme, Boulevard du Palais* et *Engrenage*.

Rue Perrault

La rue commence place du Louvre et se termine rue de Rivoli. Elle mesure 72 mètres de longueur et 12 mètres de largeur.

Odonymie

Claude Perrault était un célèbre architecte, physicien et écrivain. Né en 1613 à Paris, il était le frère de Charles Perrault, l'auteur des contes de fées populaires.

Perrault obtint son titre de docteur en médecine à Paris en 1642, ville dans laquelle il s'établit en tant que médecin. Il enseigna aussi la physiologie et la pathologie à l'université de Paris. Il fut l'un des premiers membres de l'Académie royale des sciences, où il fut accepté en 1666. Perrault est connu pour sa contribution significative à l'histoire de l'architecture française du XVIIe siècle. Il fit partie, de 1667 à 1673, de la commission chargée d'élaborer les plans de la façade orientale du palais du Louvre, connue sous le nom de « colonnade du Louvre ». Perrault dessina également les plans de l'observatoire de Paris entre 1667 et 1672. Il construisit l'Arc de triomphe du Trône au faubourg Saint-Antoine en 1670 et la chapelle de l'ancien château de Sceaux de 1672 à 1677. Perrault s'opposa à la tradition classique en architecture et mit en doute l'existence d'une essence mathématique propre aux différents ordres, en montrant les divergences entre les auteurs classiques et l'impossibilité pratique d'établir une correspondance entre les ordres architecturaux et les tons musicaux. Ses idées lui attirèrent les foudres de l'Académie royale d'architecture. Outre ses réalisations architecturales, Perrault était également un physicien de renom. Il fut l'un des premiers à s'intéresser à l'optique. En 1673, il publia *Optique de Claude Perrault*, dans lequel il expose ses théories sur la lumière et la vision. Claude Perrault décéda en octobre 1688, à Paris, de septicémie. Il fut infecté par une piqûre au cours de la dissection

> d'un chameau au Jardin royal des plantes médicinales de Paris. Il fut inhumé en l'église Saint-Benoît-le-Bétourné.

Histoire

La rue actuelle est un tronçon de l'ancienne « rue des Fossés-Saint-Germain-l'Auxerrois ». Celle-ci tirait son nom du fossé de l'enceinte carolingienne élevée sur la rive droite à la fin du Xe siècle et au début du XIe siècle, puis abandonnée à la fin du siècle suivant et dont il ne reste aucun vestige visible. La rue suivait le tracé de ce fossé sur la portion qui englobait l'église Saint-Germain-l'Auxerrois. Les résultats des fouilles menées à la fin du XXe siècle dans la rue du Temple et au début du XXIe siècle à l'angle des rues de l'Arbre-Sec et de Rivoli, ainsi que le relevé d'autres traces, ont permis de vérifier l'orientation du fossé et de reconstituer une grande partie de son tracé. Partant de la Seine (à l'extrémité sud-est de l'actuelle rue de l'Amiral-de-Coligny), en direction du nord, l'enceinte longeait l'ancien parvis de l'église, puis bifurquait vers le nord-est, laissant le cloître Saint-Germain-l'Auxerrois à sa droite, avant d'atteindre l'extrémité de l'actuelle rue Perrault. Sa prolongation suivait le même axe. La voie établie sur cette ligne a traversé près de six siècles malgré d'importantes interventions dans le tissu urbain environnant et en dépit des renommages et amputations qu'elle a subies. Au XVe siècle, la partie, entre la rue de l'Arbre-Sec et la rue de la Monnaie, est connue sous le nom de « rue au Quens de Pontis » (chiens), car on y trouvait les chenils des comtes de Pontis. Puis elle devient la « rue Béthisy », car située dans le prolongement de celle-ci. Elle prend le nom de « rue des Fossés-Saint-Germain-l'Auxerrois » lors de l'ouverture de la rue du Roule au XVIIe siècle. En 1702, la partie située entre les rues du Roule et de l'Arbre-Sec se nommait « rue Borel » (nom d'un propriétaire). Cette partie prit ensuite le nom de « rue des Fossés-Saint-Germain » en faisant la prolongation. En 1852, sa partie orientale, entre les rues de l'Arbre-Sec et de la Monnaie, disparaît lors du percement de la rue de Rivoli. L'année suivante, elle est amputée de sa partie occidentale lors de l'extension de la place du Louvre. Elle prend son nom actuel en 1867.

Immobilier

N°14 : au XIVe siècle, se dressait à cet emplacement l'hôtel de Rohan-Montbazon où l'amiral de Coligny (1519-1572), huguenot, mourut le corps transpercé par un énorme pieu lors de la Saint-Barthélemy (23-24 août 1572). Son cadavre fut ensuite jeté par la fenêtre, on lui coupa la tête et on le pendit par les pieds au gibet de Montfaucon. Quelques jours plus tard, on s'avisa qu'ayant été pendu avant été jugé, on ne pouvait confisquer ses biens. Qu'à cela ne tienne, on lui fit, à titre posthume, un procès pour crime de lèse-majesté, et il fut rependu sous la forme d'un mannequin de paille.

Ex-n°20 : « On sait bien que l'esprit court les rues, mais ceci est un bruit que les sots font courir ! », phrase prononcée par la cantatrice Sophie Arnould (1744-1802). Excellente interprète de plusieurs opéras de Jean-Philippe Rameau et de Christophe von Gluck, ce fut également une femme d'esprit très appréciée qui a dit, voyant deux hommes danser avec une de ses consœurs très maigre : « On dirait deux chiens en train de se disputer un os ! ».

Faits divers

Un calviniste converti au judaïsme, Jean Foutanier, accusé en décembre 1621 de vouloir convertir le royaume à sa nouvelle religion, est brûlé en Grève avec son livre *Trésor inestimable*.

Rue du Pont-Neuf

La rue commence rue de la Monnaie et quai de la Mégisserie, et se termine place Maurice-Quentin. Elle mesure 327 mètres de longueur et 20 mètres de largeur.

Odonymie

La rue porte ce nom car elle aboutit au Pont-Neuf.

Histoire

Le 21 juin 1854, un décret approuve le plan du périmètre de restructuration des Halles centrales. Ce plan prévoit l'ouverture d'une nouvelle rue entre le Pont-Neuf et les Halles. Le plan parcellaire des propriétés à exproprier pour « l'élargissement de la rue Tirechape et le prolongement de cette voie jusqu'au Pont-Neuf » est publié le 6 septembre 1865. La nouvelle rue du Pont-Neuf absorbe les rues Etienne, de la Tonnellerie et Tirechappe. Une partie de la rue de la Monnaie et de la place des Trois-Maries disparaissent également. La rue est inaugurée en 1867. La partie entre la rue Berger et la rue Rambuteau est renommée « rue Baltard » en 1877. Cette rue a été supprimée lors de la construction du Forum des Halles.

Immobilier

N°1 : emplacement de l'ancien magasin *La Samaritaine* (voir la rue de la Monnaie).

N°2 : emplacement de l'ancien magasin *A la Belle Jardinière*.

Faits divers

Le 7 juillet 1946, des convoyeurs de fonds chargent des sacs de la Société générale à l'arrière de leur fourgon et redémarrent. Rue de Rivoli, ils se font braquer de l'intérieur par Pierre Loutrel, dit Pierrot le Fou, et un complice. Tous deux s'étaient glissés dans la fourgonnette non verrouillée pendant que les convoyeurs s'affairaient au transfert des sacs. Butin : 3 millions de francs.

A la Belle Jardinière

Il s'agit de l'enseigne d'une chaîne française de magasins de confection du XIXe siècle.

Histoire

Pierre Parissot, mercier dans le quartier de la Cité, ouvre un magasin de vêtements confectionnés en série, vendus à un prix fixe à la clientèle des classes moyennes, quai aux Fleurs, en 1824. L'enseigne figure une jardinière en train d'arroser des fleurs. En 1830, Barthélemy Thimonnier invente la machine à coudre, qui va développer de manière considérable la production de Parissot et ses affaires du même coup. L'enseigne compte 190 points de vente en 1840 et 322 en 1860. La boutique s'agrandit au fil du temps, occupant un vaste quadrilatère situé entre les rues de la Cité, du Haut-Moulin et des Marmousets. En 1856, le capital atteint trois millions de francs. Des établissements scolaires, comme le collège Stanislas de Paris, y font faire leurs uniformes. En 1864, le bâtiment est réquisitionné, puis détruit deux ans plus tard, afin de permettre l'édification du nouvel Hôtel-Dieu. Expropriés, les administrateurs de la Belle Jardinière jettent leur dévolu sur un terrain situé au nord-est du Pont-Neuf, quai de la Mégisserie. Hélas, ce dernier est alluvionnaire. Pas de souci, une dalle de béton de 60 cm d'épaisseur est coulée sur le terrain afin de supporter les futurs murs de pierre. L'architecte Henri Blondel, un ancien élève d'Henri Labrousse, est choisi pour diriger le chantier. Les travaux auront lieu entre le 29 mai 1866 et décembre 1867. Une inauguration partielle a lieu le 21 avril 1867 grâce à l'ingéniosité de l'architecte. Ce dernier a concentré son travail sur le magasin de vente situé au rez-de-chaussée et à l'entresol. Ainsi, les travaux des étages ont pu se poursuivre sans gêner les clients et les ventes. Blondel a recours aux techniques employées par Baltard aux Halles : fonte moulée, fer laminé et riveté. La façade préfigure le principe du mur-rideau qui s'affirme à la fin du XIXe siècle. Il s'agit d'une structure périphérique en pierre de taille dont les piles placées à intervalles réguliers permettent d'obtenir  des baies très larges. L'architecture classique du bâtiment peut paraître assez ordinaire, surtout étant donné le vaste catalogue proposé par la capitale, toutefois l'architecte a pris le parti de distinguer chaque fonction du bâtiment par une décoration différente, perceptible au niveau des avant-corps en saillie. La boutique à bossage est isolée des bureaux par un épais entablement. Les arcades des ateliers sont séparées par des colonnes cannelées engagées à chapiteaux ioniques. L'attique est surmonté d'un fronton semi-circulaire et ceint d'un balustre en fer forgé ornementale. L'organisation interne du bâtiment est également novatrice et cède aux préceptes les plus modernes de l'organisation du travail. Le circuit de confection est agencé de manière très rationnelle, avec éclairage zénithal pour les ateliers. Le premier étage est réservé à l'administration, le deuxième et le troisième étage, aux ateliers, et les combles pour les appartements des quatre gérants et les 120 chambres pour les employés. En 1869, le neveu de Parissot, Adolphe, entre dans le capital. En 1878, le bâtiment est surélevé afin d'y aménager un double comble. La charpente en bois est démontée. Les niveaux dévolus à la fabrication cèdent la place à la vente, lorsque la confection et le stockage sont délocalisés dans une usine de la rue Didot en 1891. Pendant la Première Guerre mondiale, la boutique fabrique et vend des uniformes aux officiers français et alliés. En 1930, l'entreprise familiale est transformée en société anonyme et affiche un capital de 196 millions de francs. Son activité atteint son apogée. Le magasin emploie plus de 2000 personnes. Pourtant, les affaires déclinent après la Seconde Guerre mondiale, entraînant la fermeture du site dans les années 1970. En 1972, M. Bricard, le PDG, cède l'entreprise aux frères Willot (groupe Agache-Willot), faisant ainsi disparaître la Belle Jardinière, après 148 ans d'activité. Une enseigne du groupe, Conforama, investit les lieux. En raison de démêlés financiers et judiciaires, les propriétaires sont contraints de vendre et le groupe LVMH (Louis Vuitton Moët Hennessy) rachète les lieux en 1995. Des travaux de rénovation sont entrepris dans un souci de « pérennité historique ». Aujourd'hui, le vaste immeuble est toujours occupé par Conforama, ainsi que par Darty et Habitat.

Rue des Prêtres-Saint-Germain-l'Auxerrois

La rue commence place de l'École et rue de l'Arbre-Sec, et se termine place du Louvre. Elle mesure 70 mètres de longueur et 10 mètres minimum de largeur.

Odonymie

Du XIIIe au XIXe siècle, se trouvait dans cette voie le presbytère de l'église Saint-Germain-l'Auxerrois. La plupart des desservants de la paroisse y logeaient. Avant de prendre sa toponymie actuelle en 1450, la rue porta bien des noms : « ruelle du Cloître », « ruelle par laquelle on va à l'église et y aboutissant » (IX\u1d49 siècle), « rue Saint-Germain à Couroiers » (1300), « rue Saint-Germain » et « grande rue Saint-Germain ». En 1702, la partie comprise entre les places des Trois-Maries et de l'Ecole portait le nom de « rue Saint-Germain-l'Auxerrois ». À cette époque, cette partie fut réunie à la rue des Prêtres, dont elle prit la dénomination. La partie entre les rues de la Monnaie et de l'Arbre-Sec disparaît en 1925 pour l'agrandissement des magasins de *La Samaritaine*.

Histoire

En février et mars 1898, des fouilles furent exécutées devant le portail méridional de l'église. Parmi les objets découverts : un sarcophage de plâtre dont les deux extrémités étaient ornées et six sarcophages lors du percement d'un égout en février de la même année. Puis dix en mars, qui furent transportés au musée Carnavalet. D'autres panneaux furent découverts en 1899.

Immobilier

N°15 : vieille maison étroite ayant une seule fenêtre par étage. L'escalier et ses ferronneries datent du XVIII\u1d49 siècle.

N°17 : siège du *Journal des débats* de 1800 à 1940. Présence de lucarnes Louis XIII à fronton triangulaire et d'un grand escalier intérieur à balustres en bois.

N°19 : maison ayant abrité le café *Momus*, rendez-vous de la bohème et du monde littéraire des années 1840. Là se retrouvaient des personnalités aussi diverses que Chateaubriand, Sainte-Beuve, Nadar, Gustave

Courbet, Charles Baudelaire, Marc Trapadoux, Hippolyte Taine, Ernest Renan, Casimir Perrier, Benjamin Constant. L'origine de l'établissement est inconnue, mais remonte au moins aux années 1810. En novembre-décembre 1845, le café fait passer des annonces dans le journal *Le Tintamarre* : « Café Momus, rue des Prêtres-Saint-Germain l'Auxerrois, 19, près l'Eglise. Ouverture de nouveaux salons, estaminet, 5 billards à tables d'ardoise. Cet établissement est connu par la modicité des prix et la qualité des objets fournis en consommation. On y lit tous les  journaux français et étrangers ainsi que les revues ». Le café *Momus* était effectivement réputé pour ses prix raisonnables. Dans son livre *Histoire anecdotique des cafés et cabarets de Paris*, Alfred Delvau raconte que l'hiver, pour se réchauffer, « on allait au café Momus, où la demi-tasse ne coûtait que cinq sous », et on pouvait se partager une demi-tasse à plusieurs « pour passer la journée à l'estaminet ». Ainsi, dans les années 1838-1848, dans le sillage d'Henry Murger, le café va attirer une clientèle de jeunes artistes désargentés, surnommée la *Bohème*. Le café fit faillite en 1856 et ferma définitivement. La même année, la maison échappe de peu aux démolitions lors de l'agrandissement de la place du Louvre. Un marchand de couleurs prit sa place en 1860 ou 1861. Après avoir perdu son pignon dans les années 1870, l'immeuble fut occupé par un hôtel. Dans le roman de Murger comme dans l'opéra de Puccini, c'est là que se retrouvent le poète Rodolphe (Henry Murger), le peintre Marcel (François Tabar), le musicien Schaunard (Alexandre Schanne), le philosophe Colline (Jean Wallon) et leurs amis.

Rue de Rivoli

La rue commence rue François-Mitron et rue de Sévigné, et se termine place de la Concorde et rue Saint-Florentin. Elle mesure 3 070 mètres de longueur et 22 mètres de largeur (sauf le long du jardin des Tuileries où elle se rétrécit à 20,78 mètres). La rue se situe dans le 1er (n°41 à fin et n°98 à fin) et le 4e (n°1 à 39 et n°2 à 96) arrondissement.

Odonymie

La rue ayant été ouverte sous le règne de Napoléon 1er, son nom doit logiquement avoir un lien avec l'empereur. Aussitôt, les gens pensent à la victoire de Napoléon Bonaparte à Rivoli Véronèse, en Italie, les 14 et 15 janvier 1797, contre l'Autriche. Si la ville s'appelle Rivoli Véronèse, pourquoi la rue s'appelle « rue de Rivoli » ? Où est passé Véronèse ? Oubli accidentel ou volontaire ? Le gouvernement a surtout eu la volonté de faire oublier certains de ses actes. Lors de la campagne d'Italie, Napoléon n'a pas seulement remporté des victoires, mais également des souvenirs italiens dont le musée du Louvre est fier. Ou bien l'empereur était rancunier et toujours fâché contre les Véronais ? Petit rappel : en 1797, Napoléon est entré dans Venise, a mis fin à la République, avant de livrer la ville aux Autrichiens suite au traité de Campoformio. Les Véronais, alliés des Vénitiens, n'ont guère apprécié le procédé et ont vengé Venise en massacrant plus de 400 soldats français, blessés, hospitalisés dans des hospices italiens. Conclusion : la rue parisienne se contenta de Rivoli.

Histoire

L'idée de créer une voie triomphale, réunissant l'ouest et l'est, naît sous l'Ancien Régime, sans pour autant être réalisée. En 1789, l'architecte

Charles de Wailly propose de tracer une rue reliant la colonnade du Louvre à la rue Saint-Antoine. Le projet est rejeté. Les révolutionnaires avaient d'autres préoccupations que d'exproprier des habitants, raser des bâtiments et percer une nouvelle rue. À la même époque, une voie longeant le jardin des Tuileries, à l'emplacement de l'actuelle rue de Rivoli, est envisagée. Sauf que le terrain était occupé par des congrégations religieuses : le couvent de l'Assomption, des Capucins, des Feuillants et des Oratoriens. En 1797, une commission de onze artistes, dont sept architectes, reprend l'idée. Cette fois, l'axe commence à la place de la Concorde et doit se prolonger jusqu'à la place de la Bastille, en faisant quelques petits décrochés. Le premier tronçon, compris entre la place de la Concorde et le palais des Tuileries, est devenu réalisable suite à la confiscation des biens ecclésiastiques. Par contre, le deuxième tronçon, entre le palais des Tuileries et la rue Saint-Antoine nécessite toujours de nombreuses expropriations. Pourtant, il faut attendre le Consulat de Napoléon Bonaparte pour en voir les premiers travaux. Le décret du 17 vendémiaire an X (9 octobre 1801) prévoit le percement d'une rue entre le passage du Manège et la rue Saint-Florentin. Un deuxième arrêté en date du 1er floréal an X (21 avril 1802) précise que les terrains compris le long de la terrasse des Feuillants, soit les jardins des couvents de l'Assomption, des Capucines et des Feuillants seront mis en vente, que le manège sera démonté et reconstruit à Saint-Cloud, que les travaux sont confiés au ministre des Finances. Le 2 frimaire an XI (23 novembre 1802), les architectes Charles Percier et Pierre-François Fontaine dressent les plans de la rue dont la largeur est fixée à 20,85 mètres. La nouvelle rue devant avoir un caractère monumental et desservir le palais du troisième consul, les bâtiments sont soumis à une ordonnance stricte et grevés de servitudes. L'ordonnance est faite de trois étages sur rez-de-chaussée et entresol sous arcades, avec l'obligation d'employer la pierre en façade. Le sol de la galerie doit être dallé en pierre dure. Le premier étage doit reposer sur un léger entablement à modillons et être bordé d'un balcon avec balustrade en fer forgé. Le deuxième étage, moins élevé que le précédent, doit reposer sur un entablement, tandis que l'attique retrouve modillons et balustrade. Le bâtiment doit être coiffé de combles en ardoise dont l'inclinaison est fixée à 45°. Pour les servitudes, « les maisons ou boutiques ne pourront être occupées par des ouvriers travaillant au marteau. Elles ne pourront non plus être occupées par des bouchers, charcutiers, pâtissiers, boulangers, ni autre artisan dont le métier nécessite l'usage d'un four. Il ne sera mis aucune peinture, écriteau ou enseigne indicatrice de la profession ». Toutes ces contraintes découragent les acquéreurs, obligeant Napoléon 1er à accorder, le 11 janvier 1811, des exemptions d'impôt pendant trente ans pour les acheteurs. Sans grand résultat. Seules quelques arcades et immeubles se dressent à la fin de l'Empire. En 1817, la rue de Rivoli commençait place du Carrousel et finissait place de la Concorde.

Plusieurs projets de réunion du Louvre et des Tuileries sont présentés au début du XIXe siècle. Ils prévoient le prolongement de la rue de Rivoli entre la rue de Rohan et la place de l'Oratoire. Le gouvernement provisoire de la Deuxième République charge Louis Visconti de prolonger la rue de Rivoli jusqu'à la rue de Marengo, le 24 mars 1848, puis jusqu'à l'Hôtel de Ville par l'Assemblée législative, le 4 août 1851. Ce prolongement s'effectue au moyen d'immenses travaux comprenant l'arasement de la butte Saint-Jacques-de-la-Boucherie. Arasement nécessaire pour établir la continuité du profil régulier de la rue de Rivoli, ce qui entraîne la destruction et la reconstruction du quartier entre la place du Châtelet et la place de l'Hôtel-de-Ville. Ces travaux provoquent également l'ouverture de nouvelles voies, notamment l'avenue Victoria et la création du square de la tour Saint-Jacques. Les expropriations nécessaires sont autorisées par une loi du 4 août 1851 et des décrets des 23 mai 1851, 26 mars 1852, 23 octobre 1852, 19 février 1853, 15 novembre 1853 et 29 septembre 1854. Le 23 décembre 1852, le prolongement des arcades entre la rue Delorme et la rue du Louvre est déclaré d'utilité publique.

Le baron Haussmann reprend le flambeau et prolonge la rue jusqu'à son terme actuel, le métro Saint-Paul. La Compagnie des hôtels et des immeubles de la rue de Rivoli, créée par les frères Pereire, font construire le Grand Hôtel du Louvre, qui deviendra les Grands magasins du Louvre, pour être aujourd'hui le Louvre des Antiquaires.

Dans la partie Est de la rue, les contraintes sont assouplies afin d'attirer les acheteurs. On leur permet de construire deux étages supplémentaires sous un comble arrondi, recouvert de feuilles de zinc. Lors de la Commune de Paris en 1871, la section de la rue comprise entre la rue Saint-Martin et l'Hôtel de Ville est incendiée par les émeutiers. Le 31 mai 1905, le président de la République, Émile Loubet, et le roi d'Espagne, Alphonse III, alors en visite officielle à Paris, sortent indemnes d'un attentat à la bombe à main visant leur cortège. Le 12 avril 1918, durant la Première Guerre mondiale, des avions allemands bombardent les immeubles des n°12 et 14 de la rue. Depuis 2020, la rue de Rivoli est réservée aux piétons et aux vélos, voire à quelques véhicules motorisés (camions de livraison pour les boutiques installées sous les arcades).

Immobilier

<u>N°55</u> : siège de la *Nouvelle revue rétrospective*, fondée par Jules-Antoine Taschereau, administrateur général de la Bibliothèque impériale, secrétaire général de la Préfecture de la Seine sous Louis Philippe, puis député à l'Assemblée constituante. Ce dernier causa la perte du député Auguste Blanqui, en 1848, en publiant des documents compromettants. L'emplacement des locaux est choisi par Paul Cottin. Paul Ginistry évoque la revue dans *L'Année littéraire* en 1885 : « Un très érudit bibliothécaire de l'Arsenal, M. Paul Cottin, a entrepris depuis quelque temps une publication modeste, sans fracas et ne cherchant même pas, j'imagine, à dépasser le cercle d'un public de choix. Il n'en est pas moins vrai que, avec

son simple sous-titre de « recueil de pièces intéressantes et de citations curieuses », le petit volume qui nous arrive tous les six mois, est infiniment attachant et piquant : c'est une mine de documents historiques qui prêtent le plus souvent à de plaisants rapprochements ». L'immeuble abritait également les bureaux de Paul Déroulède, fondateur boulangiste de la Ligue des patriotes, et le cabinet d'avocat de son frère André Déroulède.

N°59 : emplacement du *59 Rivoli*. Le 1er novembre 1999, Gaspard Delanoë (de son vrai nom Frédéric Hébert), Kalex et Bruno Dumont pénètrent dans l'édifice. Ce dernier est abandonné depuis huit ans par le Crédit lyonnais. Le lieu, autogéré par le collectif *Chez Robert : Electrons Libres*, se transforme en squat d'artistes qui y exposent. Avec 40 000 visiteurs par an, l'immeuble devient un des lieux d'exposition d'art contemporain les plus visités de la capitale. Néanmoins, la menace d'expulsion demeure. En 2001, Bertrand Delanoë, nouvellement élu maire de Paris, s'engage à racheter l'immeuble. Cette appropriation de l'immeuble haussmannien est ensuite légalisée par la mairie de Paris. Le lieu est fermé en 2005 pour travaux et rouvre fin 2009. Depuis le site est devenu un ensemble réunissant des ateliers, des résidences d'artistes, une galerie d'art contemporain, qui propose des concerts et des animations culturelles. En 2012, une chargée de projet est embauchée à la suite d'un audit réalisé par la ville de Paris demandant à l'association une meilleure gouvernance et une plus grande transparence administrative.

N°67-83 : les immeubles occupent l'emplacement des anciens magasins de La Samaritaine reconvertis aujourd'hui en hôtel.

N°99 : entrée du Carrousel du Louvre. Ce centre commercial souterrain, situé entre le musée du Louvre et le jardin des Tuileries, comprend des boutiques, la pyramide inversée du Louvre, le studio-théâtre de la Comédie-Française et le grand amphithéâtre de l'Ecole du Louvre. Il fut construit dans le cadre des travaux du Grand Louvre par les architectes Ieoh Ming Pei et Michel Macary. Il fut ouvert au public en 1993.

N°107 : emplacement du bâtiment du musée des Arts décoratifs.

Henri Désiré Landru

La guerre est finie et la vie reprend ses droits tout doucement. Fin décembre 1918, le maire de Gambais, petite commune des Yvelines, reçoit une lettre de madame Pellat. Elle est à la recherche d'une amie, Anne Collomb, venue s'établir dans cette ville avec son fiancé monsieur Dupont. Le maire lui répond ne pas connaître ces personnes. Quelques jours plus tard, le maire reçoit une nouvelle lettre, cette fois d'une Mlle Lacoste recherchant sa sœur Célestine Buisson, venue s'installer dans la ville avec son compagnon monsieur Fremyet. Bien que lui ayant écrit de nombreuses lettres, elle reste sans nouvelles. Elle décrit au maire la villa, hors du bourg, construite près du cimetière. Le maire lui fait aussitôt réponse. Il ne connaît pas de madame Buisson ou de monsieur Fremyet. Par contre, la maison appartient à monsieur Tric qui la loue à monsieur Dupont. Il lui parle également des inquiétudes de la famille Pellat recherchant une madame Collomb. Les deux familles entrent en contact et s'aperçoivent que Dupont et Fremyet sont le même homme. Les deux disparues ont répondu à des annonces matrimoniales parues le 16 mars

1915 dans *l'Echo de Paris* et le 1ᵉʳ mai 1915 dans le *Petit Journal*. Les deux familles s'unissent pour porter plainte contre X auprès du parquet de la Seine.

L'inspecteur Belin est chargé de l'affaire. Avant de partir pour Gambais, il reçoit Mlle Lacoste et Mme Pellat. Arrivé sur place, il interroge les villageois sur la villa et découvre que celle-ci, baptisée l'Ermitage, appartient à un certain M. Tric, qui la loue à un M. Dupont, résidant à Rouen. Les voisins expliquent qu'un petit homme chauve et barbu, coiffé d'un chapeau melon, y vient régulièrement avec une femme, jamais la même, et repart toujours seul. Les volets restent constamment fermés et de la fumée s'échappe des conduits été comme hiver. La fumée est épaisse et nauséabonde. L'inspecteur Belin pense avoir affaire à un proxénète expédiant des femmes vers l'étranger. Il remonte la piste du locataire introuvable et finit au domicile de Célestine Buisson et M. Guillet, boulevard de Ney, à Paris, où le courrier est réexpédié.

Direction Paris, le 18ᵉ arrondissement. Belin y rencontre la voisine de Mlle Buisson : madame Bonhoure. Elle a rencontré le fameux fiancé, monsieur Fremyet. Elle le trouve laid et étrange. L'enquête piétine. Le fiancé est un fantôme qui ne laisse aucune trace, changeant souvent de nom. Par chance, le 8 avril 1919, une amie de Mlle Lacoste reconnaît le « fiancé », au bras d'une nouvelle conquête, sortant d'un magasin, *Au Lion de Faïence*, rue de Rivoli. Elle décide de suivre le couple, mais le perd au Châtelet. Elle prévient aussitôt l'inspecteur Belin qui se rend dans la boutique. Monsieur Lucien Guillet vient d'acheter un service de table à 325 francs qui doit lui être livré le lendemain, 76 rue Rochechouart. Le suspect est arrêté à son domicile, le 12 avril 1919, à 6 heures du matin, jour de ses cinquante ans, par les inspecteurs Braunberger et Jules Belin. Il est accusé d'escroquerie et d'abus de confiance. Hélas, l'histoire va s'avérer bien plus sombre et effrayante.

Les deux policiers retrouvent à son domicile un permis de conduire au nom d'Henri Désiré Landru et un petit carnet sur lequel sont inscrits onze noms, dont ceux des deux disparues sur lesquelles Jules Belin enquête : Jeanne Cuchet, 39 ans, lingère ; André Cuchet, 17 ans ; Thérèse Laborde-Line, 46 ans ; Marie-Angélique Guillin, ancienne gouvernante, 52 ans ; Berthe-Anne Babelay, femme de ménage, 55 ans ; Anne Collomb, secrétaire, 44 ans ; Célestine Buisson, femme de ménage ; Louise-Joséphine Jaume, 38 ans ; Anne-Marie Pascal, couturière, 37 ans ; Marie-Thérèse Marchadier, proxénète, 37 ans. L'examen de ses papiers, surtout son registre de comptes si méticuleusement tenu, révèle une vaste escroquerie au mariage. Près de 283 femmes sont entrées en contact avec Landru à la suite d'annonces matrimoniales passées par celui-ci dans divers journaux. La majorité d'entre elles doivent leur survie à leur famille ou à la pauvreté, car Landru cherchait surtout des victimes isolées de leur entourage et ayant quelques revenus. Double escroquerie, car Landru est marié et père de quatre enfants à cette époque. Le 7 octobre 1893, il a épousé Marie-Catherine Rémy, blanchisseuse, avec laquelle il eut Marie-Henriette en 1891, Maurice-Alexandre en 1894, Suzanne en 1896 et Charles en 1900. La découverte par le commissaire Dautel des noms de ces onze personnes déclarées disparues, conduit le juge Bonin à inculper Landru de meurtres en mai 1919.

Des perquisitions ont lieu chez Landru, dans son appartement parisien, rue de Châteaudun, ainsi que dans les deux villas qu'il louait, à Vernouillet et à Gambais. Des restes de corps humains sont retrouvés parmi les cendres de la cheminée et dans la cuisinière. Les policiers trouvent également des agrafes, des épingles, des morceaux de corset, des boutons en partie calcinés. Le médecin légiste analyse 4,176 kg de débris d'os brûlés, ainsi que 47 dents ou fragments de dents. Ces restes appartiennent à plusieurs personnes. Le scientifique confirme la présence de trois têtes, cinq pieds et six mains appartenant à des individus différents.

Le 28 juin 1919, les enquêteurs Kling et Beyle font brûler dans la cuisinière une tête de mouton et un gigot de sept livres. Le tirage est excellent et la graisse de la viande assure la combustion. Les enquêteurs retrouvent dans un garde-meuble, loué à Clichy, des meubles ayant appartenu à l'une des disparues. Après avoir fait disparaître ses victimes, Landru se rendait à leur domicile, faisait le déménagement avec l'un de ses fils et entreposait les meubles avant de les revendre aux enchères. La comptabilité de l'accusé révèle l'achat de scies à métaux, de scies à bûches, de charbon. Elle dénonce surtout l'achat de billets de train ; deux allers vers Vernouillet ou Gambais et seulement un aller simple vers Paris. Plus de trace de la fiancée. Vraisemblablement, le « boucher » brûlait les têtes, les mains et les pieds dans la cuisinière, tandis que le reste des corps était enterré dans la forêt ou jeté dans un étang. Bien que le dossier contienne plus de 5 000 pièces, les policiers n'ont pas de preuve directe de la culpabilité de Landru en ce qui concerne les meurtres. Celui-ci n'avouera jamais rien durant ses nombreux interrogatoires.

Le procès s'ouvre après deux ans et demi d'instruction, le 7 novembre 1921, devant la cour d'assises de Seine-et-Oise, à Versailles. Celui-ci se transforme en spectacle, presque en pièce de théâtre, et passionne le Tout-Paris. Mistinguett, Raimu, Colette assistent aux audiences, ainsi que l'aristocratie étrangère charmée par l'humour provocateur de Landru. Il reconnaît les escroqueries, mais nie les meurtres. L'accusé joue les offensés, provoquant la Cour en déclarant : « Montrez-moi les cadavres ! ». On pourrait le croire fou, mais il n'en est rien. À l'huissier chargé de lui remettre la liste des jurés, Landru répond : « Il n'est pas vraiment utile de se déranger, surtout un dimanche, pour si peu de choses ». Lors de l'évocation des chiffres inscrits sur son carnet à côté des noms des victimes : « Voyons Landru, toutes ces femmes... Vos enfants ne disaient rien ? ». Offusqué, il répond : « Quand je donne un ordre à mes enfants, moi, Monsieur le Juge, ils obéissent. Ils ne cherchent pas le pourquoi ni le comment. Je me demande comment vous élevez les vôtres ! ». Une autre pirouette : « Moi ? J'ai fait disparaître quelqu'un ? Eh bien, ça alors ! Si vous croyez ce que racontent les journaux ! ». Landru se mettant à pleurer, le président est soulagé, car il pense enfin obtenir des aveux : « Oui, je pleure mes fautes, je me repens… j'ai des remords… je pleure parce que je pense qu'avec tout le scandale fait autour de mon nom, on a appris à ma pauvre femme que je l'avais trompée. » Provocateur : « Si les femmes que j'ai connues ont quelque chose à me reprocher, elles n'ont qu'à déposer plainte ! » Tandis que le président menace de réexpédier les gens à leur domicile si les rires ne cessent pas aussitôt, Landru répond : « Pour mon compte, Monsieur le président, ce n'est pas de refus. » Et ce n'est qu'un échantillon.

L'avocat de Landru tenta de défendre son client aussi bien qu'il le pût, essayant de semer le doute dans l'esprit des jurés. Hélas, au terme de huit heures de délibérations, ils déclarèrent Landru coupable de onze meurtres et le condamnèrent à la guillotine le 30 novembre 1921. Le recours en grâce est rejeté par le président de la République, Alexandre Millerand, le 24 février 1922. Le criminel est guillotiné à l'entrée de la prison de Versailles le lendemain matin, à 6 h 10. Il est enterré dans la partie réservée aux condamnés à mort du cimetière des Gonards à Versailles. Sa famille prit en charge l'inhumation, sa tombe est simplement surmontée d'une croix en bois mentionnant ses deux prénoms. Depuis plus personne ne sait où se trouve la tombe du « Barbe bleue de Gambais ».

Pour se replonger dans cette histoire, il est possible de regarder le film *Landru* de Claude Cabrol, sorti en 1963, ou le téléfilm de Pierre Boutron, présenté sur TF1, le 19 septembre 2005 avec Patrick Timsit dans le rôle principal.

Louis Landrillon

- Tu l'as vu, celui-là ?
- Ouais.
- Regarde, regarde ! Il fait les poches du type ! Et tout à l'heure, il fouillait l'autre, là ! Je l'ai entendu dire qu'il leur fallait vingt francs avant ce soir.

- On y va discrètement !
- Fais gaffe, ils sont deux. Le grand en bleu, c'est son copain.
- Merde, il nous a vus !

« Le grand en bleu » s'est senti repéré. Il a vu ces deux types qui l'observaient et, d'une bourrade, a signifié à son copain, le costaud en marron aux cheveux hirsutes, qu'ils devaient déguerpir. Les deux malfrats ont quitté la cour du Louvre et remonté sur quelques mètres la rue de Rivoli, dans la foule qui, cet après-midi du 21 avril 1881, s'attarde sous les arcades, devant les vitrines.

L'inspecteur Vincencini les a perdus des yeux, mais son collègue Rongeat, plus rapide, s'est rapproché. Pour lui, c'était plus facile, car le grand suspect en bleu ne l'a pas repéré. Il n'a croisé le regard que de Vincencini, qu'il connaît déjà ! Caché derrière un pilier, Rongeat n'est plus qu'à quelques centimètres du costaud en marron. Malgré ses grosses mains, le type est habile : il vient de faire les poches d'une élégante qui n'a rien senti. Cette fois, il est pris la main dans le sac ! Rongeat s'élance et au milieu des passants, tombe sur le dos du voyou. Mais le voleur a une force herculéenne. En un instant, le policier, plus petit, moins épais, moins stable que son adversaire, se trouve jeté à terre par un croc-en-jambe qui le laisse « sonné ». La foule s'est écartée et le costaud en a profité pour prendre ses jambes à son cou. Le policier se relève à son tour et s'élance derrière lui. Il ignore qu'il s'attaque à Louis Landrillon, un redoutable garçon-boucher de 18 ans, employé chez Pérot, à Levallois.

Garçon boucher, ce n'est pas rien. Ça fait même peur. Car jusqu'à la disparition des abattoirs de La Villette, les garçons-bouchers formaient à Paris une caste particulière, respectée, crainte non sans raisons, haut placée dans la hiérarchie du monde de la rue. Au XVe siècle déjà, durant la guerre entre Armagnacs et Bourguignons, on a eu recours à eux. Si les Armagnacs, portant une croix blanche à angles droits, étaient assistés de mercenaires allemands, lorrains et gascons, rapides à répandre le meurtre et l'incendie, les Bourguignons, portant la croix de Saint-André, oblique et rouge, avaient armé les garçons-bouchers qui, sous les ordres de Simon Caboche, lui-même écorcheur à la boucherie de l'Hôtel-Dieu, égorgeaient tous les Armagnacs et ceux qu'ils considéraient comme tels. Et ce n'est pas fini ! En 1902, lorsque, à La Courtille, à Belleville, à Charonne, la bande des Orteaux et celle de Popincourt s'entre-tueront pour Casque d'Or à coups de cannes plombées, de nerfs de bœuf, de Laguiole, de cannes-épées, de coups de poing américains et de revolvers, les garçons-bouchers de La Villette obtiendront le respect en utilisant l'os de mouton aux pointes acérées... On trouvera même un curé, l'année suivante, en 1903, lorsque commenceront les persécutions de l'Eglise, pour faire appel aux gars de la Villette. C'est à eux que l'abbé Auriault, curé de Saint-Jean-Baptiste-de-Belleville, se défiant du préfet Lépine qui laisse saccager les lieux saints, confiera la défense de son église, au centre du quartier socialiste le plus virulent de Paris.

Mais revenons à Rongeat, qui va plus vite que Landrillon. Parvenu au coin de la rue de l'Arbre-Sec, il lui saute sur les épaules.

- Arrête-toi, tu es pris !

Pour toute réponse, le voleur lui assène un coup à l'estomac qui le plie en deux, suivi d'un coup de genou au menton, d'un coup de pied à l'œil et d'une volée de sa canne plombée. Mais Rongeat parvient à se relever. Il reprend son souffle et, aidé d'un gardien de la paix, passe enfin les menottes à Landrillon, qu'ils ont cerné cette fois dans la cour du Louvre. De son côté, Vincencini a coffré « le grand en bleu ». Il s'agit d'un commis pâtissier de 19 ans, nommé Octave Parant, qui n'a pas fait tant d'histoires. Il faut dire que Louis Landrillon est la honte de son père, gardien de la paix dans le 16e arrondissement. On l'a déjà arrêté pour un vol de 50 000 francs, qui s'est terminé par un non-lieu, faute de preuves. Une erreur judiciaire à coup sûr, car au mois d'août précédent, dans la boucherie de Levallois, la bonne, qui l'avait surpris en train de forcer la caisse avec un couteau, peu effrayée par ce colosse, a exigé qu'il remette l'argent en place !

Landrillon est enfermé, mais Rongeat souffre de l'estomac. Le coup reçu au coin de la rue de l'Arbre-Sec lui a fait mal. Fin avril, il s'alite. Le 8 mai, il est mort. La faculté de médecine, en la personne du Dr Le Paulnier, médecin légiste, découvre alors que le coup à l'estomac est un coup d'os de mouton qui a provoqué une péritonite aigue. C'est l'arme des bouchers : un petit os plat en forme de poire élargie, situé près de la selle du mouton, que l'on place dans la paume de la main pour laisser passer l'autre extrémité, la queue de la poire, entre le majeur et l'annulaire. Le patron de la Sûreté, Gustave Macé, a bien noté qu'un coup porté ainsi à l'abdomen avec suffisamment de force était toujours mortel. Octave Parant, pris de panique à l'idée de se voir attribuer un rôle dans le meurtre d'un policier, nie avec véhémence et crie son innocence devant la cour d'assises, qui l'acquitte. Et ce 22 septembre 1881, Landrillon a lui aussi de la chance. L'avocat général Bernard, face à Me Binder, n'obtient « que » les travaux forcés à perpétuité.

Boisleux et La Jarrige

Trente-cinq ans après le Dr de Chaniac, deux de ses confrères ont été moins chanceux. Charles Boisleux, 40 ans, gynécologue, ancien collaborateur de Louis Pasteur, créateur d'une clinique spécialisée rue des Archives, est l'auteur de nombreux ouvrages scientifiques, publiés pour certains en Allemagne où il a longtemps exercé. Joseph Leynia de La Jarrige, frère cadet du général Louis-Henri de La Jarrige, 43 ans, médecin généraliste, est établi 28 rue de Rivoli. Il est issu d'une vieille famille de la noblesse corrézienne. La Jarrige est l'ami d'un ancien officier de cavalerie, Charles Mansuy qui, après la campagne de 1870, s'est recyclé comme professeur d'équitation. Mansuy a pour maîtresse Adela

Thomson, dont Mme Mansuy se trouve contrainte de tolérer dignement l'existence. Mlle Thomson est si jolie qu'elle exerce la profession de mannequin chez le grand couturier britannique John Redfern, installé 242 rue de Rivoli.

À la fin de l'été 1896, Mansuy sonne à la porte de La Jarrige : sa maîtresse est enceinte, cela ne peut durer. Lui-même aurait bien voulu qu'elle gardât l'enfant, mais la future mère refuse cette grossesse, qui lui ferait perdre son emploi et son salaire. Le médecin n'a pas de meilleur conseil que d'envoyer les amants chez son confrère Boisleux, qui déclare l'opération facile et fixe rendez-vous au 15 octobre. Boisleux veut 500 francs et Mansuy, qui n'est déjà pas très favorable à l'avortement, hésite. Adela se met elle aussi à douter de sa décision. Le rendez-vous est reporté de huit jours. Après avoir prévenu son patron de son absence pour quelques jours en vue d'une opération bénigne, elle s'installe le lundi 23 octobre dans « la chambre verte » de l'appartement personnel de Boisleux, rue de l'Arcade. L'endroit, qui ressemble à une arrière-boutique de brocanteur, encombrée de piles de vieux journaux poussiéreux, ne se prête guère à une opération délicate, même si le gynécologue la juge bénigne. Assisté par La Jarrige et d'un jeune confrère américain, le Dr Guelpi, chargé de l'anesthésie au chloroforme, le gynécologue entreprend l'opération qui doit durer dix minutes sur la table de la salle à manger. Sans prendre de précautions, sans déterminer la cause d'une grosseur abdominale anormale, il commence, assisté d'un cocher dont la mission est de maintenir la patiente. Rapidement, Boisleux retire de l'utérus les membres d'un fœtus de quatre mois. Mais la tête ne sort pas. Le médecin sut sang et eau, rien n'y fait. Soudain, il annonce à ses confrères avoir perforé l'utérus. Une sueur froide coule sur le front de La Jarrige, qui lui demande de tout arrêter. Boisleux le rabroue : il faut opérer en ouvrant le ventre. Charles Mansuy, qui patiente au salon, est consulté. Le mot « opération » lui fait peur et il refuse. Boisleux tente alors sans succès durant plus de deux heures d'expulser l'anse intestinale, au risque de la perforer. La patiente est reconduite dans la chambre verte.

Les médecins n'ont aucune illusion sur le sort de la pauvresse, mais ils ne disent mot. La péritonite survient très rapidement. Cette fois, Boisleux ne demande l'avis de personne et il appelle ses confrères Barberin et Navel, qui opèrent souvent avec lui. À 5 h 00, le 24 octobre, l'opération commence. Effarés, les deux nouveaux venus voient leur confrère retirer une tête de fœtus du ventre de la jeune femme. Techniquement, Boisleux a réussi, mais la patiente, victime d'une infection, meurt le lendemain. Les Dr Poirier et Douvillé, mandatés par l'administration, refusent le permis d'inhumer et alertent la police. On interroge chacun des intervenants qui se contredisent. Boisleux évoque une fièvre purulente, La Jarrige une embolie. L'autopsie révèle l'avortement.

Convoqués chez le commissaire, Mansuy, culotté jusqu'au bout, préfère se tirer une balle dans la tête. Délicatement, il a demandé à sa femme de l'autoriser à reposer près de sa maîtresse. Boisleux pensant minimiser sa responsabilité remet aux enquêteurs une tête de fœtus de trois mois au lieu de quatre, mais la supercherie est découverte. Mansuy et sa maîtresse, morts, échappent à la cour d'assises, mais pour les deux médecins celle-ci va prendre son temps. Le procès dure une semaine, ce qui révèle à l'époque un cas particulièrement sérieux. L'avocat général Gaston Bonnet a décidé de se montrer sévère. À maintes reprises, il reproche au Dr Boisleux « la saleté repoussante » de sa clinique et lui demande :
- De 1891 à 1894, sur 90 opérations, il y a eu 26 décès !

Daniel Le Barazer, avocat du médecin, objecte que dans les hôpitaux c'est pire, et se lance dans une description apocalyptique des hôpitaux publics. Edgar Demange et Henri Robert plaident aussi, mais le jury déclare les accusés coupables et les condamne à cinq ans de réclusion criminelle. La foule en fureur hurle « À bas la cour ! À bas le jury ! »

Musée des Arts décoratifs

Le musée des Arts décoratifs se situe dans l'aile Marsan du musée du Louvre. Créé il y a plus de 150 ans par des collectionneurs, des industriels et des artisans, le site a pour objectif la valorisation des Beaux-arts appliqués et le développement de liens entre industrie et culture, création et production. Le MAD conserve l'une des plus importantes collections d'arts décoratifs au monde. Il présente, du Moyen Age à nos jours, un panorama inégalé de l'histoire du meuble, du verre, de la céramique, de l'orfèvrerie, du bijou, du design, du textile et de la mode, du graphisme et de la publicité.

Définition

Les arts décoratifs comprennent tous les métiers artisanaux liés à l'architecture d'intérieur et à la décoration d'intérieur tel que le mobilier et l'ameublement. Les œuvres sont ornementales et fonctionnelles, mobiles (genre une commode) ou fixes (un papier peint). Les arts décoratifs emploient la céramique, le bois, le verre, le métal, le textile, le stuc ou la pierre. Ils sont souvent opposés aux Beaux-Arts (peinture, sculpture, photographie ou dessin) et aux arts appliqués, comme la mode ou le design.

Fonctionnement

Les collections sont réparties dans cinq départements chronologiques : Moyen-Age, Renaissance, XVIIe et XVIIIe siècles, XIXe siècle, Art nouveau et Art déco, moderne et contemporain. Les œuvres sont dispersées selon sept départements thématiques : arts graphiques, bijoux, jouets, papiers peints, verre, mode et textile, publicité et graphisme.

Histoire

Le musée a vu le jour suite à un conflit franco-anglais. L'industrie anglaise connaît un essor fulgurant au XIXᵉ siècle. La France tente de rivaliser en mettant en valeur son savoir-faire technique et artistique à travers les Expositions universelles. En 1864, un groupe d'industriels dirigé par Amédée Couder, Jules Klagmann et Ernest Guichard fonde l'Union centrale des Beaux-arts appliqués à l'industrie, sur le modèle du South Kensington Museum (l'actuel Victoria and Albert Museum), dans l'hôtel particulier de la place des Vosges (n°15). Ce musée-école et sa bibliothèque exposent leurs premières œuvres dans les deux pièces de l'appartement. En 1875, l'Union centrale déménage un peu plus loin, au n°3 de la place. La bibliothèque s'enrichit d'ouvrages anciens et modernes, ainsi que de nombreux échantillons de textiles et de papiers peints. Le musée reste ouvert tard le soir (22 heures) afin de permettre aux ouvriers, artistes et industriels de venir les consulter. En 1877, naît une concurrente, la Société du musée des arts décoratifs, fondée en mai par le duc Gaston d'Audiffret-Pasquier, président du Sénat. En 1878, l'Etat cède le pavillon de Flore du palais du Louvre à la nouvelle société, pour un franc symbolique. Hélas, la reconstruction de l'Hôtel de Ville oblige la préfecture de la Seine à s'emparer des lieux. La Société déménage alors au palais de l'Industrie, toujours pour un franc. Une compétition entre les deux sociétés s'instaure, en raison de leurs divergences sociales et politiques. Les fondateurs de l'Union centrale sont des industriels, tandis que ceux de la Société du musée sont des mondains. En mars 1882, les deux structures fusionnent et donnent naissance à *l'Union centrale des arts décoratifs* (UCAD). Antonin Proust, homme politique et ami d'Édouard Manet, en devient le président. Maintenant reste à trouver un bâtiment pour installer le nouveau musée. En 1891, une nouvelle équipe est formée. À la présidence, le député Georges Berger, Jules Maciet à la Commission du musée et Paul Gagnault à la conservation. Ces derniers souhaitent installer le musée des Arts décoratifs quai d'Orsay, le Sénat s'y oppose, mais ils obtiennent en contrepartie l'aile Marsan du palais du Louvre. Hélas, les lieux sont étroits. Georges Berger parviendra au fil du temps à subtiliser des travées au ministère des Finances. La nef centrale est consacrée à l'exposition temporaire d'objet d'art moderne, tandis que les bas-côtés sont réservés à la bibliothèque, à la salle de lecture et aux réserves. À l'étage, sont installées les collections permanentes et divers intérieurs décorés sont reconstitués. En 1898, un nouveau coup de massue vient frapper l'UCAD. L'Etat lui concède le pavillon Marsan pour une durée de quinze ans, laissant les travaux d'aménagement à la charge de l'association, et s'accordant la propriété des lieux et des collections à l'expiration de ce délai sans aucune indemnité de compensation. L'année 1900 est surtout connue pour son Exposition universelle, avec laquelle devait coïncider l'ouverture du musée, compromise par le lent déménagement des dossiers de la Cour des comptes. En 1910, 100 000 liasses occupaient encore les sous-sols du bâtiment. Les travaux d'aménagement sont confiés à l'architecte bordelais Gaston Redon, frère cadet du peintre symboliste Odilon Redon. La bibliothèque ouvre ses portes en 1904, mais il faudra attendre le 29 mai 1905 pour assister à l'inauguration du musée des Arts décoratifs, par le président de la République Émile Loubet. En 1906, les lieux accueillent le deuxième Salon des artistes décorateurs et le feront jusqu'en 1922. Durant le mandat de François Carnot (1911-1960), le musée enrichit ses collections et organise de nombreuses expositions. En 1930 et 1932, l'UCAD expose les œuvres de l'Union des artistes modernes (UAM). Le 15 novembre 1935, le comte Moïse de Camondo, banquier et collectionneur d'art, décède et lègue ses collections au musée. Ce dernier se dote ainsi d'un vaste et riche ensemble d'objets d'art français du XVIIIe siècle. Cette collection fondera le 21 décembre 1936 la base du musée Nissim de Camondo. Entre 1938 et 1944, huit cents caisses contenant les objets les plus précieux du musée sont volées par les

Allemands et expédiées dans les châteaux de la Loire. Ces dernières seront restituées au musée à la fin de la guerre. Après la Seconde Guerre mondiale, l'Union centrale dépoussière l'image des musées dans la culture française. En 1949, avec l'exposition *Formes utiles : objets de notre temps*, organisée par l'UAM, le pavillon de Marsan inaugure une série d'expositions de formes industrielles, dont l'aboutissement sera vingt ans plus tard, la fondation du Centre de création industrielle (CCI) par François Mathey et Yolande Amic. La nef centrale reste réservée aux expositions temporaires, tandis que les bas-côtés servent d'écrin à la bibliothèque, à la salle de lecture, aux collections du XIXe et du XXe siècle. Les étages supérieurs s'organisent chronologiquement, présentant des objets allant du Moyen Age à l'Empire. La verrière est réservée aux collections étrangères, tandis que les salles du pavillon de Marsan, hautes sous plafond, présentent les collections orientales avec ses grands tapis perses et anatoliens. En 1951, création d'un service éducatif proposant des visites par période et par technique, ainsi que des cours d'histoire de l'art. En 1974, le CCI est rattaché au centre Beaubourg. Le projet d'un musée de la publicité et de la mode germe dans l'esprit de Robert Bordaz, alors président de l'UCAD. Projet qui s'insère dans les travaux du Grand Louvre, instauré par le président de la République François Mitterrand et son ministre de la Culture Jack Lang. En 1981, l'UCAD s'unie à l'Union française des arts du costume (UFAC). Le musée des Arts décoratifs est réaménagé en 1985 dans le cadre de la loi Programme des musées. Deux galeries sont ouvertes pour les collections du XXe siècle, ainsi que des salles thématiques (verre, jouets, papiers peints, dessins et textiles). En 1986, le pavillon de Marsan accueille le musée des Arts de la mode. En 1990, le musée de la Publicité quitte la rue de Paradis pour venir rejoindre les arts décoratifs. En 1996, les collections permanentes et la bibliothèque sont contraintes de fermer pour travaux. Un an plus tard, le musée des Arts de la mode déménage dans l'aile Rohan du palais du Louvre. Le coût important des travaux oblige à la création d'un comité international chargé de trouver des fonds pour la restauration et l'acquisition d'œuvres. L'architecte Jean Nouvel inaugure les salles consacrées à la publicité en 1999. La bibliothèque des arts décoratifs rouvre ses portes en 2002, après six ans de travaux. En 2004, ouverture de la galerie des Bijoux. L'année suivante, l'Union centrale est rebaptisée *Les Arts décoratifs* et change de logo. Le musée rouvre enfin, en 2006, après une fermeture de dix ans. Ses fonds contiennent près de 220 000 œuvres dont 6 000 sont exposées en permanence, sur un espace de 6 000 m². En 2018, les Arts décoratifs cèdent la place au musée des Arts décoratifs (MAD).

Les collections

Les diverses collections sont réparties dans cinq départements chronologiques (Moyen Age et Renaissance, XVIIe et XVIIIe, XIXe, Art nouveau et Art déco, Moderne et Contemporain) et sept départements thématiques (arts graphiques, bijoux, jouets, papiers peints, verre, mode et textile, publicité et graphisme). Ces œuvres illustrent les techniques diverses employées dans la production artistique des arts décoratifs : bois (sculpture, mobilier, boiseries), métal (orfèvrerie, fer, bronze, étain), céramique, verre, cuir (écrins, reliures, peinture, marqueteries de pailles, broderies de perles, tôles peintes… L'essentiel des collections du musée provient de dons et de legs : Peyre, Guérin, Perrin, Maciet (orfèvrerie), Gould (pour le mobilier et l'ébénisterie), Doisetau (cannes), Grandjean, Fitzhenry, Metman (céramique), Vever (bijoux), David-Weill (cloisonnés chinois) …

La galerie des Bijoux

La galerie des Bijoux présente environ 1 200 pièces (sur un total de 4 000 pièces) qui offrent un panorama exemplaire de l'histoire du bijou du

Moyen Age à nos jours. Il s'agit du plus important ensemble de bijoux des collections françaises. La galerie s'étend au 2ᵉ étage du musée, dans deux salles, de part et d'autre de l'escalier d'honneur. Le premier espace abrite les collections anciennes, tandis que le second est consacré aux collections contemporaines. Les deux espaces sont reliés par une passerelle de verre jetée au-dessus du hall, œuvre de l'architecte Roberto Ostinelli. Les bijoux sont exposés derrière de grandes vitrines couvrant les murs. Après quelques pièces représentatives de la période du Moyen-Age et de la Renaissance, les collections offrent de beaux exemples de joaillerie du XVIIIᵉ siècle et une grande diversité de créations pour le XIXᵉ siècle. L'Art nouveau est représenté par un ensemble de bijoux de René Lalique, Georges Fouquet, Lucien Gaillard et de la maison Vever. L'Art déco et les années 1930 sont illustrés par des créations des joailliers de la place Vendôme, tels que Boucheron, Cartier, et des orfèvres français comme Raymond Templier, Jean Després et Jean Fouquet. Une sélection de bijoux chinois, japonais et indiens est rassemblée au centre de l'espace dans des vitrines-colonnes. Au-delà du pont de verre, le parcours se poursuit avec les bijoux des années 1940 des créateurs français tels que Georges Braque, Alexander Calder, Henri Laurens, Jean Lurçat, Line Vautrin et Albert Duraz. Les années 1960-1970 sont abordées avec les bijoux de Torun, Jean Dinh Van, Costanza, Henri Gargat, Ettore Sottsass. Quant aux années 1980, elles sont mises en valeur par les créations de Gilles Jonemann. Des vitrines centrales permettent au visiteur d'apercevoir les matériaux employés, des plus fréquents aux plus surprenants : or, argent, acier, maillechort, corail, ivoire, nacre, corne, cheveux ou des écailles de poisson. Des donations ont enrichi les collections au fil des années, provenant de joaillerie

comme Cartier, Van Cleef & Arpels, Chanel, Boucheron, Mellerio, Jar et Florenz Baümer.

Moyen Age et Renaissance

La période du Moyen-Age à la Renaissance occupe huit salles du musée. Ce département couvre une période de 400 ans, allant du XIIe au XVIe siècle. La collection comprend 3 622 œuvres témoignant du décor, de l'art de vivre et de son évolution jusqu'à l'extrême fin de la Renaissance. La **galerie des retables** comprend comme son nom l'indique une série de retables des XIIIe, XIVe, XVe et XVIe siècles. Panneaux uniques ou polyptyques, ils offrent un panorama sur différents cycles iconographiques. Étudions quelques exemples. Ce *volet de retable* fut réalisé en Catalogne, par les ateliers de Serra, vers 1395. Au sommet, se trouve la scène de la Nativité. L'enfant Jésus repose dans une mangeoire, sur de la paille, sous la surveillance de l'âne et du bœuf. Il est encadré par Joseph et Marie. Au milieu, vient la scène de l'Epiphanie. Les trois rois mages, guidés par l'étoile, viennent apporter des présents au Messie. Au dernier registre, une scène de résurrection. Le Christ jaillit de son tombeau ; des soldats sont endormis autour de lui. Jésus brandit une croix sur laquelle est accrochée une bannière. Ici, seule Marie est témoin de la scène.

La Vierge à l'enfant entourée de saints est une *tempura* sur bois réalisée par Antonio de Carro, en Italie, en 1398. Elle fut commandée par Lucas de Coddis de Marana, un moine cistercien de Santa Franca, près de Plaisance. Ce polyptyque, légèrement plus élevé dans sa partie centrale,

représente la Vierge tenant l'enfant Jésus debout sur ses genoux ; le moine donateur est agenouillé à ses pieds. Au-dessus, le Christ est mort sur la croix. La Vierge Marie porte une robe rouge et un manteau bleu ; elle pleure la mort de son fils. Saint Jean porte un manteau dont les couleurs sont l'inverse de la Vierge. Il joint ses mains en prière. La crucifixion est surmontée d'une *imago pietatis*, soit
une image de dévotion. Le Christ est représenté en homme de douleurs ; la scène montre le moment où Jésus est mort et pas encore ressuscité. Le Christ est représenté debout, sortant de la cuve du sarcophage de son tombeau. Seul le haut de son corps est visible. De chaque côté de la Vierge, trois saints se tiennent debout. À gauche : l'archange saint Michel, saint Dominique et saint Jean-Baptiste. À droite : saint Luc, sainte France de Plaisance et saint Benoît. Sur le second registre, de chaque côté de la crucifixion, les corps sont tronqués au niveau du buste. À gauche, un évêque, saint Étienne et saint Pierre. À droite, saint Paul, saint Laurent tenant le gril de son martyr et sainte Catherine. Sur la prédelle, le support du retable pour faire simple, huit petites figues dans des quadrilobes représentent les quatre docteurs de l'Eglise et les quatre Evangélistes, déroulant des phylactères, soit de gauche à droite : saint Ambroise, saint Grégoire, saint Luc, saint Marc, saint Mathieu, saint Jean, saint Augustin et saint Jérôme. Aux extrémités de la prédelle, l'abbé saint Antoine et à droite, saint Christophe. Une inscription latine est écrite au bas de la prédelle.

Le *retable de saint Jean-Baptiste* fut réalisé par Louis Borrassà, en Catalogne, vers 1420. Au centre, saint Jean-Baptiste tient le médaillon renfermant l'agneau pascal. Au-dessus, la scène de la crucifixion. Les saintes femmes se sont agenouillées au pied du Christ, ainsi que saint Jean. À gauche, quatre scènes. De haut en bas : la vision de Zacharie, la Visitation, la naissance de saint Jean-Baptiste et l'imposition de son nom. L'ange Gabriel descend du ciel pour annoncer à Zacharie que son vœu a été entendu et que sa femme Élisabeth engendrera un fils. Marie rend visite à sa cousine Élisabeth pour lui annoncer qu'elle est enceinte ; les deux femmes partagent leur joie d'être de futures mamans. À gauche, Élisabeth met au monde Jean-Baptiste qui est lavé dans une bassine au pied du lit. À droite, Zacharie va reconnaître l'enfant comme le sien. Sur le volet de droite, figurent la prédication du saint, le baptême du Christ et le festin d'Hérode. Jean mène une vie d'ascète dans le désert. Lors de son installation sur les bords du Jourdain, il pratique le baptême de repentance par immersion dans l'eau. Jean réunit autour de lui de nombreux disciples et leur annonce la venue d'un personnage plus important que lui, le Messie. Jésus vient demander à son cousin de le baptiser. Quand le Christ sort de l'eau, une colombe descend vers lui, symbole de l'Esprit de Dieu. Jean reproche à Hérode son union avec Hérodiade, l'épouse de son demi-frère. Excédé par les critiques, Hérode fait arrêter Jean et jeter en prison. Organisant une fête pour son anniversaire, Hérode invita tous les puissants de son royaume. Sa belle-fille, Salomé, dansa. Subjugué, Hérode promit à la jeune fille le présent de son choix. Celle-ci commanda la tête de Jean qui lui fut servi sur un plateau. Les panneaux de la prédelle représentent

saint Pierre, saint André, la Vierge, le Christ de Pitié, saint Jean l'Evangéliste, saint Jacques et saint Paul.

Le tableau d'autel de la *Crucifixion* fut attribué à Vicino de Ferrare et date de 1469-1470. Il provient du monastère de Saint-Antoine à Ferrare. Marie-Madeleine enlace la croix, escortée par la Vierge Marie et saint Jean. Quatre anges volent dans le ciel. À droite, un chemin sinueux mène vers Jérusalem. Au pied de la croix, figure le crâne d'Adam sur lequel se répand le sang de Jésus, symbole de rédemption. Le *retable de la Passion du Christ* fut réalisé par le maître de la Vue de sainte Gudule, à Bruxelles, vers 1490. La production française est illustrée par deux œuvres majeures. Le *retable*  *de la Passion du Christ*, réalisé en calcaire blanc vers 1522. Il fut produit en Champagne. Il provient du musée d'Unterlinden à Colmar. Il subsiste quelques traces de polychromie. Le panneau de gauche montre le Christ ployant sous le poids de la croix, lors de la montée au calvaire. Au centre, la Crucifixion. Le Christ est encadré par les deux autres condamnés à la crucifixion. Marie-Madeleine enlace le pied de la croix, escortée par deux soldats romains à cheval. En bas, à gauche, saint Jean prie et les saintes femmes portent Marie qui semble s'être évanouie de chagrin. Sur le panneau de droite, une mise au tombeau. Joseph d'Arimathie et Nicodème déposent le corps du Christ, enveloppé dans un linceul, au sépulcre. Ils sont suivis des trois Marie ayant participé à son embaumement.

Le *retable aux armes d'Antoine de Lescure* fut réalisé dans l'Aveyron, vers 1520-1530. Il provient de l'église de Lescure. Sur la partie haute de chacun des trois compartiments, quatre angelots portent deux à deux un médaillon armorié, dont « cinq d'azur à un lion couronné d'or à l'ordre de 11 besans du même ». Ce sont les armes d'Antoine de Lescure de saint Denis, le commanditaire du retable. Il reste quelques traces de polychromie. À gauche, une scène de la Nativité. Jésus repose dans une mangeoire, encadré par Marie et Joseph. À gauche, les trois rois mages sont en route pour l'étable. À droite, l'ange guidant les bergers vers le Messie. Au centre, une scène de crucifixion. Les membres de la famille de Lescure sont agenouillés. À droite, l'Assomption de la Vierge au royaume céleste, vénérée par les Apôtres.

Des statues appartenant au gothique tardif allemand, italien, espagnol et français complètent cette collection de retables. Cette *figure de prophète* est un élément détaché d'un retable. Il est attribué à Pietro Bussolo et date probablement de 1490. Le prophète est vêtu d'une longue et ample tunique bleue, tombant sur ses sandales. Un manteau s'enroule autour de son corps ; il est décoré du trigramme I.H.S., ainsi que de croix. Sur la bordure, courent des rinceaux de feuillages. Le prophète est coiffé d'un bonnet oriental, enroulé d'un turban. Il tient dans ses mains un long phylactère qui s'enroule autour de son corps. On peut lire : « Je suis ton Père ; ne crains pas ; tu ne mourras pas ».

Saint Georges terrassant le dragon provient d'un retable attribué au maître de Rabenden, en Haute-Bavière. Il fut réalisé vers 1515-1520. Saint Georges tient de sa main droite l'extrémité de la queue du dragon, tandis que sa main gauche brandissait une épée. Il s'apprête à tuer la bête. Celle-ci, maîtrisée au sol, dirige son regard vers le saint qui se détourne d'elle. Saint Georges porte une jaque ornée de crevées asymétriques sur le côté droit, et à plan cruciforme sur le côté gauche.

Les sculptures et les peintures issues du **gothique international** illustrent quatre grandes périodes du Moyen-Age : les primitifs italiens du XIIIe siècle, le style courtois du XIVe siècle avec ses images de dévotion, le gothique international du début du XVe siècle et le gothique tardif de la deuxième moitié du XVe siècle.

Ce type de retable se nomme « frontal », car il se situait devant l'autel. Le *frontal de sainte Eugénie* fut réalisé par le maître de Soriguerola, vers la fin du XIIIe siècle. Il provient de l'église Eugénie de Saga en Catalogne. Il s'agit d'une *tempera* sur bois, déposée sur fond d'argent. Le retable se présente en deux registres superposés où se déroulent les épisodes de la vie de sainte Eugénie d'Antioche. Vêtue en moine pour entrer au monastère, Eugénie est accusée par la reine Mélancia d'avoir tenté de la violer. Elle se voit obligée de se déshabiller pour prouver son innocence ; une femme ne pouvant pas violer une autre femme. Au registre inférieur, le préfet de Rome la condamne pour avoir voué sa vie à Dieu. Elle est sauvée par un ange dans un premier temps, mais finalement périt décapitée.

Le *retable de la Vierge à l'enfant entre saint André et saint Jacques* fut réalisé vers 1275-1280 par le maître de la Madeleine. Il s'agit d'un nom de convention donné à cet artiste anonyme d'après le retable de la vie de sainte Marie-Madeleine conservé à l'Académie de Florence. Ce type de retable, appelé *dossale*, se rencontre fréquemment en

Italie à cette époque. Il est le plus ancien panneau italien conservé dans les collections publiques françaises. La Vierge trône, au centre, entre saint André et saint Jacques. Elle occupe toute la hauteur du panneau. Les scènes latérales se superposent en trois registres de chaque côté. À gauche : l'Adoration des Mages et la Fuite en Egypte. À droite : la Nativité, la Présentation au temple et la Dormition de la Vierge.

Le *polyptyque de San Elpidio a Mare* fut réalisé par Giacomo di Nicola Da Recanati, après 1425. Ce retable provient de la collégiale de San Elpidio a Mare et relate la vie de ce saint confesseur vénéré dans la région des Marches. Elpidius rend visite au roi Antoine qui le supplie d'abdiquer sa foi. À droite, le roi subjugué par la spiritualité du saint, ordonne la destruction des idoles. Elpidius demande au prêtre Dorothée de l'assister lors du baptême du roi. À droite, se déroule le baptême d'Antoine. Elpidius se rend sur l'île de l'empereur Aurélien. Suite à sa prédication, le saint est jeté en prison ; un ange vient à son secours. Baptême de l'empereur Aurélien, frappé par la libération miraculeuse du saint. À droite, départ d'Elpidius sur un bateau, conduit par un ange.

La salle suivante reconstitue une **chambre à coucher de la fin du XVe siècle**. La plupart des meubles proviennent du château de Villeneuve-Lembron en Auvergne, propriété de Rigault d'Oureille, tour à tour

écuyer du roi Louis XI et maître d'hôtel ordinaire des rois Charles VIII, Louis XII et François 1er. Lit à dais, chaire à une ou deux places, scabelle, banc, coffre et dressoir sont mis en scène dans un espace agrémenté d'une cheminée et de boiseries.

Le lit à dais est sculpté aux armes de la famille Rigault d'Oureille. Une tenture, composée de cinq pièces placées tout autour de la chambre, complète cet ensemble. Cette tenture, tissée à Paris vers 1420, s'inspire des thèmes courtois tirés du *Roman de la Rose* : rencontre des amoureux, concert champêtre… Les majoliques italiennes présentées sur le coffre gothique à remplages de style flamboyant évoquent le goût que l'on avait pour ces objets du temps de la reine Anne de Bretagne. La chambre est éclairée par le feu de la cheminée, par des chandelles de suif ou de cire, voire par un lustre en bronze dont les bras de lumière n'étaient allumés que les jours de réception. La cheminée à hotte pyramidale et linteau sculpté, possède les indispensables accessoires d'âtre que sont les landiers, une pelle à braise et une plaque en fonte.

La salle suivante est dédiée aux **frises de Velez Blanco**. Jusqu'aux alentours de 1515, le mobilier conserve sa structure médiévale. Si le dressoir à pans coupés et  décor flamboyant est caractéristique des formes adoptées dès le début du XVe siècle, le dressoir à décor italien avec arabesques et rinceaux montre l'influence progressive du décor de la Renaissance sur le mobilier français.

Le coffre français du début du XVIe siècle présente tous les éléments d'un meuble de transition : panneaux de devant décorés de médaillons profilés, encadrés de fines colonnettes et parties latérales à décor de plis « serviettes », survivance gothique. Les tapisseries font toujours partie du décor de la demeure avec une prédilection pour les scènes champêtres, comme les vendanges ou la vie quotidienne des paysans ou des seigneurs. Les thèmes allégoriques et les scènes galantes sont également appréciés. Bas-reliefs monumentaux en pin sylvestre, les frises de Velez Blanco sont un exemple unique de la sculpture décorative espagnole du début du XVIe siècle. Les frises de la légende d'Hercule décoraient le salon dit de la Mythologie.

Les gravures de Giovanni Andrea Vavassor, actif à Venise vers 1500-1512, servirent de modèle aux sculpteurs de ses frises. Le propriétaire du château Pedro Fajardo, une ancienne forteresse maure au cœur de l'Andalousie, évoluait dans un milieu d'érudits imprégnés d'une culture humaniste. Les frises d'Hercule font allusion au thème des vertus héroïques auxquelles les grands hommes doivent aspirer. Chaque frise se compose de trois épisodes de la vie d'Hercule entrecoupés de blasons de Pedro Fajardo y Chacon et de son épouse Dona Mencia de la Cueva.

La salle de la **première Renaissance italienne** est impressionnante. Les éléments de plafonds décorés de portraits de jeunes gens, réalisés par Bonifacio Bembo et provenant de Crémone constituent un ensemble unique en France. Les coffres italiens souvent offerts à l'occasion de mariage, sont ornés d'armoiries et de peintures comme ces scènes de bataille et de triomphe qui composaient le décor d'une paire de *cassoni* commandée en 1466 par les familles Rucellai et Médicis. Cette salle réunit en outre les œuvres des élèves des plus grands maîtres italiens.

La rencontre de Jason et Médée fut peinte par Biago d'Antonio, à Florence, vers 1486. Les armoiries qui apparaissent au-dessus des navires sont

celles de deux grandes familles de banquiers florentins. Le tableau fut réalisé à l'occasion du mariage de Lorenzo Tornabuoni et de Giovanna di Maso Albizzi en 1486. Il faisait partie d'un ensemble décoratif composé de boiseries et de mobilier relatant l'histoire de Jason pour la chambre des jeunes époux. Rompant avec l'esprit gothique, les artistes italiens s'initient à la perspective géométrique.

Aristée poursuivant Eurydice est une huile sur toile réalisée par le maître des *cassoni* Campana. Elle date du début du XVIe siècle. Ce panneau latéral ornait un coffre de mariage. La belle nymphe Eurydice était l'épouse du poète et musicien Orphée. Sur un panneau appartenant à une collection privée, Eurydice se délasse avec ses compagnes, tandis que son époux charme les animaux au moyen de sa lyre. À l'arrière-plan, Aristée observe la jeune femme. Le panneau du MAD montre Aristée poursuivant la nymphe et provoquant sa mort. Elle marche sur un serpent en tenant de lui échapper. Le panneau de Dublin illustre la mort d'Eurydice dans les bras de ses compagnes accablées.

Saint Joseph et la Vierge furent peints par le maître de la Pala Sforzesca, fortement influencé par Léonard de Vinci, vers 1490. Devant le silence des évangiles canoniques sur le mariage de la Vierge, les artistes puisent leur inspiration dans les textes apocryphes et dans la *Légende dorée* de Jacques de Voragine. « La Vierge, désirant se consacrer à Dieu et rester au Temple, refusa le mariage, ce qui était contraire à la foi de Moïse. Le grand-prêtre prit la décision de s'en remettre au Seigneur quant au choix du mari et fit venir tous les descendants de David, célibataires ou veufs, avec une palme. Seule la palme de Joseph fleurie aussitôt, et sur le sommet se posa une colombe venue du ciel. » Ce panneau appartenait sans doute à un polyptyque.

La salle suivante est dédiée aux **arts du feu** du XIIIᵉ au XVIᵉ siècle. Céramiques, verreries de Venise ou façon de Venise, émaux champlevés ou émaux peints, orfèvrerie et objets décoratifs en bronze sont présentés dans cet espace. La statuaire en terre cuite est représentée par une *Déploration* en terre vernissée de l'atelier de Buglioni réalisée à Florence vers 1520. L'œuvre fut longtemps attribuée à Andrea Della Robbia, considéré comme l'inventeur de la technique de la terre-cuite émaillée. L'importance de la production de céramique lustrée est mise en évidence grâce à de belles pièces de majoliques italiennes et de faïences hispano-mauresques.

Le *Martyre de sainte Cécile* provient de l'atelier de la Casa Pirota, en Italie et fut réalisé vers 1525. Cécile était une jeune fille romaine. Elevée dans

la religion chrétienne, elle fut cependant contrainte d'épouser un païen du nom de Valérien. Ayant fait vœu de chasteté, Cécile obtient de lui, la nuit de ses noces, qu'il respectât cette abstinence. Valérien demanda en échange à voir l'ange qui veillait sur sa femme. Celui-ci descendit du ciel et déposa sur leur tête une couronne de lys et de roses. Valérien, ainsi que son frère Tiburce se convertirent, puis demandèrent le baptême. Tous deux furent par la suite décapités sur ordre du gouverneur romain. Ce sont leurs têtes que l'on présente à Cécile alors qu'elle est ébouillantée dans un chaudron d'huile. L'ange, portant une couronne de fleurs, vole au-dessus d'elle. À droite de l'assiette trône Jupiter. À gauche, les accusateurs montrent Cécile du doigt. Cette majolique n'était pas destinée à la consommation d'aliments, mais pouvait être offerte à l'occasion d'un événement particulier.

Dans une autre vitrine, les émaux champlevés très en vogue jusqu'à la fin du XIIIe siècle côtoient des aquamaniles zoomorphes et des objets liturgiques. Cet *aquamanile* en bronze fut réalisé en Allemagne du Sud au début du XIIIe siècle. Cet objet était destiné à l'origine aux ablutions et se trouvait dans les sacristies. Les prêtres s'en servaient pour le lavement des mains avant et après l'office. Les artistes ont donné à cet objet liturgique des formes chimériques qui s'inspirent du répertoire symbolique religieux diffusé par l'Eglise catholique. Cet aquamanile est un oiseau fantastique à figure humaine tenant de ses deux bras très fins une sorte de goulot faisant office de prise  d'air. Une seconde tête d'animal entre les deux pattes fait fonction de bec verseur. Les ailes et la queue se recourbent pour former l'anse de l'aquamanile et supporter l'orifice à couvercle mobile dans lequel on versait l'eau. L'apogée de la production des aquamaniles se situe aux XIIe et XIIIe siècles. Bien que l'aquamanile soit originellement un objet liturgique, il fut aussi utilisé dans les demeures privées. Son usage a complètement disparu à la Renaissance.

La collection d'émaux peints regroupe des plaques de polyptyques démembrées, baisers de paix, médaillons, assiettes et triptyques réalisés par d'illustres émailleurs limousins comme Nardon Pénicaud, Jean 1er Pénicaud, le maître aux Grands fronts, Léonard Limousin, Pierre Raymond ou Pierre Courtey. Ce type d'assiette constituait un des éléments d'une vaisselle d'apparat que l'on aimait présenter sur des dressoirs à gradins lors d'un banquet. Cette assiette, réalisée par Pierre Reymond, en 1561, à Limoges, présente l'iconographie traditionnelle du mois de septembre, le mois des vendanges. Un homme, les deux bras appuyés sur la cuve, foule le raisin, dont le jus se déverse par un tuyau dans un cuveau en bois. Autour de lui, trois personnages : une femme porte sur la tête un panier rempli de grappes, un enfant brandit une coupe pleine de vin, un homme les rejoint avec une hotte en osier sur le dos. La scène est entourée par un décor formé d'entrelacs d'or. Sur le bord de l'assiette, quatre paires de centaures tiennent les anses d'une sorte de chariot rempli de fruits, décrivant un motif de cuir découpé. Quatre cartouches renferment le signe de la balance, la date de 1561, le monogramme P. R. et le mot « setabre ». La technique de l'émail peint en grisaille se traduit par un important travail d'enlèvement à la spatule et à l'aiguille de la couche blanche placée sur une couche noire, après séchage, mais avant la cuisson. Les verres présentés dans cette salle sont représentatifs de la production et des innovations de la fin du XVe siècle et du XVIe siècle.

Des panneaux ***d'intarsia***, incrustés ou marquetés de bois d'essences différentes, technique d'origine italienne, ornent les murs de la salle.
Le style de la Renaissance s'épanouit avec le règne de François 1er et le répertoire décoratif italien envahit plus que jamais le décor des coffres, les panneaux de boiserie, cadre de la vie quotidienne des princes. La mode du portrait, apparue dans la seconde moitié du XVe siècle, s'introduit dans les intérieurs civils. Les portraits de Marie de Bourgogne et de l'empereur Maximilien d'Autriche appartiennent à l'école flamande. Ils furent réalisés vers la fin du XVe siècle. Celui de Marie de Hongrie, sœur de Charles Quint, est une copie ancienne du portrait réalisé en 1548 par Titien. Il fut réalisé dans un atelier d'Augsbourg, en Allemagne, au XVIe siècle. Reine de Hongrie et régente des Pays-Bas, Marie de Hongrie est

un des principaux acteurs de la scène politique du XVIe siècle. Mais son influence ne se limite pas à la politique, dans sa cour de Bruxelles, elle est protectrice des arts. Son goût et ses commandes contribuèrent dans une large mesure à l'épanouissement du langage esthétique de la Renaissance italienne aux Pays-Bas pendant la première moitié du XVIe siècle. D'autres portraits sont accrochés sur les murs comme le *portrait de jeune fille*, réalisé par Pieter Pourbus, à Bruges, dans la seconde moitié du XVIe siècle ; un *portrait d'homme*, par Ambrosius Benson, peintre de l'école de Flandres, du milieu du XVIe siècle ; un *portrait de femme*, par le maître des demi-figures, peintre des Pays-Bas du milieu du XVIe siècle ; un *portrait de la comtesse de Lowenstein*, attribué à Wilhem Stettet, peintre allemand de la première moitié du XVIe siècle. L'école française est représentée par un remarquable *portrait de Jacques de Brouillard* réalisé dans l'atelier de François Clouet, sans doute par le baron de Lisy et de Montjay, vers 1551. Jacques de Brouillard était un haut personnage à la cour d'Henri II, époux de Charlotte de Pisseleu, sœur de la duchesse d'Etampes. Le *portrait de Marie Tudor* fut réalisé par le maître de la reine Marie Tudor, vers 1514.

La tapisserie illustrant la *table du Seigneur* est très instructive. Aux XIVe et XVe siècles, avec la gastronomie naissante, apparaissent les premiers livres de cuisine. Les jours de festin, la table était dressée sur des tréteaux dans la grande salle du château. Elle était recouverte d'une nappe de lin brodé ou damassée. Les convives étaient répartis

sur un seul côté, pour faciliter le service. Les mets étaient apportés dans des plats couverts où les convives se servaient avec les doigts ou à l'aide d'un couteau. Les viandes étaient découpées par l'écuyer et apportées dans un plat. Des tranches de pain rassis ou tranchoirs faisaient office d'assiettes. Coupes à boire et hanaps étaient partagés par plusieurs convives.

La salle de la **seconde Renaissance** contient deux grands vitraux peints à la grisaille et au jaune d'argent par Dirck Crabeth et son atelier vers 1543. Ils illustrent des scènes bibliques telles que la prise de l'arche d'alliance ou l'histoire de Samuel. Cet ensemble de vitrerie civile est un des rares témoignages de fenêtre à croisée qui soit parvenu jusqu'à nous. Ces deux panneaux proviennent du vestibule de la maison de l'ancienne académie de peinture et de dessin *Pax Huic Domui*, à Leyde. À l'imposte des blasons comportant une monture en chef d'œuvre surmontent des sujets religieux. L'ensemble est inscrit dans un encadrement architecturé à fronton triangulaire dans la partie supérieure et à arcades dans la partie inférieure. Le mobilier est largement sculpté, parfois enrichi de marbre de couleur ou de peinture polychrome. Les tapisseries s'ornent de motifs à grotesques. Le mobilier de la salle montre aussi le large éventail de

meubles existant en France et en Italie, dans la seconde moitié du XVIe siècle : une armoire Ile-de-France à deux corps et fronton brisé, deux dressoirs sculptés de sphinges, termes et miroirs dans le style d'Hugues Sambin, dressoir dit d'Androuet du Cerceau, tables de milieu à rallonges. Les sièges se diversifient, caquetoires, chaises à bras, sièges pliants et *sgabelli* dont la forme dérive de celle du tabouret achèvent cette évocation.

Côté tableaux, un *portrait d'une dame au bain* fut attribué à l'atelier de François Clouet et daterait de la fin du XVIe siècle. Ce tableau illustre le nouvel art de vivre qui s'instaure en France. Au premier plan, une femme est demi-dévêtue dans son bain de bois enveloppé d'un drap blanc. Légèrement derrière elle, la nourrice allaite un bébé enveloppé dans des langes. Entre les deux femmes, un enfant tente d'attraper un fruit dans une coupe. À l'arrière-plan, presque dissimulée par un rideau rouge, une servante tient une cruche.

Vénus et l'amour voleur de miel fut peint par Lucas Cranach vers 1535. Cranach et son atelier ont décliné plus d'une dizaine de fois cette iconographie. Le sujet est emprunté aux *Idylles* de Théocrite. Poursuivi par les abeilles dont il a dérobé le miel, l'Amour se réfugie auprès de sa mère, qui le console en lui expliquant que ses flèches sont plus douloureuses que les piqûres de ces insectes. Ici, la scène est placée dans un paysage sans pour autant s'y intégrer. Celui-ci sert de décor ; le feuillage sombre fait ressortir le corps de Vénus.

Adam et Eve furent réalisés par l'atelier de Lucas Cranach durant la première moitié du XVIe siècle. Les deux personnages sont représentés sur un fond sombre, composé de feuillages. Tous deux tiennent des branches pour couvrir leurs parties intimes. Eve tient le fruit défendu (une pomme), tandis qu'un serpent s'enroule au sommet de l'arbre.

Les XVIIe et XVIIIe siècles

Ce département regroupe des œuvres à vocation encyclopédique. Comptant aujourd'hui près de 20 000 œuvres, celles-ci offrent un panorama quasi-complet des arts décoratifs de l'époque. Céramique, boiseries, mobilier, peintures, sculptures, pièces d'orfèvrerie, bronzes d'applique, ferronneries, serrureries, médailles, objets en cuir, tapis, tapisseries, armes, pièces d'horlogerie, luminaires, instruments de musique, instruments scientifiques, objets de dinanderie et objets dit de vertu témoignent de l'inlassable création des artisans à une période charnière qui voit se creuser la distinction entre l'artiste et l'artisan. Environ 1 500 œuvres sont présentées dans les galeries où sont reconstituées quelques scènes d'époque.

La première salle présente **le vocabulaire architectural du XVIIe siècle**. Au tournant des XVIe et XVIIe siècles, les motifs architecturaux définissent un nouveau vocabulaire ornemental qui s'impose à une époque charnière où apparaît l'ébénisterie. Les cabinets et les armoires constituent les exemples les plus frappants de cette tendance, notamment en Europe du Nord, au Pays-Bas et en Allemagne, alors les foyers les plus innovants aux points de vue technique et formel. C'est autour de ce thème que sont réunis armoires et cabinets allemands, flamands et français.

Une armoire alsacienne, chef d'œuvre de maîtrise de Strasbourg du début du XVIIIe siècle, dite *armoire aux sept colonnes*, marque le point ultime de cette tendance. Le bâti en chêne est recouvert d'un placage en noyer, agrémenté de cuivre et de bronze. Une armoire à deux corps fut réalisée

à Wurtemberg vers 1620. Le bâti est en bois résineux et recouvert de placage en noyer, cormier, érable, frêne et bois fruitier.

Une autre armoire à deux corps est cette fois un meuble hollandais, datant de 1620. Le bâti est en chêne, les éléments de coulissage sont en orme, tandis que le placage est en chêne des marais, en prunier, en palissandre, en ébène, en noyer et en peuplier. La partie du bas est ornée de colonnes à chapiteaux corinthiens ;

les bases sont décorées de têtes d'anges. Dans la partie haute, des consoles supportent des bustes de personnages illustrant les cinq sens.

Les paysages d'architectures de François de Nomé et de Paul Vredeman de Vries sont confrontés aux meubles et aux objets, montrant la diffusion des projets d'architectes, de peintres et d'ornemanistes. La *Rencontre de sainte Anne et saint Joachim à la Porte Dorée* est une œuvre de François de Nomé, datée de 1624. Né à Metz, François de Nomé fit toute sa carrière à Naples où il se spécialisa dans ces paysages de ruines mêlant monuments antiques et édifices gothiques. Ces caprices architecturaux aux ambiances crépusculaires servent de décor à des scènes religieuses.

Un autre tableau de François de Nomé, *Saint Pierre et saint Paul sur le forum*, daté de 1620-1630. Durant ses années d'apprentissage à Rome, le peintre s'est familiarisé avec l'architecture antique, tout en côtoyant le cercle flamand des peintres de ruines. Il est également inspiré par le foisonnement architectural de Naples. Au premier plan, des personnages sont vêtus à la mode de la fin du XVIe siècle avec pourpoints et larges cols tandis qu'au second plan à gauche, saint Pierre et saint Paul portent des vêtements plus conformes aux représentations traditionnelles des sujets bibliques. Si la présence discrète des apôtres en fait une scène religieuse, le sujet véritable du tableau est la ruine.

Salomon et la reine de Saba, ainsi que le *Jugement de Salomon* sont deux œuvres de Paulus Vredeman de Vries, datées 1600-1610. Le peintre est le plus important représentant d'un nouveau genre de paysage architectural apparu dans le milieu novateur de la cour de l'empereur Rodolphe II à Prague. Des façades de palais rêvées s'inspirant de l'architecture de son  époque s'ordonnent selon les lignes de fuite d'une composition géométrique rigoureuse qui manifeste sa science de la perspective. Son père,

Hans, lui-même peintre, est l'auteur de traités d'architecture abondamment illustrés. Comme souvent dans les tableaux d'architecture, les figures sont réalisées par un autre peintre, ici Adriaen van Nieulandt qui représenta deux épisodes de la sagesse du roi Salomon.

Banquet dans un intérieur de palais, de Paul Vredeman de Vries, date de 1650. Cette vue d'intérieur semble révéler ce que cachent les façades des palais des deux grands tableaux d'architecture évoqués précédemment.

Des porcelaines chinoises en bleu et blanc témoignent de l'importance du commerce avec l'Asie depuis la fondation de la Compagnie néerlandaise des Indes orientales en 1603. À l'opposé de cette tendance, la présentation d'un cadre auriculaire du milieu du XVIIe siècle vient rappeler que d'autres recherches ornementales sont poursuivies à l'époque. La boiserie est décorée de feuilles de chêne, de rinceaux et de bustes de si-

rène. La peinture s'intéresse aussi aux scènes de genre comme en témoigne la *Réunion de musiciens*, attribuée à Théodore van Thulden, datée de 1650-1660. Le peintre, inspiré du travail du Caravage, a représenté un violoniste assis sur une chaise au dossier droit garni de cuir clouté, dont le modèle a été diffusé dans toute l'Europe.

La salle suivante est dédiée aux **acanthes et aux rinceaux**. Le développement de l'ébénisterie parisienne et la sophistication des techniques de marqueterie dans la seconde moitié du XVIIe siècle correspondent au succès de motifs ornementaux floraux : rinceaux, acanthes, bouquets de fleurs. Les techniques de marqueterie se diversifient, élément par élément, par superposition, tout comme les matériaux (bois exotiques, métaux, écaille, ivoire, corne…).

Une cassette sur son piètement, attribuée à l'ébéniste du roi, Pierre Gole, constitue un fascinant répertoire de ces techniques, matériaux et décors. Conçue pour être mobile, cette cassette repose sur quatre petits pieds toupies en ivoire.

Son décor de marqueterie se développe sur le couvercle et les quatre côtés. Cet ensemble est un rare témoin d'un type de meuble qui connut une certaine faveur au milieu du XVIIe siècle. Aux rinceaux d'un cabinet en armoire et d'un bureau à gradin en marqueterie d'étain et amarante répondent ceux en marqueterie de « bois des îles » d'un grand cabinet où ils sont intégrés dans des compositions naturalistes de bouquets de fleurs dans des vases.

La salle des **arabesques et des grotesques**. À l'instigation notamment de Jean Berain reviennent à la mode l'arabesque et la grotesque, issues du monde romain, révélées à la fin du XVe siècle par la découverte de la *Domus Aurea* et alors transcrites dans le vocabulaire de la Renaissance par Raphaël, puis en France par Jacques Androuet du Cerceau. Berain, dessinateur de la Chambre du roi et donc ordonnateur des décors des fêtes de Louis XIV, insuffle à ces motifs un esprit nouveau. Ils furent transcrits en marqueterie ou en faïence, dans le bronze ou dans la tapisserie. Quelques exemples. Une armoire à marqueterie d'écaille et laiton

attribuée à Nicolas Sageot. Les surfaces de cette grande armoire de type Boulle sont recouvertes d'une marqueterie de cuivre et d'écaille dessinant des motifs d'arabesques et de rinceaux élégants. En rénovant les thèmes de la grotesque, Jean Berain remet à la mode les lignes sinueuses, les galbes, les courbes. On ne cherche plus ses modèles à Versailles, mais dans les salons parisiens qui cultivent le goût du confort, de l'intime. Un miroir en verre églomisé à décor or sur fond de laque rouge date du début du XVIIIe siècle. Un couvercle de clavecin double illustre une allégorie de la musique ornée de grotesques.

La salle suivante présente des exemples de **décor à la Berain** du premier tiers du XVIIIe siècle. Ce type d'ornement évolue vers des compositions plus aérées et plus fluides. Deux vitrines présentent une sélection de pièces de diverses techniques. Le plafond provient de l'hôtel de Verrüe, peint par Claude III Audran vers 1720. Ce plafond ovale, datant de la Régence, a appartenu à l'hôtel de la comtesse de Verrüe. Le décor est voué au thème de la singerie : singes musiciens au plafond et singes chasseurs à la corniche qui s'insèrent au milieu d'entrelacs fleuris.

La pièce suivante se consacre aux **ornés, sculptés et vitrines de verre**. Dans la première moitié du XVIIIe siècle, la sculpture décorative s'impose dans la décoration intérieure. À Gênes, les Parodi lui avaient insufflé l'élan baroque des œuvres du Bernin, dont témoigne la série des *Quatre Saisons*. Le sculpteur Filippo Parodi enrichit le mobilier par l'apport de la sculpture. Ces quatre figures devaient orner une galerie dans un palais patricien et évoquent par leurs couleurs un matériau plus noble comme le bronze patiné et doré. Pourtant, ici, les statues sont en bois peint en noir et doré. Les socles imitent le marbre et le porphyre.

Deux meubles révèlent l'importance de la sculpture ornementale en France, associant dans leur décor sculpté des animaux chimériques et des visages. Le buffet, dont la forme est dérivée de l'armoire à deux corps, s'en distingue par la différence de hauteur entre un corps inférieur à hauteur d'appui, dont le plateau est débordant, et un corps supérieur plus

développé. Réservé aux salles à manger, il est réalisé en chêne massif, pour plus de solidité. Ici, le travail du menuisier s'efface devant celui du sculpteur. Non seulement destiné à renfermer la vaisselle la plus précieuse, le buffet permettait également de la mettre en valeur en laissant les portes ouvertes tel un écrin. Les tablettes intérieures présentent une découpe galbée en façade afin de maintenir les piles d'assiettes. Ce rôle d'ostentation avait conduit les menuisiers à inventer un système d'ouverture des portes à double brisure, spécifique à ce type de meuble, permettant de replier les battants en position ouverte sur les côtés du meuble. Le buffet du MAD ne présente pas cette disposition. Ce dernier
était surtout admiré pour sa décoration. Celle-ci encadre le monogramme du commanditaire qui figure au centre des vantaux supérieurs, dans des cartouches rocaille. Les bustes en relief de Minerve et de Diane, entourés de leurs attributs spécifiques, sont associés à des trophées évoquant les sciences et la chasse. Au sommet du cintre de la corniche, se trouve une tête de personnage de la *commedia dell'arte*, peut-être Arlequin avec sa coiffe empanachée. Les palmiers et les dragons qui ornent les pans coupés du meuble sont propres à l'univers décoratif des premières décennies du XVIIIe siècle.

Une sélection de consoles murales et de bordures de cadre marque le triomphe du bois doré. Le *portrait d'Octave-Alexandre de Nedonchel en chasseur* par Jean-Baptiste Oudry, daté de 1713, montre bien l'usage du bois doré. Bernard Perrot domine l'histoire de la verrerie française au XVIIe siècle. Cet élément de surtout de table en forme de dauphin est une des œuvres de Perrot et date de la fin du XVIIe siècle. Il s'agit d'un verre soufflé-moulé et modelé à chaud. La production des figurines en émail travaillé à la lampe est traditionnellement dénommée « verre filé de Nevers ». Une faïence moulée à décor polychrome de grand feu à la palette représente Marc-Antoine.

Véritables petites sculptures de verre, les quatre personnages forment un

ensemble allégorique représentant les quatre saisons. Suivant une convention, l'Hiver apparaît comme un personnage âgé, voûté, barbu et chaudement couvert alors que les trois autres saisons, jeunes et en tunique courte, ne se différencient que par leurs poses et leurs attributs : fleurs du Printemps, épis de l'Eté et raisins de l'Automne. Ce groupe est typique de l'artisanat des « émailleurs à la lampe » attesté à Nevers dès le XVIIe siècle, bien que le groupe date du siècle suivant. L'émailleur ne fabrique pas et ne colore pas lui-même le verre, il utilise des baguettes d'émail.

Le **cabinet d'amateur** fait honneur à la passion horlogère de monsieur Michel Leclercq. Cette collection comprend 33 pendules rassemblées entre 1979 et 2010, réunissant des pièces allant de la fin du XVIIe siècle aux premières décennies du XIXe siècle.

La pendule à poser *Phèdre tentant de séduire Hippolyte* fut réalisée par l'horloger Drouot, l'émailleur Georges Adrien Merlet et le sculpteur bronzier Pierre-Philippe Thomire. Elle date de 1793. La scène représente Phèdre, fille de Minos et Pasiphaé, tentant de séduire son beau-fils Hippolyte. Ce sujet est tiré de l'œuvre d'Euripide, auteur grec. Le cartel, réalisé par l'horloger Jean Dupré, date de 1765. À la base de la pendule, le mascaron couronné de rayons rappelle un motif abondamment utilisé par les bronziers sous le règne de Louis XIV, en particulier chez André-Charles Boulle. C'était une manière pour l'horloger de proclamer son attachement au XVIIe siècle.

Le *cartel au Chinois* date de 1745. L'ouverture sous le cadran permet d'observer le mouvement de la lentille, extrémité en forme de disque du balancier. Avec son petit Chinois au sommet, ce cartel montre le goût pour la chinoiserie qui s'empara des arts décoratifs au XVIIIe siècle. Une pendule à poser, œuvre de l'horloger Jacques Aury, date de 1695-1700. Le bas-relief en façade représente Janus, dieu des portes, dont les deux visages symbolisent le passé et le futur. Il tient une clé symbolisant l'ouverture des portes et un serpent se mordant la queue (un ouroboros), allusion au cycle de la vie.

Dans la salle **géométrie des frisages**, se trouve essentiellement du mobilier.
À travers des exemples de meubles d'ébénisterie parisiens sont évoquées les différentes techniques de frisage utilisées au XVIIIe siècle et les compositions variées obtenues uniquement en jouant sur les fils du bois. Les différents meubles (commodes, petites armoires, secrétaires) sont exposés sur des étagères. Une grande armoire, attribuée à Joseph Poitou, montre un frisage de bois de violette en « aile de papillon » qui sert de fond à une ornementation de bronze doré. Cette grande armoire, longtemps attribuée à l'ébéniste Charles Cressent, est en fait une œuvre sortie de l'atelier de Joseph Poitou. Par contre, les bronzes qui ornent les quatre panneaux de l'armoire sont bien l'œuvre de Cressent. Ceux-ci forment

une composition d'arabesques où de jeunes enfants, symbolisant l'astronomie et la poésie, répétés deux fois, sont placés sous une sorte de pavillon sommé d'un dais orné de lambrequins. Le décor de bronze est mis en valeur par le frisage de bois de violette. Sur les vantaux, le motif géométrique combine deux dispositions. Une disposition en diagonale, dite en losange, encadre un motif central en rosace ou en cœur obtenu à partir de placages débités non pas dans le fil du bois, mais en oblique, et sur lequel se détache le motif du bronze doré.

Une commode Régence, destinée à une chambre de parade, est extraordinaire. Sa taille imposante en fait la plus grande commode du XVIIIe siècle français ; elle mesure près de trois mètres de longueur. Son plateau en marbre de Rance, d'une seule pièce, est à lui seul un tour de force. Sa découpe moulurée suit le mouvement en arbalète de la façade. Le meuble

ne repose que sur quatre pieds, campés dans des sabots de bronze doré à pattes d'ours, dont les griffes s'étalent sur le sol. Le bâti de la commode comporte quatre tiroirs répartis sur deux rangs, séparés par un trumeau central, et encadrés aux deux extrémités de deux petites « armoires d'encoignure » ouvrant à un battant.

Dans la salle, sont également présentées quelques pièces en porcelaine, issues de la manufacture de Saint-Cloud.

François Desportes a connu un succès considérable comme peintre de nature morte où il reproduisait les plus célèbres pièces d'orfèvrerie créés par ses contemporains. Il y joignait souvent, présentées sur des buffets, des porcelaines orientales et des vases de fleurs. Les deux sucriers portés par des pieds-de-biche rappellent ceux du service des petits cabinets du roi réalisés entre 1735 et 1737 par Claude II Ballin, alors que la terrine évoque l'œuvre de Thomas Germain. Le surtout en argent  est proche de celui livré par Nicolas Besnier à Louis XV en 1719. Le plateau d'écuelle en or faisait partie de la vaisselle d'or du roi, livré en 1731 par Thomas Germain.

La pièce suivante reproduit le **cabinet doré de l'hôtel de Rochegude à Avignon vers 1720**. Ce cabinet provient comme son nom l'indique de l'hôtel de Rochegude. La demeure avait été achetée par cette famille en 1730, mais c'est le propriétaire précédent, André de Paÿs des Hoirs, qui avait commandé à l'architecte et sculpteur parisien Thomas Lainé, la réalisation de ce décor. Le cabinet se compose de panneaux de noyer, d'assemblages sommaires, de pentures et de dorures posées sans préparation. Les sols de l'hôtel étaient couverts de tommettes de terre cuite.

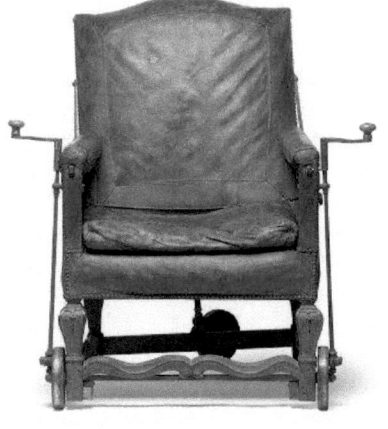

La salle est consacrée à la présentation de textiles et de cuirs, à travers les **tentures et les garnitures**. Elle est une des rares pièces sans accès à la lumière naturelle. À travers une sélection de tapisseries, textiles d'ameublement, sièges garnis, la salle évoque les différents emplois du textile dans le décor intérieur, les techniques de tissage et les matériaux employés. Un fauteuil de malade à crémaillères, datant du début du XVIIIe siècle, a conservé sa garniture couverte de cuir. Ce fauteuil est équipé de trois roues crantées mues grâce à deux manivelles à crémaillère. Le dossier est inclinable grâce à deux compas à crémaillère. À l'avant, un repose-pied et un plateau pouvaient être fixés. Ce fauteuil présente une garniture « à carreau », c'est-à-dire possédant un coussin mobile.

Le panneau de tenture de cuir estampé fut réalisé à Venise vers 1600. L'usage de tendre les murs d'une pièce avec du cuir s'est développé à l'époque médiévale en Andalousie, à Cordoue, avant de gagner toute l'Espagne du XVIe siècle, puis le reste de l'Europe. Les peaux de veau, de mouton et parfois de chèvre sont taillées en carreaux cousus entre eux. Ici, trois modèles de carreaux sont combinés : carreaux centraux à décor de vase, carreaux de bordure verticale à décor de candélabres et carreaux de bordure horizontale à décor de balustre. Le cuir est recouvert de feuilles d'argent, puis d'un vernis jaune pour imiter la dorure. Le décor en léger relief est imprimé sur la face à l'aide de planches.

La **salle rocaille** montre comment cet ornement est apparu et s'est développé jusqu'à transformer la structure même des objets. Les pièces exposées furent créées entre 1730 et 1770. La spontanéité d'une inspiration libérée de toute règle formelle est montrée par des meubles sculptés alors que l'extrême sophistication des compositions est révélée par des pièces d'orfèvrerie et de céramique.

Le canapé à châssis a figuré parmi les achats du prince Louis-René de Rohan à Paris pour meubler le palais Paar à Vienne qu'il a occupé lors de son ambassade auprès de l'impératrice Marie-Thérèse d'Autriche de 1772 à 1774. Le meuble fut réalisé par Nicolas Heurtaut, vers 1753. Le dessin est proche du travail de l'ornemaniste Nicolas Pineau.

La diffusion de la rocaille à l'étranger est évoquée à travers une commode vénitienne. À Venise, les modèles rocaille français sont interprétés au milieu du siècle avec originalité. Le galbe plus accentué, presque boursouflé, de la commode cache à la partie supérieure un plateau formant écritoire et dans les flancs deux petites armoires d'encoignure. L'ornementation en relief est ici traitée en bois sculpté et doré. Aux décors inspirés de l'Extrême-Orient, sur des fonds sombres, succèdent au milieu du XVIIIe siècle, des décors éclatants, sur fond vert ou bleu, réalisés suivant la technique de vernis appelée la « *lacca* » et couverts de fleurs en bouquets ou en guirlandes.

La conception traditionnelle du candélabre est ici complètement transformée par la recherche de dynamisme et de contraste. Partant de la base asymétrique, un mouvement en spirale enveloppe l'objet, accentué par l'opposition entre éléments ascendants et descendants. Allusion au monde nocturne, parmi les ornements floraux du fût, un papillon de nuit paraît s'approcher de la flamme qui va le consumer. Le chandelier est composé de trois éléments qui s'emboîtent les uns dans les autres, permettant de modifier l'intensité de l'éclairage. Un grand flambeau destiné à recevoir une chandelle constitue l'élément principal. Venant s'adapter sur le binet, une girandole composée de trois branches permet de transformer  le flambeau en un candélabre à trois lumières. À la jonction des bras, un quatrième binet, caché par un bouchon en forme de rocaille, porte le nombre total de chandelles à quatre. Le candélabre porte, sous une couronne de duc, le cimier des armes d'Evelyn Pierrepont, duc de Kingston, entouré de la devise de l'ordre de la Jarretière. Le jeune duc avait commandé en 1733 un service table, dont ce candélabre, à l'orfèvre et ornemaniste français Juste-Aurèle Meissonnier.

Cette peinture en grisaille est typique du goût à l'époque rocaille pour ces œuvres d'une facture spontanée. Ces esquisses sont collectionnées pour

elles-mêmes, bien qu'elles restent souvent un outil dans le parcours de création. François Boucher prépare ici la composition d'un carton de tapisserie, celui de la suite des « Amours des dieux », tissée en 1757. Ici : les *Forges de Vulcain* ou *Vulcain présentant à Vénus des armes pour Enée*. Certaines de ces esquisses ne sont pas destinées à être transcrites en polychromie et constituent plus librement une œuvre en soi, comme *l'Amour introduisant Psyché dans

l'Olympe*, ou encore la *Prédication de saint Jean-Baptiste*. Les dessins de François Boucher sont accompagnés de deux œuvres italiennes : *l'Apothéose d'un guerrier* par Giambattista Tiepolo, réalisée vers 1745, et *Scènes de la vie monastique : le pique-nique des Franciscains* par Alessandro Magnasco, peint vers 1720-1730. Magnasco subit l'influence de Breughel, Téniers, Salvator Rosa et Jacques Callot. Ces deux derniers lui donnèrent le goût de ces petites figures pétillantes de vie, qui sont à la base de sa peinture.

La **chinoiserie** est évoquée à travers une sélection de meubles et objets provenant de différents pays d'Europe, présentée dans un écrin tapissé de panneaux de laque provenant du cabinet de laque de l'hôtel du Châtelet à Paris. Les neuf panneaux de laque de Chine furent réalisés par Mathurin Cherpitel en 1771 pour le comte Florent du Châtelet. Sa mère Émilie avait une passion pour la chinoiserie et vivait entourée de magots. La chinoiserie, dont le goût est en train de passer de mode, se fait ici sérieuse pour se mettre au ton ambiant du néoclassicisme qui transparaît ici dans les encadrements stricts en bois de rose et palissandre.

La pièce contient différents meubles comme une commode attribuée à Desmoulins en vernis Martin, une petite commode de Dubois en vernis Martin à fond rouge, un secrétaire en pente en vernis Martin bleu de Mme de Pompadour… Les meubles en vernis « façon du Japon » à fond bleu furent à la mode au milieu du XVIIIe siècle. Le décor en relief de l'abattant du petit secrétaire en pente reproduit un précieux panneau de laque du Japon, provenant d'un cabinet de la fin du XVIIe siècle.

Le petit bureau de vernis bleu est l'un des rares meubles identifiés provenant du château de Bellevue, résidence de Madame de Pompadour. Contrairement à la passion pour les laques à fond noir qui ne se dément jamais, le goût pour les meubles et objets de vernis bleu ou vert en relief fut de courte durée.

Les trois vases potiches proviennent de la manufacture A Grecque de Delft, aux Pays-Bas et datent du début du XVIIIe siècle. Ces vases devaient former la partie centrale d'une garniture de cinq pièces, composée également de vases de forme cornet et bouteille. Leur silhouette imposante, à la panse renflée, est inspirée des potiches chinoises du XVIe siècle de la dynastie des Ming. Si le décor est également inspiré des pièces chinoises, la polychromie limitée à trois couleurs, quant à elle, est une interprétation originale de porcelaines japonaises, *Kakiemon* et *imari* contemporaines. La création de la Compagnie néerlandaise des Indes orientales en 1602, entraîna l'arrivée massive de porcelaines chinoises en Hollande et un engouement sans précédent pour celles-ci.

Caractéristique des petits objets de la Chine qui garnissaient les intérieurs à la mode du milieu du XVIIIe siècle, un baromètre-thermomètre constitue un exemple des objets que l'on pouvait se procurer à Paris auprès des marchands-merciers. Monté en bronze doré, il associe deux matériaux chers aux Occidentaux depuis la découverte des productions venues d'Extrême-Orient : la laque et la porcelaine. Dans un petit édifice en forme de pagode, s'abritent deux Chinois qui selon la nature du temps, sortaient à tour de rôle. Disposés sur une petite terrasse munie d'une languette, ils sont réalisés en cire, matière légère, permettant à la terrasse de se mouvoir aisément par un système de boyau de chat reliant celle-ci. Le boyau extrêmement sensible aux variations climatiques se rétractait ou bien se dilatait et assurait ainsi le mouvement des terrasses. Entre les deux niches, un thermomètre indique la température. Une girouette en forme de papillon surmonte la composition.

La salle suivante permet d'admirer une **boiserie à la capucine** et de la faïence originale. Provenant d'une salle à manger réalisée dans les années 1730 pour un hôtel particulier parisien, une très belle boiserie « à la capucine », c'est-à-dire en chêne naturel, au riche décor sculpté de liserons, sert d'écrin à une vitrine centrale où sont présentées des pièces liées au service de table. Ces pièces en faïence et en porcelaine montrent en trompe-l'œil des animaux, des légumes et des fruits. Dans la pièce, sont exposées des terrines en forme de tortue, de dindon, de courges ou d'anguille, ainsi qu'un légumier et un plateau en forme de chou, voire des coings disposés dans un plat.

Le **cabinet des fables** est une pièce vide, certes, mais possédant un décor somptueux. Cette boiserie fut réalisée pour l'ancien hôtel de Villemaré, place Vendôme, lors des réaménagements commandés par le fermier général François-Balthazar Dangé, qui en avait fait l'acquisition en 1750. Situé au premier étage, donnant sur la place, le boudoir de Mme Dangé, pièce intime, plus basse de plafond que le reste de l'appartement, fut orné de scènes tirées des *Fables* de La Fontaine, dans des encadrements discrètement sculptés de motifs rocailles aux tons de rose soulignés de vert. La pièce fut radicalement restaurée après 1849, lorsque l'hôtel fut affecté au quartier général de la 1e division militaire, puis en 1870, au gouverneur militaire de Paris. La boiserie est alors en grande partie repeinte et les éléments sculptés sont dorés, conférant un caractère plus riche et plus austère à la pièce. Cette occupation par l'armée s'est poursuivie jusqu'à la désaffection de l'hôtel en 1898, date de la dépose des boiseries. Celles-ci rentrent alors au MAD et sont entièrement restaurées.

La salle suivante montre un **retour aux sources classiques**. À travers des meubles réalisés par des ébénistes parisiens de la fin du règne de Louis XV (Vandercruse, Teuné, Montigny, Garnier, Leleu), la salle présente les premières manifestations du retour à l'Antique dans la seconde moitié du XVIIIe siècle.

Le secrétaire à cylindre apparaît au milieu du XVIIIe siècle, d'abord couvert d'un cylindre à lamelles, comme sur les premiers modèles livrés par

Jean-François Oeben et Pierre Garnier. La seconde phase, illustrée par cette pièce de François-Gaspard Teuné, est à cylindre brisé, c'est-à-dire que le cylindre est divisé en deux sections qui se replient partiellement à l'intérieur du casier arrière. Finalement, le modèle qui s'imposera est le cylindre en une pièce.

Un secrétaire montre l'assagissement des courbes rocaille dépouillées de leurs contorsions, étirées à l'extrême en des lignes fluides, soulignées par les encadrements de la marqueterie. Des bronzes d'applique de la fin du XVIIe siècle ou du début du XVIIIe siècle, issus des ateliers de Boulle et de Cressent, furent alors remis à la mode et utilisés.

L'assise et le dossier de ce siège sont garnis d'un matériau exotique, la canne. Il s'agit de l'écorce du rotang, palmier lianoïde qui pousse dans les zones tropicales d'Asie du Sud-Est, dépecée en petites bandes de différentes largeurs. Ces bandes sont passées dans les trous ménagés dans le

bâti du siège et entrecroisées pour former un fin treillis. Plus élégante que la paille ou le jonc réservés aux sièges communs, la canne permettait d'obtenir des garnitures à la fois solides et légères, à un coût bien moindre que les garnitures de tissu ou de cuir. Par sa fraîcheur et sa légèreté, ce type de siège était particulièrement adapté aux climats tropicaux. En Europe, il va trouver de nouveaux usages dans le mobilier de la salle à manger et de la garde-robe qui préfigure la salle de bains. Résistant à l'eau et aux taches, le cannage fut apprécié pour le mobilier de toilette, car son entretien était plus aisé que celui des garnitures couvertes d'étoffe ou de cuir. Toutefois, pour des raisons de confort, les manchettes des accoudoirs sont garnies de cuir. Le fauteuil de toilette, utilisé principalement pour la coiffure, est caractérisé par son échancrure ménagée au haut du dossier afin de faciliter la mise en place des perruques. Le menuisier a caché cette dépression du dossier sous la silhouette d'un cœur.

Une vitrine permet d'observer un échantillon de porcelaines sorties de la manufacture de Sèvres. Le fond rose fut pratiqué à Sèvres sur une très courte période, de 1757 à 1760, du fait de la difficulté et du coût à l'obtenir. Il est, sur les pièces les plus riches, associé à un vert profond en une combinaison particulièrement élégante.

Côté tableaux, sont visibles *Les Restes du palais du pape Jules II* par Hubert Robert, daté de 1770-1780. *Paysage avec cascade* par le même peintre et daté de 1785. *Scène de naufrage* daté de 1760-1770. Reprenant une tradition du XVIIe siècle, Claude-Joseph Vernet remit au goût du jour le paysage de marine et surtout sa version dramatique, la tempête. À l'opposé de la grâce rocaille, la violence expressive des sujets fit de Vernet un artiste emblématique de la nouvelle sensibilité, soutenu par le cercle de Mme Geoffrin.

Autour du thème ornemental de l'arabesque à l'Antique, la **salle étrusque** propose une réflexion sur l'aménagement d'un décor intérieur moderne à la fin de l'Ancien Régime. La salle est divisée en deux ensembles. Au décor de panneaux peints, réalisation unique d'un peintre ornemaniste, répond le décor de papiers peints, production d'un coût moins élevé.

Le bas d'armoire de Jean-Henri Riesener est caractéristique. La façade tripartite, traditionnelle depuis l'époque Régence, masque la véritable division du meuble dont les vantaux sont traités comme des éléments d'architecture. Le panneau central trapézoïdal à montants incurvés, en léger ressaut, vient

« brocher » sur un second panneau plaqué horizontalement de satiné et encadré d'une moulure d'amarante, qu'il semble recouvrir partiellement. Des panneaux de satiné ornent chacun des côtés du meuble. Cet effet très subtil plans successifs est renforcé par le traitement en trompe-l'œil de la marqueterie centrale. Apparaissant dans un encadrement dont les filets sont « posés suivant les ombres » et se détachant sur un fond de sycomore, un bouquet de fleurs dans un « vase de lapice garni de fleurs en couleurs naturelles » repose sur un piédestal dessiné. Ce bas d'armoire fut créé pour le garde-meuble royal dans les années 1775-1780. La frise d'entrelacs à la ceinture, comme les agrafes de bronze des pans coupés, ornées d'acanthes, complétées de culots feuillagés, apparaissent sur des meubles royaux dès cette époque. En revanche, les deux grandes chutes de branches de laurier traitées au naturel qui encadrent le panneau central, maintenues par un ruban doré, sont plus rares dans l'œuvre de Riesener.

Autre chef-d'œuvre, la pendule réalisée par l'ornemaniste Jean Démosthène Dugourc, le sculpteur Louis Simon Boizot, le bronzier Pierre-Philippe Thomire et l'horloger Robert Robin, en 1788.

Vêtues à l'antique de tuniques inspirées du chiton grec, deux vestales transportent sur un brancard un autel en porcelaine où brûle le feu sacré. Au pied de celui-ci, sont posées une buire et une coupe à offrandes en bronze doré. Sur la base de marbre, soutenue par quatre lionnes, une plaque de porcelaine, décorée dans le goût pompéien de rinceaux et de grotesques polychromes, est flanquée de deux médaillons représentant Uranie, muse de l'astronomie, et Clio, muse de l'Histoire.

Réalisés à la manufacture de Sèvres, ces médaillons s'inspirent des créations de Wedgwood, manufacture anglaise. La vestale, jeune prêtresse vouée au culte de Vesta, déesse du foyer, était chargée d'entretenir la flamme. L'utilisation de cette figure à des fins décoratives est révélatrice de la nouvelle vision de l'Antiquité qui s'impose à la fin du XVIIIe siècle, où le feu sacré est associé à la vertu et la vestale au dévouement de la patrie. Cette pendule fut livrée en 1788 à la reine Marie-Antoinette et figura dans la salle de bains de son appartement, au palais des Tuileries. La vogue des pendules à sujet allégorique entraîna une diminution de la taille du cadran, habilement placé ici dans les plis de la draperie qui couvre le brancard.

La forme étrusque de cette tasse fut créée en 1786 pour l'usage de la reine Marie-Antoinette à la laiterie de Rambouillet. Son dessin correspond au « gobelet à anses étrusques » suggéré par Jean-Jacques Lagrenée jeune, mais donné par le directeur de l'atelier de sculpture de la manufacture de Sèvres, Louis-Simon Boizot.

À partir de six grandes compositions décoratives d'Hubert Robert, datant des années 1790, la salle est dédiée au **voyage**. Ces compositions décoratives, qui faisaient partie d'une série de sept, ornaient le salon de l'hôtel du fermier général Antoine Chardon au village d'Auteuil, qu'il avait acheté en 1777. Aux monuments antiques, qui apparaissent immuables, s'ajoute un pittoresque déjà romantique : un manoir aux tourelles à pans de bois délabré ou une ruine de fortification gothique. Hubert Robert a élaboré ce répertoire varié à partir de ses dessins de voyage en Italie et de ses études faites en Normandie ou en Provence. De gauche à droite sont visibles : *Pont sur un torrent, Caprice architectural au troupeau de moutons, Paysage aux deux bûcherons sciant du bois, Paysage à la balançoire, Façade d'un palais aux lavandières* et *Caprice architectural aux lavandières*.

Les meubles sont démontables ou pliables comme le secrétaire en acajou et acier. Le piétement d'acier se démonte afin de pouvoir ranger l'ensemble dans un coffre. La rigueur et la beauté de l'acajou et de l'acier suffisent à l'ornement de ce meuble dont l'attrait réside dans la perfection technique. Le parasol est muni d'une tablette pliante formant table à thé. L'ensemble se démonte pour se ranger dans un coffre. Réalisé par le tabletier, ébéniste et orfèvre Martin-Guillaume Biennais, vers 1810, il suivait les escapades de la famille impériales. Le nécessaire de voyage de la maréchale Bessières fut réalisé par Marc-Guillaume Biennais et Marie-Joseph Genu, orfèvre, entre 1798 et 1809. Ce nécessaire de 62 pièces comprend un service à thé et à café, des couverts pour deux personnes, un nécessaire de toilette, un nécessaire à couture et un nécessaire à écrire. Ce panier contient le nécessaire pour un déjeuner en solitaire : plateau, pot à café, pot à lait, sucrier, tasse avec soucoupe et cuiller. Ce n'est pas

tant la porcelaine qui est admirable que son ornementation. Vers 1750, apparut la mode des portraits en ombre ou portrait à la silhouette. Les manufactures de porcelaine remplacèrent les armoiries et monogrammes peints par les portraits en silhouette des commanditaires. Ces silhouettes sont encadrées dans un médaillon ovale couronné d'un feston de roses noué d'un ruban traité en or de deux tons et travaillé au brunissoir.

Une vingtaine de fauteuils et chaises permettent de suivre sur deux niveaux **l'évolution du siège en France au XVIIIe siècle** dans sa morphologie et son ornementation. Une bergère à la reine fut réalisée en hêtre peint et doré vers 1780 et garnie de toile de Jouy. Un fauteuil cabriolet en hêtre sculpté et doré date de 1780. Un fauteuil à la reine en noyer sculpté et peint fut réalisé par maître Pierre Bernard vers 1775.

En face se dresse une vitrine présentant **l'évolution de la porcelaine tendre à la porcelaine dure**. Une sélection de pièces de porcelaine présente le développement de cette production en France au XVIIIe siècle. La place d'honneur est réservée à la manufacture de Vincennes-Sèvres. Une fontaine en porcelaine tendre provient de la manufacture de Villeroy-Mennecy. Une écuelle à vigne et plateau à ornements en porcelaine tendre provient de la manufacture de Vincennes.

La salle suivante présente l'évolution de l'emploi de **l'acajou**, ce bois exotique en menuiserie et en ébénisterie. D'abord réservé à l'usage de meubles précis tel le mobilier réservé à la toilette ou au repas, sous le règne de Louis XVI l'acajou devient le bois noble par excellence. Sur le tableau de la famille Gohin, peint par Louis-Léopold Boilly, daté de 1787, Louis Gohin, négociant en couleurs, est assis devant un grand bureau cylindrique en acajou. À ses côtés, son épouse Catherine Boileau, petite nièce de l'homme de lettres Nicolas Boileau. À  gauche, leur fille Benjamine tient par le bras son époux Henry-Jean-Baptiste Bouquillard qui a fait sa fortune aux Indes françaises, comme le symbolise le tableau qu'il désigne du doigt. Leur fille est au pied de sa grand-mère. À l'arrière-plan, le fils de la famille, Louis-Julien Gohin et son épouse Suzanne Arthur.

Sur le mur perpendiculaire, cinq vues des jardins de Benfica peintes par Jean Pillement, datent de 1785. Lors de son second séjour au Portugal, à partir de 1780, l'artiste a représenté les jardins de la propriété Devisme à Benfica, aux portes de Lisbonne. D'origine hollandaise, Gérard Devisme avait bâti sa fortune sur le monopole de l'importation du fameux « pau brasil », le bois brésilien plus connu sous le nom de palissandre, utilisé avec prédilection dans la péninsule ibérique. Le palais avait été construit en 1760-1770 par Inácio de Oliveira Bernardes qui avait conçu deux coupoles vitrées pour éclairer la chapelle et une salle de réception. Toutefois, ce sont les jardins ornés de plantes rares et exotiques qui ont rendu le lieu célèbre.

La Récureuse fut peinte par André Bouys vers 1737. Reçu en 1688 à l'Académie royale de peinture comme portraitiste, Bouys peignit également quelques scènes de genre, dont ce tableau présenté au Salon de 1737. Le grand plat à ragoût et les jattes au premier plan témoignent des créations des orfèvres de la première moitié du XVIIIe siècle.

La pièce suivante est consacrée à l'**évolution du bronze doré et de l'orfèvrerie** de la fin du XVIIe siècle à la fin du XVIIIe siècle. S'y trouvent des feux, des pendules, des cartels, des vases, des candélabres, des bras de lumière, des lustres, des robinets selon un ordre chronologique et une thématique fonctionnelle.

Le **salon Talairac** fut reconstitué selon sa disposition de 1790. Les boiseries de ce petit salon proviennent d'un immeuble situé 35, rue Joubert, dans le 9e arrondissement. Ces panneaux en parcloses reproduisent un intérieur à la fin de l'Ancien Régime. Les portes sont traitées en faux bois de deux tons sur lesquels se détache un décor de candélabres, traités en trompe-l'œil. La cheminée en marbre rouge griotte et bronze doré est un bel exemple de l'égyptomanie à la fin du XVIIIe siècle. Le mobilier mêle des éléments Louis XVI en bois peint et des meubles en acajou. Des instruments scientifiques complètent l'ensemble. Des tableaux, paysages ou scènes mythologiques constituent une véritable collection de peintures présentées sur la soierie de la tenture. *Le génie du tombeau* fut réalisé par Hubert Robert en 1795. Dans cette peinture allégorique, une jeune femme médite sur un sarcophage antique tandis qu'un génie la survole.

La pyramide de Cestius témoigne du goût du peintre pour les monuments de la Rome antique. *La femme de Darius aux pieds d'Alexandre* est une œuvre de Gaspare Diziani. Le peintre représenta plusieurs fois des scènes de la vie d'Alexandre le Grand. Drapé dans son manteau rouge, l'empereur est le vainqueur de la bataille d'Issos sur le roi perse Darius III. Stateira, épouse de ce dernier, implore la clémence d'Alexandre pour sa famille et pour elle-même. Fervent admirateur du peintre baroque Sebastiano Ricci,  Diziani reprend ses manières dans des tons plus vifs.

Le parc d'Ermenonville par Claude-Louis Châtelet fut peint vers 1778. Sur cette vue du parc, Jean-Jacques Rousseau est, au premier plan, salué par un groupe de personnages. Le parc est aménagé à l'anglaise, jardin peuplé de divers bâtiments destiné à surprendre le promeneur par sa nature pittoresque. À droite, le temple de la Philosophie, et à l'arrière-plan, l'île des Peupliers qui abrita la tombe du philosophe jusqu'à son transfert au Panthéon.

Paysage avec berger jouant du chalumeau par Philippe-Jacques Loutherbourg date de 1773. Dans ce paysage, un berger joue du chalumeau, ancêtre de la clarinette. Le thème, issu des pastorales de la première moitié du siècle, est annonciateur des sujets qui seront développés par les peintres romantiques.

Caprice architectural avec l'arc de Titus et la colonne Trajane par Lorenzo Bellotto fut peint vers 1760. La composition relève ici du caprice architectural, genre pictural visant à créer un paysage imaginaire. La colonne Trajane, l'arc de Titus, deux vestiges insignes de la Rome antique, sont ainsi réunis. À la différence de son père Bernardo, Lorenzo utilise une palette de couleurs beaucoup plus froides. *Le coup de l'étrier* par Louis-Joseph Watteau fut peint vers 1780. Comme son oncle Jean-Antoine, Louis-Joseph peignit surtout des scènes de genre. Ce tableau illustre une expression française en usage, dite aussi le « vin de l'étrier », qui était le verre offert au voyageur avant son départ. *Piété filiale de Cleobis et Biton*, attribué à François-Guillaume Ménageot, était le sujet du concours du Grand prix de Rome de 1764. L'historien Hérodote, au Ve siècle avant notre ère, relata qu'à Argos en Grèce, les jumeaux Cleobis et Biton s'attelèrent au char de leur mère Cydippe pour la conduire au temple où elle officiait comme prêtresse d'Héra. En guise de récompense, la déesse les plongea dans un sommeil éternel.

L'Atelier de Houdon par Louis-Léopold Boilly fut peint vers 1804. L'artiste

fait pénétrer le spectateur dans l'intimité de l'atelier de l'un des plus grands sculpteurs du XVIIIe siècle : Jean-Louis Houdon. Ce tableau traduit un triple sujet : la représentation d'un atelier d'artiste, la mise en valeur de la pratique d'un sculpteur et le portrait d'une famille. L'artiste est entouré par nombre de ses œuvres comme le *Voltaire assis* et *Diane*. Il est au centre de la toile, achevant le modelage du buste du mathématicien Laplace dont le buste se trouve dans une vitrine voisine.

Le décor du **salon de l'hôtel de Serres** date de 1795. Ce salon provient de l'hôtel de Serres, place Vendôme. Il est également connu sous le nom de « salon Barriol », du nom du décorateur qui en fit don au musée. À défaut du mobilier d'acajou et de bois peint commandé pour la pièce et dont seul le modèle des consoles est connu, un ensemble de sièges en bois doré des années 1780, associé à des meubles d'ébénisterie plaqués de satiné est placé dans ce salon. Près de la cheminée, se trouve un fauteuil à la reine réalisé par Jean-Mathieu l'Hoste en 1771-1780. La cheminée est particulièrement luxueuse avec ses ornements de bronze doré et patiné. Les piédroits se composent de deux cariatides de sphinge monopode à buste en bronze patiné ceinturé d'une large feuille d'acanthe retombante en bronze doré. Elles se terminent par une griffe de lion patinée qui repose

sur une base moulurée en bronze doré. Sur le manteau de la cheminée, repose une pendule, œuvre du maître horloger Louis-Michel Harel et datant du début du XIXe siècle. À l'extrême fin du XVIIIe siècle, les sujets des pendules sont empruntés à la mythologie. Le choix de représenter Junon, fille de Saturne, dieu du Temps est judicieux. La pendule est encadrée par deux paires de vase de garniture. Composés de vases en tôle bleu, insérés dans une monture en bronze doré en forme de trépied, ces éléments décoratifs sont surmontés d'un ananas qui semble jaillir du milieu des feuilles. La harpe bleue fut réalisée par Sébastien Renault et François Chatelain vers 1785. Le vernis Marti bleu, vert ou noir à l'imitation des laques asiatiques était fréquemment utilisé aussi bien pour décorer la caisse de manière uniforme que pour orner la table d'harmonie de bouquets, rinceaux et volutes d'une grande finesse. Les autres parties sont en bois sculpté et doré. Au plafond, un lustre à 80 lumières, en bronze doré et cristal éclaire la pièce. Le fauteuil à la reine, à dossier ovale, rassemble toutes les caractéristiques du style Louis XVI : pieds droits, en fuseau cannelé, dossier en forme de médaillon. Le décor marque l'adoption du vocabulaire néo-classique. La ceinture est sculptée d'une frise d'entrelacs que surmonte une frise de bâtons rompus alternant avec des perles. Au sommet du dossier, remplaçant la coquille Louis XV, est sculpté un bouquet de fleurs au naturel encadré de branches de laurier. Le bureau à cylindre est l'œuvre de l'ébéniste Jean-François Oeben. Il représente une

forme d'évolution du bureau plat vers le secrétaire. Désormais, d'un seul geste, on peut dissimuler le travail en cours en abaissant le cylindre sur la surface de travail et le sécuriser en donnant un tour de clé. Les surfaces de travail sont augmentées par l'ajout de tablettes escamotables de part et d'autre du bureau et à l'arrière du cylindre permettant à quatre personnes de travailler ensemble.

Le **salon des Boiseries** offre un panorama sur diverses boiseries des XVIIe et XVIIIe siècles. Ils proviennent d'un hôtel particulier de la place Vendôme, du Palais-Royal, de la chapelle royale de Saint-Germain-en-Laye, ainsi que des châteaux de Marly et de Crécy.

Le XIXe siècle

Le département compte un peu plus de 9 200 œuvres dont plus de 800 sont exposées dans treize salles alternant des évocations d'intérieur, des *period rooms* et des présentations en vitrines. Le musée présente ainsi un panorama complet et homogène des arts décoratifs de 1800 à 1889. Les collections illustrent les débats animés sur les relations entre art et industrie qui traversent tout le siècle et sont à l'origine de la création du MAD. Constitué à partir d'achats menés aux expositions universelles et à celles organisées par l'Union centrale des arts décoratifs, mais aussi à partir de très nombreux dons d'artistes et d'industriels de la période, le département XIXe reflète l'ambition pédagogique de l'UCAD qui souhaite éduquer les artistes en leur présentant les chefs-d'œuvre des arts industriels. Parmi les 450 pièces de mobilier se distinguent des ensembles complets d'époque Empire et Restauration, du mobilier royal déposé par le Mobilier national, ainsi que la salle à manger de Charles Gillot dessinée par Eugène Grasset. Les collections sont aussi riches de plus de 2 200 céramiques : porcelaines issues des manufactures de Sèvres, de Paris et de Limoges, ainsi que des céramiques d'artistes indépendants. Le fonds d'orfèvrerie, composé de plus de 950 pièces, comprend des ensembles monographiques, notamment de la maison Odiot et de Christofle, tel que le monumental surtout des Cent couverts de Napoléon III. Enfin, les beaux-arts comptent plus de 300 peintures, essentiellement des portraits et des vues d'intérieurs, ainsi qu'un fonds de quelques 500 sculptures.

La visite commence par la salle dédiée aux **arts de la table sous Napoléon 1er**. Après la Révolution, les arts décoratifs connaissent un nouvel essor sous le Directoire grâce aux commandes de clients récemment enrichis et à la création des Expositions des produits de l'industrie française, destinées à encourager les innovations techniques des différents corps de métiers. Les meilleurs orfèvres, comme Jean-Baptiste Odiot, exécutent des pièces de table d'un extrême raffinement. Sur des formes épurées se déploient des ornements inspirés de l'Antiquité grecque et romaines tels que palmettes, papillons, cygnes, figures drapées, faunes, centaures et sphinges. La coupe en forme

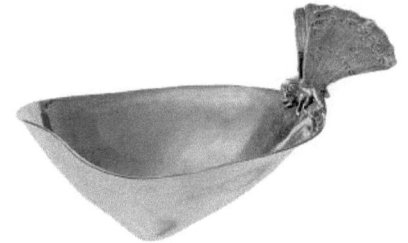

de sein est une œuvre de Jean-Baptiste Odiot et date de 1810. Pauline Borghèse, la sœur de Napoléon, aurait servi de modèle. Le thème des coupes seins remonte à la Grèce antique, évoquant la fécondité et la générosité de la terre nourricière. La présence d'un papillon délicatement posé sur le rebord de la coupe vient apporter une note sensible. Ce dernier est une allusion à Psyché, symbole de l'âme féminine imprévisible et volage.

Le service à déjeuner était utilisé le matin pour une collation légère. Celui-ci fut exécuté par la manufacture impériale de porcelaine de Sèvres en 1813-1815 et livré aussitôt à l'impératrice Marie-Louise pour le palais de Saint-Cloud. Il comprend un grand plateau ovale, six tasses et soucoupes, six coquetiers à pied dauphin, une théière de forme œuf, un pot à lait et un pot à sucre. Le plateau actuel provient d'un autre service. Celui d'origine était en tôle vernissée.

L'Antiquité grecque et romaine, à la fois berceau de la démocratie et de l'empire, s'affirme à la fin du XVIIIe siècle comme le modèle esthétique à suivre. Les canons du « **beau idéal** » antique, basé sur la simplicité et la vérité des formes et des décors, dictent ainsi les règles du style Empire. Le mobilier plaqué d'acajou, un bois exotique aux couleurs chaudes, est animé d'appliques en bronze doré. Il adopte des lignes géométriques sévères. De nouveaux meubles apparaissent comme la psyché qui permet de se voir en pied, le lit bateau et l'athénienne, tandis que des papiers peints tapissent les murs de panoramas. Au centre de la pièce, sur un chevalet, un tableau peint par Jacques-Louis David, en 1789, *Pâris et Hélène*. En 1784, David avait fait sensation en présentant son célèbre *Serment des Horaces*, véritable manifeste du néoclassicisme qui lui a permis de s'affirmer comme le chef de file de ce mouvement. Si l'inspiration est plus légère dans *Pâris et Hélène,* le décor est toujours à l'antique, hormis les caryatides, à l'arrière-plan, inspirées des caryatides du Louvre de Jean Goujon, datant de la Renaissance. Les corps, presque nus, lisses et parfaits comme dans la statuaire grecque, se détachent sur un rideau drapé. Quelques éléments de mobilier apparaissent dans le décor : un lit de repos raffiné, un siège curule au centre, dont on aperçoit la courbure, et à droite, une athénienne, c'est-à-dire un trépied sur lequel brûlaient des parfums. Le fauteuil curule en acajou, attribué aux frères Jacob, semble tout droit sorti du tableau de David. Le goût pour le mobilier d'inspiration antique n'a cessé de se répandre dans toute l'Europe. En France, la période révolutionnaire a interrompu la production de meubles, mais avec le Directoire les commandes reprennent, auprès d'ébénistes qui sont souvent les mêmes que sous l'Ancien Régime. La nouvelle société qui s'est constituée s'enrichit tout en aspirant à une simplicité idéale qu'elle applique au vêtement comme à la décoration. Dans les intérieurs, le vocabulaire ornemental peut être pompéien, égyptien ou étrusque, il est surtout le signe d'une aspiration à des valeurs esthétiques nouvelles, dans un

monde qu'on veut nouveau lui aussi. Les fauteuils curules font partie des meubles caractéristiques de cette époque. Le lit bateau avec sa courbure caractéristique et ses chevets identiques, est

une invention française apparue sous le Directoire, et qui a été très à la mode sous l'Empire et la Restauration. Celui-ci, en acajou et bronze doré, date des années 1805-1810. Tout son décor est une déclinaison du thème du sommeil, lié bien sûr à la fonction du meuble. Une guirlande de pavot court sur la traverse, et plusieurs représentations de Psyché complètent le décor. Celle-ci est également symbolisée par les papillons qui sont la cible de deux chasseresses, au bas du lit. Se regarder en pied dans un miroir nous paraît aujourd'hui un acte ordinaire, pourtant, sous l'Empire, il s'agit d'une innovation. C'est à cette époque qu'apparaît la psyché, réservée aux chambres des dames. Au MAD, la glace est montée sur des pavots, donc orientable, et encadrée par des flambeaux. Sur les murs, un papier peint panoramique raconte l'histoire de Psyché. Les douze tableaux de l'histoire se réfèrent au roman de Jean de La Fontaine, *les Amours de Psyché et Cupidon*, lui-même inspiré du conte *L'Ane d'or* d'Apulée datant du IIe siècle. Ce décor panoramique a été réalisé sur une composition de Louis Laffitte, qui lui-même s'était inspiré de François Gérard et Pierre-Paul Prudhon, deux célèbres peintres de la période néoclassique. La réalisation de ce papier peint fut un défi technique. L'aspect grisaille a nécessité en réalité 23 couleurs et il a fallu pour l'ensemble 1 245 planches de bois gravé, toutes imprimées manuellement. La manufacture Joseph Dufour, qui a réalisé ce travail, a obtenu une médaille d'argent à l'Exposition des produits de l'industrie française en 1819. Le papier peint a connu une vogue extraordinaire au début du XIXe siècle, car il revenait moins cher que des boiseries peintes.

La salle suivante présente différents **symboles du pouvoir impérial**. Après le sacre de Napoléon 1er en 1804, une cour impériale au train de vie fastueux se met en place. Les grandes commandes pour remeubler les palais nationaux contribuent au redressement économique de la France. Tous les arts célèbrent la puissance politique et les triomphes militaires de l'Empire. Les symboles de la guerre et de la victoire gagnent l'orfèvrerie de luxe et les grands bronzes qui se parent de figures allégoriques, de couronnes de laurier, de trophées militaires, de casques et de glaives. Le trône était destiné à Napoléon 1er pour les séances du Corps législatif, une assemblée chargée de voter les lois sous le Consulat et le Premier Empire, de 1800 à 1813. Dessiné par Bernard Poyet, l'architecte du Corps législatif, il a été exécuté en bois doré et sculpté par l'ébéniste François-Honoré Georges Jacob-Desmalter en 1805. S'il comportait bien une marche à sa livraison, il est difficile de savoir si celle-ci est d'origine. Les bras de cet imposant fauteuil sont formés de deux chimères ailées à tête de lion s'appuyant sur une seule patte. Le dossier se termine par un fronton cintré, orné d'une couronne de laurier et

surmonté d'une couronne sculptée. Les deux pommes de pin qui l'encadrent ont remplacé, certainement sous la Restauration, deux aigles impériales, symboles du pouvoir de Napoléon. De même, le chiffre « N » de l'empereur qui figurait au centre de la couronne de laurier a été effacé. Le dossier et l'assise sont couverts d'un riche velours grenat brodé de fils d'argent. Ils dessinent sur le dossier un glaive et une main de justice croisés sur une balance. Un double foudre ailé, symbole impérial de Napoléon, et une grande rosace à fleurons, figurent sur l'assise.

Deux candélabres sont à admirer dans la pièce : les candélabres à Mars et à Minerve. Sur un socle en forme d'autel, le dieu de la guerre Mars, réalisé en bronze à patine noir, porte un candélabre doré. La dorure est brillante et la ciselure précise. La désaffection pour la marqueterie donne à ces candélabres un rôle important : animer les surfaces d'acajou des meubles, mais aussi tenir un discours à travers les figures et les symboles. Le répertoire de ces bronzes d'applique est presque fini : il utilise des attributs guerriers comme le glaive et le casque, des figures ailées, des personnages de la mythologie gréco-romaine, des lions, des dauphins, des cygnes, ou encore des abeilles. Même observation pour une pendule en marbre et émail où se pavane le dieu Apollon. Elle est l'œuvre de l'horloger Le Sieur et du bronzier Pierre-Philippe Thomire. Jean-Baptiste Claude Odiot a confectionné la soupière en bronze argenté présentée dans la pièce, d'après un dessin d'Adrien Louis Marie Cavelier. Odiot a fondé sa réputation sur sa technique de fixation des motifs décoratifs. Chaque élément était fabriqué séparément, puis fixé sur le corps principal de la pièce à l'aide de petites vis et de boulons. Cette simplicité de manipulation permettait de varier les modèles. Les pièces d'orfèvrerie offertes par Odiot au gouvernement furent argentées par la manufacture Christofle en 1907.

Via la pièce suivante, nous pénétrons dans **l'intimité de la duchesse de Berry et de son fils**. La duchesse habita de 1820 à 1830 le pavillon de Marsan, au palais des Tuileries, aujourd'hui occupé par le MAD. Veuve à 22 ans, elle marqua son époque par son train de vie. Lors de l'Exposition des produits de l'industrie de 1823, elle acheta à Rémond une psyché dotée d'un mouvement d'orgue dans sa base et une table de toilette pour la chambre à coucher de ses appartements, tous deux présents dans la salle. Le berceau de parade célèbre la naissance de l'héritier tant attendu des Bourbons revenus au pouvoir en 1814, à la chute de l'Empire napoléonien. Commandé en 1819 à l'ébéniste Félix Rémond, il servit tout d'abord à Louise d'Artois, fille du duc et de la duchesse de Berry. Épouse du fils du comte d'Artois, frère de Louis XVI et futur Charles X, la duchesse donna naissance peu après, le 29 septembre 1820, à Henri Dieudonné, comte de Chambord et duc de Bordeaux, qui laissa son nom au berceau. La naissance de celui qui fut surnommé « l'enfant du miracle » est d'autant plus inespérée qu'elle intervint sept mois après l'assassinat de son père, le duc de Berry.

Le corps du berceau évoque une coque de bateau porté sur quatre cornes d'abondance, symbole de la prospérité attendue par le rétablissement de la monarchie. Au chevet, une imposante Renommée en bronze doré, couronnée de fleurs de lys au naturel, prend son envol en brandissant vers le ciel une corne d'abondance débordant de lys, de fruits et de légumes. Destiné à être posé sur une estrade, ce meuble est fixé et n'a pas pour vocation de bercer l'enfant, mais de le présenter lors de protocoles ou de visites officielles. Savamment travaillés en incrustations de bois français, loupes d'orme et de frêne, les flancs de la nacelle sont ornés de huit médaillons en noyer représentant les arts et les sciences, reliés par de généreuses guirlandes de fleurs en bronze retenues par des rubans et des fleurs de lys. À la base de la nacelle, les médaillons présentant des fleurs de lys furent arrachés à une époque indéterminée. De même, les fleurs de lys en bronze doré qui ornaient la tunique de la Renommée et la couronne royale surmontant l'écu de France au chevet de pied du berceau, ont été buchées ou transformées en fleurons. L'intérieur du berceau était garni de velours blanc orné de tresses d'argent. Deux rideaux de levantine verte, bordés de lys dorés, étaient retenus par des anneaux fixés au sommet de la corne d'abondance. En dessous, accrochés aux ailes de la Renommée, deux autres rideaux de mousseline, frangés d'or, étaient maintenus par des embrasses d'argent.
La salle n'est pas en reste du côté des beaux-arts et offre une série de tableaux intéressants. On peut y voir le portrait de *Rosalie Véronique Campion* peint par Lajugie de La Renaudie vers 1820 ; *Louis XIII proclamé « père*

du peuple » en 1506 peint par un élève de Michel-Martin Drolling vers 1828 (l'original de ce tableau est exposé au musée du Louvre) ; *Malvina pleurant la mort d'Oscar* par Elisabeth Harvey, datant de 1806 (Malvina était la maîtresse d'Oscar dans le cycle Ossian du poète James Macpherson) ; le *duc d'Angoulême remettant la médaille de bronze de l'Exposition de 1827 à l'ébéniste François Baudry* peint par un artiste anonyme.

Le **stand de François Baudry à l'Exposition des produits de l'industrie française en 1827** est des plus instructifs. Apprenez que l'aménagement de cette pièce change régulièrement. L'ébéniste François Baudry présente un ensemble de chambre à coucher aux lignes courbes à l'Exposition. Le lit en forme de nacelle marque le triomphe des formes

galbées tant appréciées sous la Restauration. Aucune ligne droite ni aucun angle ne viennent interrompre ses courbes. Véritable tour de force technique, il témoigne de la virtuosité de l'ébéniste à courber de grandes feuilles de placage. Répondant au goût de l'époque pour les bois blonds, Baudry emploie cinq essences de bois clairs (frêne, orme, citronnier, chêne et sycomore) qu'il décline en de savants jeux chromatiques. Des incrustations d'amarante dessinent des branches de chêne et de laurier, des guirlandes de lierre et une couronne de roses, tandis que les veines des loupes (ces excroissances qui se développent sur les troncs d'arbres) créent des effets graphiques alors très prisés. Ce lit s'accompagne d'une commode de plan ovale et d'un secrétaire dont les portes s'ouvrent en coulissant à l'intérieur du meuble et dévoilent des tiroirs secrets.

Les meubles sont rejoints par des vases d'une grande finesse comme la paire de vases à anses de serpents réalisés vers 1814-1830 ou encore la paire de vase en verre bleu à anses de bronze doré. La paire de vase

Médicis est une production française, contrairement à ce que semble indiquer la nomination. Si les procédés d'opalisation du verre sont connus à Venise dès le XVIe siècle, leur application au cristal est une invention française du XIXe siècle. D'inspiration antique, les formes classiques de ces deux

vases en cristal opale bicolore, associent de manière exceptionnelle deux couleurs caractéristiques des productions de la Restauration : le rose gorge de pigeon et l'améthyste. Cendre d'os, étain et arsenic sont les principaux composants de cette opacification, auxquels viennent s'ajouter le rose obtenu par l'adjonction de sels d'or et le violet issu de l'oxyde de manganèse. Les modèles associant à chaud deux couleurs sont extrêmement rares.

Les murs sont recouverts par un papier peint panoramique. Le sujet choisi est l'histoire de Renaud et Armide, tirée de la *Jérusalem délivrée* de Torquato Tasso. L'arrière-plan historique est celui des croisades, mais il sert surtout de prétexte au développement de somptueux paysages où apparaissent de petits personnages en costumes historiques. Ici apparaît le style dit « troubadour », inspiré du gothique, appelé à un formidable succès. Ces papiers peints à paysage historié proposaient une conception toute nouvelle de la décoration intérieure : on créait un décor continu en utilisant tout le déroulé des murs, ponctué par les ouvertures verticales des portes et des fenêtres, les lés se raccordant dans les bouquets d'arbres et les architectures qui rythment le paysage.

Reposons-nous dans une **chambre à coucher aménagée selon le style Louis-Philippe** (1836-1840). Sous son règne, le passé national est mis en valeur plutôt que l'Antiquité. Le goût pour le Moyen-Age et la Renaissance se diffuse dans les intérieurs nobles et bourgeois. Lorsqu'en 1838, le baron William Hope, riche banquier anglais, achète l'hôtel particulier du 57, rue Saint-Dominique (l'actuelle ambassade de Pologne), il confie à l'architecte Achille-Jacques Fedel le soin d'en faire une demeure somptueuse dans le nouveau goût inspiré de la Renaissance. Grand collectionneur, il fait aménager ses salons au premier étage dans un luxe inouï et y donne les fêtes les plus brillantes de Paris. Son appartement privé, aménagé au rez-de-chaussée, est constitué d'une suite de pièces : après avoir traversé un vestibule, deux antichambres, une salle à manger meublée en acajou, un fumoir, une serre abritant des plantes rares, une petite salle à manger lambrissée de chêne, une salle de billard, un salon meublé d'ébène, un cabinet abritant la collection de porcelaines de Chine, on accédait à la chambre à coucher dont la boiserie est visible au musée. L'ensemble qui s'inspire des châteaux aménagés par François 1er, reste d'un luxe inhabituel pour une chambre masculine. Une ronde de personnages évoquant la vie de la cour à la Renaissance est traitée sur fond or dans les arcades supérieures. Les panneaux muraux sont garnis d'une tenture damas blanc et jaune. Un nouveau vocabulaire ornemental apparaît : des pilastres corinthiens, des arabesques et entrelacs, de riches couronnes de fleurs au centre desquelles sont assises deux jeunes femmes troubadour, des nymphes nues reflétant l'art de la Renaissance de Jean Goujon ornent les vantaux de porte de la boiserie. Tout concourt à une érotisation du décor en opposition radicale avec la retenue de l'époque Charles X. On ne sait rien de l'ameublement d'origine. Le lit est un exemple de mobilier en fonte richement orné, qui s'est développé en France vers 1840 dans le goût de la Renaissance sous l'impulsion d'Aimé Chenavard et d'Henri de Triqueti. Il participe au nouveau courant qui introduit des thèmes de séduction dans le décor de l'ameublement : la naïade dénudée et les petits amours de la façade sont particulièrement proches des portes de la boiserie. Au-dessus du lit, se trouve un portrait de *Marie Taglioni et son frère Paul dans le ballet de la Sylphide* par François Gabriel Guillaume Lepaulle, daté de 1834.

Les murs de la pièce suivante sont couverts de vitrines contenant des productions de **l'époque dite Romantique**. Le goût qui se développe sous l'influence du romantisme dans les années 1830 et 1840 est fondé sur une redécouverte nostalgique des styles passés, du Moyen-Age au XVIIIe siècle. Cette découverte permet d'échapper aux codes antiques. Le dessinateur Claude-Aimé Chenavard crée ainsi en 1830 son *Vase de la Renaissance*. Ce vase monumental est un hommage à la Renaissance. Deux épisodes du début du XVIe siècle mettent en scène un artiste et son roi. D'un côté, Jean Goujon dévoile à Henri II et à Diane de Poitiers le groupe de *Diane et du cerf* qu'il vient de terminer. De l'autre, Léonard de Vinci peint, en présence de François 1er, la *Joconde*. Les motifs décoratifs foisonnants, les satyres, les pierres dures, ou encore le triple portrait sont autant d'éléments qui rappellent le vocabulaire ornemental de la Renaissance. Le vase du MAD est en bronze doré. Une réplique en

porcelaine bleue et blanche est visible au musée du Louvre, et l'originale, en porcelaine polychrome, est conservée au château de Fontainebleau.

Le Moyen-Age devient une source inépuisable de motifs gothiques appliqués aux objets du quotidien. Dans les intérieurs bourgeois, le goût pour l'accumulation de petits objets en porcelaine, en bronze ou en verre est favorisé par une industrialisation de la production en série. Le service à dessert fut commandé par le duc d'Orléans, en 1840, et livré en 1842. À l'Exposition des produits de l'industrie de 1844, Jean-François Denière présenta une dizaine de pièces de ce service qui avaient dû être empruntées à la duchesse d'Orléans, dont cette corbeille à fruits et cette paire de compotiers.

Au XVIIIe siècle, se développe le goût pour les boissons exotiques. Les théières, cafetières ou chocolatières sont l'occasion pour les artistes de développer un répertoire iconographique s'inspirant d'une nature encore peu familière pour les Européens. Les becs verseurs et les anses prennent la forme d'animaux réels ou imaginaires. La théière à l'œuf et au serpent fait partie d'un service dont le décor naturaliste constitue une série d'allusions sur l'origine de chaque aliment : un pot à crème à tête de vache, un pot à sucre en forme d'ananas, une tasse à tisane en forme de fleur et une tasse à chocolat avec le même motif que la théière. Ici, le serpent évoque l'Asie d'où provient le thé. Créée à la manufacture de Sèvres en 1808, cette théière a été fabriquée jusqu'en 1833 en très petites quantités. Cet exemplaire fut acheté par le duc d'Orléans, fils du roi Louis-Philippe.

Sous le **Second Empire**, l'éclectisme qui mêle les styles Louis XIX, Louis XV et Louis XVI triomphe. Le mobilier en papier mâché, laqué noir et incrusté de nacre, aux lignes rocaille directement héritées du XVIIIe siècle, donne une impression de luxe dans les intérieurs bourgeois bien que sa production soit industrielle. La technique du papier mâché a été inventée en Chine sous les Han, entre le IIe siècle avant notre ère et le IIe siècle de notre ère. Un temps cantonnée à l'Asie, elle connaît un formidable essor au milieu du XIXe siècle en Angleterre et en France. La manufacture Jennens & Bettridge, installée à Birmingham, en est l'un des producteurs les plus importants. Le luxe ne réside pas dans les matériaux utilisés, mais dans les jeux de brillances et dans les formes mouvementées. Les meubles sont réalisés à partir d'un mélange de carton bouilli et de colle, coulé dans un moule en fer qu'on laisse refroidir. Une fois le papier mâché durci, il est laqué et enrichi d'incrustations de nacre et de peintures imitant le poli parfait et le décor des laques orientales. La souplesse du matériau permet également la réalisation de formes courbes et galbées sophistiquées. Auparavant réservée à une élite, cette technique devient populaire grâce à l'utilisation massive du papier et aux nouveaux procédés industriels des manufactures. Les sièges capitonnés au rembourrage épais envahissent les salons comme cet indiscret attribué à Alexandre Georges Fourdinois. Un indiscret est un meuble où trois fauteuils sont accolés en forme de feuilles de trèfle. Il permet à trois personnes de discuter sans avoir à tourner la tête. Ce meuble est une invention du Second Empire. Quand il ne comporte que deux sièges, il se nomme un confident.

Dans la lignée des théories hygiénistes de Haussmann, le thème floral se répand dans le décor du papier peint, des vases et des meubles. Le papier peint de la salle fut présenté par Jules Desfossé à l'Exposition universelle de Paris, en 1855, dans la Rotonde du Panorama, en regard du fameux ensemble composé par le *Jardin d'Armide*, les *Prodigues* d'après Thomas Couture et *l'Automne* réalisée par Auguste Clésinger. Ce décor fut à nouveau présenté lors de l'Exposition universelle de Londres en 1862. Sa présence lors de ces deux manifestations prestigieuses illustre l'engouement de l'époque pour les jardins et les serres dont la mode fit fureur à Paris sous le Second Empire. Cet engouement pour les extérieurs se retrouve dans les tableaux présents dans la salle. La princesse Mathilde, cousine de Napoléon III, est l'une des figures les plus importantes de la vie mondaine sous le Second Empire. Après un mariage malheureux avec le richissime prince Demidoff, elle s'est fixée à Paris. Menant grand train, elle recevait dans les salons de son hôtel particulier, rue de Courcelles, tout ce qui comptait alors comme intellectuels, hommes politiques ou artistes. Les vues de son intérieur peintes par Charles Giraud restituent avec beaucoup de minutie le cadre de vie de la princesse, qui aimait accueillir ses intimes dans sa véranda. Une lumière douce filtre à travers la végétation exotique qui court sur les côtés, et un fouillis de meubles et d'objets hétéroclites occupe le centre de la serre : table, fauteuil Louis XV, guéridon mauresque, vases d'Extrême-Orient, objets précieux de toutes origines. Un ensemble éclectique, très représentatif de l'esprit de l'époque. Le *Repas des cygnes* par Eugène Giraud, peint vers 1865, était destiné à la princesse Mathilde pour son château de Saint-Gratien près d'Enghien-les-Bains.

Au milieu du XIXe siècle, la volonté de régénérer les arts décoratifs incite les artistes à s'inspirer des styles du passé, de l'Antiquité à la fin du XVIIIe siècle, et à regarder vers des horizons lointains comme le Moyen-Orient. Ils en extraient des formes et des ornements qu'ils interprètent pour créer des œuvres nouvelles. Ce mélange de sources diverses, que l'on appelle **l'éclectisme**, irrigue toute la seconde moitié du XIXe siècle. Il se développe dans le climat d'émulation des Expositions universelles qui pousse tous les pays à inventer de nouveaux procédés industriels de création.

Avant de pénétrer dans la salle principale, il faut s'arrêter devant la vitrine contenant de magnifiques porcelaines du XIXe siècle, tel un service à thé réalisé par Jacob Petit en 1850. Il se compose d'un plateau, d'une tasse avec soucoupe, d'une théière, d'un pot à lait et d'un sucrier.

Dessiné par le sculpteur Albert-Ernest Carrier-Belleuse, le monumental *vase des Arts* a été réalisé par la maison d'orfèvrerie Christofle en l'honneur de Charles Dietz-Monnin, sénateur et président de la section française de l'Exposition universelle d'Amsterdam de 1883. Il témoigne du goût pour l'Antiquité grecque qui se développe en France au cours de la seconde moitié du XIXe siècle. Couronné par une Minerve brandissant des palmes et des couronnes, le vase est orné de quatre allégories des arts surmontant des masques de Gorgone et des chouettes aux ailes déployées. Les allégories sont la Sculpture, la Peinture, l'Architecture et la Gravure. Une frise de palmettes et de rinceaux végétaux, empruntés au répertoire décoratif grec antique, souligne la base du vase. Si l'esthétique du vase est tournée vers le passé, sa réalisation est une innovation technique. Exécuté en bronze, il a été argenté et doré par électrolyse. Les teintes rougeâtres du corps du vase, imitant l'aspect des poteries grecques, proviennent de patines déposées chimiquement.

Offerte par l'impératrice Eugénie à Ferdinand de Lesseps à l'occasion de l'inauguration du canal de Suez le 17 novembre 1869, la nef fut présentée à l'Exposition universelle de Londres en 1871, à l'Exposition de l'Union centrale de Paris en 1874 et au musée Centennal de l'Exposition universelle de 1900 à Paris.

Le surtout de cent couverts fut commandé en 1852 par le prince-président Louis Napoléon Bonaparte, futur empereur Napoléon III, pour les prestigieuses réceptions du palais des Tuileries. Destiné à une table de 30 mètres de long, prévue pour cent convives, l'ensemble du surtout comporte quinze pièces monumentales exécutées en galvanoplastie. En 1871, lors de la Commune, le surtout brûle dans l'incendie du palais des Tuileries. Henri Bouilhet, vice-président de la manufacture Christofle le sauve des cendres et le donne au MAD. Le surtout est l'œuvre des sculpteurs François Gilbert, Georges Diebolt et Pierre-Louis Rouillard.

La table de boudoir, ainsi que les œuvres exposées à ses côtés, témoi‑  gnent de l'influence du style Louis XVI sur les arts décora‑ tifs des années 1850-1860. Présentée au centre du stand de la maison Christofle à l'Ex‑ position universelle de 1867, elle comportait à l'origine un miroir ovale sur le plateau. Cette table fut dessinée par Emile Reiber et réalisée par les sculpteurs Albert-Ernest Carrier-Belleuse et Gustave Joseph Chéret. Le plateau est orné d'une marqueterie de pierres dures bordée de fleurs en argent et en vermeil. Une galerie ajourée court sur le bord arrière. Le tiroir de ceinture, en lapis-lazuli, est recouvert de guirlandes de myrte auxquelles se mêlent des colliers de perles, une torche allumée et une flèche, tandis qu'à la serrure deux putti déposent une couronne de fleurs sur un vase. Deux cariatides portant une corbeille de fleurs forment les pieds avant de la table. La forme et les ornements de cette table de bou‑ doir s'inspirent d'un petit bureau livré en 1784 à Marie-Antoinette par l'ébéniste Adam Weisweiler. L'héritage du style Louis XVI, remis à l'hon‑ neur sous le Second Empire par l'impératrice Eugénie, est ici pleinement revendiqué. Encore une fois, si le style est tourné vers le passé, l'œuvre reste moderne.

Dès le début du XIXe siècle, l'Espagne mauresque et ses céramiques an‑ ciennes fascinent les artistes français. Le développement des expéditions et les entreprises d'annexion menées par la France favorisent une meil‑ leure connaissance des arts des pays du Moyen-Orient. L'orientalisme devient à partir des années 1860 une source d'inspiration féconde pour les céramistes et les verriers. Les faïences hispano-mauresques du XVe siècle et les céramiques orientales, caractérisées par leurs décors végétaux stylisés et leur bleu turquoise, sont réinterprétées. En 1858, le céramiste français Théodore Deck ouvre un atelier à Paris et se spécialise dans cette production. Il retrouve ainsi le bleu turquoise des céramiques d'Iznik. À l'Exposition universelle de Londres de 1862, il obtient un vif succès en présentant son grand vase de l'Alhambra. Le vase de style persan fut créé par Paul Sédille et Jules Loebnitz. Il fut présenté à l'Exposition universelle de 1878 à Paris.

Des années 1830 à la fin du XIXe siècle, la Renaissance est une source d'inspiration privilégiée pour les ébénistes, les orfèvres, les céramistes et les verriers qui s'inspirent des formes et des ornements des œuvres des XVe et XVIe siècles (**naissance du néo-renaissance**). Les techniques des industries d'art de la Renaissance, pour certaines oubliées, sont remises à l'honneur. Le bois sculpté, l'émail peint, le moulage sur nature en céramique, le verre polychrome et les pierres dures montées sont de véritables défis techniques lancés aux artistes qui se mesurent aux maîtres anciens en utilisant les moyens industriels de leur temps.

Ce cabinet à deux corps, réalisé par l'ébéniste Henri-Auguste Fourdinois, fut présenté à l'Exposition universelle de 1867, à Paris. Ce meuble permit à son concepteur d'obtenir le Grand Prix, la plus haute récompense décernée lors de ces expositions. Tout dans ce cabinet exécuté en noyer célèbre l'art du XVIe siècle. Il est architecturé en deux corps comme les cabinets de la Renaissance. La partie haute à deux vantaux s'ouvre sur un intérieur plaqué d'ivoire et d'argent. Deux sphinges ailées retiennent le plateau surmontant le corps inférieur. Ce meuble est autant une œuvre d'ébénisterie que de sculpture. Les nymphes exécutées dans le style de Jean Goujon, les figures allégoriques ainsi que le foisonnement de rinceaux et de végétaux, sont finement sculptés. L'horloge monumentale, œuvre de la Maison Ferdinand Barbedienne, fut présentée à l'Exposition universelle de 1889, à Paris.

Les courtisanes font fortune et jouent un rôle considérable dans la vie sociale entre 1850 et 1910. Jouant de leurs charmes, elles séduisent artistes et hommes influents et se font offrir de splendides hôtels particuliers. Ce lit de parade fut réalisé pour Émilie Valtesse de la Bigne, l'une des courtisanes les plus en vue à Paris, à la fin du XIXe siècle. Séduisante et intelligente, cette « lionne » fait fortune. Elle se fait offrir un hôtel particulier, boulevard Malesherbes, par le prince de Sagan où elle organise des fêtes brillantes, laissant à ses amis le privilège de voir sa chambre. C'est ainsi que Zola, séduit, s'en inspire pour décrire la chambre de Nana, l'une de ses héroïnes. Le décor de la chambre est confié à Édouard Lièvre qui vient d'achever l'aménagement de la chambre du peintre Édouard Detaille, ami intime de Valtesse. Il propose un lit de parade, conçu pour recevoir dans sa chambre, selon le rituel instauré par Louis XIV à Versailles. Ce type de lit est généralement en bois doré, rehaussé par une estrade et séparé du reste de la chambre par une balustrade. Pour Valtesse, Lièvre donne un tout autre sens à la balustrade : fixée sur le pourtour du lit et ornée de deux cassolettes enflammées, elle délimite le territoire licencieux des amants. Au chevet, il place deux petits amours potelés pour soutenir un blason portant la lettre V couronné. Des masques de faunes grimaçants, que Valtesse appelait « le petit dieu malin » veillent avec un sourire sardonique au sommet du baldaquin et leurs profils se retrouvent au chevet de part et d'autre du blason. En 1902, Valtesse de la Bigne quitte son hôtel particulier du boulevard Malesherbes pour s'établir dans sa nouvelle demeure de la Chapelle du Roy à Ville d'Avray. Elle commande un mobilier de style Art nouveau pour sa chambre à coucher et sa salle à manger. Daté de 1905 sur le cadran de la pendule, le bureau a été exécuté pour compléter ce nouvel ameublement.

Ce buste nous dévoile le portrait d'une demi-mondaine. Vêtue d'une collerette, les cheveux relevés en un chignon orné d'un ruban et de perles, cette courtisane incline légèrement la tête vers la gauche. Exécuté en 1877 par Jean-Désiré Ringel d'Illzach en cire et carton bouilli peint, *Perversité ou le Demi-Monde* témoigne des recherches pour une sculpture grandeur nature présentée et détruite au Salon de 1879. Entièrement façonnée en cire polychrome, celle-ci scandalisa par son hyperréalisme et son sujet, un nu contemporain représentant une prostituée.

Côté peinture, l'œuvre de Jean Béraud, la *Proposition* ou le *Rendez-vous rue de Chateaubriand*, fut réalisée en 1885. *Splendeur* faisait partie à l'origine d'un diptyque, conçu par Ernest Duez en 1874. *Jeune femme aux cheveux blonds* par Charles Chaplin (1885) rend hommage à Alice Ozy, une demi-mondaine parisienne, représentée ici à la fin d'une orgie à la Maison Dorée. Le tableau de papier peint *Les Prodigues* fut dessiné par Thomas

Couture en 1854 et réalisé par la manufacture Jules Desfossés. Dans cette scène sulfureuse d'orgie finissante, la courtisane Alice Ozy, nom de scène de l'actrice Justine Pilloy, et le peintre Feuerbach, sont allongés sur le sol de la Maison d'Or, épuisés, sous le regard perdu de Thomas Couture qui s'est représenté en Pierrot.

Le collectionneur et imprimeur Charles Gillot demande en 1879 à son ami **Eugène Grasset** de concevoir la décoration et l'ameublement des pièces principales de son hôtel du 79, rue Madame à Paris, dans le 6e arrondissement. Grasset doit concevoir le mobilier pour la grande galerie qui abrite l'importante collection d'art d'Extrême-Orient, du Moyen-Age et de la Renaissance, de la salle à manger et de la chambre à coucher. L'ensemble, en bois de chêne, est créé par le décorateur entre 1880 et 1885 et exécuté par l'ébéniste Fulfgraff. En 1905, au moment de son mariage avec l'archéologue Georges Seure, la fille de Charles Gillot, Louise Marcelle Seure, commande à Grasset un ensemble de salle à manger en noyer composé d'une grande table, de six chaises, d'une desserte et d'un buffet pour son appartement. La jeune femme souhaite recréer un décor lui rappelant celui de la rue Madame. Sur des volumes simples, Grasset superpose une prolifération d'ornements où se mélangent une imagerie naturaliste et un univers fantastique. Les rats et les belettes courent le long des colonnes du buffet-dressoir, tandis que les oiseaux de nuits se nichent sur la cheminée et côtoient lapins, grenouilles, poissons, chats sauvages, coqs et chauve-souris. Les colonnes prennent la forme de chimères et les sphinges, les griffons et les gargouilles animent le décor sculpté. Celui-ci prend même une valeur allégorique et symbolique. Les quatre panneaux carrés des portes de la cheminée représentent les allégories du Travail, de l'Etude, de la Guerre et de la Paix. Le buffet, quant à lui, se consacre aux thèmes de la nourriture et de la boisson. Les murs sont couverts de plats et d'assiettes en faïence et en porcelaine créés par des artistes contemporains de Grasset ayant renouvelés les arts du feu au contact du Japon ou de la Turquie entre 1860 et 1890.

Avec le traité commercial signé en 1858 entre la France et le Japon, et la participation de ces derniers aux Expositions universelles dès celle de Paris en 1867, les artistes découvrent des objets d'art qui remettent en question les fondements de l'esthétique occidentale. Les estampes japonaises leur fournissent de nouveaux motifs et des solutions inédites pour représenter l'espace. Véritable choc culturel, **le japonisme** marque un tournant dans les arts du XIXe siècle en permettant de dépasser la réinterprétation des styles anciens. Cette jardinière se compose de plusieurs éléments d'origines diverses. Le guéridon, dessiné par Edouard Lièvre, a été exécuté par la Maison Barbedienne vers 1880. Le dragon, figure indépendante du guéridon, est soit d'origine japonaise, datant de la fin du XIXe siècle, soit une copie exacte réalisée par Ferdinand Barbedienne. La partie inférieure du vase, signée par un atelier de l'époque Edo, remonte au début du XIXe siècle. La partie supérieure du vase correspond aux modèles nippons desti-

nés à l'exportation en Europe et date de la seconde moitié du XIXe siècle. Observation d'un modèle de couronnement pour fontaine. Fasciné par les arts chinois et japonais qu'il collectionne, le peintre nantais Jean Tissot réalise dès la fin des années 1870 des objets d'art en émail cloisonné dont les décors s'inspirent des compositions de ses tableaux. Le modèle, intitulé *Fortune*, conçu pour une fontaine ou un monument, est la pièce la plus monumentale et la plus originale de cette production. Véritable défi technique, cette sculpture allie le bronze, l'argent et l'émail cloisonné couvrant la sphère, la carapace de la tortue et la base ornée de la maxime « Tout vient à temps à qui sait attendre ». Cette œuvre à l'iconographie complexe, mettant en scène la Fortune couronnant l'Univers, luttant contre le bien et le mal, est un manifeste du japonisme et du symbolisme en vogue à la fin du siècle. Le miroir d'applique fut réalisé par l'ébéniste Gabriel Viardot s'est fait connaître en fabriquant des meubles inspirés du mobilier d'Extrême-Orient. Sa production se caractérise par la présence de dragons, comme ici sur le miroir. Présenté à l'exposition de l'UCAD en 1874, le meuble d'encoignure frappe par ses reliefs incrustés et les bronzes dorés et patinés du cartouche central orné d'une femme et d'un animal fantastique repris d'une estampe japonaise. Le vase-torchère, réalisé par Christofle, fut présenté à l'Exposition centrale de l'UCAD de Paris en 1874, puis aux Expositions universelles de Paris de 1878, 1889 et de 1900, ainsi qu'à celles d'Amsterdam en 1883 et de Chicago en 1893. L'armoire en érable teinté est l'œuvre de Gabriel Viardot et date de 1886. Un dragon et des papillons se mêlent dans un décor naturaliste composé de bambous. Des rosaces en nacre sont incrustées dans les panneaux de la porte.

Art nouveau et Art déco

La collection du département Art nouveau – Art déco du MAD comprend un ensemble de plus de 6 667 œuvres parmi lesquelles figurent les plus grands acteurs des différents courants artistiques de ces deux périodes fondamentales des arts décoratifs du XXe siècle en France. Chacune comprend l'ensemble des créations d'arts décoratifs allant du mobilier aux arts de la table, mais aussi, et c'est moins connu, la sculpture, la peinture et le vitrail. La qualité et la singularité de la collection repose essentiellement sur l'histoire de sa constitution, laquelle, jusqu'en 1925, se compose principalement d'acquisitions faites directement auprès des artistes lors des salons ou des expositions universelles. Elle s'est ensuite enrichie grâce à des donations et des mécénats. Pour la période Art nouveau (1890-1910), elle comprend ainsi la reconstitution de l'aménagement intérieur du pavillon de l'UCAD réalisé par Georges Hoentschel lors de l'exposition de 1900 à Paris, mais également plusieurs ensemble conçus par Hector Guimard, Émile Gallé, Louis Majorelle, Alexandre Charpentier, Jean Dampt, ainsi que des œuvres de Georges de Feure, Eugène Gaillard ou Edouard Colonna provenant de la galerie *l'Art nouveau* de Siegfried Bing. La période Art déco (1910-1936) comprend plusieurs pièces de créateurs tels Clément Mère et Paul Iribe, ainsi que des ensembles uniques comme celui de l'appartement privé de la couturière Jeanne Lanvin conçu par Albert Armand Rateau (1925) ou le bureau de l'ambassade française conçu par Pierre Chareau pour l'Exposition internationale des arts décoratifs modernes et industriels de Paris en 1925. Le MAD s'est illustré depuis sa création par sa proximité avec les créateurs contemporains dont il accueille les expositions. Proximité qui lui a permis de tisser des liens privilégiés qui ont favorisé la donation d'œuvres par les artistes ou leur ayants droits comme ce fut le cas pour la donation de Robert Mallet-Stevens provenant de son hôtel particulier parisien (1927), ainsi que l'ensemble unique de meubles provenant de la collection du grand couturier, mécène et collectionneur Jacques Doucet. En outre, le département possède des ensembles plus rares comme celui conçu par Jean-Michel Frank pour François Mauriac, ainsi que le mobilier personnel de Sonia Delaunay (1924).

Conçu par le décorateur, collectionneur et céramiste Georges Hoentschel, cet ensemble de boiseries et de mobilier provient du pavillon de l'UCAD, édifié sur l'esplanade des Invalides, pour l'Exposition universelle de 1900. Le pavillon présentait l'aspect d'une folie du XVIIIe siècle, mais le décor sculpté des façades s'inspirait du monde végétal retranscrit dans un registre naturaliste et moderne. La disposition intérieure du bâtiment comprenait quatre salles en enfilade : la salle des Métaux qui servait de vestibule, la salle Centrale appelée Salon du Bois, la salle de la Céramique réservée aux œuvres de Georges Hoentschel et enfin un petit salon pour le comité des dames. Après avoir été présenté à l'Exposition universelle de Saint-Louis aux États-Unis en 1904, le **Salon du bois** est modifié par Hoentschel pour être remonté en 1905 dans la grande galerie du pavillon de Marsan, pour l'ouverture du musée. Il déploie de hautes boiseries de platane d'Algérie sculpté de branches d'églantines fleuries, constituées de deux portiques ajourés ouvrant sur les deux autres salles. Aux quatre angles, des vitrines exposent les objets acquis par l'association auprès d'artistes au cours des vingt dernières années. L'ensemble était complété d'une tenture de soie brochée à fond rose, dessinée par Adrien Karbowski, représentant des lauriers et des églantiers entrelacés, et de plusieurs éléments de mobilier : une table et quatre fauteuils. Sur le mur, une grande toile d'Albert Besnard, *l'Île Heureuse*, inspirée du *Pèlerinage à l'île de Cythère* de Watteau.

Le coffret, dit *le Secret*, est l'œuvre de l'orfèvre Jules Paul Brateau et de l'émailleur Paul Grandhomme. Réalisé en or, ivoire et émail peint sur cuivre, il fut présenté au Salon de la Société nationale des beaux-arts de Paris en 1897. Il a appartenu à Georges Berger, président de l'UCAD de 1891 à 1910.

Le hanap, dit *les Métiers d'art*, fut présenté au pavillon de l'UCAD lors de l'Exposition universelle de Paris en 1900. Cette œuvre symbolise l'idéal que s'était fixé l'UCAD dès sa création, en 1864. Ses membres, qui avaient choisi pour devise « le beau dans l'utile » se consacraient à la promotion des arts décoratifs à travers une riche bibliothèque et des expositions temporaires sur les matériaux (tissu, papier, bois, pierre, verre, métal). Ils lançaient de nombreux concours ouverts aux élèves des écoles d'art et aux artisans. En 1895, le comité de l'UCAD demanda à l'un des orfèvres de l'Exposition universelle de 1889, Lucien Falize, de réaliser un émail pour le musée, tout en lui laissant une entière liberté quant à la forme et au thème. L'orfèvre décida de confectionner un gobelet d'or dans lequel le président de l'association pourrait boire les jours de fête, à l'exemple des maîtres des corporations d'autrefois, d'où les deux idées maîtresses du décor : la vigne et les métiers d'art. Aux 2/3 de la panse, une frise en émail, composée par le peintre Luc Olivier Merson, montre des artisans de la Renaissance travaillant la pierre, le bois, la terre, le métal, le verre, le tissu, le papier et le cuir. Sous la frise, des rameaux de vigne se détachent sur un fond en émail champlevé rouge. Sous la coupe, sont représentés l'orfèvre et son graveur en costume de la Renaissance. Le décor du couvercle évoque l'UCAD par son emblème, un rameau de chêne entouré d'une couronne de laurier et des cartels résumant le programme de l'Union : art, science et métier. Pour exécuter ce projet, Falize passa plus de quarante fois sa pièce au four.

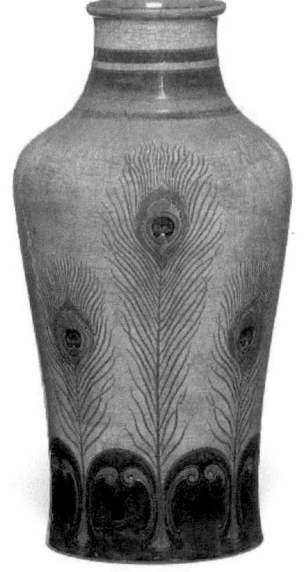

Grâce à son oncle, grand collectionneur d'objets d'art, Auguste Delaherche développa très tôt un goût pour la décoration et montra un grand intérêt pour la poterie traditionnelle. En 1887, il exposa avec succès à l'UCAS une sélection de vases, pots et plats variés, décorés de motifs de gui, d'œillet ou de trèfle. En 1889, il se distingue à l'Exposition universelle avec les grès décorés : des vases à grandes anses qui semblent surgir telles des tiges. Deux versions du vase *Plumes de paon* étaient exposées au centre de son stand. Delaherche remporta la médaille d'or et s'imposa comme l'un des plus grands artistes de l'époque. Classique et élégante, la forme balustre du vase *Plumes de paon* est soulignée par les éléments du décor, disposés sur trois registres. Façonné en grès tourné, il combine décor peint et gravé sur un engobe blanc, enrichi par une gamme subtile d'émaux aux tonalités de bleus et un vernis plombifère craquelé, teinté de vert. L'éclat miroitant, lisse et translucide de la couleur vitrifiée par la cuisson offre une véritable parure aux motifs, rapprochant cette pièce des faïences persanes. L'aspect craquelé du vernis, la couleur pâle de l'engobe, la fraîcheur des coloris évoquent la préparation fragile de certaines fresques crétoises. Le thème du paon inspira au cours des deux décennies suivantes nombre d'éditeurs de papiers peints ou de textiles, ainsi que les bijoutiers Art nouveau. À la manière des Japonais, Delaherche a isolé le motif de la plume et l'a répété en frise huit fois sur le tour de la panse, en alternant sa hauteur.

Dans les années 1890, les **céramistes et les verriers** se tournent vers les arts du Japon et de la Chine, mis à l'honneur lors des expositions universelles organisées à Paris en 1878 et en 1889, afin de créer un style nouveau, en rupture avec le passé. Les céramiques adoptent des lignes organiques et asymétriques. Les accidents de cuisson, les effets de flammes et les coulures d'émail forment des décors abstraits qui révolutionnent les arts du feu. À Nancy, Émile Gallé puise dans la flore des champs, les insectes et le monde sous-marin pour créer des verreries d'une grande poésie, jouant avec les multiples aspects du verre et de ses colorations.

Fleuron de l'important groupe de verreries conçues par Émile Gallé pour l'Exposition universelle de Paris de 1889, ce vase traditionnellement appelé *Orphée* a aussi été intitulé *Deux fois perdue* lorsque l'artiste l'a présenté de nouveau, mais dans une section rétrospective, lors de l'Exposition de 1900. Précédant les développements naturalistes de Gallé, sujet, forme et technique peuvent ici encore sembler « classiques », mais un regard plus approfondi révèle toute la richesse et l'originalité du créateur nancéen, alors âgé de 43 ans. Le sujet mythologique est issu des *Géorgiques* de Virgile, comme le rappelle l'inscription latine. Grâce à la puissance de son art, le poète Orphée obtient le droit de ramener Eurydice, sa défunte épouse, du monde des morts, mais la transgression *in extremis* de l'interdit posé par Pluton et Proserpine (ne pas regarder la morte avant son retour à la lumière des vivants) sépare pour la seconde fois et définitivement les deux amants. Gallé évoque l'instant dramatique de la séparation des amants, et s'adjoint pour le dessin des figures la complicité de Victor Prouvé, l'ami peintre qui lui succéda à la tête de l'école de Nancy. Mais à ce sujet poétique, Gallé associe un autre deuil, celui de la perte de l'Alsace et d'une partie de la Lorraine par la République française. La forme présente le profil strict et régulier, soufflé dans un moule, d'une urne funéraire, mais l'attache avec le pied se présente sous la forme d'une torsion de verre évoquant les remous des fleuves infernaux. Techniquement, l'œuvre est à la fois pleine de références et tout à fait nouvelle. Les vases en verre à deux couches, gravé à la roue, sont parmi les chefs-d'œuvre antiques redécouverts dès le XVIIIe siècle. Mais Gallé expérimente ici une préparation du verre totalement différente, évoquant plus les coloris des antiques en pierre dure ou la liberté d'interprétation des minéraux que l'on trouve dans la verrerie chinoise.

À la fin du XIXe siècle, un art nouveau, cherchant à dépasser la réinterprétation des styles du passé, s'impose dans le décor intérieur. Pensant l'architecture des demeures et le mobilier comme un art total unifié par des lignes inspirées du végétal, les décorateurs et les ébénistes développent une vision globale du foyer dans lequel des objets fonctionnels, alliant le beau et l'utile, offrent un cadre de vie propice à l'épanouissement de l'homme moderne. L'art nouveau se déploie dans toute l'Europe avec des variations. En France, le nom de l'influente galerie de Siegfried Bing, *l'Art nouveau*, ouverte à Paris en 1895, s'impose pour qualifier ce courant. Henri Rapin (1873-1939) débute ses études artistiques sous la houlette de Jean-Léon Gérôme et devient peintre, illustrateur et décorateur. Le chirurgien Maurice Marcille, l'un des premiers clients de Rapin, lui commande le mobilier et le décor de son hôtel particulier à Neuilly à l'occasion de son mariage en 1903. Les meubles exposés proviennent de la salle à manger et de la chambre à coucher pour les fauteuils. Le mobilier, peint, sculpté et aux ferronneries apparentes est typique de l'engouement de l'époque pour un retour à l'artisanat. Rapin est récompensé de la 3e médaille dans la section Arts décoratifs du salon des artistes décorateurs de 1904 où une partie de ce mobilier est exposée.

Louis Majorelle (1859-1926) est avec Émile Gallé l'un des fondateurs de l'Ecole de Nancy, une association d'artistes et d'artisans créée en 1901 pour promouvoir l'Art nouveau en France. En 1879, Louis Majorelle reprend avec ses frères l'affaire familiale basée à Nancy qui produisait jusqu'alors des meubles de style Louis XV et des céramiques. À partir de 1889, il renouvelle la production des meubles et ouvre en 1890 un atelier de ferronnerie qui réalise des rampes d'escalier et des ornements extérieurs comme des balcons forgés. Ami de l'architecte Henri Sauvage, il collabore avec lui en 1898 à la décoration du Café de Paris, situé 41, avenue de l'Opéra et détruit en 1955, d'où provient la cheminée exposée dans la salle. En 1900, Majorelle réalise le mobilier de la chambre à coucher de Georges Rouard, directeur de la galerie parisienne *A la Paix*, spécialisée dans les arts décoratifs modernes. L'artiste triomphe à l'Exposition universelle de Paris en 1900. Il s'oriente vers la production en série de meubles aux formes simples, le plus souvent en acajou, ornés de bronzes présentant des motifs végétaux stylisés comme le guéridon au nénuphar exposé au musée.

Deux tableaux peints par Paul-César Helleu complètent la décoration : *Jeune femme à l'ombrelle debout sur une estrade* et *Portrait de Mme Helleu avec parapluie*. *Le Printemps* et son pendant *L'Après-midi d'automne* furent exposés dans la section architecture du salon du Champ-de-Mars en 1894. Ce vitrail aux riches coloris présente une composition simplifiée qui demeure cependant naturaliste. Il est représentatif de cette fin du XIXe siècle, où peinture et arts décoratifs sont étroitement liés. La parenté stylistique la  plus évidente vient de l'affiche : exaltation de la couleur posée en aplat, simplification de la forme, cernes noirs qui confèrent un aspect cloisonné au dessin, et que l'on retrouve transcrit dans le vitrail lorsque le verre est enchâssé dans le plomb. Dans le même secteur, des œuvres de Georges de Feure (1868-1943) sont exposées, artiste polyvalent, affichiste, peintre et décorateur. En 1901, De Feure exécute pour la galerie du marchand et collectionneur Siegfried Bing une console en bois doré ornée d'une fleur de pavot. Il est l'auteur de la vitrine en bois doré, garnie de porcelaines comme elle l'était lors de sa présentation au salon de la Société nationale des beaux-arts de 1901.

S'y trouve également le mobilier d'Alexandre Charpentier (1856-1909) qui était à la fois graveur sur médaille, sculpteur, ébéniste et céramiste. En 1901, il présenta au salon un meuble à quatuor en bois de charme, destiné à ranger deux violons, un alto et un violoncelle, accompagné de deux pupitres bifaces. « Ma racine est au fond des bois » prônait Émile Gallé qui fut un savant botaniste. Suivant le modèle des artistes japonais qui suggèrent **la nature** sans la copier, les artistes du tournant du siècle cherchent à transcrire dans différents matériaux les lignes végétales et organiques, l'élan de vie qui anime la flore.

Le papier peint, intitulé *Saisons des Fleurs*, fut dessiné par Prosper Tétrel et réalisé par la société anonyme des anciens établissements Desfossé et Karth à Issy-les-Moulineaux. Il fut présenté à l'Exposition universelle de Paris en 1900. Quant au piano demi-queue, il fut dessiné par Victor Prouvé et décoré par Louis Majorelle en 1903. La marqueterie a pour thème une berceuse *Chanson de l'homme au sable* de Jean Richepin, dans la pièce de théâtre *Par le Glaive*, datant de 1892 : « Chantez la nuit sera brève. Il était une fois un vieil homme tout noir. Il avait un manteau fait de rêve, un chapeau fait de brume du soir. Chantez la nuit sera brève ».

Lorsqu'Albert Dammouse aborde le procédé technique de la pâte de verre, redécouvert vers 1880 par le peintre et sculpteur Henry Cros, l'artiste était un céramiste déjà célèbre. Débutées en 1897, ses expérimentations sur la

technique de la pâte de verre constituent la première application au vocabulaire de l'objet et la première transposition technique d'une matière qu'Henry Cros avait utilisée en bas-relief, avec la volonté de réhabiliter le statut esthétique de la sculpture polychrome. En expérimentant cette nouvelle technique, Dammouse se détache progressivement des formes traditionnelles de ses porcelaines et de ses grès pour concevoir des pièces d'une préciosité proche des émaux translucides exécutés à la même époque par l'émailleur Fernand Thesmar. Sa technique intègre le principe du cloisonnement, obtenu par un émail plus dur, jouant en transparence et en clair-obscur avec le fond translucide des parois. L'artiste adapte la corolle de la fleur à la forme de ses verreries.

Fils et petit-fils d'orfèvres parisiens, Alphonse Debain se spécialise dans la petite orfèvrerie de table et l'orfèvrerie religieuse. Il présente ses premières réalisations à l'Exposition universelle de Paris de 1889 et obtient une médaille d'or pour ses couverts et un service de toilette. À l'issue de cette exposition, Debain offre à l'UCAD douze fourchettes et cuillers qui témoignent de son excellente technique et de la variété de ses modèles. Au salon de 1898, il présente un bol aux pavots en argent dessiné par Auguste Arnoux que l'UCAD achète pour le faire figurer au sein de son pavillon de l'Exposition universelle de 1900. Membre du jury de l'Exposition de 1900, Debain est hors concours, mais présente ses dernières créations. Sur les étagères d'un meuble-coffre à argenterie, trône une théière, aux côtés de vases, d'une saucière et d'un bassin, tous inspirés par la nature dans leurs formes et leurs ornements.

Cette théière en argent doré adopte la forme d'un potiron dont le feuillage compose la prise du couvercle. Reposant sur quatre pieds en ceps de vigne, son bec verseur est un escargot émergeant d'épis de blé, tandis que son anse, ponctuée de deux bagues en ivoire pour l'isoler de la chaleur, reprend le motif des peaux de serpent. Décorée sur sa panse de concrétions en argent, la théière semble sortir de terre et ses lignes sinueuses empruntées au végétal rappellent que l'Art nouveau puise ses racines dans le rapport de l'art japonais à la nature tout autant que dans le style rocaille.

La référence à l'Antiquité, sans thème iconographique précis, est ici associée à la vie pastorale idéalisée telle qu'elle fut chantée par le poète Virgile, une évocation qui situe l'artiste entre la tradition du Symbolisme et la modernité des Nabis. La subtile luminosité de la polychromie et l'originalité de la matière sont issues de la technique de moulage particulière mise au point par le sculpteur dès 1883 et qu'il dénomme

« pâte de verre ». Le vase *Pastorale* est une des rares incursions dans cette typologie d'art décoratif du sculpteur dont la majorité des œuvres sont des bas-reliefs comme la monumentale *Histoire du feu* visible dans la galerie des oculi.

Inspiré par l'architecte belge Victor Horta, **Hector Guimard** (1867-1942) systématise dès 1895 l'emploi de la ligne issue de la tige végétale au Castel Béranger qu'il est en train de construire. Cet immeuble, édifié dans le 16ᵉ arrondissement, lui apporte de nombreuses commandes, notamment les emblématiques entrées du métro parisien. Il édifie, entre 1902 et 1906, l'hôtel particulier du riche industriel Léon Nozal au 52, rue du Ranelagh, à Paris. À l'occasion du mariage de la fille de Nozal, Caroline-Madeleine, avec Albert Pézieux, le 2 avril 1903, Guimard livre un mobilier de chambre à coucher en poirier délicatement sculpté d'enroulements végétaux. Le mobilier suit le couple à ses différentes adresses avant d'intégrer l'hôtel Nozal à la fin des années 1910.

Figure de proue de l'Art nouveau français et membre de l'Ecole de Nancy, l'artiste protéiforme **Émile Gallé** (1846-1904), botaniste et passionné d'art japonais, regarde la nature avec fascination. L'ensemble de meubles, commandés par l'ingénieur Édouard Hannon pour son hôtel particulier bruxellois en est une parfaite illustration. Comme souvent dans les meubles de l'artiste, la table et les buffets associent sculpture sur bois et marqueterie. La moisson et les épis de blé illustrent le thème du pain sur le buffet-desserte, tandis que le buffet-vitrine destiné aux verres, est orné d'une scène de vendanges. Outre son remarquable travail d'ébéniste, Gallé fut un verrier de génie.

Les meubles réunis dans la salle illustrent le passage de l'Art nouveau à **l'Art déco** autour de 1910, à un moment où se côtoient les derniers acteurs du style précédent, les « constructeurs » comme Léon Jallot, Eugène Gaillard et les tenants d'un nouvel art décoratif. Parmi ces novateurs qui annoncent l'Art déco se côtoient deux tendances : les décorateurs, partisans du retour à la tradition, d'un parti-pris coloriste, d'un répertoire décoratif issu du XVIIIe siècle et des ornements inspirés de la passementerie, comme Paul Iribe et Paul Follot, et les tenants de la couleur comme Clément Rousseau, Clément Mère, André Mare et Louis Süe qui annoncent la richesse des matériaux de l'Art déco avec l'utilisation du galuchat, des cuirs teintés, des laques et des bois peints.

Le grand paravent, dit *des Faunes,* fut commandé en 1920 par le comte Aubaret. Le parchemin est collé sur des panneaux de bois, puis recouvert de peinture laquée. Les différents panneaux sont retenus par une monture en laiton doré. Le paravent est racheté en 1957 par Charlotte Mare, la femme de l'artiste, puis passe dans la collection de leur fils Michel. Il est ensuite acquis par le MAD lors de la vente de la succession de Michel Mare en 1992.

Ce fauteuil fut réalisé par Louis Süe et Paul Huillard en 1912. Le fauteuil et le canapé, qui présentent tous les éléments du nouveau style, font partie d'un ensemble mobilier pour une salle de travail que les deux artistes exposèrent au Salon d'automne en 1912, la dernière année de leur collaboration. La forme très classique du fauteuil est issue du mobilier provençal du XVIIIe siècle. Le choix du matériau, le bois peint, et des couleurs vives correspondent à cette tendance coloriste qui

s'inspirait à la fois du *Werkbund* allemand, des peintres fauves et des ballets russes. La corbeille de fleurs qui décore le dossier du fauteuil illustre les idées d'André Véra, chef de file du mouvement Art déco, pour qui « paniers et guirlandes de fruits et fleurs doivent constituer la marque du nouveau style ».

Le guéridon fut réalisé par Eugène Gaillard en 1913. Ce guéridon au plateau quadrilobé, posé sur une colonne centrale à quatre pieds en étoile,

est complété de quatre petites tables triangulaires à piètement angulaire qui se glissent sous le plateau principal. Celles-ci peuvent être disposées plus ou moins près de la colonne centrale : les différents montants s'interpénètrent alors et forment un réseau géométrique d'une rare élégance, grâce aux profils légèrement arqués des montants du piètement. Présenté au salon de la Société nationale des beaux-arts en 1913, peu avant la fin de la carrière d'Eugène Gaillard, ce meuble montre une évolution certaine dans le traitement du bois. À l'ébéniste-sculpteur du début du siècle, qui enrobait les structures de ses meubles de formes organiques gonflées et sensuelles, succéda un artiste puriste. Il utilise le minimum de matière, la travaillant d'une façon presque géométrique, pour donner toute leur force aux lignes verticales qui soutiennent le plateau, décoré par les seuls motifs naturels du bois de palissandre.

La couturière Jeanne Lanvin achète en 1920 l'ancien hôtel particulier de la marquise Arconati-Visconti, 16, rue Barbet-de-Jouy, à Paris. Elle décide la construction par l'architecte Bouwens van der Boijen d'une aile de réception dont elle confie la décoration intérieure à Armand Albert Rateau. Aux salles de réception du rez-de-chaussée et du premier étage, succède l'appartement privé situé au 2e étage. En 1924, la salle de bain est réalisée en premier, la chambre et le boudoir suivront en 1925. Lors de la démolition de l'hôtel en 1965, le prince Louis de Polignac, cousin par alliance de la fille de Jeanne Lanvin, Marie-Blanche de Polignac, offre au MAD l'installation complète de cet appartement comprenant les boiseries et les sols des trois pièces, ainsi que la plus grande partie des meubles et objets décoratifs. L'ensemble a été installé une première fois au musée de 1985 à 1996, puis déplacé dans le cadre du projet Grand Louvre.

Pour la **salle de bains**, l'architecte a utilisé le marbre, le stuc et le bronze patiné vert antique. Les appareils sanitaires, soit le lavabo et le bidet, ainsi  que les deux vitrines encastrées sont en marbre Hauteville de couleur beige. Les murs sont recouverts de stuc tandis que l'alcôve de la baignoire est ornée d'un bas-relief en staff représentant un cerf et une biche dans un sous-bois. Le sol, dallé de marbre Hauteville beige, noir et blanc, dessine des motifs losangés encadrés de marbre blanc tandis qu'un chemin de marbre noir relie le lavabo à la baignoire. Les appliques et la robinetterie en bronze patiné reproduisent des faisans, des marguerites et des pommes de pin. Les cornières des murs sont également en bronze, tout comme le mobilier composé d'une table de toilette et d'une paire de lampadaire. L'art de Rateau reflète un goût profond pour l'Antiquité et pour les arts du Moyen-Orient, notamment la Perse. Le luxe de cette salle de bains rappelle les revêtements de marbre des bains antiques et des hammams orientaux. Les soins du corps furent une des préoccupations majeures de Jeanne Lanvin qui, parallèlement à ses activités de couturière, créa des lignes de cosmétiques et de parfums.

La chambre est entièrement revêtue de soie « bleu Lanvin », ce bleu dont Jeanne Lanvin se serait éprise en découvrant les primitifs italiens. La tenture ornée dans sa partie inférieure de motifs de palmes, rosaces et marguerites, en hommage à sa fille Marguerite, plus tard Marie-Blanche de Polignac, fut brodée mécaniquement dans les ateliers de broderie de Jeanne Lanvin avec des fils de coton blanc et orangé, ainsi que des fils de cuivre. Le dessus de lit, les rideaux et les caches radiateurs sont réalisés dans le même tissu brodé. Le motif principal, la marguerite, se retrouve sculpté dans le bois sur la large plinthe à arceaux et sur les entourages cintrés des passages. Les pièces les plus importantes du mobilier sont réalisées en bronze patiné façon antique, certaines reprennent le motif de la marguerite, d'autres le motif des faisans qui se retrouve dans le boudoir. Ce mobilier est complété par des sièges en chêne vernis et tapisserie au point, passe-temps favori de Jeanne Lanvin. Les poignées de porte en bronze doré sont agrémentées de boules presse-papier, objets collectionnés par la couturière. La chambre est séparée du boudoir par une grille baie-vitrée qui confère au lieu une certaine théâtralité. Le boudoir est le lien entre la terrasse et la chambre à coucher, dont il est séparé par une glace claire que des rideaux pouvaient éventuellement masquer. Les murs sont recouverts de lambris moulurés, peints en gris et rehaussés d'or et de plinthes sculptées d'un motif de vannerie. Des vitrines et une porte vitrée occupent les pans coupés accostés de colonnes engagées de marbre de Sienne et surmontés de quatre bas-reliefs en stuc teinté et doré, fixé sur une plaque de verre, représentant faisans, écureuils, belettes et oiseaux des îles autour de coupes fleuries. Le sol est recouvert de dalles de marbre blanc et noir, entourées d'une bordure de marbre portor assortie à la cheminée. Tout concourt à faire de cet endroit un lieu calme et propice à la contemplation des objets qui emplissent les vitrines et témoignent des différentes sources d'intérêt de Jeanne Lanvin.

Cette **salle à manger** fut réalisée entre 1920 et 1921 par l'architecte **Louis Süe** et le peintre **André Mare**, membre de la Compagnie des arts français, pour M. et Mme Pierre Girod. Elle illustre le retour à la tradition inspiré du mobilier Louis-Philippe, avec ses bois sombres et ses formes massives. Les murs, recouverts de palissandre et d'acajou teinté noir, sont éclairés par le plafond, les bas-reliefs en stuc doré de Paul Véra illustrant *l'Eté* et *l'Automne*, les vasques et le mascaron de la fontaine en bronze doré. Sur la desserte et les encoignures, est présentée la vaisselle en faïence blanche éditée par la Compagnie des Arts français et des verres de Maurice Marinot, contribuant ainsi à adoucir les tonalités sombres du mobilier. Cet objet précieux et raffiné té‑  moigne de l'influence de l'art chinois sur l'Art déco, plus particulièrement en orfèvrerie et bijouterie. Ce type de pendule dite « modèle écran » apparaît en 1923. Il figure aussi bien dans des modèles de pendules dites « pendules mystérieuses » dont le cadran est en cristal de roche transparent, que dans des pendules composées à partir de ces écrans chinois traditionnels qui ornaient les bureaux des lettrés. Cette pendule est l'œuvre du bijoutier Louis Cartier et de l'horloger Maurice Petit (1927).
Le pavillon de la Société des artistes décorateurs à **l'Exposition de 1925** proposait la création d'une ambassade française. Les décorateurs les plus novateurs de l'époque ont servi ce projet. Chacun se vit confier la décoration d'une des pièces du pavillon : le hall par Robert Mallet-Stevens, le fumoir par Francis Jourdain, la salle à manger par Georges Chevalier… La chambre de l'ambassadrice, confiée à André Groult, est évoquée par le chiffonnier anthropomorphe en galuchat et la bergère garnie de son

velours d'origine. Le bureau-bibliothèque de l'ambassadeur fut réalisé par Pierre Chareau. De plan circulaire, il est coiffé d'une coupole, supportée par deux poteaux et composée d'une paroi « éventail » d'où provient la lumière. Deux pièces attenantes sont à l'usage des secrétaires. L'espace est modulé par des parois revêtues de bois de palmier dont certaines sont équipées de rayonnages de bibliothèque. Dans l'espace libéré, au centre, un bureau à pans coupés et un fauteuil sont placés sur un tapis dont le motif a été conçu par Jean Lurçat. Une harmonie subtile de différentes couleurs d'essences et de matières se dégage de cet aménagement.

Bien que non présenté lors de l'Exposition internationale des arts décoratifs et industriels modernes de 1925, ce *Grand vase deux anses feuilles*, par

François Décorchemont, peut être considéré comme l'un des exemples les plus accomplis et les plus significatifs des exigences de sobriété, d'élégance et de rigueur décoratives, auxquelles la notion de modernité est désormais associée. Deux crosses de fougère entièrement stylisées et géométrisées déterminent l'équilibre des volumes. De longues feuilles animent verticalement la surface en un rythme continu et répétitif, restituant avec vigueur l'empreinte du modèle en plâtre taillé et incisé qui donne forme à la cire puis au verre. Dans cette recherche de simplification formelle, la matière devient à elle seule un décor, animé de nuées et de coulées, rappelant les effets naturels des pierres semi-précieuses minérales et des matières organiques. L'ornement vit en transparence et par les seuls jeux de lumière selon un principe décoratif confrontant effets de surface et de profondeur. Ce modèle fut exécuté en huit exemplaires entre 1925 et

1927. L'exemplaire conservé au MAD, le premier de la série, fut réalisé en novembre 1925 et acheté par Louis Barthou, homme politique français.

Cette grande salle rompt le parcours chronologique en proposant une lecture transversale des collections à travers différents thèmes. Grand couturier, mais surtout mécène, **Jacques Doucet**, après avoir réuni une collection de peintures et de mobilier du XVIIIe siècle, se consacre à l'art contemporain. En 1912, après avoir vendu ses collections du XVIIIe siècle, Doucet emménagea avenue du Bois à Paris, dans un appartement décoré par Paul Iribe, avec des meubles d'Iribe, d'André Groult et de Legrain. En 1928, Doucet installe ses collections de peinture contemporaine et d'art africain dans une dépendance de l'hôtel particulier de sa femme, situé rue Saint-James à Neuilly. L'architecte Paul Ruaud transforme l'aile sur la rue en un appartement, le studio, comprenant un vestibule, une grande galerie et un cabinet d'Orient. Le studio communiquait par un couloir latéral avec les appartements privés du collectionneur. La réalisation du mobilier est confiée à Pierre Legrain,  Marcel Coard et Paul Mergier. Ces meubles, d'inspiration cubiste et africaine, présentent un luxe de matière et un raffinement très original. Le fauteuil est l'un des nombreux meubles réalisés par Pierre Legrain entre 1916 et 1929, pour le couturier. Il reprend la structure des chaises des bergers Senufo de Côte d'Ivoire. Il est agrémenté de panneaux servant d'accoudoirs, d'une assise et d'un dossier en cuir tressé, ainsi que d'une lampe incorporée dans la parte supérieure du dossier.

L'ensemble de la collection de meubles **d'Émile-Jacques Ruhlmann,** conservée au musée, compte une dizaine de pièces, réalisées par le décorateur de 1916 à 1933, dont certaines furent présentées à l'Exposition de 1925 dans le pavillon particulier de l'artiste, l'hôtel du collectionneur.

Ce cabinet à un vantail ouvrant sur trois étagères possède deux pieds postérieurs droits, tandis que ceux de devant, galbés, se rattachent au corps par deux volutes soulignées d'un large filet d'ivoire. L'ivoire est également utilisé pour les quatre sabots des pieds, pour l'encadrement de petites pastilles entourant le vase fleuri, pour le haut des montants verticaux et enfin dans la frise de rectangles qui orne le profil du plateau supérieur. Il est surtout employé avec l'ébène pour réaliser le vase fleuri (symbole du style Art déco) inscrit dans un médaillon tapissé de fleurs et de feuillages. Le rôle majeur joué par le décor floral ne nuit en rien à l'architecture générale de ce meuble d'appui. Ce cabinet provient de l'appartement d'Édouard Rasson, un riche industriel du textile de Roubaix. Il a été donné par ses deux filles en exécution de la volonté de leur père. Plusieurs exemplaires de ce cabinet sont connus : deux d'entre eux ont été réalisés en encoignures à trois pieds, et trois autres de forme rectangulaire à fond plat et à quatre pieds sont actuellement identifiés. À partir d'un modèle, Ruhlmann faisait exécuter par ses deux ateliers d'ébénisterie de nombreux exemplaires, en variant les essences de bois. Ainsi, le cabinet du MAD a-t-il été réalisé en placage de bois d'amarante, de palissandre ou d'ébène macassar.

Le mobilier du bureau personnel de **Robert Mallet-Stevens** repose sur un piètement en tube métallique. Il est accompagné de portes à plusieurs panneaux articulés en laque, ornées d'un décor géométrique conçu par Jean Dunand et

provenant de la maison de l'architecte, rue Mallet-Stevens, à Paris. Un ensemble de mobilier métallique des années 1926 à 1931 pointe l'émergence internationale de ce matériau. L'usage du tube métallique a permis de renouveler la forme même des meubles et plus particulièrement des sièges (mise au point du porte-à-faux) grâce à sa souplesse, sa légèreté et sa solidité. Le créateur français René Herbst conçoit ce modèle de chaise vers 1929. Elle apparaît dans son œuvre peu après qu'il ait amorcé ses recherches sur la création de mobilier en métal débutée en 1926, avec la présentation d'un bureau entièrement conçu en tôle, présenté au Salon d'automne de 1926. Un modèle inédit de facture industrielle qui se détache des formules traditionnelles du bureau où le métal intervient comme un matériau pouvant jouer un rôle esthétique inédit. Dans la continuité, Herbst développe parallèlement des modèles de sièges en métal

réalisés avec des cornières et des tubes. Ce siège constitue l'un des premiers modèles du créateur ayant atteint un certain degré d'aboutissement. L'innovation principale de ce modèle réside à la fois dans l'emploi du métal tubulaire pour la réalisation de la structure, mais plus encore dans l'emploi des sandows comme éléments de garnitures du siège, dont c'est le premier exemple connu.

Fils d'un architecte lyonnais, **Michel Roux-Spitz** entre à l'Ecole des Beaux-arts de Lyon en 1908 dans l'atelier de Tony Garnier, puis en 1912 à l'ENSBA de Paris où il reçoit un enseignement classique qui le mène au prix de Rome en 1920. Il s'installe à Paris en 1924 et collabore par quelques réalisations remarquées à l'Exposition internationale de 1925. Il reçoit la commande d'un immeuble, rue Guynemer, qui sera le premier d'une série d'immeubles parisiens qu'il appellera sa « série blanche », construits entre 1925 et 1931. En 1930, il construit l'immeuble Ford, boulevard des Italiens, et à partir de 1931, reçoit de nombreuses commandes publiques. Le mobilier de son bureau personnel provenant de son agence, située au rez-de-chaussée d'un immeuble qu'il a construit au 33, rue Octave Feuillet, à Paris, dans le 16e arrondissement, est présenté, avec sa boiserie, au salon des Artistes décorateurs en 1930 sous le titre « bureau d'un administrateur » et installé l'année suivante dans son agence. La grande table, les nombreux casiers à courrier, les tiroirs à plans en font un meuble tout à fait fonctionnel tandis que les lignes horizontales des poignées des tiroirs, reprises par la plinthe en laiton qui ceinture le bas du bureau, en font la métaphore architecturale de ses constructions.

A partir de 1919, Raymond Subes expose au salon des Artistes décorateurs, puis en 1920, au Salon d'automne. Il participe à toutes les expositions internationales et universelles à Paris et à l'étranger, notamment celles de 1925, 1931 et 1937. Il collabore avec des décorateurs comme Ruhlmann, de nombreux architectes et réalise des travaux considérables pour les paquebots de la Compagnie générale transtlantique : l'Ile-de-France, l'Atlantique, le Normandie, le Pasteur et même pour le France. Partisan du travail de la forge, il ne s'interdit pas d'utiliser les nouvelles techniques ou d'autres matériaux comme la tôle de fer, le cuivre, l'aluminium ou même le bronze. La ferronnerie n'est pas le seul domaine dans lequel il s'exprime : il réalise des épées d'académiciens, des décors pour la manufacure de Sèvres, des meubles, des bijoux et des tapis. Subes favorise l'apprentissage du métier pour les nouveaux venus et ne dédaigne pas d'écrire sur son art en publiant des articles, mais également des livres dans lesquels il reproduit ses œuvres et celles de ses confrères. Le MAD possède un paravent à quatre feuilles, témoignage du travail de Subes.

Epoques modernes et contemporaines

Le département moderne et contemporain débute avec l'exposition internationale des arts et techniques de 1937 jusqu'à la période actuelle. Ses collections se déploient sur cinq niveaux dans le pavillon de Marsan. Très diverses, elles regroupent des pièces uniques autant que des objets fabriqués en série dans les domaines du mobilier, luminaire, céramique, verre, orfèvrerie… Ouvertes à la scène internationale et aux dernières recherches en matière de design, elles permettent d'appréhender la pluralité des savoir-faire dans l'artisanat autant que les différentes approches du design le plus contemporain. Pour chaque décennie, la collection est le reflet des tendances les plus diverses du moment. Dans les années 1930 et 1940, le modernisme de René Herbst y croise le classicisme d'André Arbus et, dans les périodes les plus contemporaines, le minimalisme de Konstantin Grcic rencontre l'exubérance des frères Campana.
Largement ouvert sur la production internationale, la collection fait la part belle aux acteurs incontournables du design, d'Arne Jacobsen à Ron Arard, en passant par Joe Colombo avec les pièces majeures de leur travail. Les créateurs français, tels Jean Royère, Jean Prouvé, Charlotte Perriand, Roger Tallon, Ronan et Erwin Bouroullec, constituent bien sûr un point fort de la collection. Des créateurs plus atypiques permettent

également d'appréhender la très riche variété des expressions de ces soixante dernières années : de l'onirisme de Janine Janet à la fantaisie cultivée de Garouste et Bonneti. Les collections contemporaines couvrent des champs très variés : projets expérimentaux, design fonctionnaliste de grande série, mais également pièce unique réalisées artisanalement. À l'heure de l'internationalisation, nombre de centres sont ainsi représentés : du phénomène néerlandais des années 2000 aux grandes figures japonaises actuelles, en passant par l'émergence d'une scène française particulièrement dynamique.

En phase avec leur époque, les designers s'approprient les technologies de leur temps. Avec les **outils numériques**, les pièces peuvent s'affranchir des habituelles limites techniques et des formes standardisées. En

France, Patrick Jouin fait figure de pionnier avec, en 2004, sa chaise *Solid 2*. La stéréolithographie permet de générer une forme complexe impossible à obtenir avec des procédés traditionnels. De nouveaux outils permettent également de passer directement du geste à l'œuvre. Un des premiers, le collectif suédois *Front* utilise la technologie du *Motion capture* pour dessiner des meubles dans l'espace qui sont ensuite matérialisés par un système de prototypage rapide. Le mobilier *Sketch Furniture* du collectif est la première réalisation faite à partir d'un logiciel de capture de mouvements. Joris Laarman, Néerlandais particulièrement intéressé par le numérique, reproduit, à l'aide d'une imprimante 3D, un vol d'oiseaux simulé par un logiciel de cinéma. La table *Starlings Table* est réalisée en quatre morceaux qui sont assemblés puis recouverts de nickel.

La créatrice de mode Iris van Herpen explore, elle, l'impression 3D pour des pièces aussi spectaculaires que futuristes. Prenons l'exemple de l'ensemble n°11 de la collection *Crystallization*. Le corsage, conçu par l'architecte Daniel Widrig et imprimé en 3D, est réalisé en poudre de polyamide coagulée par rayon laser. L'impression a duré sept jours. L'objet solidifié est ensuite dégagé par sablage. Le procédé restitue en volume le dessin numérique du corsage évoquant les ondes autour d'un corps immergé. Les granges acryliques retombant en cascades sur la jupe en peau renvoient aussi au thème décoratif antique de la féminité aquatique. Loin de ne mettre en œuvre que des résines, l'impression 3D a été récemment appliquée à la céramique par le néerlandais Olivier van Herpt, permettant ainsi des jeux de surface inédits dans ce matériau.

Le secteur de l'affiche fut également modifié par le numérique. La graphiste américaine April Greiman est considérée comme la pionnière du graphisme digital. Dès 1984, elle travaille avec un Macintosh et développe un langage graphique personnel avec ces nouvelles technologies. Elle combine trame vidéo, pixel et typographie sophistiquée. Pour elle, l'ordinateur est une « ardoise magique » conceptuelle qui ouvre une nouvelle ère pour le graphiste. Avec une image pour la revue de design du Walker Art Center à Minneapolis, April Greiman fut considérée comme « l'auteur de la tentative la plus ambitieuse dans la mise à l'épreuve de la technologie bureautique ». Son long processus créatif et les logiciels utilisés sont décrits sur l'affiche, soit rassembler les matériaux, faire les croquis, numériser et composer les images, puis imprimer. L'artiste s'est représentée en taille réelle, sous forme de pixels. En 2012, le Coréen Sang Mun sort diplômé en design graphique de la Rhode Island School of Design. Son travail de fin d'étude, ZXX, faite suite à l'affaire Edward

Snowden et au projet de loi qui aurait permis au gouvernement américain l'accès aux données personnelles des fournisseurs d'accès internet. ZXX propose une crypto-typographie à partir de six caractères, dont deux non cryptés, dessinés pour ne pas être lisibles par des logiciels de reconnaissance des caractères typographiques. Et comme le dit l'auteur lui-même : « dénoncer un crime de guerre ne devrait pas être un crime » (*Blowing the whistle on a war crime should not of a crime*).

Figure centrale du design, **Philippe Stark** revendique une approche démocratique de cette discipline. En repensant les objets du quotidien et en privilégiant la production en série, il devient l'un des designers les plus actifs de la scène française dès le tournant des années 1970-1980. Né en 1949, il forge sa réputation en réalisant des intérieurs d'établissements tels que les Bains-Douches (1978), avant de fonder en 1979 sa société, *Starck Products*. C'est au début des années 1980

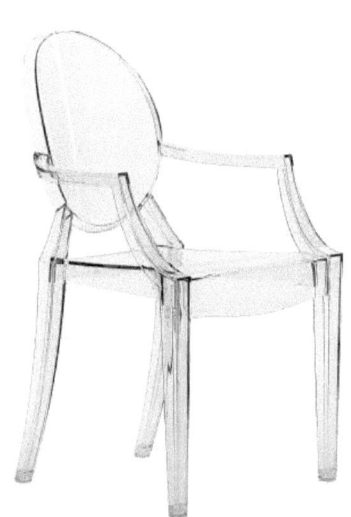

qu'il se fait connaître auprès du grand public avec son projet pour l'aménagement des appartements privés du palais de l'Élysée et l'emblématique Café Costes aux Halles. Son œuvre prolifique touche progressivement tous les domaines allant du mobilier à l'architecture, en passant par les bateaux et tous les objets du quotidien. Il dessine, entre autres, des fauteuils en plastique pour Kartell.

Le fauteuil *Louis Ghost* s'inspire d'un fauteuil en cabriolet à dossier médaillon de style Louis XVI que le créateur transforme en siège contemporain. Ce siège est entièrement transparent, solide et empilable. La chaise de Marie, selon Starck, « incarne à elle seule l'exemple de l'exploit technologique extraordinaire, celui d'arriver à être moulé par injection en une seule pièce. » Parmi les objets du quotidien, se trouvent des brosses à dents créées pour Fluocaril, des presses agrumes conçus pour Alessi en 1988, des lampes s'interrogeant sur la banalisation de la violence, des robinets pour Axor, des tabourets inspirés des nains de jardin…

La **création japonaise** dans les années 1980 est l'expression d'une société en pleine évolution où l'innovation radicale côtoie un attachement certain aux traditions. Proche des designers italiens, une grande figure comme Shiro Kuramata joue avec brio de la poésie des matières. Célèbre pour sa série de meubles à tiroirs édités chez Cappelini ou son fauteuil *Miss Blanche*, Shiro signe d'abord l'aménagement de nombreuses boutiques japonaises avant de rejoindre le mouvement Memphis en 1981. Influencé par l'approche industrielle du Bauhaus, il parvient néanmoins à lui conférer une dimension poétique nouvelle qui place aussitôt ses pièces sur le devant de la scène internationale. Minimaliste et surréaliste, cette poésie s'incarne à travers l'apparente fragilité de ses œuvres qui semblent parfois se dématérialiser. Baptisé d'après un titre de jazz, le fauteuil *How High The Moon* s'habille de 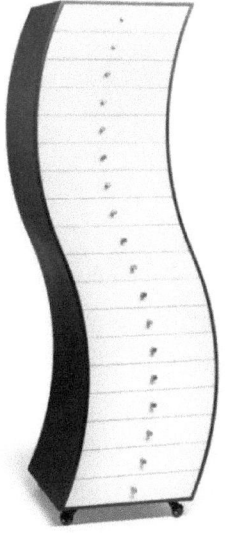 treillis métalliques pour créer des jeux de transparences, d'ombres et de lumières à l'origine de son aspect unique et évanescent.

Le créateur de mode Issey Miyake innove par ses coupes et ses fameux plissés. Depuis 50 ans, Miyake place le vêtement au carrefour des civilisations, le traitant comme une architecture en mouvement, soumise aux exigences contemporaines. Fusionnant traditions textiles nippones et technologies, il a révolutionné le concept de mode en lui offrant un design unique, calé sur l'art complexe du pliage et du recyclage. Croisant esthétique du Bauhaus et école Rinpa, la poésie de Miyake se reflète dans les imprimés des kimonos, des robes, des sacs tels des tableaux. Mélangeant art, design, fonctionnalité et mathématiques, Miyake provoqua un électrochoc en Europe, en 1993, avec sa ligne *Pleats Please*.

Le tissage à plis pressés à chaud, coupé et cousu d'une seule pièce, ne se froisse jamais et retrouve sa tenue comme par magie. Les créations de Miyake résultent de ses recherches et de son goût pour l'architecture : coupes léchées, construction aérienne, fausse simplicité et aspect pratique. Ses expériences incessantes font surgir des étoffes inédites à base de papier, de roton de plastique ou de tissu tubulaire.

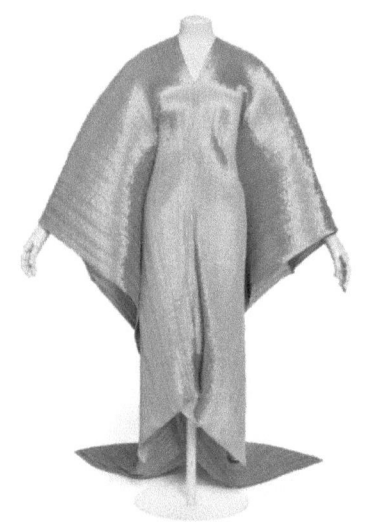

En graphisme, Shigeo Fukuda s'illustre par ses jeux visuels qui allient l'héritage nippon à l'esprit occidental, tandis qu'Ikko Tanaka allie les motifs japonais traditionnels et l'abstraction géométrique occidentale. Shigeo Fukuda est un des maîtres de l'affiche japonaise. Il débute sa carrière au milieu des années 1960. Parallèlement à des travaux de commandes, il développe un travail personnel qu'il déploie dans des séries d'affiches. En 1976, celle consacrée au mont Fiji lui permet dans un jeu de sept variations de s'amuser à revoir l'image largement éculée de ce symbole japonais.

Les jouets, figurines et jeux électroniques, sont des domaines en pleine expansion avec des entreprises comme Nintendo. Le Japon se reconstruit dans les années 1950 grâce à des secteurs d'activités comme le jouet, qui permettent de fabriquer des objets simples de façon économique. Il s'agit souvent d'automates relevant de l'univers de la science-fiction, en lien immédiat avec une époque obsédée par la conquête de l'espace. Il faut cependant faire preuve de beaucoup d'imagination, ces robots se contentant d'avancer et de bouger les bras, le reste de leurs merveilleuses fonctions n'étant qu'un décor imprimé. Dans les années 1980, le Japon devient un acteur majeur d'un marché du jouet mondialisé. En France, l'apparition de Goldorak en 1978 initie la domination de l'animation japonaise dans les programmes pour enfants, qui perdure jusqu'à la fin du Club Dorothée en 1997. Exposés à des publicités qui s'adressent directement à eux, les enfants sont devenus prescripteurs et consommateurs ; ils réclament l'achat de produits dérivés, aubaine pour les fabricants de jouets japonais.

La chaîne des magasins **Prisunic**, née fin 1931, a su, dès la fin des années 1950, démocratiser le mobilier et l'habillement contemporains de qualité. « Le beau aux prix du laid » devient le slogan initié par Denise Fayolle, directrice du bureau de style de 1957 à 1967. Pionnière par sa formule de vente par correspondance, cette enseigne lance en avril 1968 le premier catalogue de mobilier, luminaires, vaisselle et textiles mis en scène. Chaque catalogue est confié à un designer qui s'entoure de créateurs comme le graphiste Roman Cielewicz ou le photographe Peter Knapp. Terence Conran, qui a fondé Habitat à Londres en 1964, dessine la première collection. Il est suivi par Olivier Mourgue, Gae Aulenti, Marc Held, Jean-Pierre Garrault, ainsi que par le plasticien Jacques Tissinier. Malgré cette promotion réussie d'un nouvel art de vivre au quotidien, le dernier catalogue paraît au printemps 1976.

Le designer, architecte et photographe Marc Held collabore dès 1986 avec Prisunic pour qui il réalise une série de meubles en polyester renforcé de fibre de verre. Ce lit est emblématique de l'apogée de l'utilisation du plastique dans la création de mobilier des années 1960-1970. Le lit et les tables de nuit sont incorporés en une seule unité. À l'instar de la *Panton Chair*, première chaise d'une seule pièce, conçue dans les années 1960, le lit forme un ensemble monobloc aux angles arrondis obtenu grâce à un plastique moulé. Le plasticien Jacques Tissinier est appelé par Prisunic pour concevoir une collection de meubles. Il applique à cet ensemble ses techniques d'acier émaillé employées pour l'équipement urbain. L'artiste, qui s'intéresse au fort impact visuel de la couleur, se limite aux couleurs primaires et à celles de la signalétique routière. Ce mobilier est présenté dans le catalogue Prisunic automne-hiver 1973-1974.

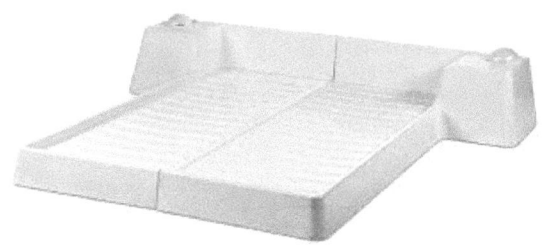

Au tournant des années 1950-1960, le boom économique favorise l'épanouissement de la société de consommation. Promus par des éditeurs dynamiques tels que Kartell, Danese, Brionvega, Olivetti ou encore Artelucce et Flos, le **design italien** bénéficie peu à peu d'une reconnaissance et d'un succès international. Le développement industriel de ces maisons se fait alors grâce aux figures majeures de Joe Colombo, Ettore Sottsass, les frères Castiglioni, Enzo Mari… Du mobilier multifonctionnel à l'électroménager, leurs créations incarnent une vision démocratique et moderne du quotidien célébrée par les réseaux commerciaux et publicitaires de l'époque, mais aussi par les grandes expositions telles que la Triennale de Milan, dans un contexte d'après-guerre imprégné par un grand besoin de renouveau.

À la fin des années 1950, les designers Marco Zanuso et Richard Zapper développent conjointement objets et meubles en plastique à usage domestique. La TS 502, radio compacte et portative qui s'ouvre tel un livre, est l'une de leurs créations phares conçues pour la société italienne Brionvega. Fermée, dans son habillage coloré et ses angles adoucis, elle ne laisse rien deviner de sa fonction,

seule la poignée rétractable demeure visible. Ouverte, elle révèle toute sa technologie. Architecte de formation, Ettore Sottsass est assez vite reconnu pour ses talents de designer. Il est l'un des membres fondateurs du groupe postmoderniste Memphis des années 1980.

Meuble de rangement cylindrique et modulable, le *Combi-Center* de Joe Colombo ne s'adosse plus au mur, mais s'érige au sein du salon. Sa liberté d'utilisation est totale, sa configuration et ses fonctions pouvant varier et évoluer. Ainsi, le combi-center peut se transformer en table basse, chaque cylindre superposé reste alors indépendant et s'assemble selon les besoins. Il est caractéristique des recherches de Joe Colombo qui développe un mobilier container modulable à usage flexible et multiple.

Le fauteuil de jardin *Locus Solus* affecte les formes sinueuses très appréciées par sa créatrice Gae Aulenti. La structure en tube d'acier est courbée et peinte de couleur vive. Un tissu en coton imprimé de Graziella Guidotti est tendu afin de servir d'assise. Le meuble fut réalisé en 1963 par la société Poltronova.

Le designer Enzo Mari provoqua une révolution dans le domaine du design avec *Proposa par un autoprogettazione* (1974), un livre-manifeste du design anticonsumériste. Il y propose des plans de meubles fonctionnels et esthétiques à réaliser soi-même. Enzo Mari réalise également des objets du quotidien avec des matériaux nouveaux et peu coûteux, tel le plastique.

D'abord agent commercial de l'Aluminium français, l'ingénieur des Arts et Métiers **Steph Simon** (1902-1982) ouvre en 1956 une galerie au 145, boulevard Saint-Germain, à Paris. Véritable précurseur dans la promotion du mobilier moderne, il y crée un bureau d'études pour la conception d'aménagements privés et industriels. Des modèles exclusifs de Jean Prouvé et de Charlotte Perriand, qui agence aussi l'espace de vente, y

sont présentés. Le second séjour de Charlotte Perriand au Japon en 1953 donne lieu à de nouveaux meubles dont la bibliothèque *Nuage* présente au MAD. Ces derniers sont destinés à l'exposition « Proposition d'une synthèse des arts, Paris 1955, Le Corbusier, Fernand Léger, Charlotte Perriand », inaugurée en avril 1955 aux magasins Takashimaya de Tokyo. La créatrice enrichit son répertoire par des références à la culture japonaise : accentuation des lignes basses, confirmation que la normalisation des modules ne signifie pas monotonie.

Steph Simon diffuse également les luminaires de Serge Mouille. Né en 1922, Serge fait preuve dès son plus jeune âge d'un grand talent pour le dessin qui lui permettra, à l'âge de treize ans, d'intégrer l'Ecole des Arts appliqués de Paris. Lors de son apprentissage auprès de Gabriel Lacroix, il se spécialise dans le métal et obtient son diplôme d'orfèvrerie. À la fin de ses études, en 1945, Mouille se lance à son compte avec l'intention de se consacrer aux arts de la table. Mais sa rencontre avec l'architecte Jacques Adnet changea sa vie. À la suite d'une commande de son ami en 1951, Mouille conçoit son premier lampadaire trois bras. C'est le point de départ de sa célèbre série des *Formes Noires*. Souvent, compa-

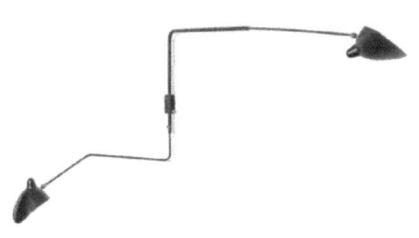

rée aux créations du sculpteur et peintre américain Alexandre Calder, cette première collection de l'artiste déploie de longues tiges noires au bout desquelles viennent s'épanouir des abat-jours en forme de feuilles ou de coques. S'ensuit la collection *Three Arm Floor lamp*, des lampadaires aux bras articulés, aux pieds multiples et aux angles saillants qui donnent à ses créations une silhouette d'insecte.

Réinterprétée par les designers contemporains, la *chochin*, née au XVIe siècle, a conquis les intérieurs modernes. Ces lampes en papier sont de toutes les formes : boule, cocon, serpent... Au départ, ces lanternes portatives en bambou habillées de papier s'utilisent à l'extérieur, tandis que de coûteuses lampes rectangulaires, nommées *andon*, sont destinées aux intérieurs. Les *chochin* étaient fabriquées dans un papier spécial, très souple, aux fibres longues tirées de l'écorce de mûrier. Après 1945, l'archipel du Japon s'est précipité dans la modernité en délaissant les lampes traditionnelles. Au début des années 1950, le maire de Gifu appelle le sculpteur

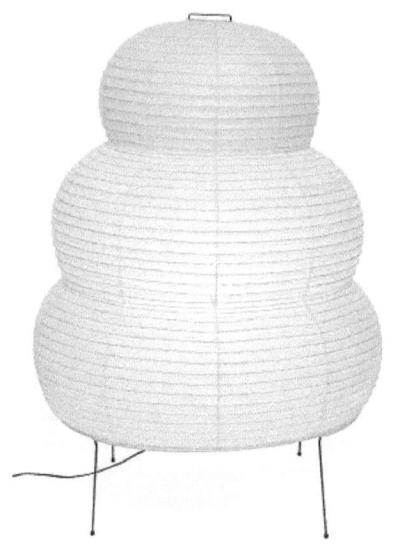

et designer Isamu Noguchi pour relancer la production des *chochin*. Noguchi taille alors des formes ventrues dans un polystyrène et en tire une nouvelle génération de lanternes, évoquant des champignons ou de petits personnages. Plus tard, il adoptera des formes géométriques et osera le papier froissé. En France, Steph Simon s'empare du concept et obtient l'exclusivité de l'édition de la série *Akari*. À partir de 1973, la grande distribution importe des modèles bon marché, fabriqués à Taïwan. Du fil de métal remplace le bambou et le papier industriel détrône la fibre d'écorce de mûrier.

Depuis le XIXᵉ siècle pour **la céramique et** au cours du XXᵉ siècle pour **le verre**, des ateliers industriels se sont multipliés en permettant des pratiques plus libres de ces techniques traditionnelles. Les créateurs, souvent formés dans des écoles d'art, d'architecture et de design, élargissent leur champ d'activité et les recherches liées à l'objet sont souvent associées à des démarches plus sculpturales. Narratives ou abstraites, organiques ou géométriques, toutes les expressions formelles se rencontrent dans les créations de ces spécialistes de matières minérales complexes, assumant le processus artisanal ou y participant activement. Les surfaces, les textures, les brillances et les couleurs, rendues uniques par la cuisson ou la fusion, font l'originalité de ces œuvres.

L'atelier de Bernard Dejonghe est installé autour d'un four traditionnel japonais à trois chambres qui fonctionne au bois. Il lui permet de cuire les céramiques de hautes températures à 1 300 °C. Pour le verre massif, le sculpteur utilise des fours électriques à régulation contrôlée afin d'obtenir des refroidissements très lents. Son expertise dans ce domaine l'a conduit à fabriquer des miroirs de télescopes pour des programmes de recherche. Une collaboration qui rappelle

combien sa pratique artistique flirte avec la réflexion scientifique. Le créateur se détache délibérément de l'univers de l'objet. Il se concentre sur les mutations et les fusions de la matière, ainsi que sur ses mises en place dans des espaces naturels ou architecturaux. L'œuvre *Cercle de verre* est inspirée par la géologie et le monde minéral. L'artiste utilise un vocabulaire minimal et monochrome, ici un cercle, animé de voiles de cristallisations, qui renforcent l'impression d'intemporalité.

Stanislav Libensky et Jaroslava Brychtova forment un duo majeur de l'école de verre moderne tchèque. Depuis les années 1950, leurs œuvres résultent d'une utilisation sculpturale de la matière moulée. L'œuvre *Diagonale* présente des variations d'épaisseur, des superpositions de plans, des effets d'ouverture, qui mettent en valeur les mutations de la couleur et de la lumière. Entre sculpture et vitrail, la pièce joue avec la lumière et ses transformations comme un filtre en verre coloré. Figure phare du studio glass américain, ayant érigé le travail en équipe en mode opératoire, Dale Chihuly est certainement le plus connu des verriers de sa génération.

Les *Sea forms* qu'il développe dans les années 1980 s'intègrent dans la lignée vénitienne de légèreté, souplesse et fragilité. La splendeur des coraux, la souplesse des algues et la préciosité de certains coquillages semblent s'être données rendez-vous dans ces « objets de verre » comme il aime les dénommer. Les œuvres de  Richard Meitner utilisent souvent plusieurs éléments se combinant en des propositions plastiques et poétiques inédites. Quatre vases sont associés à des poissons « passe-muraille » en bois découpé et peint qui semblent se mouvoir entre l'univers translucide du verre et celui opaque du support. Ce jeu avec les règles, les cadres et les limites, manipulées et transgressées avec humour, forme une de ses originalités artistiques.

En hommage à l'amitié qui l'unit au conservateur du MAD de l'époque, François Mathey, **Jean Dubuffet** offre, en 1967, une partie de sa collection personnelle composée avant tout d'œuvres graphiques, ainsi que de vingt-et-un tableaux, cent trente-deux dessins et sept sculptures réalisées entre 1942 et 1967. Mathey a aidé à la promotion du peintre en organisant de nombreuses expositions. Cette collection souligne la nature protéiforme de son travail : à la fois dessinateur, peintre, sculpteur, écrivain et metteur en scène. Elle rassemble un choix chronologique méthodique de ses travaux réalisés après l'arrêt de son négoce de vin. Après une série de portraits, Dubuffet développe de nombreuses expérimentations faisant écho aux matériaux et textures. À partir de 1960, il délaisse cette palette austère pour des couleurs vives évoquant le mouvement de la vie urbaine, puis il s'oriente vers une série d'écriture automatique. Jean Dubuffet, à l'âge de 41 ans, décide de se consacrer à la peinture et, par la même occasion, fuit « l'asphyxiante culture » des institutions consacrées. L'artiste marqua le XXe siècle par son anticonformisme, son esprit visionnaire, son chamboulement des critères esthétiques et sa désacralisation de l'art. Dans un premier temps, ses œuvres déclenchent le scandale. Les œuvres exposées dans la salle sont régulièrement modifiées.

Corps de dames et personnages 1943-1952 est un ensemble d'œuvres réalisées entre 1943 et 1952. Dès 1945, Dubuffet avoue à Simone Collinet son « grand amour pour les graffitis et les dessins de fous ». Plus que dans les dessins d'enfants, Dubuffet voyait dans les graffitis une manière commune aux enfants ou aux adultes de représenter l'homme sur lequel portaient ses préoccupations principales. La série des *personnages* comprend des scènes de la rue, du métro, des portraits de gens célèbres tels Jean Paulhan ou Michel Tapié. Les *corps de dames* représentent des corps en énormes masses, souvent affublés de toutes petites jambes et de toutes petites têtes. Ce sont toujours des femmes nues, certaines montrent un accouchement, d'autres sautent ou dansent. Les *Corps de dames* reposent sur des jambes à ce point raccourcies qu'elles fonctionnent bien plus comme supports que comme éléments de la représentation. Les critiques ont prêté à l'artiste des intentions malfaisantes. *Empreintes 1952-1962* est un ensemble d'œuvres réalisées entre 1951 et 1960. Il comprend des assemblages de peintures, des encres de Chine sur papier, des huiles sur toiles ou sur isorel, des estampes et des lithographies. À partir de 1955, Dubuffet classe ses œuvres dans des catégories (Texturologie, Matériologie, Topographie, Route & Chaussées) qui déclinent les empreintes de la matière des sols et terrains de Vence. Les *paysages mentaux* sont traités en maçonnages de peinture lourds, en pâtes épaisses avec des reliefs.

La France de l'après-guerre cherche à combler son retard en matière d'équipements pour les étudiants. Parmi les grands chantiers, la **cité universitaire Jean Zay d'Antony**, construite en 1954-1955 par Eugène Beaudouin, innove par sa taille exceptionnelle et sa vocation sociale. Pour meubler cet ensemble conçu comme un campus américain, l'université fait appel à de très nombreux designers et fabricants. Jean Prouvé, qui a déjà aménagé la cité universitaire de Nancy en 1933 et la faculté de droit d'Aix-en-Provence en 1952, y réalise des aménagements ingénieux, dont celui d'une cafétéria, ainsi que 148 chambres. Conçues comme des cellules à l'agencement spartiate, les chambres sont disposées de façon symétrique par groupe de deux. Jean Prouvé adapte là son mobilier existant comme les lits, chaises ou bureau *Compas*, tout en dessinant un nouveau modèle de siège en contreplaqué moulé, la chaise *Antony*. La chaise est construite en tube d'acier, tôle et planches de chêne. Sa structure est d'une grande sobriété. Avec la chauffeuse *Antony*, Prouvé démontre que l'économie de moyen et la fonctionnalité d'un meuble n'enlèvent en rien à une certaine recherche formelle. Sur le bureau était posée une lampe en acier noir dont le designer est Serge Mouille.

Lié à la nécessité de gagner de la place, le rangement devient une des grandes préoccupations pour les aménagements intérieurs de l'après-guerre. Pionnière, **Charlotte Perriand** affirme : « Le rangement est prioritaire : il pourra être ou non incorporé à l'architecture ; puisqu'il répond aux plus grands besoins de l'équipement, il doit être résolument industrialisé ». En 1947, elle élabore la maquette d'une cuisine type pour l'Unité d'habitation de Marseille, connue également sous le nom de *Cité radieuse*, bâtiment emblématique construit par Le Corbusier entre 1947 et 1952. Dans la réalisation définitive par l'Atelier de Le Corbusier, les idées générales du projet de Charlotte sont reprises : portes coulissantes, contact de la maîtresse de maison avec ses invités grâce à la cuisine-bar totalement intégrée au séjour.

En 1968, le MAD propose, au travers d'une exposition intitulée « Assises du **siège contemporain** », un bilan de la création dans ce domaine. C'est alors l'occasion d'exposer le travail de designers internationaux et de montrer les expériences fécondes menées dans cette typologie qui a vu, dans les années 1950-1960, des évolutions radicales : siège monobloc en plastique, assise gonflable, irruption de la couleur, forme molle, matériaux nouveaux… Cette exposition a été l'occasion de faire rentrer dans les collections de nombreux sièges présentées dans cette salle. Le musée a ensuite continué à enrichir cette typologie qui reste, pour de nombreux designers, l'exercice le plus courant. Cette sorte de bibliothèque des sièges, de la seconde moitié du XXe siècle à nos jours, permet de mesurer les avancées technologiques telle l'impression numérique, mais surtout l'éclatement des propositions où les références historiques les plus fantaisistes côtoient un minimalisme revendiqué.

La collection Bertoia naît d'une carte blanche donnée à l'artiste italien Harry Bertoia par Hans et Florence Knoll qui ouvrent leur entreprise d'ameublement modern à New York en 1938. Harry met à profil son expérience acquise auprès de Charles Eames, dans le travail du fil de métal. Constitués d'un maillage de fils d'acier cintrés, agencés selon des formes ergonomiques, puis soudés, ces chaises et fauteuils *Bird Chair* deviennent des icônes du design, renouvelant la typologie traditionnelle du siège.

Siège au succès incontesté, le *Lounge Chair* est l'aboutissement des recherches menées par le couple de designers Charles et Ray Eames sur le contreplaqué moulé. Est ainsi créé un fauteuil de repos ergonomique sur le principe de trois coques pour l'assise et les deux parties du dossier. Sa réalisation requiert un savoir-faire technique qui amènent les époux Eames à s'associer à l'éditeur Herman Miller, avec qui ils avaient déjà élaboré des sièges en bois lamellé collé et moulé.

Architecte et designer américain d'origine finlandaise, Earo Saarinen propose, avec ce célèbre fauteuil *Tulipe*, un siège novateur tant au niveau formel que technique. Il utilise toutes les propriétés du plastique pour concevoir une monocoque galbée. Le principe d'une coque soutenue par un piètement central unique – en fonte d'aluminium, pour plus de solidité et de stabilité – revêtu d'une peinture plastifiée de même couleur, confère toute son unité visuelle au siège.

Janine Abraham et l'architecte d'intérieur néerlandais Dirl Jan Rol créent leur agence en 1957. Si le couple expérimente les matériaux traditionnels, comme l'aluminium, le contreplaqué et le rotin, il plaide en faveur d'un nouveau répertoire de formes, structurées et élégantes, tel le fauteuil *Soleil* qui remporte la médaille d'or à l'Exposition universelle de Bruxelles en 1958. Ce siège séduit Jean Royère qui fait équiper le palais du Shah d'Iran de douze exemplaires.

Ruth Francken a souvent changé de moyens d'expression plastique. Ses œuvres offrent un répertoire de formes singulières, efficaces et très symboliques. Le siège *Homme* incarne l'homme, que l'artiste n'a pas sculpté, mais réalisé à partir d'un moulage en plâtre d'un corps d'homme assis sur une chaise pour la galerie parisienne Christiane et Éric Germain. Ce lieu, inauguré en 1970, spécialisé dans l'édition d'objets utilitaires, crées par des artistes, est un réel manifeste.

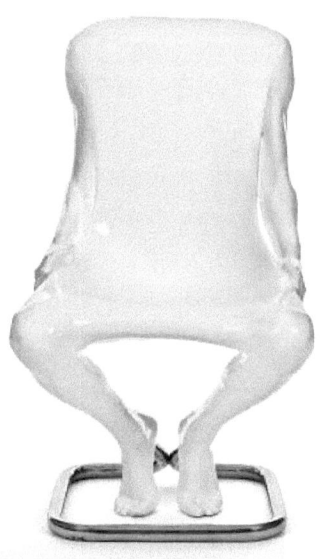

Alessandro Mendini, figure du design contestataire italien, membre du Studio Alchimia, prône le re-design, objets et mobilier étant devenus trop impersonnels à force d'être fonctionnels. Clin d'œil littéraire et artistique, *Poltrona di Proust*, une bergère XVIIIe revisitée, incarne un design expérimental hors de tout courant rationaliste et fonctionnaliste. Il magnifie l'ordinaire et s'érige contre les principes d'austérité tout en donnant libre cours à la passion de Mendini pour le kitsch.

Formé à l'école Boulle, Martin Szekely revendique une œuvre à la ligne claire et graphique. La chaise longue de la collection *Pi* appartient à une série de meubles, créée entre 1982 et 1985, lors d'une carte blanche du VIA. La chaise longue est remarquable par sa silhouette épurée et sa couleur noire qui accentue le côté graphique. Ce siège fait référence au dentiste de l'artiste M. Pi.

Au début des années 1980, Elisabeth Garouste et Mattia Bonetti unissent leur goût de la fantaisie pour rompre avec le design traditionnel. Leur première collection leur vaut le surnom de « nouveaux barbares ». Ils jouent avec brio des matériaux primitifs comme le papier mâché, les branches ou le raphia dont est constituée la chaise *Prince impérial.* Ce siège aux allures de totem africain ferait partie de l'ameublement imaginaire du fils de Napoléon III en guerre contre les Zoulous.

Plus artiste que designer, Yonel Lebovici multiplie dans ses créations les emprunts aux objets de la vie courante qu'il transforme en « sculptures fonctionnelles », avec une grande maîtrise technique. La rigueur des lignes et le travail du métal plié sont ici au service d'un siège à l'aspect sculptural qui évoque une pince à dessin. En outre, le nom *Pince sans rire* révèle l'esprit de dérision de son auteur.

Le designer Ron Arard, d'origine israélienne, dote volontiers ses créations d'une valeur artistique et sculpturale et son vocabulaire formel s'inspire parfois de la calligraphie hébraïque. Pour la conception du siège *Papardelle*, il use des propriétés des matériaux et des techniques de fabrication : l'acier inoxydable

tissé permet de réaliser une structure résistante et flexible, comme pour les tapis roulants de l'industrie alimentaire.

Konstantin Grcic étudie le design de mobilier au Royal College of Art de Londres, se forme auprès de Jasper Motrrison, avant de fonder le *Konstantin Grcic Industrial Design*, à Munich. *Chair One* est une pièce marquante par l'usage du bêton, matériau peu employé dans le mobilier. Sa ligne est à la fois très structurée, graphique et simple, où la pureté du blanc de l'assise et du dossier contraste avec l'aspect brut du piètement.

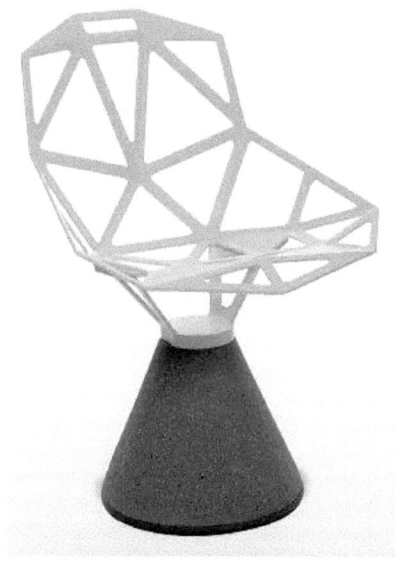

Formé en architecture, Oki Sato fonde l'agence de design Nendo, morceau d'argile en japonais, dans les années 2000. Le siège *Cabbage* répond à la demande d'Issey Miyake de concevoir des assises à partir des chutes du papier plissé utilisé dans la fabrication des vêtements de sa collection *Pleats Please*. Le siège est réalisé à partir d'un rouleau dont chaque lamelle de papier est effeuillée. Il ne comporte aucun élément ni structurel ni d'assemblage, seule la résine lui procure sa solidité.

Roger Tallon (1929-2011) est l'un de ces designers qui vont donner forme à la modernité. Il se déclare « gallo-ricain », car il s'inspire des créations américaines. Dès son service militaire effectué en Allemagne terminé, il est recruté par des firmes américaines : Caterpillar, Dupont de Nemours et General Motors. Sa rencontre avec Jacques Viénot, promoteur de l'esthétique industrielle, puis son arrivée en 1953 à l'agence Technès sont décisives. En vingt ans, il va faire de Technès l'agence française de référence en y créant plus de 400 produits, dont les machines-outils *Gallic* et *Celtic* pour la Mondiale, des machines à écrire pour Japy, le téléviseur portable Téléavia P111, le service de table 3T pour Daum, Raynaud et Ravinet d'Enfert. À l'affût des innovations techniques, Tallon propose un téléviseur de forme totalement nouvelle, en ABS moulé. L'écran sombre intègre toutes les commandes et se caractérise par des angles arrondis et une surface bombée. Le P111 est l'un des premiers téléviseurs portables français. Son volume compact et son poids suffisamment léger permettent de le transporter n'importe où. En 1966, le syndicat  des Arts de la table demande à Tallon de créer une série de couverts modernes. Le designer, qui envisage toujours son travail selon une approche globale, propose un projet complet incluant vaisselle, couverts et verres. Le chiffre 3 de l'appellation 3T, est une allusion aux trois fabricants, tandis que la lettre T se réfère à Table, Tradition et Toucher et en filigrane le T de Tallon.

Dans le même temps, Tallon jette les bases d'un enseignement du design à l'école des Arts appliqués, puis à l'école nationale supérieure des arts décoratifs (ENSAD), condition nécessaire à la reconnaissance nationale et internationale de la discipline. « J'ai toujours été un hybride, un indépendant qui n'a jamais fait ce qu'on lui disait de faire. » Roger Tallon s'intéresse aux mouvements artistiques de l'après-guerre et se rapproche des nouveaux réalistes, conduits par Pierre Restany. Son amitié pour César qu'il a souvent aidé à résoudre des problèmes techniques et à qui il a fait découvrir de nouveaux matériaux, ne se démentira pas.

Le sculpteur César est invité à concevoir une crèche en 1966 à l'occasion des fêtes de fin d'année, pour l'aéroport d'Orly. Il sollicite son ami Tallon pour cette crèche extravagante où l'enfant Jésus babille dans une télévision parmi des bottes de paille, tandis qu'autour de lui, les santons sont incarnés par des sièges-personnages. De nombreuses vedettes de l'époque comme Brigitte Bardot, mais aussi César et Roger Tallon, figurent sur les sièges anthropomorphes. Pour son cousin Robert Sentou, industriel du bois, Tallon dessine la chaise de collectivité *Wimpy* et la chaise pliante *TS*, et pour son client et ami Jacques Lacloche, il conçoit le système de mobilier *M400*, la série *Cryptogrammes* et un escalier hélicoïdal, encore en production aujourd'hui. En 1973, Tallon fonde son agence *Design Programme SA*. Il milite alors pour un design global dans tous les domaines. Deux projets marquent les dix ans de la société : l'aventure Lip d'abord. Les ouvriers se battent pour sauver leur entreprise. Touché, le designer invente la montre *Mach 2000*, toujours commercialisée. Ensuite, son travail pour et avec la SNCF. Dès la fin des années 1960, la compagnie réalise qu'elle doit faire évoluer son matériel et sa relation avec ses clients. La concurrence de l'aviation commerciale, avec la création d'Air Inter, se fait sentir et le développement rapide des réseaux routiers et autoroutiers fait préférer la voiture à de nombreux voyageurs. Il s'agit au début d'un simple toilettage des voitures. Tallon va proposer un projet complet de transformation des trains : voiture sans compartiments, confort inédit avec des sièges à coques, des rideaux plissés, des tablettes au dos des sièges, éclairage des quais, bar et service à la place. Le train Corail, nom venant de la contraction entre « confort » et « rail », est mis en service en 1975. La grande vitesse va suivre avec le TGV sud-est de Jacques Cooper, puis l'Atlantique dont Tallon conçoit la livrée et l'intérieur, et le TGV Duplex dont il assure la conception globale. Les sièges sont fabriqués dans un matériau de masse très inférieure à celle d'un fauteuil de TGV Atlantique. Par contre, le revêtement textile, du sol et du plafond

en harmonie avec celui des sièges, offre une meilleure insonorisation et un agrément visuel accru.

Le design embrasse aujourd'hui différentes acceptions. Dans la diversité de ces propositions, la recherche de **formes élémentaires** est une constante et de nombreux designers refusent le superflu pour aller à l'essentiel, tout en questionnant des fonctions habituelles ou nouvelles. Dans l'immédiat après-guerre, Jean Prouvé ou le couple Philippon-Lecoq revendiquent cette écriture rigoureuse au service de la fonction. Plus récemment, toute une génération de designers s'est attachée à la primauté d'un design fonctionnel, sobre et intelligible par ses formes simples.

La chaise *Zig Zag*, dessinée en 1932 par le designer, ébéniste et architecte néerlandais Gerrit Thomas Rietveld, a donné lieu à plusieurs expérimentations techniques pour pouvoir être produite industriellement, une des difficultés étant l'assemblage des pans de bois. *Zig Zag* s'inscrit dans le mouvement artistique des années 1920 *De Stifl*, caractérisé notamment par un ordre géométrique rigoureux et un usage récurrent de la ligne diagonale qui dynamise l'ensemble.

Le Finlandais Kaj Franck dessine des services utilitaires et des productions décoratives, souvent en petite série, aux lignes minimalistes. Sa conception de l'objet, entre artisanat et design, en fait une des figures les plus emblématiques du design scandinave. Le vase *Sargasso* associe au verre légèrement bullé d'un rare vert émeraude, un profil pur révélant l'intérêt de l'artiste pour la combinaison de formes simples comme l'association ici d'un cube et d'un cylindre. Formé à l'école des Beaux-arts de Bourges, François Bauchet bâtit son travail de designer sur des pièces à l'aspect sculptural.

Pour la conception de *C'est aussi une chaise*, l'artiste a bénéficié de l'aide du

VIA (Valorisation de l'Innovation dans l'Ameublement). Symbolique de l'écriture rigoureuse et minimaliste du designer et de son intérêt pour la sculpture, ce siège, datant de 1982, se distingue par son volume compact, souligné par sa couleur.

Donald Judd, considéré comme l'un des artistes majeurs de la seconde moitié du XXe siècle, représente le mouvement minimaliste né dans les années 1960 aux États-Unis, en réaction au Pop Art. Malgré sa facture industrielle, le siège *#47* de la série *In Color*, est fini à la main de façon très minutieuse. Il est représentatif du travail de Judd de l'émail sur aluminium qui élargit sa palette de couleurs industrielles, précédemment limitée aux couleurs du métal anodisé et du plexiglas.

Martin Hlubucek est un des représentants de la lignée tchécoslovaque des créateurs d'objets et de sculptures en verre massif moulé du XXIe siècle. Ses recherches s'appuient sur un délicat travail de polissage à froid permettant de créer des variations de surfaces entre mat, satiné et brillant, offrant une richesse visuelle. Le titre « lavabo » situe les connotations rituelles et architecturales des recherches formelles de l'artiste, à la fois sobres, imposantes et symboliquement intrigantes.

Diplômé du Royal College of Art de Londres en 1990, le designer Sebastian Bergne dessine des objets d'usage quotidien selon une approche sociale du design. Il poursuit ses recherches sur le sens des couleurs dans les objets. Les éléments de bois peint et leur coffret représentent une crèche stylisée, chaque personnage se différenciant par une couleur et une taille différente. Dans *Colour Nativity*, l'artiste fait appel à notre façon de percevoir cette scène religieuse à l'image maintes fois véhiculée. Sculpteur de formation, Hannes Van Severen s'associe en 2011 à la photographe Fien Muller. Ce duo belge crée des meubles multifonctions qui puisent leurs références dans l'art. *L'installation S* forme un meuble composite aux fonctionnalités multiples : siège, meuble de rangement, bureau et lampadaire. Son dessin très graphique évoque les lignes orthogonales et les surfaces colorées de Mondrian ou de Théo van Doesburg.

Martin Szekely, figure majeure du design français contemporain, réalise avec une table, une œuvre emblématique de son travail, par la technique d'assemblage qui résulte de minutieux calculs, par son système modulaire à partir d'éléments constructifs et par sa ligne très graphique. La forme simple de MAP-TTR #3 va à l'essentiel, alors que sa conception évolutive s'appuie sur l'histoire des usages, des structures et des technologies. Plasticien de formation, Éric van de Walle aime se confronter à des matériaux insolites. *Inside Pedestal* est en aggloméré hydrofuge, matériau brut habituellement employé pour la fabrication de cloisons intérieures, mais rarement dans la conception de mobilier. Ce matériau est constitué d'un panneau de particules de bois collées sous pression par une résine traitée hydrofuge.

Qu'est-ce **qu'un vase** ? Un objet destiné à présenter des bouquets, mais les vases vides ont aussi une existence formelle et symbolique dans l'espace. Dans l'imaginaire commun, d'autres idées émergent : vases grecs, vases archaïques, vases canopes, vase d'expansion ou vases communicants. Artistes, artisans, designers, architectes créent des vases destinés à l'édition, en grande ou en petite série, parfois numérotés, ne dépassant pas toujours le stade du prototype, mais aussi des pièces expérimentales, des objets rares et précieux, à valeur purement décorative ou poétique. Certains vases sont des propositions esthétiques et techniques, construites autour d'un creux, des matrices évoquant l'idée de contenir, d'autres sont des représentations, plus ou moins réalistes, d'un vase contenant ou bien clos sur lui-même.

Jean Besnard, figure majeure de la céramique de l'entre-deux-guerres, apprend la céramique auprès du potier savoyard Paul Jacquet, célèbre pour avoir réalisé les céramiques des décorateurs Francis Jourdain et René Herbst. Jean Besnard se distingue à partir de 1923 par son art primitif. Parmi les huit pièces données en 2003 au MAD par la famille de l'artiste, le grand vase, dit « africain », est typique des œuvres les plus « brutes » de sa première période.

Édités par la manufacture Littala, les verres sont des variations du vase dénommé *Kantarelli* dont la première version fut prototypée en 1946 puis produite en cent exemplaires pour la triennale de Milan en 1951. Dans un contexte de production encore semi-artisanale, Tapio Wirkkala invente, pour évoquer les lamelles d'un champignon, un décor de lignes parallèles gravées à la roue, soulignant les profils et créant un contraste mat-brillant d'une grande richesse tactile.

Axel Salto devient directeur artistique à la manufacture de porcelaine Royal Copenhagen en 1934 et reçoit un grand prix lors de l'Exposition internationale de Paris en 1937. Tout en continuant en parallèle son travail de dessinateur et de graveur sur bois, il expose ses céramiques dans toute l'Europe. L'observation de la nature est sa source d'inspiration primordiale avec des formes de fruits ou de plantes. L'émail rouge sang-de-bœuf est aussi caractéristique de son œuvre.

Les propositions de Philippe Starck pour Daum se sont concentrées sur l'association de deux éléments : une corne soufflée en cristal, poétiquement dénommée « étrangeté », associée par collage à froid contre ou sous une plaque de verre plat industriel. Toute une famille d'objets, vases et vases-tables, est née de cette rencontre. Développées en plusieurs couleurs, éditées à cinquante exemplaires numérotés, ces *Etrangetés contre un mur* seront ensuite déclinées en plus petit format et en série illimitée.

Diplômé en orfèvrerie au Royal College of Art de Londres, Chris Knight aborde conjointement le domaine des arts de la table et la sculpture. Il utilise habituellement l'argent, mais également le bronze et l'acier patiné pour cette pièce, dénommée *Spiked Bowl*, garnie de pointes de fer, aux références liées à l'esthétique de la machine et aux nombreux outils coupants de la cuisine japonaise. L'artiste dessine souvent avec l'assistance de l'informatique qui apporte de la complexité aux profils de ses formes.

Grand connaisseur du plastique et de la résine, adversaire de toute forme de standardisation, Gaetano Pesce questionne les formes, les matières et les procédés de fabrication. Dans sa collection de meubles et d'objets édités par Fish Design, il expérimente et prône l'aléatoire. Les vases *Amazonia XXL*, des pièces uniques, sont fabriqués industriellement ; les couleurs coulent et la résine, dans sa course à l'expansion, s'épanche et se mélange différemment à chaque fois.

Né lors de séjours réguliers de François Azambourg à Meisenthal, le vase *Douglas* met en valeur l'usage de moules en bois qui se consument progressivement à chaque soufflage. L'empreinte des veines du bois brûlé, imprimée sur la surface du verre rend chaque exemplaire unique. Des variations par reprises à chaud après moulage et par gradations de la couleur ont été expérimentées, donnant naissance à des séries de *Douglas* aplatis, torsadés, gonflés ou traités en dégradé de vert.

Toots Zunsky est une des figures les plus internationales du verre actuel, formée à la Rhode Island School of Design. Au début des années 1980, elle met au point une technique inédite : l'étirage en fils de verre de couleur, puis la mise en place à plat et à froid de ces fils en disques. Enfin, un thermoformage de ces disques aboutit à des formes creuses et complexes qui évoquent souvent des plissés quasi textiles et se marient avec des jeux polychromes très riches, comme dans la coupe *Adempimento*.

Jean Royère commence sa carrière de décorateur dans les années 1930. Le recours à l'ornement et aux matériaux naturels devient vite le maître mot de son travail. Emblématique de son œuvre, le canapé *Boule* de 1947 est sans structure apparente, comme un volume aux contours organiques.

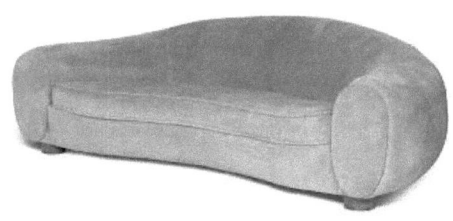

Nommé modèle *Boule* par Jean Royère, dit aussi *Banane* ou encore *Ours polaire*, ce canapé est à l'origine conçu pour l'appartement parisien de sa mère. La sinuosité si chère au décorateur se déploie ici en trois dimensions pour engendrer cette forme fluide et audacieuse. S'il connaît de nombreuses variantes, ce canapé, dont la carcasse-ossature est invisible, s'impose également comme une prouesse technique.

De la même façon, les luminaires sont chez Royère particulièrement ludiques et le luminaire *Liane* évoque un végétal envahissant l'espace. Dans les années 1950-1960, Royère développe son ornementation à partir de matériaux modernes, tout en mariant des couleurs inattendues. Il déforme surtout le tube de métal qui devient une ligne ondulée et le moteur de son répertoire décoratif, créant ainsi tout un registre de formes organiques et végétales. À l'image d'une plante grimpante, le luminaire *Liane*, dont il existe plusieurs modèles, est une véritable invention formelle qui outrepasse la fonction d'éclairer. Jean Royère n'a de nos jours rien perdu de son actualité même si les créateurs d'aujourd'hui ne revendiquent pas explicitement son héritage.

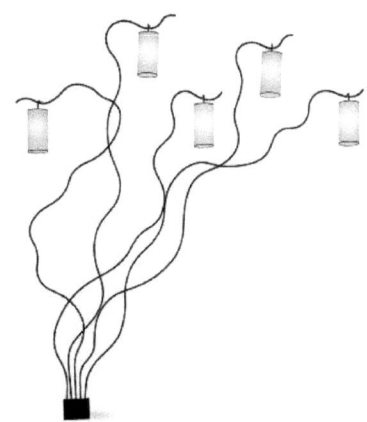

La marqueterie du meuble de Benjamin Graindorge revisite, en l'enrichissant avec les couleurs naturelles du bois, les techniques de marqueterie de paille de Royère. Le cabinet *CloudInChest* est réalisé en étroite collaboration avec Ymer & Malta, galerie de référence en matière de production haut de gamme. Graindorge revisite la marqueterie et se veut un hommage aux métiers d'art dans sa réalisation de haute technicité. Chaque segment, résultat d'une découpe minutieuse, réalisée par des artisans en marqueterie, est agencé pour épouser le volume et mettre en valeur la matière. Le meuble compte près de 3 000 pièces de seize essences de bois différentes.

Le **mobilier d'enfant** et les jouets reflètent au XXe siècle d'importants changements liés à la place accordée aux plus jeunes dans les sphères publiques et privées de la société. S'il existe déjà des exemples de meubles de tailles réduites au XIXe siècle, comme ceux créés par Thonet, la conception d'un environnement répondant aux besoins propres à l'enfance, est néanmoins une idée relativement récente. Dès le début du XXᵉ siècle, les architectes décorateurs modernistes visent à améliorer la vie quotidienne des plus jeunes par l'usage de formes évolutives et fonctionnelles. De nos jours, l'univers familial est un terrain d'exploration fécond qui permet de repenser le jeu, l'ameublement et jusqu'à la décoration intérieure.

Grande figure du design néerlandais, Hella Jongerius aime confronter les techniques dans une œuvre singulière. À la recherche de formes nouvelles, elle s'intéresse aussi au travail sur la couleur. Deux des pieds du bureau *Porcupine* sont inclinés comme pour évoquer les pattes d'un animal et cette asymétrie est soulignée par un aplat de couleur. Certains des

chaînons sérigraphiés sur le plateau sont perforés de petits trous permettant d'accueillir des feutres de couleurs, telles les épines du porc-épic.

Ce robot figure le droïde R2-D2, personnage emblématique de la saga Star Wars. Contrôlable par une application mobile ou un bracelet, ce robot se déplace de manière télécommandée, explore seul son environnement, répond à des commandes vocales et envoie des messages holographiques, de façon très semblable à sa fonction dans les films de la saga.

Parmi les produits multifonctionnels proposés par Starck et vendus par correspondance par La Redoute, se trouve la peluche *Teddy Bear Band*. Cet animal à tête d'ours dont trois membres sont terminés par des têtes de chien, de lapin et de chèvre, est unique en son genre.

À l'occasion de la nouvelle présentation, des collections modernes et contemporaines, le MAD étend sa politique d'acquisition, en offrant un regard élargi sur la **scène internationale** du design contemporain. Cette section met en lumière des figures à la fois reconnues et émergentes, dont les œuvres mêlent tradition et modernité. Tout en puisant dans leurs cultures et patrimoines artistiques, ces créateurs proposent une conception singulière des objets du quotidien. Se développe aussi une vision renouvelée du design, résultat d'une réévaluation des formes, des techniques et des matériaux. Les œuvres révèlent la richesse et l'éclectisme du design à l'échelle mondiale qui appelle à une définition plurielle de la modernité. Lawson Oyekan naît à Londres en 1961, grandit au Nigéria pour revenir à Londres se former à la Saint-Martin's School, puis au Royal College of Art. La question de ses origines et de la mixité des cultures se trouvent au cœur de son travail. Son message récurrent est celui de la force vitale de l'humain, qu'il métamorphose en créant de grandes pièces organiques aux parois écrites en anglais ou en yoruba, voire comportant des scarifications faites avec une dent de requin.

C'est en sculpteur que le Coréen Choi Byung-hoon aborde le mobilier. Ses formes organiques épurées sont inspirées par les dolmens des sites de Gochang, Hwasun et Ganghwa, situés au sud de la péninsule coréenne. Il recourt à des matériaux simples comme le bois ou la pierre. Son approche se réfère à la philosophie et à la religion taôiste en quête d'une harmonie entre l'homme et la nature.

Avec *Mudha Walla Throne* qui met en œuvre des objets recyclés, Gunjan Gupta, formée notamment en design de mobilier au Saint-Martin's College de Londres, questionne la typologie de la chaise dans son pays. Pour la designer indienne, les chaises sont vues comme des « vestiges » du passé colonial de l'Inde. Les sièges à haute assise, apparus à l'arrivée des Européens et souvent perçus comme des trônes, sont synonymes de pouvoir.

Dans une création contemporaine où humour et contestation sont légitimés, **le jeu** devient un thème comme un autre. Coutumier des sujets fantaisistes, l'espagnol Jaime Hayon imagine toute une gamme de mobilier autour du jeu. Maniant subtilement la dérision, il solennise un meuble de rangement en lui donnant une forme de podium olympique.

Hayon a dessiné pour la galerie Kreo, *Game one*, une collection de pièces, laissant libre cours à l'imagination. Inspirés du monde du sport, vaste réservoir de formes et de couleurs, les objets évoluent comme sur un terrain de jeu. Ils jouent des différentes échelles et des changements de fonctions, comme ce meuble de rangement dont les portes s'ouvrent dans l'ordre des numéros inscrits.

Le *Barbie foot* de Chloé Ruchon évoque, lui, la revendication féministe en détournant un jeu ordinairement très masculin, le baby-foot, pour en donner une interprétation subversive avec des poupées Barbie. Les joueurs de ce baby sont représentés par vingt-deux poupées Barbie aux cheveux longs, maquillées, sans bras et vêtues d'un ensemble jupe courte et

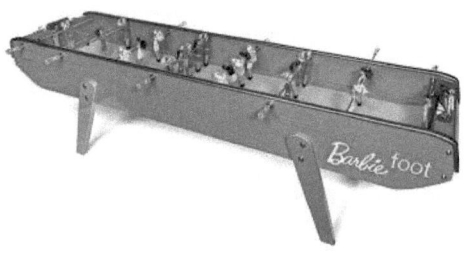

tee-shirt (rose ou blanc afin de différencier les équipes). Le format, deux fois plus long et trois fois plus lourd que le modèle classique, a été adapté à la taille des poupées. Par cet objet rose fuchsia, Chloé Ruchon propose une vision tout en dérision des stéréotypes masculins / féminins et des codes qui les régissent.

Grand amateur de ski, le designer graphique Yorgo Tloupas applique la devise de son agence, Yorgo & Co : améliorer nos expériences visuelles, en réalisant le graphisme des skis de Black Crows, marque française créée en 2006 à Chamonix. Avec cette série de skis graphiques, stylisés et épurés, Yorgo décline, à l'instar d'un styliste de mode, deux collections par an pour homme et femme.

Dès le tournant des années 1950-1960, l'industrie du meuble s'empare des produits dérivés du pétrole : **les matières plastiques**. Attrayant par leur faible coût, l'utilisation de l'ABS, le polyéthylène et autres résines thermoplastiques, marquent alors l'introduction de nouveaux matériaux dans l'univers du design. Ces dérivés de synthèse sont solides, légers et se prêtent facilement à un traitement en couleur. Dans le film d'Alain Resnais, *Le Chant du styrène* (1958), les qualités du pétrole sont célébrées comme l'incarnation d'un liquide magique permettant une production sans limites. Or, si les matières sont très bon marché, la mise au point des moules est coûteuse. La fabrication des objets ne devient ainsi rentable qu'à échelle industrielle, grâce à une conception en série. C'est alors le début d'une production dans de multiples domaines : du mobilier aux ustensiles de cuisine, en passant par la voiture comme la célèbre Méhari. Si Costanza Cédelle se définit comme une orfèvre et ne jure que par l'or, elle a été l'une des premières créatrices de bijoux français à utiliser l'Altuglas usiné, appelé aussi le plexiglas. Les qualités de solidité et de transparence du matériau, coloré ou non, et les effets optiques lui inspirent de nouvelles formes de bijoux : des bagues à deux ou trois doigts, un pectoral à ligne géométrique, un bracelet. La créatrice de jouets tchèque Libuse Niklova abandonne le bois pour le plastique dans les années 1960. « Lorsque j'ai dessiné les différents petits animaux, j'avais avant tout à l'esprit l'idée que l'enfant puisse jouer avec le jouet de façon la plus créative possible à la différence d'autres jouets où l'enfant n'est qu'un observateur passif. » Ces jouets sont en république Tchèque l'équivalent de ce que peut être Sophie la girafe dans nos contrées. Sonores et colorés, la créatrice a choisi avant tout des formes simples et évocatrices. Elle bouleverse ainsi l'univers traditionnel de l'enfant par ses jouets en plastique souple ou gonflable, colorés et fantaisistes.

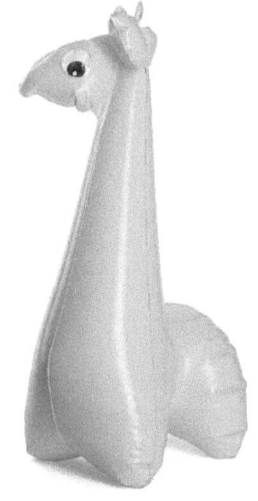

Prenant sa source dans les mouvements contestataires italiens des années 1970, **Memphis** est créé à Milan pendant l'hiver 1980-1981 par Ettore Sottsass et un groupe de jeunes designers. Ils empruntent ce nom à la chanson de Bob Dylan, *The Memphis Blues Again*. En 1981, Memphis présente sa première collection hors les murs du Salon du meuble de Milan. Memphis rassemble alors de nombreux créateurs internationaux qui vont opérer un renouvellement formel majeur. Ils réinventent un langage dans lequel les formes, les échelles, les matériaux et les couleurs sont radicalement repensés. Si la bibliothèque *Carlton*, le lampadaire *Terminus* et la chaise *First* déjouent les règles du « bon goût », ils mettent en avant l'aspect ludique. La coiffeuse *Plaza*, par Michael Graves, est une interprétation de la tour art déco Chrysler à New York, et elle se lit comme une architecture.

La bibliothèque *Carlton*, réalisée par Ettore Sottsass en 1981, devient un totem domestique à cinq niveaux de rangement, dont les formes géométriques, vivement colorées, sont assemblées à l'image d'un château de cartes. Ettore Sottsass propose deux autres objets assez originaux.

La coupe à fruits *Sol*, réalisée en 1982, en verre soufflé et modelé à chaud.
Le designer dessine sa première collection de verreries pour Memphis en 1982, en collaboration avec la manufacture Toso Vetri d'Arte. Ses propositions reposent sur un jeu d'assemblage de formes géométriques simples aux couleurs vives et franches, jouant avec la transparence du verre et rompant avec le savoir-faire traditionnel
des verriers de Murano par un usage inhabituel du collage à froid.

Sur la coupe *Attide*, des ornements suspendus comme des boucles d'oreilles ou des pendeloques de lustre évoquent un jeu de construction ou un manège. Ils renforcent la dimension ludique de l'objet jusqu'à faire oublier son caractère fonctionnel.

Au-delà de la fonction de l'usage, des dimensions plus expressives existent dans la création de meubles et d'objets. **Le rêve et la fantaisie** sont des moteurs de créations souvent très originales. Dans les années 1940-1960 en particulier, des créateurs, soutenus par une clientèle fortunée, comme Emilio Terry, Marcel Jean ou Janine Janet produisent des pièces et des décors souvent inclassables. Au début du XXIe siècle, cette théâtralité, portée cette fois par le goût de l'événement et de la nouveauté, retrouve de la vigueur. Pour les frères Campana, elle trouve ses sources dans le métissage et leur culture brésilienne, tandis que chez le Néerlandais Maarten Baas l'émerveillement est à l'œuvre via une performance filmée. Pour l'Exposition internationale des arts décoratifs et industriels modernes de 1925, la Société des artistes décorateurs, qui avait décidé de réaliser un pavillon sur le thème d'une ambassade française, confia la décoration de la chambre de madame à André Groult. Conçue dans une harmonie de gris et de rose, la pièce était tendue de soie brodée à motifs d'éventails, sur laquelle se détachaient des meubles recouverts de galuchat naturel : un lit arrondi placé sur une estrade et surmonté d'un baldaquin, des bergères, des chaises, une commode, un secrétaire-vitrine et surtout un chiffonnier.

Inventé au XVIIIe siècle, le chiffonnier est une commode haute, équipée

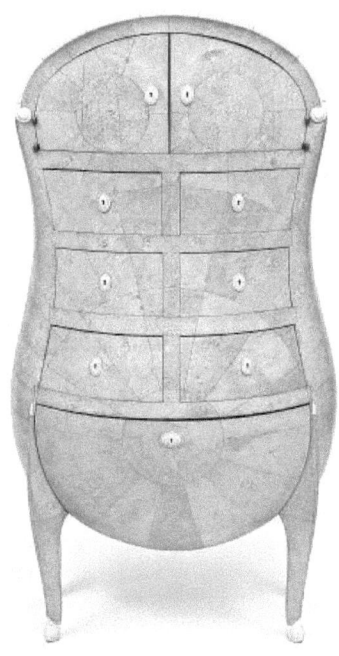

de nombreux tiroirs, qui permettait aux dames de ranger leurs travaux de couture. Groult a revisité la forme traditionnelle de ce meuble et créé un chiffonnier à la silhouette anthropomorphe, tout en courbes et contre-courbes. La disposition rayonnante du placage en galuchat accentue l'effet des lignes sinueuses et l'emplacement des seins et du ventre. Au Salon de la société des artistes décorateurs de 1921, Groult avait présenté une chambre en galuchat très proche de celle de madame. Le chiffonnier de 1921 possédait le même décor rayonnant, mais sa forme générale était plus rectiligne et les courbes moins accentuées.

L'œuvre de Gilbert Poillerat présente des aspects contrastés, depuis les lignes épurées de certaines pièces faisant appel à de simples volutes, jusqu'à une inspiration plus baroque. Cette table marque l'apogée de cette veine encouragée dans les années 1940 par ses amis Jean Cocteau, Christian Bérard et Serge Roche. Chef-d'œuvre de la ferronnerie moderne, elle fut d'ailleurs réalisée pour ce dernier. Par sa conception et par ses thèmes liés à la chasse, elle s'apparente aux tables à gibiers. Ce morceau de bravoure, autant par la taille que par l'iconographie complexe du piètement fut fabriquée à un moment où les difficultés d'approvisionnement étaient à leur comble. En raison de cette pénurie, les bois de cerf sont réalisés avec des tubes de récupération soudés à la forge. Pour une question de légèreté, le plateau a été confectionné en stuc plutôt qu'en marbre. Cette table fut exposée en 1943 au pavillon de Marsan du  palais du Louvre, lors de la première exposition de la Société des décorateurs français.

Formée à l'école des Beaux-Arts de Paris et de Toulouse, Janine Janet crée au début des années 1940 des modèles pour différentes maisons : Pierre Frey, Arthus-Bertrand, Christofle… Elle débute en 1952 une longue collaboration avec Balenciaga. En 1959, elle réalise trois bustes en bois sculpté hérissé de clous pour ses vitrines de l'avenue Georges V : le *Roi*, la *Reine* et le *Valet*. Cette attirance pour l'onirique est servie par une technique parfaitement maîtrisée. La même année, Jean Cocteau lui commande les costumes et décors du *Testament d'Orphée*. Dans les années 1960, Janine Janet réalise la *Tour de Babel* pour les vitrines de Balenciaga, tandis que le paravent marin figure au fond d'une vitrine de Roger Gallet.

Si dès 1961, avec le premier vol spatial de Youri Gagarine, Courrèges suit avec attention la conquête spatiale, c'est en 1964 qu'il impose sa *Moon Girl*. Autant architecte que couturier, promoteur de la minijupe, c'est aussi avec sa vision futuriste et visionnaire qu'il investit la mode. Un style dépouillé et géométrique que vient sublimer une couleur mise en vedette : le blanc, le fameux blanc Courrèges. Sur la photographie, le mannequin porte une combinaison en organza blanc égayée de petites fleurs roses. Christian Lacroix s'amusa à créer une robe de soirée tout en papier kraft, en 1994.

Marc Newson réalisa le prototype de *Pod of Drawers* à Londres en 1987. C'est une coque moulée entièrement recouverte de plaques d'aluminium rivetées, dont l'élaboration fut aussi sophistiquée que celle d'une pièce d'orfèvrerie. Un an auparavant, Newson avait conçu une première pièce suivant cette même technique, la *Lockheed Lounge*, chaise longue remarquée par Philippe Starck qui la plaça dans le hall d'entrée du Paramount Hotel à New York. La chaise devint mythique lorsque Madonna s'allongea dessus dans son clip *Rain*. Une grande majorité des meubles de Marc Newson sont élaborés à partir d'une forme stylisée du corps humain, large, qui s'affine puis s'élargit à nouveau.

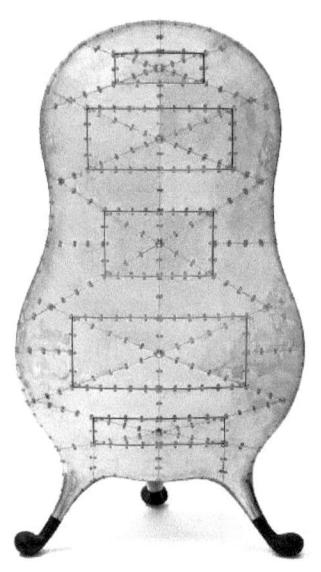

Dans *Pod of Drawers*, ce corps est comme recouvert d'une peau en feuilles d'aluminium. Les lignes dessinées par les jointures des plaques et ponctuées par les rivets apparaissent comme des coutures visibles, des cicatrices. La forme ventrue de ce chiffonnier fait référence à l'œuvre de Groult. Le meuble de Newson fut réalisé en dix exemplaires.

Diplômé de la prestigieuse Design Academy d'Eindhoven, Maarten Baas est de ceux qui perturbent les typologies traditionnelles. Au Salon du meuble de Milan en 2009, il présente *Real Time*, une série de vidéos réalisées autour du décompte du temps, mettant en scène des acteurs indiquant l'heure. Issue de ce concept, *Grandfather Clock* est composée d'un habillage et d'un cadran où apparaît une vidéo d'un homme actionnant lui-même les aiguilles de l'horloge. Le film fait ainsi office de cadran.

Pont Royal

Le pont Royal traverse la Seine du quai des Tuileries, 1er arrondissement, au quai Anatole-France, 7e arrondissement. Il est classé aux monuments historiques depuis le 1er mai 1939.

Histoire

Jusqu'au XVIe siècle, le seul moyen de traverser la Seine entre le Louvre et le boulevard Saint-Germain était un bac payant, autorisé par le roi Henri II, le 9 septembre 1550. Le bac donna son nom à la rue située en vis-à-vis du pont Royal actuel, la rue du Bac (7e arrt). Après avoir assisté à un accident lors d'une promenade, Louis XIII réalise qu'il est grand temps de remplacer ce long moyen de traverser et décide la construction d'un pont. Le sieur Barbier, contrôleur général des bois d'Ile-de-France, possède un clos à l'ouest de la rue du Bac. Il finance les travaux de construction en échange d'un droit de péage. En 1632, l'entrepreneur Pierre Pidou bâtit un pont en bois, fondé sur douze arches en charpente et  muni à chacune de ses extrémités d'un petit bâtiment en bois servant à percevoir les péages pour le financier Barbier. En toute logique, l'édifice se nommait le « pont Barbier ». Il prend ensuite plusieurs nominations : pont Sainte-Anne (en hommage à la reine Anne d'Autriche), pont Rouge (en raison de sa couleur), pont des Tuileries (car il aboutissait au château). Sa cinquième arche est dotée d'une pompe à eau qui ne fonctionnera quasiment jamais et sera détruite dans un incendie. M. Barbier faisait payer une double taxe aux passants afin de se rembourser des frais de construction. Un jour, un individu trouva le tarif abusif et transperça le corps du financier de son épée. Ce pont fragile est maintes fois réparé, dont une première fois le 5 février 1649. Une crue de la Seine emporte plusieurs de ses arches. Il est refait complètement deux ans plus tard, incendié en 1654, puis emporté par les eaux en 1656. Le pont est reconstruit, toujours en bois, en 1660, avant d'être consolidé en 1673. Il servira jusqu'au terrible hiver de 1684 où la fonte des glaces, dans la nuit du 28 au 29 février, lui sera fatale et l'emportera définitivement. La reconstruction du pont est aussitôt décidée sauf que cette fois, elle est financée par le roi Louis XIV (d'où son nom de pont Royal) et non par les Parisiens eux-mêmes. Le nouvel ouvrage, en pierre, est érigé entre le 25 octobre 1685 et le 13 juin 1689, sur les plans de Jules Hardouin-Mansart et sous la direction de Jacques-Ange Gabriel. Coût total : 764 500,90 livres. Lors de la pose de la première pierre treize médailles sont encastrées dans le massif de la première pile, côté Tuileries. Chaque médaille, une en or et douze en argent, marquent un événement mémorable du règne de Louis XIV. Celles-ci furent enfermées dans une boîte en cèdre, elle-même confinée dans une autre en plomb. La fondation de la première pile, du côté des Tuileries, ayant présenté des difficultés, Louvois fait appel au frère

François Romain de Maastricht, moine dominicain, qui y emploie pour la première fois la machine à draguer. Coût de l'opération : 742 171 livres. Récit d'un chroniqueur : « Il prépara par ce moyen le terrain sur lequel la pile devait être élevée, fit échouer un grand

bateau marnois rempli de matériaux, et l'entoura de pieux battus sous l'eau et d'une jetée de pierre. On forma ensuite une espèce de caisse ou crèche contenant des assises de pierres, cramponnées, attenantes à ces parois, et après qu'elle eut été immergée et consolidée par de longs pieux de garde, on remplit le vide que laissaient entre eux les parements avec des moellons et du mortier de Pouzzolane, que l'on employa pour la première fois à Paris. Cette fondation fut chargée d'un poids beaucoup plus considérable que celui qu'elle devait soutenir après la construction du pont, et comme, au bout de six mois d'épreuve, il ne se manifesta qu'un tassement de 27 mm, qui fut attribué à la retraite des mortiers, on éleva sans crainte la pile et les deux arches collatérales. C'est dans cette pile qu'on a déposé les inscriptions et les médailles. » Le pont Royal mesure 134 mètres de longueur pour 17 mètres de largeur. Il est constitué de cinq arches en anse de panier. Contrairement aux ponts plus anciens édifiés en arches semi-circulaires, les arches en anse de panier facilitent le passage des bateaux et des eaux de crue. Celle centrale est plus large et plus haute, les suivantes diminuent

progressivement de part et d'autre, donnant au pont une forme en dos d'âne symétrique. Celle du milieu culmine à 23,52 mètres de hauteur, celles vers la gauche font respectivement 20,58 mètres et 22,70 mètres, tandis que celles vers la droite mesurent 22,44 mètres et 20,64 mètres. Les avant-becs des piles forment une avancée pointue et les deux extrémités sont en trompes larges afin de faciliter l'entrée des carrosses. Une des caractéristiques de cet ouvrage est la simplicité de sa décoration, typique des ponts du XVIIe siècle. Un simple cordon couronne les arches, un robuste boudin associé à une moulure de soutien. Fait intéressant : le pont Royal est le seul à ne pas se trouver dans l'axe des voies auxquelles il donne accès. Durant le XVIIIe siècle de nombreuses fêtes sont données sur le pont Royal. Il est emprunté le 11 juillet 1791 par le cortège transportant les cendres de Voltaire. Entre 1792 et 1804, le pont est rebaptisé « pont National » (Révolution oblige), puis pont des Tuileries en 1804. Napoléon Bonaparte y installe des canons pour défendre le palais des Tuileries où siégeaient la Convention nationale et le Comité de salut public dirigé par Robespierre. Le nom resta sous la Restauration. En 1814, il redevient le pont Royal. La Monarchie de Juillet et le Second Empire ne s'occupent guère de l'édifice, ni de sa dénomination. Idem sous la République. En 1839, les voûtes et les piles sont rejointoyées en ciment romain. Puis, en 1852, l'épaisseur de la clé de voûte de la travée centrale est diminuée pour limiter la raideur des accès. Coût des travaux : 173 456 francs. En 1897, le vapeur anglais *Saint-Georges* heurte un bateau omnibus masqué par une pile du pont. En 2005, à l'occasion de la candidature de Paris aux Jeux olympiques d'été de 2012, le pont est illuminé.

Marchez sur les eaux de la Seine

« M'étant toute ma vie occupé d'arts mécaniques, je viens de découvrir un moyen qui me permet de marcher sur l'eau, grâce à des sabots élastiques de mon invention. Je n'ai pas besoin de dire combien mes recherches m'ont coûté de labeur et aussi d'argent, mais je puis promettre que, si le directeur du *Journal de Paris* peut me procurer une somme de 500 louis destinée à m'indemniser, je quitterai Lyon et je viendrai à Paris, satisfaire la curiosité de cette population éclairée, et remonter la Seine depuis le pont Royal jusqu'au Pont-Neuf, à pied sec ». Imaginez quel fut l'étonnement du directeur du *Journal de Paris* en cette lettre reçue en 1784 de la part d'un horloger lyonnais. Enthousiaste, il ouvrit une souscription publique afin de faire venir l'horloger. Le journal reçut de très grosses sommes d'argent, de la part des lecteurs, mais aussi du frère du Roi, de bourgeois et des membres de l'Académie française. La foule attendit l'horloger et vit apparaître M. de Combles, conseiller au Parlement de Lyon. Tout était faux ! Il avait parié avec le prévôt des marchands, M. de Flesselles, qu'un Lyonnais pouvait mystifier un Parisien. Louis XVI, roi de France, éclata de rire et déclara la blague excellente (il n'avait pas mis d'argent dans le jeu). Les payeurs ne goûtèrent guère la plaisanterie, mais durent se soumettre à l'humeur du roi.

Jacques Thibaudat

- C'est tout de même curieux, jusqu'à l'enlèvement du bijoutier, vous téléphoniez à vos amis vingt fois par jour. Quelques minutes avant l'enlèvement, vous êtes au milieu du Pont Royal et vous téléphonez à Martial qui est sur le quai, sur les lieux du rapt. Et subitement vous cessez de vous servir de votre téléphone portable !
Le président Francis Bruty a mis le prévenu K.O. Dans le box du tribunal correctionnel de Paris, celui-ci regarde ses deux amis d'un air désolé. Un peu comme s'ils avaient été coincés par sa faute. Comment les flics ont-ils pu savoir, à cinq mètres près, d'où partait un appel téléphonique tranquillement passé d'un pont sur la Seine ? L'information est d'importance, car c'est justement en traversant le pont Royal, le 15 octobre 1998, que le bijoutier Jacques Thibaudat a été assailli, jeté dans un fourgon et ficelé.
Thibaudat, 63 ans, vient de fermer sa boutique de la rue du Bac et rentre chez lui à pied, comme à son habitude. Il est vingt-trois heures. Il lui reste bien une demi-heure de marche pour rejoindre son domicile du Marais. Au bout du pont Royal, au Louvre, un fourgon est garé sur le large trottoir, mais le bijoutier n'y prête pas attention. Il croise un passant

sur le pont. Un autre est là qui regarde couler l'eau. Au moment de frôler le fourgon, une porte s'ouvre, un homme en descend, le passant qui le suivait s'approche. Thibaudat est soulevé, jeté au fond de la camionnette, cagoulé, menotté, frappé. La voiture démarre. Direction l'Est de Paris. Personne n'a rien vu. Le bijoutier comprend rapidement. On lui réclame le code secret pour ouvrir sa boutique. Mais ce que les gangsters n'ont pas prévu, c'est que même s'il donnait le code, le casse ne serait pas possible. Le système de sécurité a en effet prévu le cas. Il faudrait attendre des heures pour que la porte s'ouvre silencieusement. Le bijoutier tente de convaincre, de faire entendre raison. Ses ravisseurs s'énervent et le frappent à coups redoublés.
- Le code !
Mais le commerçant tient bon. Il ne peut pas donner ce qu'on lui demande. À force de discussion, on est arrivé en lointaine banlieue, à Dammarie-les-Lys, en Seine-et-Marne. Martial, le chauffeur, arrête son fourgon sur le bas-côté d'une petite route de campagne, déserte et silencieuse. À l'arrière, Eloy et Diego malmènent le client. Les coups pleuvent. Les heures passent. Thibaudat se prépare à mourir. Tout à coup, les agresseurs le lâchent et se taisent. On entend un moteur et un faisceau de phares balaie les vitres de la camionnette. Les gendarmes ! Martial, Eloy et Diego se figent et se baissent sous les vitres. Ils croient à une opération de libération de l'otage. Pourtant, les trois gendarmes sont occupés à bavarder. C'est à l'approche du fourgon qu'ils ont vu les portes s'ouvrir et aperçu une volée de moineaux filant vers les taillis ! Thibaudat ne comprend pas, puis respire à la vue d'un képi. Les trois apprentis malfaiteurs, qui ont disparu dans les fourrés, avaient tout prévu. Sauf que trois gendarmes emprunteraient par hasard ce même chemin désert, à la même heure avancée de la nuit. L'endroit était si désolé que l'immatriculation du fourgon n'avait même pas été changée. Les gendarmes connaissent ainsi le nom d'un ravisseur. Martial, dénoncé par son fourgon, ne peut nier. Mais les deux autres tiennent tête au président. Oui, ils

connaissent Martial, mais comme ça, pas plus que ça. Ils se téléphonaient à l'occasion. Mais jamais ils n'auraient participé à une pareille opération. C'était compter sans le téléphone portable qui, le 14 septembre 1999, allait leur valoir six ans d'emprisonnement à chacun.

Rue Saint-Denis

La rue commence avenue Victoria, dans le 1er arrondissement, et se termine boulevard de Bonne-Nouvelle, dans le 2e arrondissement, et boulevard Saint-Denis, dans le 10e arrondissement. Elle mesure 1 334 mètres de longueur et entre 13 et 16,30 mètres de largeur. Elle est une ancienne voie romaine conduisant aux villes de Saint-Denis, Pontoise et Rouen.

Odonymie

La rue doit son nom à saint Denis, car cette route conduisait depuis le pont au Change à la nécropole des rois de France située dans la ville de Saint-Denis.

Histoire

C'est au bord de ce chemin que furent construites les premières habitations des Parisiens lorsqu'ils quittèrent l'île de la Cité. Dès 1134, une rue bordée de maisons remplaçait le chemin aboutissant à la rue d'Avignon. De cet endroit, on voyait une porte de ville qui faisait partie de la deuxième enceinte de Paris, construite sans doute à la suite du grand siège de 885 par les Vikings. Vers 1197, la rue Saint-Denis ne s'étendait qu'entre la porte de la 2e enceinte et la rue Mauconseil où se trouvait une porte de la 3e enceinte de Paris, commencée en 1188 sous Philippe Auguste. À partir de ce moment, la rue Saint-Denis servit aux entrées triomphales des rois et des reines de France après leur couronnement à Reims. La rue se couvrit alors de chapelles et d'édifices religieux : Saint-Sépulcre, Saint-Magloire, le cloître de Sainte-Opportune et les saints-Innocents. On y comptait cinq églises, trois couvents et cinq hospices, presque tous disparus. Toutes les rues jusqu'à Notre-Dame se couvraient de draps camelotés et d'étoffes de soie. Des arcs de triomphe étaient construits et les fontaines délivraient gratuitement du vin ou du lait. De l'eau de senteur était vaporisée dans l'air, rumeur persistante, car encore aujourd'hui beaucoup d'étrangers croient que l'air parisien sent le parfum. Les représentants de six corporations portaient le dais royal en procession, suivis par les autres corps de métiers en tenue d'apparat, illustrant les sept péchés mortels, les sept vertus, la Mort, le Purgatoire, l'Enfer et le Paradis. Des théâtres étaient dressés à distance régulière. On y jouait des scènes tirées de l'Ancien et du Nouveau Testament. Des chœurs de musique se faisaient entendre dans les intermèdes. Lors de la mort des souverains, leur corps reprenait le même chemin, mais dans l'autre sens, vers la basilique Saint-Denis. Froissard nous apprend qu'à l'entrée d'Isabeau de Bavière, il y avait à la porte aux Peintres, « un ciel nué et étoilé très richement, et Dieu par figure séant en sa majesté le Père, le Fils et le Saint-Esprit, et dans le ciel, petits enfants de chœur chantoient moult doucement en forme d'anges ; et lorsque la reine passa dans sa litière découverte, sous la porte de ce paradis, deux anges descendirent d'en haut, tenant en leur main une très riche couronne d'or, garnie de pierres précieuses, et la mirent moult doucement sur le chef de la reine en chantant ces vers : « dame enclose entre fleurs de lys / Reine êtes-vous de Paradis ? / De France et de tout le pays / Nous remontons en Paradis » ».

La partie sud de la rue, soit de la place du Châtelet actuel jusqu'à la rue de la Ferronnerie, se nommait en 1284 « rue de la Sellerie-de-Paris », car de nombreux selliers l'habitaient. En 1293, elle devint la « rue de la Sellerie-de-la-Grand'rue » », en 1310, « Grand'rue de Paris ». En 1311, un manuscrit la nomme « Grand'rue des Saints-Innocents », car elle conduisait directement à l'église du même nom. Entre cette église et la porte Saint-Denis, la rue se nommait « grand'rue Saint-Denis ». Au-delà de l'enceinte fortifiée, elle s'appelait « grant chaussée Monsieur-Saint-Denis », car on l'empruntait pour les pèlerinages vers le village de Saint-Denis. En 1418, cette voie publique est presque entièrement bordée de construction et se prolonge de la rue Mauconseil jusqu'à la rue des Deux-Portes où s'élevait une porte de la 4e enceinte construite sous les règnes de Charles V et Charles VI. Pendant les guerres de Religion, en 1590, durant le siège de Paris, la rue est bombardée par l'artillerie du roi de France Henri IV.

Sous le règne de Louis XIV, la rue est entièrement bâtie, telle qu'elle est aujourd'hui. Elle prend alors son nom actuel. Pendant la Révolution française, la rue est rebaptisée « rue de Franciade ». La poste aux chevaux lui conserve son rôle de voie essentielle aux grands voyages, puisque la rue Saint-Denis possédait le seul relais installé dans Paris, à l'hôtel du Grand Cerf (n°145). Le 6 juin 1824, à l'occasion de l'entrée solennelle dans Paris de Charles X, la rue est en liesse. Le 18 juillet 1827, à l'annonce d'une possible victoire électorale des Libéraux, la rue s'anime de feux de joie et de pétards qui finissent vite en émeute et en barricades. En 1830, durant les Trois Glorieuses, la voie se couvre de barricades. Jusque fin juillet, la rue est le théâtre d'affrontements sanglants entre les insurgés et la troupe. En 1832, la deuxième pandémie de choléra, suivie des obsèques du général Lamarque, provoquent la colère des habitants qui couvrent la rue de barricades. Cette insurrection sera violemment réprimée. En 1848, lors de la révolution et des Journées de juin, les habitants se révoltent à nouveau et la rue se couvre (encore) de barricades. Du 2 au 4 décembre 1851, les riverains protestent contre le coup d'Etat de Louis-Napoléon Bonaparte. Victor Hugo écrit alors : « La rue Saint-Denis toute entière présentait cet aspect changé que donne à une rue toutes les portes et toutes les fenêtres fermées et tous les habitants dehors.

Regarder les maisons, c'est la mort, regarder la rue, c'est la tempête ». Le 11 novembre 1918, la rue est en liesse et retrouve un climat de fête.

La rue Saint-Denis eut longtemps mauvaise réputation aux XXe et XXIe siècles. Le tronçon situé entre le boulevard Saint-Denis et la rue Réaumur, et plus anciennement jusqu'aux Halles et au cimetière des Innocents, était autrefois un des hauts lieux de la prostitution parisienne. L'évolution des mœurs, le développement de l'escorting sur Internet et les diverses actions publiques (comme la loi Sarkozy sur le délit de racolage passif) y ont réduit les activités licencieuses. Bien que la prostitution chinoise y persiste, ainsi que des sex-shops, les commerces se sont tournés vers la gastronomie, le prêt-à-porter et le tatouage.

Saint Denis

« C'est un vieillard épuisé que je vis s'avancer vers moi, courbé en deux sur un robuste bâton de bois noueux. La poussière des chemins d'Italie et de Gaule s'était incrustée sur les bords de sa robe de bure qu'il portait, témoin d'une longue marche, entamée vingt ans plus tôt et qui prenait fin ce jour de l'an 250 où j'eus le privilège de faire sa connaissance. Il présenta d'abord ses compagnons, Rustique et Eleuthère, puis dit s'appeler Denis. Je le fis entrer dans la maison. Les enfants étaient couchés, aussi est-ce en silence que nous fîmes notre premier repas. Après la prière, j'excusai le modeste plat de haricots. Il regarda ma femme, la remercia chaleureusement, puis me sourit. Je remarquai alors la flamme dans son regard. Elle éclairait son visage tout entier et le faisait resplendir d'une jeunesse qui semblait éternelle. Je sentis monter en moi comme une vague de chaleur, de bien-être et de sécurité. Un mot s'imposa dans mon esprit : amour. Je sus à cet instant que Denis pourrait me demander n'importe quoi, comme les apôtres avec le Christ, je l'aiderai jusqu'au bout dans la mission : évangéliser Lutèce.

Après une nuit de repos, j'emmenai Denis et ses compagnons dans une ancienne carrière au sud de la ville. Ils cherchaient un lieu où dire la messe discrètement, sans que les autorités romaines ne puissent se douter qu'une nouvelle parole naissait, prendrait bientôt son essor pour subjuguer ensuite la foule d'idoles que l'on qualifierait plus tard de païenne. Le lieu leur rappela les catacombes abandonnées de leur Rome natale. Nous nous mîmes à prier, pensant au jour béni où les chrétiens cesseraient de se terrer comme des rats sous terre pour faire éclater la parole de Dieu au grand jour. Mais un long chemin restait à parcourir. J'assemblai pour la première messe les amis que je savais sûrs ; ceux qui se rendaient au temple seulement pour éviter les ennuis et dont la foi en Mercure, Mars ou Jupiter était aussi frêle qu'un fil de soie. Dès que Denis prit la parole, la petite assemblée se tut. Tout d'abord timide, voire revêche, elle fit peu à peu un cercle autour de celui qui parlait. Les visages se détendirent, quelques bouches s'ouvrirent, béates, comme pour mieux avaler les dires de l'orateur. L'histoire de Marie, Joseph et Jésus, pour commencer, des apôtres ensuite. Les valeurs à défendre, les commandements à suivre. Denis célébra la messe au petit jour. Il leur apprit les mots à dire, les gestes à faire, les chants et les prières. Il leur donna la communion et les baptisa. Chacun rentra chez soi, pressé de recommencer le dimanche suivant.

Chaque semaine, les fidèles étaient plus nombreux, plus enthousiastes. Mais pour Denis, cela n'allait pas assez vite. Il faut dire qu'il allait sur ses quatre-vingt-dix ans et qu'à cet âge-là, le temps est plus précieux qu'à vingt. Alors Denis décida de se rapprocher de Lutèce, de prêcher dans les rues, à proximité des marchés, là où la foule est dense et disponible. Et moi, je le suivis dans sa folie. Car c'était là un acte des plus imprudents : des bruits couraient murmurant que les prêtres païens, ayant remarqué une baisse de fréquentation des temples, avaient envoyé des espions pour assister aux messes données par Denis. Ils étaient tellement furieux devant le nombre de conversions qu'ils avaient dépêché des délégués à Rome pour demander l'intervention de l'empereur Domitien. Ce qui les excitait surtout, c'est que les chrétiens commençaient à se montrer. Denis avait déjà fondé deux églises, celle de Saint-Étienne-du-Grès et celle de Saint-Benoît. Les prêtres romains savaient que s'ils n'arrêtaient pas le premier évêque de Paris, ils pourraient bientôt fermer leurs temples.

Au fil des jours, la tension montait. Denis avait déjà eu à essuyer les attaques des adorateurs des dieux romains. Mais l'ascendant de Denis sur les hommes était tel qu'aucun n'avait pu le frapper. Sous son regard, ils ne pouvaient que se prosterner à ses pieds ou fuir. Malheureusement, Dieu avait décidé de mettre Denis plus rudement à l'épreuve. Je fus le témoin de toutes ses souffrances et c'est pour qu'elles ne soient pas perdues que vous pouvez lire ces lignes, quelques fois tachées de larmes, pour vous souvenir de ce saint à la foi inébranlable. Le jour que Denis choisit pour prêcher au grand jour fut celui de l'entrée en ville du proconsul Sisinnius Fescennius. Ses deux compagnons l'entouraient, à leur habitude. Moi j'encourageais les gens à approcher. Une foule dense s'était assemblée autour de lui et écoutait, curieuse, cet homme pauvrement vêtu prononcer des paroles jamais entendues. Les femmes avaient posé leurs paniers, les hommes, leurs fardeaux et quelques enfants s'étaient assis à ses pieds. Pour Denis, emporté par sa rhétorique, le temps s'était suspendu.

Un bruit de pas cadencé lui fit reprendre son cours puis accélérer. Celui d'une légion romaine qui traversait le marché et arrivait droit sur nous. À sa tête, un homme d'âge moyen, serré dans une cuirasse d'acier, suant et soufflant. Il se donnait un air digne, mais j'y vis tout de suite de la fierté, une fierté qui n'annonçait rien de bon. Il s'avança vers l'homme qui n'avait pas cessé de parler. Un silence de mort faisait résonner ses paroles. Il les écouta un instant, puis aboya : « Je suis Sisinnius Fescennius, représentant de l'empereur Domitien. J'arrive de Rome et je suis à la recherche d'un chien de chrétien, un certain Denis. Et toi, misérable vieillard, qui es-tu ? ». « Je suis l'homme que tu cherches ». Un geste du proconsul et une douzaine de soldats entourèrent Denis et le garrottèrent avec une grosse corde. Rustique et Eleuthère tentèrent de s'interposer ; les rustres leur firent subir le même traitement. Sans réfléchir, je frappai l'un d'entre eux ; ils m'emmenèrent et ainsi je ne quittai pas mes compagnons.

Nous traversions Lutèce, ma chère ville, et à chaque pas je pensais que je ne la reverrais peut-être pas. Je devinais les murs des arènes et pensais à ces heures de joie et d'excitation passées sur leurs gradins, le rire et la peur des enfants. Devant les thermes, j'imaginais le corps de ma femme à travers les vapeurs du bain, doux et chaud. Et les soirées passées à discuter sur le forum. Soudain, j'aperçus les piliers massifs du temple de Jupiter et la statue démesurée du dieu. Je sus que l'on nous emmenait à la *carcer Glaucini*, à l'extrémité amont de l'île. À peine nous fûmes entrés dans les murs humides et froids de la prison que l'attitude des soldats changea, comme si ce lieu soustrait au regard du monde leur permettait enfin de libérer leur haine. En échangeant nos cordes par de lourds fers, ils n'hésitèrent pas à nous rudoyer, à nous gifler et à nous cracher au visage. Ils nous emmenèrent ensuite dans une salle non moins accueillante : le tribunal.

Nous nous retrouvâmes face à Sisinnius, qui nous avait quittés un peu plus tôt devant le temple. Il rayonnait maintenant, heureux d'avoir sa proie à sa merci, fier d'avoir accompli sa mission avec zèle. Il ordonna à Denis d'approcher : « Reconnais-tu les dieux de Rome : Jupiter, Mars et Mercure, Minerve, Apollon et Diane ? ». « Je ne connais qu'un seul Dieu, le Dieu unique, mon Dieu : Yahvé ». « Vieux fou, tu ne sais pas ce qu'il en coûte à ceux qui ne se soumettent pas à l'empereur ! ». « Ma foi me donnera la force d'endurer toutes les souffrances, et si c'est pour la défendre, chaque douleur me rapprochera un peu plus de mon Dieu ». Entendant cela, Sisinnius éclata d'un rire jaune. Il se tourna vers Rustique et Eleuthère et reposa sa question. Il entendit la même réponse. Quand ce fut mon tour de répondre, la peur m'avait quitté. Je m'entendis prononcer, comme Denis quelques instants plus tôt : « Je ne connais qu'un seul Dieu, le Dieu unique, mon Dieu : Yahvé ». Sisinnius avait retrouvé tout son sérieux. Il appela ses soldats et leur dit : « Ces chrétiens sont comme les chiens, ils ne comprennent la voix de leur maître que si on les maltraite. Déshabillez-les et fouettez-les jusqu'à ce qu'ils n'aient plus de peau sur le dos ». Ce qui fut dit fut fait. Les soldats nous attachèrent nus, sur des planches et nous flagellèrent jusqu'à ce que nous perdions connaissance. Je me réveillai le lendemain aux côtés de mes compagnons : les prières nous aidèrent à supporter notre douleur. Denis me sourit et je repris courage. Je ne savais pas encore que le pire était de ce monde.

Les soldats nous amenèrent une nouvelle fois devant Sisinnius. Il nous demanda de nouveau de reconnaître les dieux romains et de renier notre foi chrétienne. Devant notre refus, le préfet entra dans une colère noire. Il décida de concentrer toute sa haine contre Denis, car il savait que s'il arrivait à le faire céder, nous ne résisterions plus longtemps. Je ne puis décrire dans le détail ce qui survint par la suite : la douleur est trop grande, mais il faut le dire pourtant… Denis fut torturé sous nos yeux pendant plus d'une semaine. Il fut étendu nu sur un gril brûlant, jeté dans une fosse avec des bêtes affamées, enfermé dans une fournaise et finalement attaché à une croix. De retour dans notre cellule, il prononçait des paroles d'encouragement, il nous disait qu'il fallait tenir. Nous voyant pleurer, il décida de dire une messe, pour nous rendre plus forts. Nous étions nombreux maintenant, car Sisinnius avait ordonné que tous les chrétiens fussent arrêtés, aussi venaient-ils chaque jour grossir le nombre de prisonniers. Au moment de l'hostie (en réalité du pain rassis bénit par Denis), une clarté nous aveugla tous. Je priai avec plus de ferveur encore et me sentis enveloppé d'une présence rassurante, une force nouvelle monta en moi. La sève semblait avoir fait son effet sur mes compagnons également. Denis paraissait moins souffrir de ses blessures. Le pire était encore à venir.

Sisinnius nous condamna tous quatre à être décapités sur le mont de Mercure. La marche était longue et je voyais le pas de Denis se faire plus lourd à mesure que le chemin se déroulait sous nos pieds. Les légionnaires ne cessaient de le tourmenter de toutes les façons. Arrivés à mi-pente de la butte, n'y tenant plus, ils le prirent à part et sur une pierre du chemin lui tranchèrent la tête. Rustique et Eleuthère allaient s'élancer pour soutenir son corps quand nous vîmes Denis se relever, comme auréolé de lumière, prendre sa tête dans ses mains et se diriger vers une source afin d'y laver son cou. Nous le suivîmes incrédules, deux lieues durant. Il s'arrêta devant la maison d'une femme qui dit s'appeler Catulla. Il lui tendit sa tête, qu'elle prit sans surprise, comme avertie, puis s'effondra. La plus totale confusion régna dès lors, les légionnaires avaient relâché leur vigilance. Je vis Rustique et Eleuthère tenter de s'échapper. Aussitôt, les soldats retrouvèrent leurs réflexes de bêtes entraînées au combat. Ils se jetèrent sur mes deux amis et les décapitèrent sauvagement. Je sentis une main me tirer en arrière : c'était Catulla. Elle m'aida à m'enfuir, me cacha et me protégea jusqu'à ce que le prévôt Sisinnius eût d'autres proies plus attrayantes à chasser qu'un pauvre chrétien.

Catulla soudoya habilement les soldats chargés de jeter les corps dans la Seine et ensevelit les précieuses dépouilles dans son jardin. Quand les temps furent plus cléments, je l'aidai à bâtir une chapelle dédiée à Denis. C'est là que je trouvais la force, chaque fois que le courage m'abandonnait, de continuer la mission commencée par Denis, évangéliser Lutèce, ma chère ville. C'est là aussi que j'eus l'idée d'écrire notre histoire, celle de Denis ».

Le village de Catulla prit le nom de *Catulliacum* et plus tard de Saint-Denis. Sur la tombe de Denis, on construisit un oratoire, grâce à sainte Geneviève, puis une église, sur ordre de Dagobert, et enfin l'actuelle basilique Saint-Denis. Le mont Mercure sur lequel Denis fut décapité deviendra le mont des martyrs puis, par déformations successives, Montmartre. La source à laquelle le saint lava son cou souillé deviendra la fontaine Saint-Denis et sera réputée pour avoir une eau aux vertus innombrables. Elle connut un succès égal jusqu'au début du XIXe siècle, époque où elle fut engloutie dans l'effondrement d'une carrière souterraine.

Rue Saint-Germain-l'Auxerrois

La rue commence rue des Lavandières-Sainte-Opportune et rue Edouard-Colonne, et se termine rue des Bourdonnais. Elle mesure 147 mètres de longueur et 10 mètres de largeur.

Odonymie

La rue conduisait de la Cité à l'église homonyme. Celle-ci fut plusieurs fois reconstruite, mais son nom primitif (VIe siècle) était Saint-Germain-le-Rond à cause de sa forme. Né à Auxerre en 378, *Germanus* devint avocat. Nommé gouverneur de Bourgogne par l'empereur Honorius, il fut élu contre son gré évêque de sa ville. Le cartulaire de Notre-Dame-de-Paris cite *vicus Sancti Germani Autissidorensis* (rue de Saint-Germain d'Auxerre). Dans le *Dit des rues de Paris* (1300), la voie porte le nom de « rue de Saint-Germain couroiers » ; elle était habitée par des corroyeurs (préparateurs de cuirs). Ce fut ensuite la « rue Saint-Germain » puis la « grant rue Saint-Germain ».

Histoire

Selon Jaillot, un diplôme de Louis le Débonnaire, de 820, fait mention d'un chemin qui conduisait du Grand-Pont à l'église Saint-Germain-l'Auxerrois. Ce chemin était un vestige d'une ancienne voie romaine qui menait de Lutèce à Nanterre. Sur des plans anciens, on la trouve sous les noms de « rue Saint-Germain » ou « Grand'rue Saint-Germain ». Depuis le milieu du XVe siècle, on lui a ajouté le surnom de « l'Auxerrois ». La rue a été amputée plusieurs fois. La partie située entre la rue Saint-Denis et la rue des Lavandières a disparu lors de la construction du théâtre du Châtelet en 1860. La partie située entre la rue des Bourdonnais et la rue de la Monnaie a été absorbée lors de la construction du magasin « la Belle Jardinière ».

Immobilier

N°6 (ancien n°42) : emplacement, à partir de 1698, du grenier à sel qui remplaça la résidence des abbés de Joyenval.

N°19 (ancien n°65) : emplacement de la prison de For-l'Evêque.

Fig. 888. — Ancien grenier à sel de Paris (rue Saint Germain-l'Auxerrois, près le théâtre du Châtelet).

Dans cette rue, au XIIe siècle, s'élevait l'hôtel des abbés de l'abbaye de Royaumont.

Charles Dautun

- Mais poussez-vous donc !
- Vous me marchez dessus !
- Allons, allons, chacun son tour...

La même foule qui, à la mi-novembre 1814, se bousculait à l'entrée de la morgue pour y apercevoir les cinq morceaux du cadavre repêchés dans la Seine, se presse aujourd'hui, 23 février 1815, devant la porte de la cour d'assises pour observer la tête de l'assassin, avant qu'il ne la perde.
Le futur guillotiné se nomme Charles Dautun. C'est un militaire de 35 ans, démobilisé après la débâcle de la Grande Armée, qui a retrouvé ses vocations premières : le jeu, et pour le financer, le crime. Dans un dialogue désespéré, sous l'œil déjà convaincu des jurés, le président Bastard de l'Etang semble vouloir ramener Dautun à la raison ou peut-être le coincer.
Charles Dautun s'est présenté début décembre chez le sieur Brison, 77 rue Saint-Germain l'Auxerrois, pour l'interroger sur son frère Auguste Dautun. Auguste, locataire de Brison, dans la maison voisine, dont on est sans nouvelles depuis bientôt un mois. Le propriétaire juge curieux que Charles Dautun ignore la disparition et la mort de son frère. Tout le monde en parle à Paris : son corps reconstitué a été exposé à la morgue et finalement identifié par une de ses anciennes bonnes. Brison trouve un prétexte pour conduire Dautun jusqu'au logement du disparu, où il sait que s'affaire à cet instant le commissaire du quartier. Le policier, surpris par la curieuse réaction de Dautun, auquel il apprend la mort de son frère, décide de l'interroger.
Dans le box, Dautun ressort la même version qu'au policier :
- Enfin, Dautun qui peut croire votre histoire ?
Le président se fait tantôt sentencieux, tantôt paternel, Dautun s'accroche à son récit. Oui, il a menti en prétendant tout ignorer de la disparition de son frère aîné, fonctionnaire des finances, mais il n'y est cependant pour rien. Il a seulement assisté au meurtre, commis par deux autres personnes, dont leur cousin Girouard, ex-militaire démobilisé comme lui, autrefois condamné à dix ans de boulet pour désertion, adepte du jeu, du vol et finalement de l'oisiveté.

- Dautun, quelle est la bonne version ? Vous étiez trois, vous étiez deux, vous étiez seul ?

Il est vrai que Dautun a livré trois versions avant de se rétracter. D'abord, ils étaient trois. Mais bien en peine de décrire l'ami amené par Girouard pour faire le coup, il a admis qu'ils n'étaient que deux à avoir transpercé Auguste de deux coups de couteau, dont l'un au cœur. Devant le juge d'instruction, Dautun a admis avoir agi seul. Puis il est revenu sur cet aveu pour s'en tenir à cette version définitive : Auguste lui a ouvert la porte en reconnaissant sa voix et Girouard l'a tué pour le voler. Mais Girouard, entraîné par ce mensonge jusqu'au box des assises, se défend comme un diable et hurle qu'il fera la peau de Dautun. Le président brandit une liasse de papiers et reprend :

- Voyons Dautun, les témoins ne reconnaissent que vous.

À cet instant, Charles Dautun regrette amèrement d'avoir avoué le meurtre d'Auguste, dont il voulait s'approprier les meubles, mais c'est trop tard. Les commissionnaires qu'il a sollicités pour déménager les biens du mort jusqu'à un marché loué rue Mouffetard sous un faux nom reconnaissent leur client et ses meubles. Edon, le loueur du meublé de la rue Mouffetard, décrit l'accusé comme « un curieux client » qui a, non seulement loué deux chambres, mais s'en est servi comme garde-meubles, quand tous les autres clients, qui n'en louent qu'une, s'en servent de logement.

- Dautun, vous louez donc ces chambres le 16 novembre, huit jours après le meurtre de votre frère et la découverte du cadavre découpé, et trois semaines avant que ce cadavre ne soit identifié ! Les commissionnaires sont formels. Vous leur confiez les meubles du 79 rue Saint-Germain l'Auxerrois, adresse de votre frère, pour les conduire à vos chambres, louées le jour même rue Mouffetard, et vous venez plus tard prendre des nouvelles de ce frère auprès de son logeur !

- J'ai fait ça pour protéger Girouard.

Tous ses mensonges sont destinés, dit-il à protéger Girouard, l'assassin véritable. Le malheur, c'est que le président ne voit pas comment ce mensonge protégerait le cousin.

- Rapidement, vous avez commencé à revendre les biens de votre frère puisque Mme Lallemand vous a acheté des draps pour 48 francs. Vous avez dit aussi avoir revendu à un bijoutier du quai de la Ferraille la montre de votre frère pour 60 francs et une fleur de lys, dans une boutique où l'on accède par quelques marches, avez-vous précisé. La police a retrouvé ce marchand auquel vous avez effectivement vendu, le soir du 16 novembre, soir du déménagement, une montre pour 64 francs et une fleur de lys. Vous vous faisiez appeler André. Comment l'innocent que vous êtes aurait-il pu savoir cela ?

Dautun regarde ses pieds. Le président insiste :

- Vous avez dit qu'en transportant le corps de votre frère pour en jeter la tête dans la Seine, le tronc dans le chantier du Louvre ou encore les jambes dans les fossés de la place de la Concorde, vous aviez dû vous arrêter et poser le fardeau sur les marches de l'église Saint-Germain l'Auxerrois. La dame Leblond, qui passait par là, vous y a effectivement vu le soir du 9 novembre, vers 20 h 30. Innocent, vous n'auriez pas pu inventer ce détail ?

- Il faisait nuit et j'avais peur que cet homme ne vienne attaquer la librairie où je travaille, mais heureusement, je l'ai vu repartir avec son fardeau, explique la dame Leblond.

Et le président reprend :

- Quant à votre employée, Anne Garnier, elle dit que le 10 ou le 11 novembre, c'est-à-dire un ou deux jours après le crime, vous êtes arrivés avec un commissionnaire qui portait un énorme paquet de linge et qu'il lui a fallu enlever les initiales AD (Auguste Dautun) pour les remplacer par CD (Charles Dautun). Pendant ce temps, vous lisiez et brûliez des papiers dans la cheminée. C'est accablant !

Dautun s'accroche à un alibi qui n'en est pas un, ment, accuse encore Girouard que personne en revanche n'a jamais vu et s'enfonce dans ses fables. L'avocat général Girodet se lève et porte le coup de grâce :
- Mais enfin, Dautun, vous n'accusez pas Girouard d'avoir tué votre tante, Mme Vaumes, le 19 juillet ?
Dautun relève la tête. Bien sûr que non, il n'accuse pas Girouard. La tante Vaumes, la femme du chirurgien qui avait recueilli Dautun lorsque, à 13 ans, il a perdu ses parents, a été trouvée poignardée chez elle, 7 rue de la Grange-Batelière, le 19 juillet 1814, près de quatre mois avant Auguste Dautun. Mme Vaumes vivait seule, s'étant séparée de son mari, et ce sont les voisins qui, ne l'apercevant plus, ont décidé d'entrer par la fenêtre avec une échelle.
- Voyons, déclara le magistrat, ce qui est curieux c'est que Mme Vaumes comme Auguste Dautun ont été tués d'un coup de couteau à la gorge et d'un coup de couteau à l'estomac, que tous deux ont été tués le matin avant leur petit-déjeuner et que dans les deux cas, n'ayant jamais entendu parler de ces meurtres qui agitaient tout Paris, vous êtes curieusement venu prendre de leurs nouvelles un mois plus tard, comme si vous ne saviez rien !
Dautun vient de provoquer l'indignation de l'assistance en affirmant que Mme Vaumes, dont il admet avoir eu toute l'affection, a été tuée par son mari, ce Dr Vaumes, qui l'avait recueilli en 1793 et avait vainement tenté de le diriger vers les études de médecine avant de constater que la seule vocation du jeune Charles était la vie nocturne, les cercles de jeu du Palais-Royal, la débauche. Il était difficile de soutenir que le chirurgien ait également tué Auguste avant de le dépecer, et avec si peu de méthode malgré sa profession ! Abandonnant cette hypothèse des plus fantaisistes, le président Bastard de l'Etang reprend le combat contre cet accusé fuyant.

- Dautun, lorsque vous avez avoué avoir transporté la tête, le corps, les jambes, vous avez précisément décrit les linges qui ont servi à empaqueter ces restes sanglants. Et vous ne vous êtes pas trompé !
Dautun bégaie. Il n'a plus de réponse, il est pris, mais refuse de se rendre. Sous ses yeux, sur la table des pièces à conviction, trônent la redingote de couleur marron et la chemise de son frère, toutes deux transpercées des mêmes coups de couteau. Seul le chirurgien Guillaume Dupuytren, appelé comme témoin, apporte quelque soutien à la thèse de Dautun. Le célèbre expert explique qu'Auguste Dautun a été poignardé debout par deux hommes, car n'étant pas blessé aux mains, il ne s'est manifestement pas défendu, preuve que l'un tenait pendant que l'autre frappait. Me Dumolard renonce à plaider au fond tant la cause est entendue. Girouard est mis hors de cause et Dautun est envoyé à l'échafaud. Il proteste encore de son innocence, à l'aube du 29 mars 1815, quand le bourreau s'empare de lui sur la place de Grève.

Pont Saint-Michel

Le pont Saint-Michel relie la place Saint-Michel (dans le 6e arrondissement) au boulevard du Palais sur l'île de la Cité (1er arrondissement). Il se situe dans le prolongement du pont au Change.

Odonymie

L'édifice doit son nom au voisinage de l'ancienne chapelle Saint-Michel-du-Palais, consacrée à l'archange saint Michel, qui existait près de la Sainte-Chapelle. À la fin du Xe siècle, elle accueillit les chanoines logés précédemment dans la chapelle

Saint-Barthélemy. Ces chanoines ont dû quitter leur église en 965 suite à l'arrivée de moines bretons, apportant avec eux des reliques et le culte de saint Magloire. Bien que proche du palais de la Cité, la chapelle Saint-Michel fut incorporée dans l'enceinte de ce dernier qu'à partir du XIVe siècle. Le baptême des princes de France avait lieu dans cette chapelle, dont celui de Philippe Auguste le 22 août 1165. Sous l'Ancien Régime, elle hébergea la confrérie des pâtissiers, ainsi que celles des sergents du guet. L'édifice est détruit en 1784 pour permettre l'élargissement et l'alignement de la rue de la Barillerie.

Histoire

La construction d'un pont en pierre fut décidée en 1353 par le Parlement de Paris, après un accord avec le chapitre de la cathédrale Notre-Dame de Paris, le prévôt de Paris et les bourgeois de la ville. Son emplacement fut fixé dans l'axe du pont au Change et de la rue de la Harpe afin de permettre une traversée directe de l'île de la Cité. Hugues Aubriot, prévôt de Paris, est chargé de la maîtrise d'œuvre, financée par le roi. Afin de réduire les coûts, la construction est confiée aux clochards, aux joueurs et aux fainéants, ancêtre des travaux d'intérêts généraux. Les travaux s'étalent de 1379 à 1387. Les Parisiens dénomment l'ouvrage le pont Neuf (ne pas confondre avec l'actuel Pont-Neuf) ou le petit pont neuf. Le pont mesurait 62 mètres de longueur et soutenait de nombreuses maisons. En 1407, le pont et ses occupants sont emportés par une crue de la Seine. La guerre de Cent Ans ayant appauvri les finances du royaume, le pont fut reconstruit l'année suivante entièrement en bois. L'apparence de ce pont est connue via une miniature présente dans les *Heures d'Étienne Chevalier* de Jean Fouquet. On y voit un pont reposant sur de hautes piles en bois, supportant des maisons en bois et torchis. Une particularité, les maisons possédaient un toit unique courant sur toute la longueur du pont. Il prit le nom de pont Saint-Michel en 1424.

En 1444, le Parlement de Paris alloue les recettes des amendes à la réfection du pont, car ce dernier est jugé trop fragile. Une nouvelle crue du fleuve en 1547 l'emporte. Un énième pont est édifié en 1549, toujours en bois, à son tour détruit le 30 janvier 1616. Entre 1549 et 1616, le pont servait essentiellement aux processions religieuses pour favoriser la fin d'une sécheresse, d'une épidémie, la guérison d'un souverain, la naissance d'un héritier royal, expier les sacrilèges commis par les impies et les hérétiques. C'est sur ce pont que fut assassiné, le 30 décembre 1563, Jacques Prévost de Charry, premier mestre de camp du régiment des Gardes françaises, alors qu'il revenait de la rue de la Harpe pour retourner au palais du Louvre. L'année 1616 marque un changement, le pont Saint-Michel est reconstruit en pierres. Il est bordé de 32 maisons qui abritent des artisans et des marchands (fripiers, faiseurs de harpes, teinturiers, tapissiers, écrivains publics, libraires). Nicolas Flamel, écrivain-juré de l'Université, y possède une boutique. Les habitations sont démolies entre 1786 et 1807, suite à un décret impérial. Le pont actuel date de 1857. Il est construit par les ingénieurs Paul-Martin

Gallocher de Lagalisserie et Paul Vaudrey lors des grands travaux d'Haussmann. Il mesure 62 mètres de long pour 30 mètres de large. Il comporte trois arches en plein cintre. Les tympans des deux piles sont ornés du monogramme impérial

entouré d'une couronne de laurier : le N signifiant Napoléon III. Entre 2009 et 2010, la ville de Paris remplace les garde-corps en pierre. La carrière d'où provenait la pierre n'étant plus exploitée, les artisans emploient celle provenant de la carrière de Comblanchien en Côte d'Or.

17 octobre 1961

Le 17 octobre 1961 a lieu une répression meurtrière, par la police française, d'une manifestation pacifique d'Algériens organisée par la Fédération de France du FLN, dans un contexte de guerre d'indépendance algérienne. Préparée en secret, la manifestation constitue une infraction au couvre-feu nouvellement appliqué aux seuls Algériens. Alors que les attentats du FLN (Front de libération national) frappent les forces de l'ordre, depuis plusieurs mois, l'initiative, non déclarée aux autorités, se veut cependant pacifiste. Le FLN, qui y voit un moyen d'affirmer sa représentativité, y appelle tous les Algériens, hommes, femmes et enfants, et leur interdit le port d'armes. Les défilés nocturnes sur les grandes artères de la capitale donnent lieu à des affrontements au cours desquels des policiers font feu. Pour échapper aux coups des policiers, plusieurs manifestants préfèrent se jeter du pont Saint-Michel, au risque de se noyer.
La brutalité de la répression se poursuivit au-delà de la nuit du 17 dans l'enceinte des centres d'internement, faisant plusieurs centaines de blessés et de nombreux morts. Le 17 octobre 1961 et ses suites sont longtemps perçus comme l'un des épisodes liés à la guerre d'Algérie et à la décolonisation. À partir des années 1990, cet événement fait l'objet d'un traitement médiatique, puis politique, à la suite de la publication d'études historiques, de romans, d'un recueil photographique et surtout du retentissant procès de Maurice Papon (préfet de police de Paris en 1961) alors jugé pour ses actes pendant l'Occupation. Le 17 octobre 2001, le maire

de Paris, Bertrand Delanoë, inaugure une plaque commémorative sur le parapet du quai du Marché-Neuf-Maurice-Grimaud, au croisement avec le pont Saint-Michel. En 2012, à l'occasion du 51ᵉ anniversaire de la manifestation, le président de la République, François Hollande, « reconnaît avec lucidité », au nom de la République, « la sanglante répression » au cours de laquelle ont été tués « des Algériens qui manifestaient pour le droit à l'indépendance ». En mars 2024, l'Assemblée nationale a voté un texte demandant au gouvernement une journée commémorative de ce massacre.

Une chèvre amoureuse

Les chroniques de Pierre de l'Estoile nous rapportent des histoires surprenantes. J'ai choisi de vous raconter celle du 20 décembre 1593. Imaginez le pont Saint-Michel recouvert de maisons au rez-de-chaussée dans lesquelles s'étaient établis des commerçants. Fripiers, teinturiers, éperonniers, écrivains publics, luthiers se succédaient, haranguant les passants, marchandant les prix. À l'extrémité du pont, s'étaient établis un cordonnier et sa femme, surnommée la « belle cordonnière » en raison de sa grande beauté. En dépit de nombreuses grossesses, elle avait gardé une taille fine et un teint frais ; les hommes étaient surtout attirés par son opulente poitrine, car la dame était nourrice. Un beau jour, un jeune Napolitain poussa la porte de la boutique afin d'y acheter une paire de bottes. Il tomba aussitôt sous le charme de la belle nourrice. Il interrogea l'entourage du couple et hélas, chacun vantait la vertu de la dame et la jalousie du mari. Désespéré, l'Italien noya son chagrin dans une taverne où il rencontra un chevaucheur d'escouvette prétendant connaître le secret de fabrication des philtres d'amour. « Trois gouttes de lait suffisent. Ensuite laisse-moi faire et tu verras, ta belle cordonnière te courra après ». Fou d'amour, le Napolitain acheta le manteau mité d'un mendiant, son bandeau et sa canne usée. Il se déguisa en aveugle et pénétra dans la boutique. L'époux tenta de le rejeter à la rue, de peur de voir fuir ses clients à la vue de ce pouilleux. « Mon œil, mon œil, au secours, aidez-moi et vous serez riche », promit le Napolitain. Ce dernier mot calma la furie du commerçant, qui clôt sa boutique et apporta un tabouret à l'infirme. « Que veux-tu l'aveugle ? » s'enquit-il. « Quelques gouttes de lait, pour mon œil, il me fait atrocement souffrir. On m'a dit que votre femme était nourrice. Qu'elle tire trois gouttes de lait de son sein et dix écus d'or passeront de ma poche à la vôtre ». La femme était prête à prélever la commande, tandis que l'homme émettait quelques réserves. Comment un clochard pouvait-il posséder dix écus d'or ? Cet homme était louche. Le cordonnier reboutonna le corsage de son épouse et se rendit dans la pièce voisine ; il préleva trois gouttes de lait auprès de sa chèvre. L'infirme ne verrait pas la différence. Le Napolitain remercia le couple et prit délicatement le flacon. Sorti de la boutique, il se débarrassa de ses loques et fila chez le sorcier. Les deux hommes descendirent dans une cave sombre, sur les murs des étagères recouvertes de fioles et de pots. Après quelques minutes de « cuisine », la potion fut prête. « Bois. Maintenant rentre chez toi et couche-toi. Demain ta belle te rejoindra dans ton lit aussi douce et docile qu'un agneau ». Le sorcier n'avait pas menti sauf qu'à la place de la belle blonde, c'est la chèvre qui se présenta à l'hôtel où dormait l'étranger. La pauvre bête était devenue folle, sautant, tempêtant dans son enclos. Elle avait arraché le piquet qui la retenait prisonnière et s'était enfuie de la boutique. Elle avait traversé toute la ville en bêlant de telle manière qu'elle avait ameuté toute la rue. En apercevant le Napolitain, la bête se jeta sur lui et commença à lui prodiguer certaines caresses, sous les yeux amusés des badauds. Ayant révélé la supercherie, l'homme fut condamné au bûcher pour usage de la sorcellerie. Il réussit à s'enfuir et regagna l'Italie. La légende prétendant que la pauvre chèvre aurait traversé les Alpes pour retrouver son amour perdu. D'autres affirment que l'animal fut tué pour mettre un terme à sa folie.

Impasse des Trois-Visages

L'impasse se situe au niveau de la rue des Bourdonnais. Elle mesure 18 m de longueur et 2 m de largeur. Elle est actuellement fermée par une grille.

Odonymie

Trois têtes sculptées servaient d'enseigne à une maison située à l'angle de ce qui fut une rue jusqu'en 1782.

Histoire

Dans le rôle de la taille de 1313, la voie est appelée « rue Jean-l'Esguillier ». C'est une corruption de Jean Golier (il possédait dans la rue Saint-Germain l'Auxerrois au milieu du XIIIe siècle). On la trouve également sous le nom de « rue Jean-le-Goulier » ou « rue Jean-Golier ». Dans un texte de 1492, elle porte le nom de « rue au Goulier, dite du Renard », puis « rue du Renard ». Elle devint la rue des Trois-Visages en 1782. Elle est fermée par deux grilles au début du XVIIIe siècle, avant de devenir un cul-de-sac en 1789. Initialement, cette voie traversait de la rue Bertin-

Poirée à la rue Thibault-aux-Dez, et se situait en face de la rue Jean-Lantier.

Immobilier

N°14 : la maison fut habitée par le peintre Noël Hallé (1711-1781), puis par son fils, le médecin Jean-Noël Hallé (1754-1822). Promoteur de la vaccination et de l'enseignement de l'hygiène, il est surtout connu pour avoir été premier médecin de Napoléon.

Quai des Tuileries

Le quai commence à la passerelle Léopold-Sédar-Senghor et se termine place de la Concorde.

Odonymie

Le quai porte son nom en raison du voisinage de l'ancien palais des Tuileries et des jardins qu'il longe.

Histoire

Jusqu'en 1730, il existait à cet endroit un chemin étroit entre la Seine et les fossés du jardin des Tuileries. En 1731, le roi ordonne la démolition de la porte de la Conférence et la formation d'un chemin plus large. En 1806, Napoléon fait élever un mur de quai. Une partie du quai des Tuileries, située à l'Est de l'avenue du Général-Lemonnier, a été réunie en 2003 à une partie du quai du Louvre pour former le quai François-Mitterrand.

Jardin des Tuileries

Le jardin des Tuileries est le plus ancien et le plus vaste parc public de Paris avec 25,5 hectares de verdure. Il contient une centaine de statues, 3 000 arbres, 125 000 plantes et fleurs et six bassins. Pourtant, il n'en fut pas toujours ainsi.

Histoire

Si aujourd'hui, vous vous trouvez dans un magnifique parc à la Française, jusqu'au XVe siècle, existaient seulement des vignes, des pâturages, de petites maisons et des tuileries, qui lui donnèrent son nom. Le château du Louvre était compris entre les enceintes de Philippe-Auguste et de Charles V.

Quand il n'est pas dans l'un de ses châteaux de la Loire ou à la guerre, **François 1er** réside à l'hôtel des Tournelles à Paris (près de la place des Vosges). Sa mère, Louise de Savoie, est malade et ses médecins lui conseillent de quitter la ville. Le roi visite divers terrains au-delà des remparts et porte son intérêt sur le lieu-dit « les Tuileries ». Ces terrains sont surtout une déchetterie recevant toutes les ordures de la ville. À son retour de captivité, François 1er décide d'emménager au Louvre où il meurt en 1547 avant d'avoir vu la fin des travaux.

Le véritable chamboulement des Tuileries débute avec l'acquisition des terrains par **Catherine de Médicis**. La Florentine regrette les jardins où elle se promenait jadis. En 1556, elle demande à Bernard Palissy d'importer une tradition italienne, les fausses grottes à l'antique. Il s'agissait d'un pavillon ouvert d'un côté, décoré à l'intérieur de stucs en forme de rochers et de stalactites, de mosaïques de cailloux, de coquilles, garnis de niches et de petits bassins. Il n'en reste aucune trace aujourd'hui. Par chance, d'autres grottes en rocaille existent encore en France comme à l'étranger : dans l'ancien palais de la Micheline à Carcassonne, la grotte de coquillages à Coulommiers, la grotte de Buontalenti, dans le jardin de Boboli à Florence (Italie)... La veuve d'Henri II refuse de vivre dans le palais du Louvre qu'elle juge trop rustique et inconfortable. Dès 1564, elle se fait édifier un somptueux palais, par l'architecte Philibert de l'Orme, agrémenté d'un jardin à l'italienne. Le jardin en trapèze est compartimenté en parterres quadrangulaires par le Florentin Bernard de Carnessecchi. Le quadrillage est formé par des allées longitudinales et transversales, le tout constituant un grand damier irrégulier, alternant vergers, potagers, forêts ou lieux de délassement. On y trouvait aussi quelques amusements de l'époque : un labyrinthe, une volière, des petits pavillons de bois et d'osier. Le jardin était décoré de

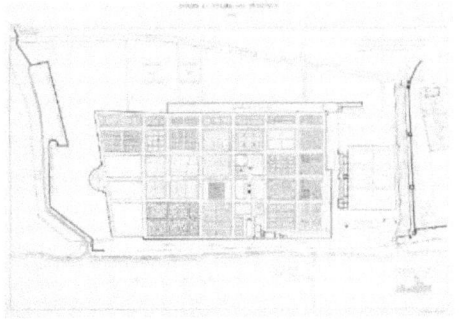

sculptures, réalisées par des artistes italiens, et des bancs de pierres étaient disposés çà et là. L'ensemble était clos de haies et de palissades.
En 1589, le roi de Navarre devient roi de France. **Henri IV** ne portait guère sa belle-mère en son cœur, or le souvenir de celle-ci est omniprésent. N'y tenant plus, il envoie ses soldats ravager le jardin des Tuileries en 1593.
Suite à l'assassinat d'Henri IV par François Ravaillac, **Louis XIII** lui succède sur le trône. Il décide de reprendre en main le jardin des Tuileries. Le quadrillage est à peu près respecté et les prémices de la mosaïculture apparaissent. Une longue terrasse est élevée, entre 1605 et 1635, le long de l'actuelle rue de Rivoli : la terrasse des Mûriers (l'actuelle terrasse des Feuillants). Elle est ornée de mûriers blancs qui servent à alimenter les vers à soie. Les magnaneries sont construites au bout de la terrasse. 600 mètres de longueur sur une largeur de 4,50 mètres. Le tout est encadré par une palissade de grenadiers. Quand le roi ne réside pas aux

Tuileries, le jardin est ouvert au public. Les promeneurs viennent s'y délasser loin du bruit et du trafic, respirer le bon air ou se donnent des rendez-vous galants à l'abri des regards indiscrets dans le labyrinthe. Autre lieu de rencontre, l'établissement tenu par Renard, au fond du jardin. L'ancien valet de chambre du commandeur de Souvré avait obtenu la concession d'une parcelle en friche, nommée la « garenne aux lapins ». Il y servait des collations, organisait des concerts et vendait des objets d'art. Le jardin des Tuileries abritait aussi les maisons de la capitainerie, des gardiens et des jardiniers.

À la mort de Louis XIII, en 1643, son fils lui succède. **Louis XIV** est à peine âgé de cinq ans. La régence est assurée par sa mère Anne d'Autriche et le cardinal Mazarin jusqu'en 1651. Âgé de treize ans, Louis prend les pleins pouvoirs et remplace Mazarin par Colbert. À partir de 1660, le roi transforme le château de Versailles légué par son père pour en faire une résidence somptueuse. En attendant de pouvoir y transférer le gouvernement, Louis XIV ordonne à son ministre de transformer les palais du Louvre et des Tuileries ; les travaux du jardin sont confiés aux soins du paysagiste André Le Nôtre dès 1664. Celui-ci va opérer une transformation complète des lieux, leur donnant l'aspect que nous leur connaissons aujourd'hui. Le terrain présente une forte déclivité. Pour le mettre à niveau, Le Nôtre construit la Grande Terrasse (côté Seine) et celle des Feuillants.

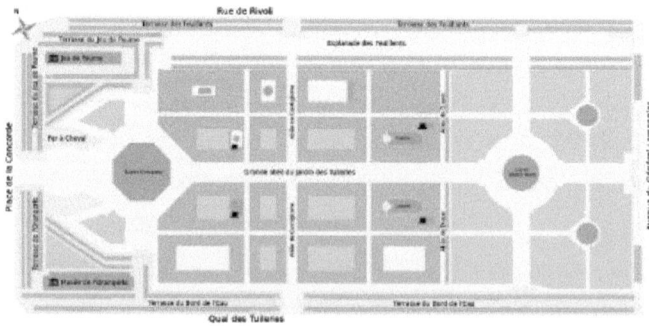

Vers les Champs-Élysées, il construit deux esplanades en terrasses. Une allée centrale est percée dans l'axe du palais des Tuileries, plantée de doubles rangées d'ormes. Elle est fermée à l'est par un bassin rond et à l'ouest par un bassin octogonal. Les jardins précédents étaient composés de parterres utilitaires (verger, potager, forêt), ici, avec Le Nôtre, apparaît le paysagisme structuré et géométrique. L'ordonnance est parfaite. Dans le but de protéger ce trésor végétal, Colbert veut en réserver l'usage à la famille royale. Charles Perrault, l'auteur des *Contes*, le convainc de l'ouvrir à tous, tout en faisant surveiller les entrées par des gardiens. Le jardin des Tuileries devient la promenade la plus animée de Paris jusqu'à la création des galeries du Palais-Royal. S'y rencontrent les philosophes, les nouvellistes, les gazetiers, les dames de qualité paradant, les petits-maîtres en quête d'aventures galantes. Des cafés et des restaurants s'établissent sur les terrasses, tandis que des chaises sont louables, pour deux sous, dans la Grande allée. Le parc est divisé en trois zones distinctes : l'Octogone, à l'ouest, partant de la place de la Concorde jusqu'au bassin octogonal inclus ; le Grand Couvert, constitué de la zone boisée au centre ; et le Grand Carré, à l'est, formé des parterres entourant le bassin rond jusqu'à l'avenue du Général Lemonnier.

Louis XIV meurt en 1715, lui succède son arrière-petit-fils **Louis XV**, alors âgé de cinq ans. La régence est assurée par Philippe d'Orléans, son grand-oncle. Dès cette année-là, le régent établit un pont tournant, sur les fossés, au bout de l'escalier en forme de fer-à-cheval (côté place de la Concorde). Le pont devient l'entrée solennelle des fêtes et des 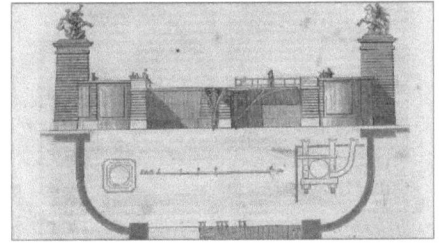 grandes réceptions. En 1719, les piliers de l'entrée reçoivent les chevaux ailés d'Antoine Coysevox : la *Renommée* et *Mercure*. Les statues venaient du château de Marly. Le pont est démoli en 1817. Durant son règne, Louis XV dote le jardin de statues de marbre, transformant ainsi le jardin d'agrément en musée de plein-air. Au pied de l'escalier en forme de fer-à-cheval trônent les allégories du Tibre et du Nil à demi étendus. Ce dernier est entouré d'un sphinx et de seize enfants joueurs qui représentent les seize coudées que devait atteindre le fleuve pour fertiliser l'Égypte. À leurs côtés, ont pris place les groupes réalisés pour le château de Marly, du temps de Louis XIV, les *Epousailles de la Seine et de la Marne* par Nicolas Coustou, ainsi que les *Epousailles de la Loire et du Loiret* par Corneille van Clève. Des allégories des saisons entourent le bassin octogonal. Dans l'allée centrale, furent installés *Daphné et Apollon* par Guillaume et Nicolas Coustou, *Atalante* par Lepeautre et *Hippomène* par Guillaume Coustou. Près du bassin rond, se trouvent *Flore et Hamadryade* par Coysevox, ainsi que deux nymphes réalisées par Coustou.

Alors que **Louis XVI** est roi de France, le jardin des Tuileries accueille le premier vol en ballon, en 1783. Jacques-Alexandre César Charles, professeur de physique à la Sorbonne, veut être le premier à voler dans les airs. Il enrage en apprenant l'expérience des frères Montgolfier, à Annonay, le 4 juin. Une compétition commence. Avec l'aide des frères Robert, Anne-Jean et Marie-Noël, constructeurs d'appareils de mesure, Charles construit un ballon fait d'étoffe de soie imperméabilisée par un vernis à base de caoutchouc. Le petit ballon sphérique de 4 mètres de diamètre et d'un volume de 33 m^3 emploie de l'hydrogène. Le gonflement du ballon débute le 24 août et dure quatre jours. Il s'envole, le 27 août, du Champ-de-Mars et parcourt seize km jusqu'à Gonesse (95). Son premier essai sans nacelle est couronné de succès ; reste maintenant à monter à bord et à voler soi-même. Le marquis d'Arlandes et Jean-François Pilâtre de Rozier s'envolent, le 21 novembre, à bord d'une baudruche, chauffée par la combustion de paille et de lainage, depuis le château de la Muette. Le 26 novembre, le ballon expérimental est exposé à l'entrée de la grande allée des Tuileries afin d'attirer des souscripteurs. L'argent récolté permet au physicien et à ses associés de fabriquer un ballon de 2 200 m³, capable de porter deux personnes. D'ailleurs, l'événement est commémoré par une plaque en cuivre, située à l'entrée. Les premiers appareillages naissent : nacelle en osier, soupape, filet et suspentes, pilotage au lest. Le 1ᵉʳ décembre, à midi, le premier ballon à gaz  gonflé à l'hydrogène s'élève dans les airs. Dans le jardin des Tuileries, sont réunis les souscripteurs. Les maisons environnantes, les quais, le pont Royal, la route et la place Louis XV sont noirs de monde. Le canon tonne, les cordes sont coupées, et l'aérostat s'envole avec à son bord Charles et Noël Robert. Il voltige pendant près de deux heures, virant sous le vent, traversant le Seine entre Saint-Ouen et Asnières, et se dirige vers Taverny, l'Isle-Adam… Le ballon se pose, à 15 h 45, dans une prairie de Nesles-la-Vallée, après avoir parcouru 35 kilomètres. Le duc de Chartres et le duc de Fitz-James, qui ont suivi les voltigeurs à cheval, les accueillent et signent le procès-verbal. Charles est acclamé en triomphe dès son retour dans la capitale. Près de 30 000 personnes l'ovationnent au Palais-Royal. Le roi lui alloue une pension de 1 000 livres et fait frapper une médaille aux effigies conjointes des Montgolfier et du nouveau conquérant des airs.

1789 : année révolutionnaire qui n'épargne pas le jardin des Tuileries. Dès octobre, celui-ci devient le cadre d'événements historiques mémorables et ravageurs. Lors des massacres de 1792, Louis XVI, craignant pour sa famille, quitte le château,

traverse le jardin pour gagner la salle du Manège où siège l'Assemblée législative (pensant ainsi être protégé). Ce sont ses derniers pas avant la prison du Temple et la guillotine. La Convention déclare que les parterres de fleurs et les bosquets doivent être transformés en potager afin de nourrir le peuple parisien. Les statues doivent être détruites et remplacées par des effigies de citoyens ; le sculpteur Boizot parvient à mettre à l'abri une vingtaine de statues de marbre. Seul un buste de Bara prend place quelque temps sous un toit rustique soutenu par quatre piques. Le jardin des Tuileries de l'époque post-révolution est indissociable du peintre Jacques-Louis David. Pour quelle raison ? Homme dévoué à Robespierre, il est élu député 20ᵉ député de Paris à la Convention nationale le 17 septembre 1792, puis président. L'année suivante, il vote, avec d'autres, la mort de Louis XVI. L'artiste du *Sacre de Napoléon 1ᵉʳ*, de *Marat assassiné dans sa baignoire* et de *l'Enlèvement des Sabines* est un fervent révolutionnaire. Après les événements du 10 août 1792 et la chute de la monarchie, le jardin des Tuileries devient « jardin national ». La Convention confie à David la restauration et l'embellissement du jardin, bien dégradé. Il prévoit de transférer des statues depuis les châteaux de Versailles, de Marly et de Fontainebleau, d'aménager des bosquets en jardins anglais plantés d'essences variées, de créer des porches monumentaux, des arcades, des colonnades et des exèdres (des bancs de pierre semi-circulaires). Et pour conclure, l'artiste devait organiser les fêtes de la Jeunesse. Les anciens, les Sages, devaient s'asseoir en cercle, sur les exèdres, der-

rière la tribune de l'orateur. Le 8 juin 1794, a lieu la fête de l'Être suprême. Les travaux sont loin d'être terminés, toutefois certaines réalisations, comme les exèdres, sont achevées. Dans le bassin rond, se dresse une pyramide représentant *l'Athéisme* encadrée de *l'Ambition*, de *l'Egoïsme*, de la *Discorde* et de la *Fausse-simplicité*. Robespierre, vêtu d'un costume bleu céleste ceinturé par une écharpe tricolore, tient un bouquet de fleurs et d'épis à la main. Il embrase le monstre pyramidal qui en se consumant dévoile une effigie de la *Sagesse*. Robespierre s'avance. Il jette dans le grand bassin un bouquet d'immortelles. Un immense cortège (constitué d'enfants couronnés de violettes, d'adolescents couronnés de myrtes, de femmes coiffées de roses et de pivoines, d'hommes couronnés de chênes et de vieillards coiffés d'oliviers) l'accompagne au son du *Chant du Départ* de Méhul. La cérémonie se termine devant l'Ecole militaire, au Champ-de-Mars, où un temple de l'Immortalité a été élevé. Pour la Convention, la fête est un succès et David est autorisé à poursuivre l'aménagement des Tuileries. Hélas la chute de Robespierre stoppe les travaux. Les deux exèdres en marbre, visibles dans les *Carrés de Daphné* et d'*Atalante*, achevés entre 1796 et 1799, sont les seuls vestiges du projet artistique de Jacques-Louis David. Une petite île est construite dans le grand bassin afin d'y recevoir momentanément les restes de Jean-Jacques Rousseau, transférés de son île d'Ermenonville au Panthéon (10 octobre 1794). Pour se rafraîchir la mémoire, le philosophe est mort le 2 juillet 1778 alors qu'il logeait dans un pavillon du château d'Ermenonville, appartenant alors au marquis de Girardin. Le corps est inhumé deux jours plus tard dans l'île des Peupliers de la propriété.

En 1804, le Directoire cède la place au **Premier Empire** de Napoléon 1er qui fait réordonner le jardin selon les goûts de son époque. Le jardin prend des airs négligés afin de trouver un caractère champêtre. S'installant au palais des Tuileries, l'empereur fait privatiser le jardin. Il fait également détruire le pont-tournant. En 1810, il fait construire une entrée solennelle à l'occasion de son mariage avec Marie-Louise d'Autriche. Aujourd'hui, les arcades et autres décorations ont disparu, seuls restent les chevaux de Coysevox. Vers la fin de son règne, Napoléon, fait édifier au bout de la terrasse du bord de l'eau, un pavillon de jeux pour le petit roi de Rome, son héritier. Un passage souterrain est aménagé entre le palais et la terrasse ; passage qui permit à l'impératrice et à l'héritier de s'enfuir lors de la défaite de l'empereur, le matin du 29 mars 1814.

Durant la Monarchie de Juillet, ayant d'autres préoccupations, le roi **Louis-Philippe** se contente de faire creuser des fossés entre le château des Tuileries et le bassin rond afin de privatiser son jardin et de s'isoler.

L'homme qui va donner au jardin des Tuileries l'aspect que nous lui connaissons aujourd'hui est **Napoléon III**. Sous son règne, le jardin accueille les visiteurs des fêtes resplendissantes données par l'empereur au palais des Tuileries. Le jardin est choyé, pouponné, fleuri comme il ne l'a jamais été. Dès 1852, le président-empereur fait construire une orangerie, à l'extrémité ouest de la terrasse du bord de l'eau, suivi en 1861, d'un bâtiment identique pour abriter une salle de jeu de paume, côté rue de Rivoli. Le palais des Tuileries est incendié, sous la Commune de Paris, le 27 mai 1871. En 1883, les ruines calcinées du château sont rasées et le jardin du Carrousel est aménagé à sa place, prolongeant le jardin des Tuileries jusqu'au palais du Louvre.

À partir de ce moment, le jardin va servir lors de nombreuses expositions. Lors de l'Exposition universelle de 1878, Henri Giffard fait voler des milliers de personnes dans un ballon captif géant. Du 15 juin au 3 juillet 1898, les allées sont envahies par les voitures du premier Salon de

l'automobile. En 1900, s'y déroulent les épreuves d'escrime des Jeux olympiques d'été. Le 22 septembre de cette même année, est organisé le déjeuner des maires de France. Le président de la République, Émile Loubet, et le président du Conseil, Waldeck-Rousseau, invitent l'ensemble des maires de France, à un banquet, afin de célébrer le 108ᵉ anniversaire de la proclamation de la Première République. Le 22 septembre 1900, 22 965 maires sont réunis dans le jardin. Ces derniers sont répartis dans deux immenses tentes, l'une près de la rue de Rivoli, l'autre dans l'allée centrale, reliées entre elles par des tentes perpendiculaires. À la droite du président, se trouvait le président du Sénat, Armand Fallières ; à sa gauche, Paul Deschanel, président de la Chambre des députés. À la table présidentielle, on pouvait voir le président du Conseil, les ministres, les députés, les sénateurs, la magistrature, l'armée. Quant aux maires, ils furent rangés par département et par ordre alphabétique, ce qui provoqua quelques remarques acides (certains auraient préféré être installés en fonction de l'âge ou du nombre d'années d'exercice). Pour cet événement, 700 tables de 10 m de long desservies par près de 3 000 employés (11 chefs, 220 chefs de partie, 400 cuisiniers, 2 150 maîtres d'hôtel, 50 préposés aux vestiaires…).

Durant le repas furent servis 2 000 kg de saumon, 1 430 faisans, 2 500 poulardes, 1 200 litres de mayonnaise, 10 000 pêches, 6 000 poires, 1 000 kg de raisin, 39 000 bouteilles de vin, 1 500 bouteilles de Fine Champagne et 3 000 litres de café. À la demande du Président, le repas dura 90 minutes. Pour information, il fallut 10 km de nappes molletonnées, 125 000 assiettes, 55 000 fourchettes, 55 000 cuillères, 60 000 couteaux et 126 000 verres. À cette occasion, une plaquette en bronze, œuvre de Frédéric Charles-Victor de Vernon fut réalisée. Sur l'avers, une inscription : « Banquet des Tuileries offert aux maires de France sous la présidence de M. E. Loubet, prest. de la République et de Waldeck Rousseau, prest. du Conseil, Paris 22 septembre 1900 ». Dans un cartouche fait de ramures de chêne et de laurier, le nom du maire et sa ville. Sur le revers, la signature de l'artiste et deux allégories féminines, dont Marianne, portant des libations au banquet. Ces plaquettes sont aujourd'hui conservées dans des collections privées ou dans les mairies.

Dernière période traumatisante pour le jardin des Tuileries : la **Seconde Guerre mondiale**. Afin de pallier le manque de ravitaillement, une partie du parc est transformée en potager par les Parisiens. La Libération de Paris achève le massacre. Le 25 août 1944, le colonel Pierre Billotte de la 2e DB ordonne au général Von Choltitz de se rendre. Refus catégorique. Les combats seront rudes et extrêmement mortels. Le capitaine Branet s'empare de l'hôtel Meurice, QG des forces allemandes, tandis que le capitaine Julien tente d'atteindre la place de l'Opéra, siège de la *Kommandatur*, en empruntant la rue du Faubourg-Saint-Honoré. De son côté, le lieutenant Bricard se charge du jardin des Tuileries. Des blindés allemands s'y sont retranchés ; les statues ornant le parc seront fortement endommagées, voire détruites. En 1971, un central téléphonique souterrain est creusé sous les parterres et la terrasse du Bord de l'eau.

Vers la seconde moitié du XXe siècle, le jardin avait atteint un état de délabrement inquiétant. Le président de la République, François Mitterrand, confie en 1989 à l'Etablissement Public du Grand Louvre (EPGL) la rénovation complète des Tuileries. Un concours est lancé et ce sont les projets de Pascal Cribier et Louis Bénech (pour les Tuileries) et de Jacques Wirtz (pour le Carrousel) qui gagnent. Pendant ce temps, à l'occasion du bicentenaire de la Révolution, le jardin héberge pendant six mois les *Tours de la Liberté* des architectes Jean-Marie Hennin et Nicolas Normier. Les travaux débutent en juin 1991. Les terrasses, les bassins et les grands axes sont restaurés, ainsi que le jardin de Napoléon III et le groupe de statues couvrant quatre siècles d'art (Coustou, Coysevox, Carpeaux, Barrois, Caïn, Maillol…). Les architectes donnent une plus grande cohérence au jardin, en harmonisant les différentes zones. Les parterres sont dotés de fleurs odorantes, colorées et variées. Divers équipements sont installés dans le parc tels des bancs, une aire de jeux, des abris et un salon de thé. Aujourd'hui, des chaises sont mises à la disposition des promeneurs gratuitement, tandis que les enfants peuvent louer un bateau à voile miniature près du bassin octogonal. Une grande roue permet de s'offrir un panorama incomparable de la capitale. L'ancien ministre de la Culture, Jack Lang qualifiera les Tuileries de « cœur vert du plus grand ensemble culturel du monde ». Pour information, l'entretien du jardin des Tuileries est à la charge du musée du Louvre dont l'équipe se compose de 17 jardiniers d'art, d'une conservatrice du patrimoine, d'une ingénieure du paysage et de deux chefs de travaux d'art.

La statuaire des Tuileries

Le jardin des Tuileries mérite amplement son surnom de musée de plein-air, tant il possède des statues de grande qualité. Ces œuvres proviennent pour la plupart du parc de Marly. Trente-neuf vases de marbre sculptés y sont répartis. Près du bassin rond, côté nord, se découvrent de remarquables sculptures : *Flore et Hamadryade* par Coysevox, et côté sud, deux *Nymphes* de Coustou. Dans l'allée centrale, des sculptures du XVIIe siècle et du début du XVIIIe siècle, exaltant le mouvement : *Daphné et Apollon* par Guillaume et Nicolas Coustou, *Atalante* par Lepautre et *Hippomène* de Guillaume Coustou. Près du bassin octogonal, sont plantés les termes des *Saisons*. En bas du fer-à-cheval trônent les fleuves, deux antiques : le *Tibre* et le *Nil* à demi étendus. À leurs côtés, ont pris place les groupes que Louis XIV avait fait exécuter pour Marly : les *Épousailles de la Seine et de la Marne* par Nicolas Coustou, de *la Loire et du Loiret* par Corneille Van Clève. Depuis 1998, les Tuileries servent d'écrin aux œuvres d'Auguste Rodin, d'Henry

Moore, de Roy Lichtenstein, de Tony Cragg, de Jean Dubuffet, d'Alain Kirili, d'Étienne Martin, de Giuseppe Penone...

Faits divers

En 1637, le futur cardinal de Richelieu veut s'amuser au détriment de l'abbé Abra de Raconis. Au cours d'une promenade, un courtisan complice se cache et interpelle l'abbé par son nom en se faisant passer pour le fantôme de son père. Il lui ordonne de cesser sa vie dissolue. Face à l'abbé, tous les nobles présents soutiennent qu'ils n'ont rien entendu et Raconis s'enfuit. Mort de peur, il restera quatre jours « sans qu'on puisse le toucher ou le déshabiller ». En souvenir de cette plaisanterie cruelle, Richelieu le fera évêque.

En 1682, des laquais agressent devant le palais plusieurs dames de la Cour. Tombée en désuétude, l'interdiction faite aux gens de maison de porter une arme sera renouvelée et aggravée. Désormais, il leur ait interdit de s'attrouper et de pénétrer dans les jardins publics. Sous peine de mort.

Le musée des Arts décoratifs reçoit la visite nocturne d'un monte-en-l'air audacieux mais profane, en avril 1946. Il n'emportera que des bijoux Second Empire de peu de valeur (100 000 francs) et laisse d'inestimables trésors.

La justice condamne en juillet 1929 l'ancien ministre des Finances de Clemenceau, Louis Lucien Klotz, pour l'émission de chèque sans provision.

Léonie Chéreau

Si M. Chéreau père avait toujours été de ce monde, il en aurait eu les sangs retournés ! Lui, l'ancien huissier rigide d'Orléans, n'aurait certainement pas, comme sa femme, fermé les yeux sur la conduite de leur fille ! Avant même ses seize ans, Léonie s'est glissée dans le lit de Georges Prieur, un ami de la famille, âgé de 22 ans. En ce début septembre 1858, Georges est venu marier sa sœur au bord de la Loire. Le départ de Georges pour Paris est un moment de larmes pour Léonie qui, à la première occasion, dès la fin du mois de septembre, éprouve le besoin d'aller visiter la capitale où une amie de sa mère, une dame Racine domiciliée rue de Berry, lui offre son canapé. Mme Racine est intime des Chéreau, au point que Léonie l'appelle « grand-mère ». Très libérale, elle ferme les yeux sur les coucheries de la petite. Après cette inoubliable semaine, il faut bien regagner Orléans. Léonie et Georges se sont promis de s'écrire, mais rapidement Georges se lasse. Léonie, en revanche, est fidèle. Elle signe « Léonie Chéreau, femme Prieur à l'avenir » des lettres enflammées à son « bien-aimé », son « bon Georges », mais ne reçoit, en retour que de rares lettres dans lesquelles on l'appelle « Mademoiselle ».
Léonie n'est pas plus bête qu'une autre et, sentant bien la proie qui file, elle insiste pour amener Prieur au mariage. Elle affirme que dès la visite de Georges à Orléans, début septembre, il a été question de mariage entre leurs parents. Mais rien n'y fait. Pour contraindre Georges, Léonie a trouvé l'argument infaillible : elle est enceinte ! La nouvelle ne semble pas ébranler le géniteur supposé, qui garde le silence. Léonie écrit, insiste, mais sans succès, et elle finit par recevoir une lettre cinglante de Georges qui l'envoie sèchement promener. « Mademoiselle, avant que je vous connaisse, j'avais le cœur libre et joyeux et la conscience tranquille. » Léonie ne cède pas.

Au mois de mars, Georges retrouve Léonie dans son lit. La demoiselle a réussi à se faire ouvrir par la concierge ! La gardienne est sévèrement réprimandée et la visiteuse mise à la porte aussi rapidement que grossièrement. À peine a-t-elle le temps de sortir une fiole de sa poche pour en avaler le contenu et se suicider. Georges n'y a même pas prêté attention, et d'ailleurs Léonie ne tombe même pas malade. Il fouille dans son veston, sort treize francs qu'il met dans la main de sa poursuivante afin qu'elle monte dans un fiacre, et referme la porte. Mais Léonie ne s'avoue pas vaincue.

Elle va demander un enfant auprès de l'administration des Enfants-Trouvés et, lorsque la grossesse sera censée être arrivée à son terme, elle fera croire à Georges que le bébé est le sien. Un an après s'être glissée dans le lit de Georges à Orléans, Léonie arrive secrètement à Paris le 2 septembre 1859. Mais l'Assistance publique ne distribue pas si facilement les enfants. Léonie renonce et s'en va rôder près du magasin de nouveautés où Georges est commissionnaire. Elle le fait appeler, lui explique que leur enfant est né il y a deux mois, mais…

- Qu'est-ce que vous me chantez-là !
- J'ai dû accoucher seule, à Orléans, chez une sage-femme du faubourg Saint-Marc.

Léonie s'embrouille dans ses mensonges. Et Georges a déjà tourné les talons. Il n'a pas cru un mot de cette histoire de petit garçon qu'elle verrait deux ou trois fois par semaine après l'avoir caché de honte chez une nourrice en attendant le mariage.

De retour à Orléans, Léonie tente encore une adoption, mais elle ne réussit pas. On lui propose un enfant trop âgé et unijambiste. Après avoir encore frappé à quelques portes de sage-femmes, toujours sans succès, elle reprend le chemin de Paris, achète des vêtements de nouveau-né, un biberon et se met en chasse. Sa chance se présente dans l'après-midi du 16 septembre 1859, au jardin des Tuileries. Ce vendredi, Léonie arrête, dans le parc du château impérial, une jeune nounou et son landau.

- Oh, comme je suis heureuse de vous rencontrer ! Comment va-t-il ? Je suis sa tante. Je suis la sœur de Madame !

Hélène Gibault est un peu surprise, mais ne pensant pas à mal, jugeant la jeune femme sympathique, elle parle. Léonie apprend des choses qu'elle peut ainsi réutiliser à son propre bénéfice dans la conversation, quelques instants plus tard, pour montrer à la nounou qu'elle connaît bien la famille.

- Mais pourquoi ne venez-vous pas voir Madame, à la maison ? Elle est si gentille !
- C'est que... je ne m'entends pas trop avec Monsieur, qui trouve ma sœur un peu dépensière.
- Ah oui, Monsieur est un peu strict avec l'argent.

Léonie est tombée juste ! Monsieur est pingre. « Monsieur » est Eugène Hua, juge suppléant au tribunal de la Seine.

- Oh, j'y pense ! Ma sœur m'avait demandé d'aller chercher des dentelles rue de Rivoli ! Ça vous ennuierait d'y aller pour moi ? Je garde mon neveu.

Hélène Gibault ne s'est pas fait prier. Il s'agit d'aller en cachette du mari radin, chercher une commande de dentelle chez une dame Caumartin, 12 rue de Rivoli, à deux pas. Mais alors qu'elle cherche vainement le magasin de dentelle, qui n'existe pas, Léonie file, l'enfant dans les bras, vers le quai des Tuileries.

À Orléans, Léonie présente à quelques personnes Théobald Anatole Georges Prieur, fils de Georges, né le 10 juin, qu'elle confie à une nourrice, Marie Rigault. Mais la nourrice, jugeant curieuse l'attitude de cette jeune mère qui ne vient guère et n'a pas encore payé un sou, est saisie d'inquiétude : et si personne ne revenait pour payer les 30 francs par mois de la pension ? Au moment même où Mme Chéreau mère, inquiète des dires de sa fille, s'informe à la mairie sur la naissance de ce petit-fils, la nourrice rapporte au commissaire l'attitude de cette curieuse mère. Il ne faut guère de temps au policier pour établir le rapprochement entre

cette ténébreuse affaire et l'enlèvement d'un bébé parisien, fils de magistrat, dont tous les journaux remplissent leurs pages depuis trois jours.
Le 21 septembre, devant la cour d'assises, le président Anspach montre aux jurés deux tableaux trouvés chez Léonie qu'il juge « de la dernière indécence ». L'une des toiles montre un hussard entrant dans la chambre d'une jeune fille, l'autre représente un jeune couple surpris dans ses ébats par les parents de la demoiselle. Cependant, l'avocat général Barbier est porté à l'indulgence, Me Charles Lachaud aussi convaincant qu'à l'habitude et Georges Prieur peu sympathique avec son air hautain. Léonie Chéreau est acquittée dans les larmes, devant une habituelle assemblée de dames à chapeaux.

Musée de l'Orangerie

Le musée se situe à l'extrémité occidentale de la Terrasse des Feuillants, au bord de la Seine, en face de la place de la Concorde.

Histoire

Au début du Second Empire, en 1853, Napoléon III fait édifier des serres afin d'y abriter les orangers bordant les allées du jardin des Tuileries durant l'hiver. Les arbres étaient auparavant rangés sous la grande galerie du Louvre. L'édifice est édifié en un temps record (quatre mois), sur les plans de l'architecte Firmin Bourgeois. La façade sud, face à la Seine, est entièrement vitrée afin de recevoir la lumière et la chaleur du soleil. La façade nord, au contraire, est presque aveugle afin d'éviter les vents du nord. Les entrées sont situées aux deux extrémités du bâtiment et sont décorées par Louis Visconti, architecte en charge des transformations du Louvre. La porte est encadrée par des colonnes à tambours jumelées et chapiteaux ioniques. Elles sont coiffées d'un fronton triangulaire, sculpté par Charles Gallois-Poignant, représentant des cornes d'abondance, des outils agricoles et des épis de blé (en lien avec la fonction du bâtiment). Après la Commune de 1871, l'édifice sert lors de manifestations horticoles, musicales, artistiques, de banquets, de concours divers, et même pour une exposition canine. En 1918, au sortir de la Première Guerre mondiale, le peintre impressionniste Claude Monet promet de faire don de « grandes décorations ». Il jette son dévolu sur l'orangerie en 1920 pour y exposer ces célèbres *Nymphéas* (toujours visibles actuellement). Hélas, la vue de  l'artiste défaille. Grâce au soutien de son ami, Georges Clémenceau, Monet se fait opérer de la cataracte par l'ophtalmologiste du militaire. Pendant la convalescence du peintre, Clémenceau, ministre de guerre, négocie avec les pouvoirs publics pour que soit aménagée l'orangerie en musée afin d'y accueillir les œuvres de son ami. Camille Lefèvre, architecte en chef du Louvre, est chargé des travaux d'aménagement. Un musée de 6 300 m² ouvre ses portes en 1927, quelques mois après la mort de Monet. Les orangers sont remisés et les *Nymphéas* illuminent les lieux. L'édifice est surnommé la « Chapelle Sixtine de l'impressionnisme ». En 1977, l'orangerie, qui servait de galerie d'art, est agrandie et transformée en musée exclusivement réservé à l'exposition des œuvres offertes par Domenica, la veuve du marchand d'art Paul Guillaume et de l'architecte Jean Walter, collectionneurs, amateurs des œuvres de l'Ecole de Paris et défenseurs de l'art d'avant-garde, à la condition que les œuvres ne soient jamais dispersées. Le don comprend 144 tableaux, dont *Le Petit Pâtissier* de Soutine, *Dans le parc du château noir* de Cézanne, *Jeunes filles au piano* de Renoir, *L'Etreinte* de Picasso, *Portrait de Paul Guillaume* de Derain, *La Noce* du Douanier Rousseau, *La Maison de Berlioz* d'Utrillo, *Odalisques* de

Matisse, *Le Jeune apprenti* de Modigliani. Le visiteur peut également y contempler des œuvres de Laurencin, Gauguin, Sisley et Kees van Dongen. En 2006, d'importants travaux de rénovation sont entrepris pour une somme de trente millions d'euros. Le plafond qui recouvrait les *Nymphéas* de Monet depuis 1977 est supprimé afin d'éclairer les œuvres de manière naturelle. Le musée de l'Orangerie est rattaché en mai 2010 au musée d'Orsay.

Musée du Jeu de Paume

Le musée du Jeu de Paume se situe à l'extrémité occidentale de la terrasse des Feuillants, près de la rue de Rivoli et la place de la Concorde.

Histoire

Nous sommes au milieu du Second Empire. Napoléon III dirige le pays et veut en faire une grande puissance. Paris est insalubre, ses maisons menacent de s'effondrer, les égouts débordent, les rues étroites sont de véritables coupe-gorges, la ville est grisâtre. Avec l'aide du baron Haussmann, l'empereur entreprend de grands travaux de rénovation et d'amélioration au sein de la capitale. En 1861, l'empereur fait construire une salle de jeu de paume (1 200 m²), l'ancêtre du tennis. Les travaux sont confiés à l'architecte Viraud avec l'impératif de copier le bâtiment voisin. Ne voulant pas rester dans l'histoire comme un simple copiste, il distille quelques différences discrètes. Les grandes baies rectangulaires de l'Orangerie sont remplacées par des fenêtres en plein cintre. Sur les murs de l'entrée monumentale, les initiales de Napoléon ont été conservées. Cette entrée est marquée par une paire de colonnes jumelées à tambours, surmontées de chapiteaux ioniques, le tout coiffé d'une large architrave et d'un fronton triangulaire. La troisième différence se situe au niveau du fronton triangulaire qui est orné des grandes armes de l'armée impériale de Napoléon III. Le manteau impérial bordé d'abeilles d'or et doublé d'hermine sert d'écrin à l'aigle enserrant un éclair. Il est entouré par le collier de la Légion d'honneur et surmonté d'un heaume d'or à couronne impériale. Derrière lui, s'entrecroisent le sceptre de Charlemagne et la main de justice. Une première fois agrandi en 1879, le bâtiment est réquisitionné par la direction des Beaux-Arts. Les terrains de jeu sont effa-

cés en 1909 pour céder la place à l'art. La salle sert de galerie d'expositions, puis devient le musée des Ecoles françaises contemporaines. En 1922, le musée du Luxembourg récupère les œuvres des artistes étrangers et gagne ainsi son indépendance. Le 1er septembre 1939, les collections sont transférées au château de Chambord afin d'être protégées des méandres de la guerre. Le bâtiment abandonné est retenu par les nazis pour y stocker les œuvres confisquées aux Juifs et francs-maçons par l'E.R.R. Hermann Goering s'y rend souvent pour faire ses « emplettes » et agrandir sa collection personnelle. Les membres de l'*Einsatzstab Reichsleiter Rosenberg* se révèlent des « travailleurs » assidus jusqu'à la Libération de Paris en 1944. Rose Valland, historienne de l'art, membre de la Commission de récupération artistique, effectue un gros travail d'inventaire, en collaboration avec le directeur des Musées nationaux Jacques Jaujard, et permet ainsi de récupérer 45 000 œuvres volées. De 1947 à 1986, le Jeu de Paume se transforme en annexe du musée du Louvre en servant d'écrin aux toiles impressionnistes, jusqu'à l'ouverture du musée d'Orsay où ces dernières sont transférées. Le Jeu de Paume retrouve sa fonction de salle d'expositions temporaires d'œuvres contemporaines.

Le musée

En 1987, un concours est lancé pour le réaménagement du musée. Jack Lang, alors attaché au ministère de la Culture, confie les travaux de modernisation à l'architecte français Antoine Stinco. S'inspirant des *Kunstallen* allemandes, l'architecte opposera la transparence de l'accueil à l'opacité de l'arrière. Il sut trouver un juste équilibre entre les salles d'exposition à éclairage zénithal et les espaces de transition ménageant de belles vues sur le jardin des Tuileries. Sans pouvoir toucher à l'extérieur de l'édifice (classé monument historique en 1889), Stinco crée un immense espace lumineux, grâce aux larges baies vitrées en plein cintre et au décloisonnement. Son œuvre majestueuse reste l'escalier suspendu menant au premier étage. Lors de sa réouverture en juin 1991, le musée prend le nom de Galerie nationale du Jeu de Paume. L'édifice mesure 80 mètres de longueur sur 13 mètres de largeur, et une hauteur sous plafond de 4,50 mètres, soit une superficie de 2 754, 50 m² dont 1 137 m² réservés aux expositions. Il est dédié à l'art moderne et contemporain sous toutes ses formes, avant de devenir en 2004, un lieu exclusivement réservé à la photographie contemporaine, à l'art vidéo, au cinéma expérimental et au documentaire d'essai (grâce à la fusion de la galerie nationale du Jeu de Paume, le Centre national de la photographie et le Patrimoine photographique). Aujourd'hui, la galerie se compose d'un vaste hall vitré, d'une salle de documentation modulable, d'un café, d'un auditorium et de neuf salles d'exposition. Il est également possible de louer le bâtiment pour y organiser cocktails, soirées, dîners, séminaires… en dehors bien sûr des horaires d'ouverture au public.

Palais des Tuileries

Au XIIIe siècle, l'emplacement du palais des Tuileries était occupé par des tuileries et des terrains vagues. Au siècle suivant, Pierre des Essarts, prévôt de Paris, y habitait dans l'hôtel des Tuileries, entouré de 40 arpents de terre labourable. Le site se situait en dehors de l'enceinte de Charles V, construite entre 1356 et 1383, dont elle était séparée par un fossé alimenté par la Seine. En 1500, Nicolas 1er Dupont Neufville de Villeroy, secrétaire aux Finances, y fait édifier un hôtel. Ce dernier est acheté par François 1er, en 1518, pour y loger sa mère, Louise de Savoie, incommodée par l'odeur des eaux stagnantes entourant son hôtel des Tournelles, place des Vosges (le quartier du Marais ne doit pas son nom au hasard). Elle en fit don à Jean Liercoun, maître d'hôtel du Dauphin, en 1527.

Histoire

Henri II meurt, en 1559, dans l'hôtel des Tournelles. Sa veuve, **Catherine de Médicis**, quitte aussitôt les lieux. Charles IX ordonne sa démolition, en 1563. Refusant de vivre au Louvre, la reine achète l'hôtel des Tuileries, plusieurs maisons voisines et un grand terrain appartenant à l'hôpital des Quinze-Vingt. Tout fut arasé. Philibert Delorme, en 1564, puis Jean Bullant, dès 1570, sont chargés d'édifier à la place un somptueux palais. Le projet de Delorme se compose de deux grands bâtiments parallèles, perpendiculaires à la Seine, réunis par quatre ailes plus petites, formant ainsi trois cours intérieures. Finale‑

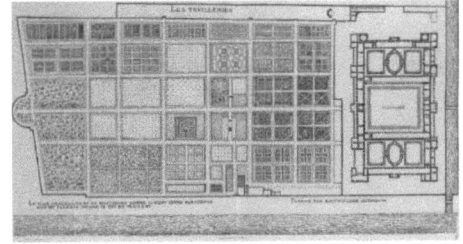

ment, seul le bâtiment occidental est construit. L'édifice comporte un pavillon central surmonté d'un dôme, doté d'un escalier suspendu sur voûte. Le pavillon est encadré par deux ailes ; l'aile sud se clôture par un pavillon (le pavillon de Bullant construit en 1570) et l'aile nord reste inachevée. Pourquoi ? Un manque d'argent ? Non, des principes superstitieux. Suite à une prédiction funeste de son astrologue Ruggieri,

Catherine de Médicis quitte les Tuileries pour s'installer en l'hôtel de Soissons (l'actuel Bourse de Commerce). La légende raconte que son astrologue lui avait prédit qu'elle mourrait près de Saint-Germain. Or, le palais des Tuileries se trouvait tout près de l'église Saint-Germain l'Auxerrois.

Sous le règne de Charles IX, le chantier est progressivement abandonné. Henri III y donne quelques fêtes, mais n'y réside pas. Le palais tombe dans l'oubli. Au début du XVIIe siècle, **Henri IV** décide de relier les deux palais, celui du Louvre et des Tuileries, par une longue galerie longeant la Seine. La Grande Galerie est construite entre 1607 et 1610 par Jacques II Androuet du Cerceau. Au sud, la Petite Galerie relie le pavillon de Bullant à la Grande Galerie. Au croisement des deux bâtiments, est construit le pavillon de la Rivière, rebaptisé pavillon de Flore en 1669. Après la mort d'Henri IV, en 1610, le palais connaît une nouvelle période d'abandon.

Le chantier est rouvert par **Louis XIV** incommodé par la dissymétrie des Tuileries. La Petite Galerie n'a pas de pendant au nord. Pas de problème. Les architectes Louis Le Vau et François d'Orbay sont appelés à la rescousse. Entre 1659 et 1666, ils édifient un pavillon destiné à faire pendant au pavillon de Bullant, baptisé le pavillon du Théâtre, puis une galerie symétrique à la Petite Galerie, baptisée la galerie des Machines, et enfin le pavillon jumeau de celui de Flore, le pavillon de Pomone (rebaptisé plus tard le pavillon de Marsan). De 1666 à 1667, le peintre Charles Le Brun dirige l'équipe de peintres chargée de la décoration. Le palais est maintenant symétrique et complet. Sauf que plusieurs décennies se sont écoulées entre la construction des bâtiments au sud du bâtiment central et ceux au nord. L'édifice offre donc une grande hétérogénéité architecturale. Louis XIV ordonne à Le Vau d'y remédier. Le pavillon de l'Horloge, au centre, est entièrement reconstruit dans le style classique, c'est-à-dire plus large, plus haut, et couvert d'un dôme volumineux. Les ailes qui le flanquent et la Petite Galerie sont également remodelées.

Durant l'Ancien Régime, le palais servit de résidence à la duchesse de Montpensier, dite Grande Mademoiselle (de 1638 à 1652), à Louis XIV (de 1664 à 1667) et à Louis XV (de 1715 à 1722). Un lit de justice se tient le 26 août 1718. Un lit de justice est une séance solennelle du Parlement lors de laquelle le roi ordonne à cette assemblée d'enregistrer les édits et les ordonnances qu'elle avait contestés. Pourquoi lit ? Parce que le roi prenait place sur un lit d'apparat lors de cette séance. Le palais est ensuite déserté et occupé par des courtisans et des artistes auxquels le roi octroie des logements de faveur. L'incendie du 6 avril 1763 chasse la troupe de l'Opéra du Palais-Royal, qui vient s'installer aux Tuileries, dans la salle des Machines, jusqu'en 1770. À cette date, l'Opéra cède les lieux à la Comédie-Française qui est remplacée à son tour par la troupe du Théâtre de Monsieur en 1782. La première du *Barbier de Séville*, pièce de Beaumarchais, y a lieu le 23 février 1775. Le 6 octobre 1789, Louis XVI, Marie-Antoinette et leurs enfants sont ramenés au palais des Tuileries par les révolutionnaires. Les petits, Marie-Thérèse de France et le dauphin Louis sont installés dans les anciens appartements de Catherine de Médicis ; Marie-Antoinette prend les pièces du rez-de-chaussée, tandis que la sœur de Louis XVI, Madame Élisabeth, occupe le 1er étage du pavillon de Flore. Des meubles sont rapportés du château de Versailles. Des cloisons sont ajoutées ou abattues afin d'aménager les nouveaux appartements de la famille royale. Elle va y vivre durant trois ans, sous haute surveillance. Le 21 juin 1791, elle tente de s'enfuir, rattrapée à Varennes, elle est reconduite aux Tuileries. Le 10 août 1792, la famille est obligée de quitter le palais, assiégé par les émeutiers, et court se réfugier dans la salle du Manège abritant l'Assemblée législative. La garnison des gardes suisses demeure et protège un palais déserté. Le palais est envahi et près de 600 gardes meurent durant le combat ou sont massacrés par la foule en colère. Une centaine d'entre eux s'échappent avec l'aide des Parisiens. Le 21 août, la guillotine est dressée sur la place du Carrousel. Le 10 mai 1793, la Convention s'installe dans la galerie des Machines, aménagée par l'architecte Gisors. Avec l'arrivée de l'Assemblée nationale, trois mots sont gravés sur la façade du palais, notions-clés de la République : Unité (sur le pavillon central), Liberté (Marsan) et Egalité (Flore). Un bonnet phrygien coiffe le pavillon de l'Unité. Les cloisons de la salle des Machines sont détruites afin d'aménager une grande Salle de la Liberté (une statue de 10 m de hauteur, œuvre de Dupasquier, décore les lieux) et une salle des séances. Le palais des Tuileries est rebaptisé Palais National. Le Comité de salut public emménage dans la Petite Galerie, tandis que le Comité de sûreté générale s'installe dans un hôtel particulier, près du pavillon Marsan.

Sous le Directoire, les Tuileries abritent le Conseil des Anciens (1795-1799). Celui-ci est supprimé le 10 novembre 1799. Le 19 février 1800, le Premier Consul, Napoléon Bonaparte, décide de s'installer aux Tuileries et le fait réaménager par l'architecte Leconte. Bonaparte occupe le premier étage, soit l'ancien appartement des rois. Il dort dans la chambre de Louis XIV, Louis XV et Louis XVI. Lorsque Bonaparte devient **Napoléon 1er**, il fait des Tuileries la résidence impériale. Le pape Pie VII, venu pour le sacre le 28 novembre 1804, s'approprie les anciens appartements de Madame Élisabeth. Il y réside jusqu'au 4 avril 1805. En 1806, une salle de spectacles, une chapelle et une salle destinée aux séances du Conseil d'Etat sont aménagées dans l'aile nord. Les travaux sont confiés aux architectes Charles Percier et Pierre Fontaine. Le plafond peint de la salle à manger représentait les quatre éléments, la guerre et la paix sous forme allégorique. L'empereur fait également construire, entre 1807 et 1815, une aile qui ferme la cour du Carrousel au nord. Elle s'étend du pavillon de Marsan à la hauteur de la rue du Rohan, le long de la rue de Rivoli. En mars 1811, le fils de Napoléon et de Marie-Louise, Napoléon II, roi de Rome, naît au rez-de-chaussée de l'aile sud. Il récupère l'appartement du grand maréchal du palais, Duroc, jouxtant celui de l'impératrice. En 1814, l'empereur cède la place à Louis XVIII, qui meurt aux Tuileries en 1824. Son frère Charles X le remplace, mais il en est chassé par la

Révolution de juillet 1830. Le palais est à nouveau pillé. Abandonné, le palais retrouve des locataires le 21 septembre 1831. Casimir Perrier « conseille » à Louis-Philippe de s'y installer afin d'asseoir l'autorité de la Monarchie de Juillet. La reine trouvant le palais très triste, demande à son époux de faire quelques modifications, pour une somme modique (environ 5 millions de francs). Les architectes Percier et Fontaine édifient le grand escalier dans le pavillon de l'Horloge. La famille royale est de nouveau chassée, en février 1848, par des pilleurs.

Le palais devient un hospice pour les invalides de guerre jusqu'à la perquisition de Louis-Napoléon Bonaparte, président de la République. Il y est proclamé empereur, sous le nom de **Napoléon III**, en décembre 1852. Sous le Second Empire, les Tuileries redeviennent la résidence impériale. Des fêtes et des cérémonies fastueuses y sont célébrées. Exemple : l'empereur y épouse Eugénie de Montijo, le 29 janvier 1853.  L'architecte Louis Visconti est chargé de restaurer le palais. Il fait démolir des maisons et des ruelles qui séparaient la place du Carrousel de la place Carrée du Louvre. Napoléon III poursuit surtout le projet d'Henri IV en prolongeant la galerie le long de la rue de Rivoli. Pour la première fois, vers 1870, les palais du Louvre et des Tuileries forment un seul et même ensemble. Suite à la défaite de Sedan, l'impératrice Eugénie doit quitter le palais, le 4 septembre 1870, cerné par les émeutiers. Elle s'enfuit par le pavillon de Flore.

Devenue propriétaire des lieux, la Commune donne de nombreuses fêtes et concerts aux Tuileries. Le 10 mai 1871, une soirée artistique est organisée au profit des blessés de la Garde nationale. Les 22 et 23 mai, les communards Alexis Dardelle, Jules Henri Marius Bergeret, Victor Bénot, Étienne Boudin et Louis Madeuf font entrer dans la cour cinq fourgons chargés de barils de poudre, bonbonnes de pétrole, de goudron liquide et d'essence de térébenthine. Le 23, une trentaine de fédérés, sous les ordres de Bénot, Boudon et Bergeret, aspergent les murs et les planchers du château, à coup de seaux de pétrole. Un baril de poudre est placé dans le vestibule du pavillon central, trois sous l'escalier d'honneur et des matériaux combustibles dans le salon des Maréchaux. Bénot met le feu à la poudre et le palais s'embrase en quelques minutes. Le palais brûle pendant trois jours, se propageant sur une partie du Louvre. Bergeret et ses hommes, ayant commandé un repas froid, soupent sur la terrasse du Louvre en contemplant le spectacle incandescent. Le 27 mai, il ne reste

plus que des pans de murs noircis. Dès 1872, des pétitions et requêtes parviennent au gouvernement, sollicitant la restauration du palais des Tuileries, dont seuls les planchers, la toiture et les décors ont disparus. Haussmann, Lefuel et Viollet-le-Duc proposent divers projets, certains vantant la sauvegarde des ruines, d'autres la reconstruction d'un nouveau palais. Les trois hommes proposent de restaurer la partie centrale comprenant le pavillon de l'Horloge, les deux ailes et les deux pavillons du Théâtre et de Bullant. La Petite galerie et la galerie des Machines sont donc démolies. Hélas, le projet est mis à mal par les décès de Viollet-le-Duc le 17 septembre 1879, de Léonce Reynaud, le 14 février 1880 et d'Hector Lefluel, le 26 décembre 1880. Car ces trois experts étaient favorables à la reconstruction du palais. Le nouvel architecte du chantier, Charles Garnier, est au contraire un adversaire de la restauration. Dans son rapport du 30 mai 1881, il mentionne les difficultés du chantier : des ruines exposées trop longtemps aux intempéries pour être conservées, des ailes pas assez profondes, la nécessité de créer des caves pour lutter contre l'humidité... Il est plutôt partisan de la construction d'un nouvel édifice. La Chambre des députés, après moult tergiversations, décide, le 21 mars 1882, de démolir les ruines. L'opération a lieu entre février et septembre 1883. Ne subsistent que les pavillons de Flore et de Marsan, ainsi que deux galeries menant aux guichets du Louvre. En 1958, le général de Gaulle envisage de faire reconstruire 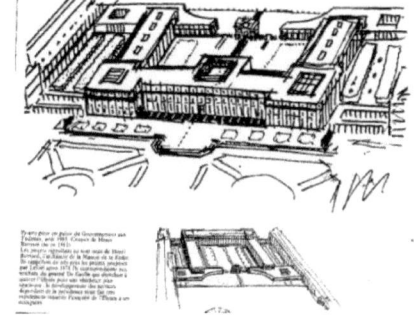 le palais des Tuileries afin d'en faire le palais présidentiel. Le projet est confié à l'architecte Henry Bernard, avant d'être abandonné. Depuis 2002, un comité national milite pour la reconstruction à l'identique du palais des Tuileries, avec des fonds collectés auprès d'entreprises privées. Le coût est évalué à 350 millions d'euros. L'Etat, la ville de Paris et le musée du Louvre s'opposent toujours au projet.

Vestiges

Des vestiges du palais des Tuileries sont achetés par l'Etat et envoyés dans divers lieux parisiens, voire expédiés à l'étranger. En 1882, une vente aux enchères est organisée. L'architecte Charles Garnier a dressé le plan des ruines pour les acheteurs potentiels. Pour 33 500 francs, l'entrepreneur en démolition Achille Picard emporte la mise, charge à lui de faire retirer les ruines dans les six mois. Les pièces sont revendues à des bourgeois et à des industriels acquérant châteaux et éléments architecturaux auprès de nobles désargentés. À Paris, il est encore possible de voir des vestiges exposés en plein air, dans divers jardins. Un des vestiges les plus importants est le fronton central et son horloge acheté par le musée Carnavalet ; il est toujours visible dans le square Georges Caïn, rue Payenne, dans le 3e arrondissement. Les statues qui ornaient ce fronton :

le *Conseil* et la *Valeur* par Thibault Poissant, la *Sincérité* par Louis II Lerambert, la *Religion* par Philippe de Buyster et la tête de la *Justice* par Michel de La Perdrix, sont conservées dans le hall sous l'arc du Carrousel, près de l'entrée du musée du Louvre. Une arcade ionique et deux colonnes de la façade du palais se trouvent dans la cour Marly du musée du Louvre depuis 2011. Une arcade est visible dans le jardin des Tuileries ; elle fut restaurée en 2011. D'autres arcades sont visibles dans les jardins du Trocadéro et du Luxembourg. Des colonnes sont exposées dans les cours de l'Ecole des Beaux-Arts l'école spéciale d'architecture et au collège Stanislas. Le journal *Le Figaro* acheta des marbres, détaillés en presse-papiers, et offerts en prime à ses abonnés.

Où pouvons-nous observer des vestiges en région parisienne ? 23 colonnes et 14 bas-reliefs ont été installés dans les jardins de la villa du couturier Charles Frederick Worth à Suresnes (92). Quand celle-ci est devenue l'hôpital Foch, les vestiges ont été transférés à Barentin, en Seine-Maritime. Hélas, certaines ruines très abîmées ont dû être remplacées par des copies en 2011. Le dramaturge Victorien Sardou installa un grand écusson flanqué de deux putti dans le jardin de son château du Verduron, à Marly-le-Roi, dans les Yvelines. D'autres vestiges décorent la maison d'Émile Raspail à Arcueil, dans le Val-de-Marne, le jardin de la maison Masséna à Bagneux dans les Hauts-de-Seine, le musée Roybet Fould de Courbevoie, ou encore le château de Fresnoy à Salins en Seine-et-Marne.

Éloignons-nous encore un peu en France. De nombreuses pierres servirent à construire le château de la Punta, propriété du duc Jérôme Pozzo di Borgo, au-dessus de la baie d'Ajaccio. Le château possède des éléments des différentes parties du pavillon central de Delorme, de l'aile Bullant, de celle de Le Vau, ainsi qu'une copie des parties hautes de la Petite Galerie. Un incendie en 1978 va endommager le château. Les travaux de restauration étant colossaux, les héritiers vendent le bâtiment en l'état au Conseil général de la Corse du sud en 1991. D'autres vestiges sont conservés au musée décoratif de Nantes, à celui de Dieppe et au château de Varax à Marcilly d'Azergues dans le Rhône. Léon Carvalho acquit 43 fragments pour orner le jardin de sa villa Magali, à Saint-Raphaël.

Les autres pays ne sont pas en reste. À Quito, en Equateur, le palais présidentiel possède quelques balustrades en pierre. On trouve des vestiges à la villa des Palmiers de Bordighera, en Italie. Une colonne corinthienne fixée à une partie de mur se trouve sur l'île de Schwanenwerder en Allemagne. La grille de la cour du Carrousel se trouve maintenant dans le château de la famille Esterhazy.

L'homme rouge des Tuileries

Une légende survit au palais des Tuileries, celle de *l'homme rouge*, dont le spectre apparaissait aux maîtres des lieux, à la veille des drames et des désastres. Qui était ce fantôme ? C'était Jean l'écorcheur.

À la mort de son époux Henri II, **Catherine de Médicis** ne supporte plus de vivre dans le palais des Tournelles. Elle emménage au palais du Louvre, sauf qu'elle ne s'y plaît pas. Finalement, elle se fait construire un peu plus bas, sur les terrains achetés par François 1er, un palais somptueux et un jardin à l'italienne. Autour de ce jardin, se trouvent des couvents, des hôtels particuliers, des tuileries et surtout l'abattoir où Jean l'écorcheur travaille avec ses deux fils. Un soir de novembre 1564, la reine ordonne à son homme de main, le chevalier de Neuville, de tuer le boucher. Pour quelle raison ? Jean, aurait-il surpris une discussion compromettante entre la reine et Neuville ? Aurait-il aidé la reine à faire disparaître quelques gêneurs ? Certaines légendes prétendent que l'artisan était au service de la reine et lui fournissait des « ingrédients » nécessaires à ses rituels de magie noire. Hélas, l'homme avait la langue bien pendue et se serait montré quelque peu indiscret. La reine se sentit donc obligée de le faire taire. D'autres versions penchent en faveur d'un souci pécuniaire. Catherine de Médicis lui aurait offert une somme d'argent contre son échoppe, somme que ce dernier aurait jugé insuffisante. Plutôt que de négocier, la reine l'aurait fait assassiner. Dans tous les cas, le boucher doit disparaître.

Neuville attend le coucher du soleil pour agir. Il s'approche du boucher, occupé à nettoyer ses outils à la porte de son abattoir, et lui plante la lame de son épée dans le dos. « La reine considère que tu en sais trop. Tu dois mourir. » Jean vient de payer le prix du silence. Hélas, pour l'assassin, l'artisan est du genre résistant. Bien qu'il s'effondre sur le sol, il ne semble pas vouloir mourir. Neuville est obligé de s'y reprendre à trois fois pour l'achever. Peu de temps avant d'expirer son dernier soupir, Jean murmure : « Je reviendrai ! » Coriace, l'écorcheur se dit le tueur en essuyant la lame de son épée et en rajustant ses vêtements.

Sa besogne accomplie, Neuville quitte l'abattoir afin de rejoindre le palais des Tuileries. Il doit rassurer la reine. Pourtant, sur le chemin, il se sent suivi. Il se retourne. Personne, sauf des traces de pas ensanglantés. « Sans doute, un écorcheur sorti des abattoirs après avoir occis une bête ». Il reprend la direction du château et entend des pas crisser sur les graviers du chemin, juste derrière lui. Il n'est donc pas fou, quelqu'un le suit. Qui ? Et pourquoi ? L'homme de main se retourne vivement, tout en brandissant son épée. Jean lui fait face, titubant, dégoulinant de sang. Impossible ! L'homme est mort ! Et pourtant, il est là. Neuville tente de l'éventrer avec son épée, mais ne fait que fendre l'air. Néanmoins, le fantôme disparaît. Effrayé, l'homme de main retourne à l'abattoir. Le corps a disparu, seule une mare de sang atteste du crime. Il fouille les environs, pensant que Jean a survécu et qu'il s'est caché. Personne. Tremblant de tous ses membres, l'assassin court raconter sa mésaventure à la reine. « Mon pauvre Neuville, il est temps de changer de fonction si vous croyez aux fantômes. C'est à coup sûr l'un des hommes qui travaillent à l'abattoir qui se sera amusé à vous faire peur ». Afin de le réconforter, elle lui lance une bourse bien garnie. Sous cette apparence digne, se cache une femme superstitieuse.

Quelques années plus tard, en 1571, Catherine de Médicis attend son astrologue, Cosme Ruggieri. Il est en retard, ce qui n'est guère dans ses habitudes. Elle décide de patienter dans le petit salon. Dix heures sonnent quand la porte s'ouvre brusquement, livrant passage à un Ruggieri livide. Il s'effondre dans un fauteuil avant de lui chuchoter : « La nuit dernière, je travaillais sur votre horoscope et celui de vos proches quand une torpeur soudaine a brouillé mes sens. J'ai pensé au vin de Florence, mais je n'en avais pas bu au repas. Soudain, une brume rougeâtre a envahi la pièce, elle s'est étalée en planant au-dessus du tapis, je ne voyais plus mes pieds, puis elle s'est rassemblée en une forme allongée au sommet de laquelle est apparu un visage. Ce spectre a alors pris la parole pour m'annoncer des choses horribles que je n'ose pas vous répéter. Elles concernaient l'avenir des Tuileries et de votre majesté. » La reine insiste. Elle veut connaître la suite de l'histoire, les prédictions du fantôme qu'elle soupçonne d'être celui de Jean l'écorcheur. L'astrologue reprend : « J'ai vu l'ascension, la chute et la disgrâce successives des futurs maîtres du palais, au fil des siècles. Enfin, le fantôme m'a demandé de vous avertir que vous aviez commis un crime de trop. Il a l'intention de vous chasser d'ici et de ne vous laisser aucun repos. Selon lui, vous ne pourrez pas échapper à votre destin : vous mourrez près de Saint-Germain ». La reine se retire dans ses appartements et s'allonge sur son lit.

Elle repense aux journées de la Saint-Barthélemy. Pour chasser les mauvais souvenirs, Catherine se lève pour ouvrir une fenêtre, faisant entrer un brouillard rouge dans la pièce. Des visages faméliques et grimaçants se forment et dansent autour d'elle. Ils crient : « Assassin, assassin, tu nous rejoindras bientôt ». Puis, ils cèdent la place à un homme rouge sang qui lui répète les prédictions faites à l'astrologue : « Saint-Germain te verra mourir ». La Florentine hurle d'effroi, ameutant ses dames de compagnie, qui la trouvent allongée sur le sol. Elle fait interrompre les travaux du palais des Tuileries en 1572 et entame la construction de l'hôtel de Soissons. Le palais des Tuileries avait la malchance de se trouver près de l'église Saint-Germain l'Auxerrois. La reine refuse de venir au château de Saint-Germain-en-Laye ou de visiter l'église de Saint-Germain-des-Prés. Toutefois, en dépit de ses précautions, Catherine ne put échapper à son destin. Sentant sa fin venir, le 5 janvier 1589, la Florentine demande la présence d'un confesseur. Ce dernier arrive au château de Blois, s'agenouille près de la vieille femme et récite quelques prières. Libérée de tous ses péchés, elle s'enquiert de l'identité du prêtre : Julien de Saint-Germain. Poussant un grand cri, elle s'éteignit.

Après vingt ans de silence, le fantôme rend visite à **Henri IV** dans la nuit du 13 au 14 mars 1610. Celui-ci ne lui prête pas la moindre attention. Le lendemain, alors que le roi décide de prendre des nouvelles de son ami Sully qui est souffrant, son carrosse est bloqué par des charrettes dans la rue de la Ferronnerie, près d'une auberge dont l'enseigne représente un cœur couronné percé d'une flèche. Cet arrêt permet à François Ravaillac de poignarder le roi.

Jean l'écorcheur vient visiter le jeune **Louis XIV**, qui n'est alors qu'un enfant, pour le prévenir de la Fronde. Quelques jours avant que les troubles n'éclatent, il heurte la reine Anne d'Autriche. Il se manifeste une nouvelle fois, le 8 mars 1661, à la veille de la mort de Jules Mazarin. Plusieurs témoins affirment l'avoir vu le jour de la mort du roi Louis XIV, le 1er septembre 1715.

Le temps s'écoule et le fantôme est oublié. Le 21 juin 1791, le matin qui suit le départ de Louis XVI pour Varennes (où il est arrêté), des témoins rapportent avoir vu le fantôme allongé sur le lit du souverain. Quelques mois plus tard, en octobre, l'homme rouge apparaît à la reine **Marie-Antoinette** et à sa servante alors qu'elles se promènent dans les couloirs du Louvre, lequel a été relié au palais des Tuileries par une galerie. « A ce moment, nous entendîmes distinctement un bruit léger à quelques pas de nous. Nous nous trouvions alors au centre d'une sorte d'étoile où venaient aboutir des couloirs obscurs. Le sentiment naturel de ce que je devais à ma souveraine vainquit ma faiblesse et je m'élançais devant Marie-Antoinette en élevant dans l'air mon bougeoir de vermeil. Une forme bizarre apparaissait semblant descendre un à un les degrés taillés dans la pierre des murs ; c'était une façon de petit homme vêtu à la manière qu'on représente les bourgeois du temps passé, avec des chausses à trousses, une casaque tailladée, et coiffé d'un chaperon à oreillière et à queue pendante. Mes tremblantes mains dirigeaient la lumière de son côté et nous vîmes qu'il était tout habillé de rouge. Au cri que je ne pus retenir, cet être affreux, qui me parut avoir les traits d'un vieillard et la taille d'un enfant, leva la tête et, remontant brusquement, d'un vif élan, les degrés qu'il était en train de descendre, nous le vîmes s'élever tout d'un coup comme s'il voulait donner de la tête contre la voûte et disparaître. Marie-Antoinette était immobile et pâle ; j'osai saisir sa main glacée. Rentrons, me dit-elle, rien d'humain ne nous menace en ces lieux. Sans doute que la Providence a voulu m'attirer jusqu'ici pour m'avertir par un signe des dangers qui menacent la monarchie. Votre majesté pense donc … ? Que nous venons de voir le petit homme rouge, celui qui erre dans les détours du Louvre quand le roi de France est en péril. Je ne sais si notre croyance catholique nous permet d'ajouter foi à cette superstition, mais comment douter du témoignage de nos yeux ? Nous rentrâmes, elle impassible, moi terrifiée. Je suis la dernière servante de la monarchie qui ait vu, de mes yeux vus, le petit homme rouge du Louvre ». Un soir de 1792, alors que la famille royale est assignée aux Tuileries, Marie-Antoinette, qui se trouve seule dans sa chambre, voit l'air se remplir d'une fumée rouge et se dessiner la silhouette d'un homme ensanglanté. La reine, chancelante, pense apercevoir le spectre de Jean Lerouge, qui quelques jours auparavant, avait hissé au bout d'une pique le cœur d'un veau, en criant « cœur d'aristocrate ». Un cri lui échappe et le fantôme disparaît. Le lendemain, le roi l'aperçoit à son chevet qui l'observe sans rien dire. La reine le revoit le matin du 10 août, alors que les

Sans-culottes se rassemblent aux abords des Tuileries. Marie-Antoinette aurait demandé au comte de Saint-Germain, magicien, de la protéger du spectre. Sans résultat puisque quelques jours plus tard, Louis XVI est transféré à la prison du Temple, puis guillotiné. La reine vit le petit homme rouge jusqu'à sa condamnation à mort et son transfert à la Conciergerie.

Le 15 juillet 1793, le corps de **Jean-Paul Marat**, assassiné deux jours plus tôt par Charlotte Corday, est exposé dans l'église des Cordeliers, face aux Tuileries. À cette occasion, le fantôme de Jean fait une apparition remarquée, terrifiant le soldat chargé de surveiller la dépouille, et provoquant sa mort.

Jean l'écorcheur s'intéressa à **Napoléon** bien avant qu'il ne devienne empereur. Pendant des années, il semble veiller sur lui, le prévenant des événements à venir, des victoires comme des défaites. En juillet 1798, la nuit précédant la bataille des Pyramides, le fantôme apparaît au jeune général pour la première fois et il lui promet la victoire. À cette occasion, les deux hommes signent un pacte de fidélité. Durant six ans, le petit homme rouge prodigue à l'empereur ses conseils, présidant ainsi à sa fulgurante ascension. Le 1er avril 1799, durant le siège de Saint-Jean d'Acre, après un nouvel assaut malheureux, Napoléon veille dans sa tente, plein d'inquiétude et d'indécision quand soudain, peu après minuit, apparaît un petit homme au visage noir, à la barbe blanche, vêtu de rouge et portant un turban. Le visiteur s'incline profondément et sort de sa manche un poisson d'argent ciselé qu'il tend à son hôte. À sa vue, l'empereur pâlit et fait signe à son visiteur d'entrer. L'entrevue entre les deux hommes reste secrète. Pourtant, quelques semaines plus tard, le 17 mai, Napoléon décide de mettre fin au siège et de rentrer en France. Le fantôme serait venu le voir dans sa résidence française et lui aurait conseillé le coup d'Etat du 18 brumaire. « Tu seras heureux jusqu'à ta 45e année. Jusque-là, je te protégerai. Ensuite, tu n'auras plus confiance qu'en toi et je t'abandonnerai. » Le 19 août 1800, le Premier consul s'installe aux

Tuileries. Extrait des *Mémoires* de Napoléon Bonaparte, 1834 : « Je rentrai un soir, lorsque dans ma chambre à coucher et à la pendule, je vis une enveloppe qui me frappa par sa couleur : elle était rouge et le cachet noir. - Qu'est-ce ? demandai-je à mon domestique. – Citoyen-général je n'en sais rien. – Ce n'est pas toi qui l'as apporté ici ? – Non. – A qui l'a-t-on remise ? – Je ne sais. Je fais appeler Junot, il n'avait rien vu, son camarade n'avait pas apporté le pli ni vu personne. Je me fâchai, ce fut en vain : je dis au domestique de me donner la lettre ; je l'ouvris… Il y avait dedans un hémistiche d'une tragédie de Durcis : Tu seras roi Macbeth ! et plus bas ces mots : l'homme rouge. Dirai-je qu'une vive émotion me saisit. Je sentis le feu me monter au visage : mes aides de camp étaient là, ils m'examinaient… Je ne balançai pas, et m'approchant de la cheminée, je fis une boule de la lettre, de l'enveloppe et jetai le tout au milieu du brasier ardent. M'annoncer que je serai roi et après le 13 vendémiaire, c'était de l'insolence et cela venait certainement d'une main ennemie. »

Le 14 juin 1800, le soir de la victoire de Marengo, l'homme rouge apparaît aux pieds de Napoléon et s'adressant à lui, il prophétise : « Tu verras le monde à tes genoux et tu seras empereur des Français, roi d'Italie, maître de la Hollande, souverain de l'Espagne, du Portugal, provinces illyriennes, protecteur de l'Allemagne, sauveur de la Pologne, premier aigle de la Légion d'honneur, et tout ». Tant que les deux partis respectent les termes du pacte, celui-ci fonctionne très bien. N'oublions pas que la condition est la suivante : « Tout ira bien pour toi et pour ta partie tant que tu suivras mes conseils ». Hélas, tout change après le sacre de l'empereur Napoléon 1er, le 2 décembre 1804. Le petit homme vient le voir ce jour-là et les deux hommes conviennent de bien des choses. Napoléon le revoit à Strasbourg en 1805, au cours de la campagne qui devait se terminer par la victoire d'Austerlitz, ainsi que le 1er avril 1809, à Vienne, juste avant Wagram. Bien que le pacte soit renouvelé pour cinq ans, l'empereur n'écoute pas les conseils de l'homme rouge et divorce de Joséphine de Beauharnais. Le 1er avril 1810, il épouse civilement Marie-

Louise d'Autriche à Saint-Cloud. L'homme rouge, qui reproche à l'empereur son divorce et la guerre d'Espagne, se présente à la veille du mariage, mais Napoléon refuse de le recevoir. Déçu, ce dernier hante les couloirs du château de Fontainebleau pour le punir, pendant la période des Cent-Jours.

Le pacte entre Napoléon et son protecteur devait se terminer le 1er avril 1814, année des 45 ans de l'empereur. Quelques mois avant l'échéance, le petit homme rouge se présenta aux Tuileries. S'adressant à un factionnaire placé dans l'escalier du château, il lui demanda s'il pouvait parler à l'empereur. Le soldat ayant répondu négativement, le démon le poussa et monta. Arrivé au salon de la Paix, nul n'osant l'arrêter, l'esprit maléfique s'adressa à un chambellan et lui demanda s'il pouvait parvenir jusqu'à Napoléon. Le comte d'A. répondit que personne ne pouvait entrer sans permission. « Je n'en ai pas, mais allez lui dire qu'un homme vêtu de rouge, qu'il a connu en Égypte, désire l'entretenir ». Finalement, les deux hommes s'enfermèrent dans le cabinet particulier de l'empereur. La conversation fut longue, quelques mots parvinrent aux oreilles ; la voix de Napoléon était suppliante. Il semblait demander une faveur qu'on lui refusait. Enfin, la porte s'ouvrit. L'homme rouge sortit, traversa rapidement les salles et disparut dans le grand escalier, au grand étonnement des gardes suisses. Cette histoire se répandit dans la capitale, on la racontait dans les Salons, et plus d'une personne fut arrêtée par la police pour l'avoir diffusée.

En juin 1815, Napoléon était assis dans un fauteuil de son cabinet de travail du palais des Tuileries, quand soudain, il sentit une sorte de torpeur s'emparer de lui. Puis, un brouillard rouge se forma, d'où sortit un petit homme coiffé d'un bonnet phrygien en laine. Il observa l'empereur le visage grave et disparut. Quelques jours plus tard, le 18 juin, Napoléon perdit la bataille de Waterloo. Le 15 juillet, il se livra aux Anglais et le 7 août, il embarqua à bord d'un bateau qui le conduisit sur l'île de Sainte-Hélène où il mourut six ans plus tard, le 5 mai 1821.

Politiquement, **Charles-Ferdinand d'Artois** passe pour un opposant à Louis XVIII. Il est donc un ultra-royaliste et un réactionnaire au sein de la famille royale. Néanmoins, les ennemis des Bourbons voient en lui le seul de leurs membres à pouvoir perpétuer la famille royale. Il est poignardé à sa sortie de l'Opéra, rue de Richelieu, le dimanche 13 février 1820, vers 23 h 00, par Louis Pierre Louvel, un ouvrier bonapartiste. Le spectre de l'homme rouge se montra sur les marches de l'Opéra, quelques heures avant le drame. Le duc de Berry ne meurt pas sur-le-champ. Il a la force d'arracher l'alêne plantée dans sa poitrine, avant de tomber en syncope. Transporté dans une des salles du théâtre, il expire le lendemain à 6 heures du matin. Durant sa longue agonie, le prince révèle que son épouse, Marie-Caroline de Bourbon-Sicile, est enceinte. Il confesse également l'existence de deux de ses enfants naturels. Il demande que son assassin soit gracié et regrette de mourir de la main d'un Français. Par la suite, l'opéra de la rue de Richelieu est rasé sur ordre de Louis XVIII, afin de faire disparaître le lieu du drame. À son emplacement, se trouve le square Louvois.

Louis XVIII souffre de diabète et d'une goutte qui empire avec les années et lui rend tout déplacement extrêmement difficile à la fin de son règne. Dans ses dernières années, le roi doit marcher à l'aide de béquilles et il est souvent déplacé en fauteuil roulant dans ses appartements. S'il se surnomme gentiment le « roi fauteuil », les bonapartistes, ainsi que le petit peuple, le surnomment le « gros cochon » ou le « cochon XVIII ». Vers la fin de sa vie, le roi est atteint d'artériosclérose généralisée. La gangrène ronge son corps devenu impotent et appesanti par l'hydropisie. À la fin du mois d'août 1824, la gangrène sèche qui a attaqué un pied et le bas de la colonne vertébrale a provoqué une large plaie suppurante en bas du dos et a rendu le roi méconnaissable. Fièrement, il refuse de s'aliter. Un soir, alors que la souffrance l'empêche de dormir, il reçoit la visite du petit homme rouge. Croyant à une hallucination, le roi se frotte les yeux et l'homme disparaît. Le comte d'Artois, futur Charles X, erre dans les jardins en dépit de l'heure tardive, rongé par l'inquiétude à propos de l'état de santé de son frère. En observant les fenêtres de la chambre à coucher, il voit celles-ci s'empourprer de lumière rouge. Puis, un homme apparaît dans l'allée et lui tend une couronne royale ensanglantée avant de disparaître. Le 12 septembre, sa terrible souffrance oblige Louis XVIII à s'aliter. Le roi se décompose et dégage une odeur si nauséabonde que sa famille ne peut pas rester à son chevet. Un de ses yeux a fondu. Un valet de chambre, voulant déplacer le corps, arrache des lambeaux du pied droit. Les os d'une jambe sont cariés. L'autre jambe n'est qu'une plaie. Le visage est noir et jaune. Louis XVIII meurt le 16 septembre 1824, à quatre heures du matin, dans sa chambre du palais des Tuileries. En 1831, Marie-Anne Lenormand, célèbre cartomancienne et nécromancienne, écrit un petit opuscule, *le Petit homme rouge au château des Tuileries*, qui contribue à populariser le spectre. En 1833, Honoré de Balzac consacre quelques lignes à l'influence du fantôme sur la vie de Napoléon dans son roman *Un médecin de campagne*, soulignant que l'empereur parlait parfois du spectre qui lui apparaissait dans les moments difficiles et qui habitait dans les combles du palais. Bien que le roi **Louis-Philippe** ne rencontra jamais le fantôme durant son séjour aux Tuileries, le chansonnier Pierre-Jean de Béranger écrivit en 1837 une chanson sur l'homme rouge : « Une ancienne tradition populaire supposait l'existence d'un homme rouge qui apparaissait dans les Tuileries lors de quelque événement malheureux pour les maîtres de ce château. Cette tradition reprit cours sous Napoléon. Foin des mécontents ! Comme balayeuse on me loge, depuis quarante ans, dans le château, près de l'horloge. Or, mes enfants, sachez que là, pour mes péchés, du coin, d'où le soir je ne bouge, j'ai vu le petit homme rouge. Saints du paradis, priez pour Charles X. Vous figurez-vous ce diable habillé d'écarlate ? Bossu, louche et roux, un serpent lui sert de cravate. Il a le nez crochu ; il a le pied fourchu ; sa voix rauque en chantant présage au château grand remue-ménage. Saints du paradis, priez pour Charles X. Je le vis, hélas, en 92 apparaître. Nobles et prélats abandonnaient notre bon maître. L'homme rouge venait en sabots, en bonnet. M'endormais-je un peu sur ma chaise, il entonnait *la Marseillaise*. Saints du paradis, priez pour Charles X. J'eus à balayer ; mais lui bientôt par la gouttière revint m'effrayer pour ce bon Monsieur Robespierre. Lors il était poudré, parlait mieux qu'un curé, ou, comme riant de lui-même, chantait l'hymne de l'Etre suprême. Saints du paradis priez pour Charles X. Depuis la Terreur plus n'y pensait, lorsque sa vue du bon empereur vingt plumets ennemis, et chantait au son d'une vieille *Vive Henri IV et Gabrielle* ! Saints du paradis priez pour Charles X. Soyez donc instruits, enfants, mais qu'ailleurs, on l'ignore, que depuis trois nuits, l'homme rouge apparaît encore. Riant d'un air moqueur, il chante comme au chœur, baise la terre, et puis ensuite saints du paradis, priez pour Charles X, met un grand chapeau de jésuite ».

Le 4 septembre 1870, après la défaite de Sedan, l'impératrice **Eugénie** s'enfuit des Tuileries en passant par le pavillon de Flore. Perdue dans la galerie du Louvre, le petit homme rouge lui apparaît, très amaigri. Il lui indique la sortie d'un geste furtif. Elle trouve refuge auprès de son dentiste, le Dr Thomas Evans, qui l'abrite dans son hôtel particulier avant de l'accompagner en Angleterre. Le dernier chapitre de cette histoire se déroule le 26 mai 1871. Le palais est incendié par les **Communards**, le 23 mai, et une grande foule se rassemble pour contempler le spectacle durant les trois jours suivants. Le pavillon central vient d'exploser quand soudain le petit homme rouge apparaît à une fenêtre de la salle des Maréchaux. Tendant ses bras vers la foule, il disparaît dans le fracas des plafonds effondrés. Personne ne le revit jamais.

Avenue Victoria

L'avenue commence place de l'Hôtel-de-Ville et se termine rue des Lavandières-Sainte-Opportune et rue Edouard-Colonne. Elle mesure 400 mètres de longueur et 30 mètres de largeur. Elle se situe dans le 1ᵉʳ (n°17 à fin et n°12 à fin) et 4ᵉ (n°1 à 15 et n°2 à 10) arrondissement.

Odonymie

La reine Victoria, née Alexandrina Victoria, le 24 mai 1819, a été l'une des monarques les plus influentes de l'histoire britannique. Elle a régné sur le Royaume-Uni de Grande-Bretagne et d'Irlande pendant 63 ans, de 1837 jusqu'à sa mort en 1901.

> Victoria est devenue reine à l'âge de 18 ans, après la mort de son oncle, le roi Williams IV. Son règne a été marqué par de nombreux événements importants, tels que l'expansion de l'Empire britannique et la Révolution industrielle. Elle a favorisé le développement du commerce et de l'industrie, contribuant ainsi à la prospérité économique du pays. Victoria s'est mariée au prince Albert de Saxe-Cobourg-Gotha en 1840, et ils ont eu neuf enfants. Leur mariage a été heureux et Albert a exercé une influence importante sur Victoria en tant que conseiller politique et culturel. Sa mort prématurée en 1861 a profondément affecté la reine et elle est entrée dans une période de deuil prolongée. En tant que reine, Victoria a joué un rôle majeur dans l'expansion de l'Empire britannique. Elle a été proclamée impératrice des Indes en 1876, renforçant ainsi les liens entre la Grande-Bretagne et ses colonies. Victoria est également connue pour son influence sur la mode, popularisant les robes à crinoline, ainsi que le port du noir en signe de deuil. Après un règne de plus de six décennies, Victoria est décédée le 22 janvier 1901 à l'âge de 81 ans.

La voie s'appelait à l'origine « avenue de l'Hôtel-de-Ville », car elle menait au bâtiment. Elle fut rebaptisée lors de la venue de la reine d'Angleterre, à Paris, le 23 août 1855, durant la guerre de Crimée et l'Exposition universelle. Victoria avait été reçue à l'Hôtel de Ville.

Histoire

Le baron Haussmann lance une grande campagne de travaux en 1850. Il veut élargir la place du Châtelet et ouvrir un grand axe nord-sud qui passe par Châtelet et rejoint la Seine au Pont-au-Change. Cet axe est d'abord nommé « boulevard du Centre », puis « boulevard de l'Hôtel de Ville » en 1858. Le 3 octobre 1855, l'avenue prend son nom actuel.

La Chambre des notaires

La Chambre des notaires se situe 12 avenue Victoria, près de la place du Châtelet.

Histoire

Le baron Haussmann lance une grande campagne de travaux en 1850. Il veut élargir la place du Châtelet et ouvrir un grand axe nord-sud qui passe par Châtelet et rejoint la Seine au Pont-au-Change. Cet axe est nommé le boulevard du Centre, puis boulevard Sébastopol en 1858. Ayant délogée la Chambre des notaires, Haussmann leur donne le terrain occupé, avant la Révolution, par la Grande boucherie de Paris. Le commerce est détruit et un nouvel immeuble est édifié entre mai 1855 et novembre 1857 par les architectes Auguste Pellechet et Hubert Rohaut de Fleury, à la charge financière des notaires. Le 3 octobre 1855, l'avenue prend le nom de la reine d'Angleterre Victoria. Fanfaronnade de notaires, ces derniers affirment avoir assisté au passage du cortège depuis le balcon de la Chambre. Étant donné que le chantier n'en était qu'à ses balbutiements, ce sont plutôt les ouvriers qui ont vu la reine. Cet immeuble présentait une grande modernité pour son époque. L'emploi d'une charpente métallique permit la création de plafonds suspendus. La Chambre était éclairée au gaz, même si aujourd'hui candélabres et plafonniers sont alimentés par l'électricité. Le bâtiment était doté d'une chaudière à charbon, imitant le système de diffusion de la chaleur des locomotives.

Architecture

La Chambre comporte trois façades : avenue Victoria, rue Saint-Denis et rue des Halles. Elles présentent un rez-de-chaussée élevé, deux étages et un comble en attique. Chaque niveau est séparé par un épais entablement et présente un ordre différent : au rez-de-chaussée les pilastres sont corinthiens, au premier, des colonnes toscanes cannelées engagées, au second, des colonnes ioniques. Sur la façade principale (avenue Victoria), le promeneur peut lire quatre inscriptions gravées entre les fenêtres, quatre actes essentiels de la formation du droit privé en France. *805. Capitulaires de Charlemagne.* Charlemagne recommande à ses représentants locaux d'instituer le notariat. *1270. Edit de Louis IX.* Institution des soixante premiers notaires du Châtelet. *1539. Ordonnance de François 1er.* Première règlementation du notariat. *An XI, Loi du 25 Ventôse. Napoléon Bonaparte.* Loi organique du notariat moderne. Au-dessus de la porte principale, figure l'emblème du notariat : le gnomon. Un quoi ? Un gnomon est un cadran solaire. Il est surmonté de la devise « LEX EST QUOD CUMQUE NOTAMUS », soit « quoi que nous écrivions c'est la loi ».

Cadran solaire

Dès le XVIIe siècle, le cadran solaire apparaît comme symbole dans le notariat : on le trouve sur les jetons professionnels, sur les listes de notaires et divers documents notariaux. Le secrétaire perpétuel de l'Académie des inscriptions et belles-lettres écrit en 1854 : « Le gnomon a été choisi parce que, de même que le Soleil fait autorité pour marquer l'heure, ou éclaire tout l'univers, de même la signature des notaires donne dans beaucoup de cas, sinon dans tous, la date précise des actes, la rédaction des chartes et conventions, dans les actes notariés, fait la loi des parties, comme le cadran solaire est la règle du temps dans les usages de la vie. » En 1979, le catalogue de l'exposition « Le Notariat, histoire, art, actualité » donne une autre explication : « A chaque interprétation, on retrouve le Soleil qui éclaire tout et qui doit permettre de tout voir sous tous les angles, éclairés comme cachés. Rien ne doit donc échapper aux notaires dans les actes qu'ils doivent rédiger. De même que le Soleil donne vie à tout, le notaire donne vie à tout contrat. » La revue internationale d'histoire du notariat s'appelle toujours le *Gnomon*. Un cadran mul-

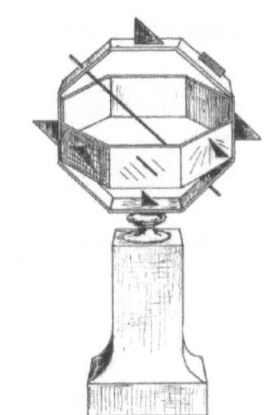

Fig. 26 - *Cadran solaire multiple polyèdre octogonal dans un salon de la chambre des Notaires, place du Châtelet (1er).*

tiface en métal, de 50 cm de haut, datant de 1831, se trouve dans la salle des Délibérations de la Chambre. Un bas-relief en pierre représentant une partie de cadran solaire multiface surmonte la porte d'entrée. De 0,36 mètre sur 0,24 mètre, dans un ensemble décoratif de 1 mètre sur 0,75 mètre, le cadran est un ensemble de deux anneaux octogonaux, l'un vertical, l'autre horizontal, comportant huit sections. Le cadran et la devise sont dans un ovale entouré de chaque côté par des anges sirènes et surmontant une tête représentant Déméter sur une guirlande de fruits. Les huit lignes horaires sont tracées sur le cadran vertical du milieu de l'anneau horizontal. Sept styles sont inclinés, en forme de triangle ou de rectangle avec divisions horaires. Le bas-relief est en très bon état et il est visible de la place.

L'intérieur

Le hall monumental du rez-de-chaussée est dominé par un escalier de pierre, dont l'entrée est gardée par deux colonnes de pierres lisses. Au sol, un dallage géométrique noir et blanc.

Au premier étage, se trouvent une salle réunion réservée aux membres de la Chambre et la Chambre d'adjudications où sont organisées des ventes aux enchères. La salle des séances de Chambre se situe au deuxième étage. Autrefois, tous les notaires de Paris s'y réunissaient. Aujourd'hui, leur effectif les contraint à louer le Palais des Congrès ou le théâtre du Châtelet. La salle sert davantage de salle de réception, permettant ainsi aux invités d'admirer la vue dégagée sur la Conciergerie, la tour Saint-Jacques et l'Hôtel de Ville.  Cette pièce, décorée dans le style Napoléon III, est dominée par le buste de Napoléon 1er, auteur du Code civil, au-dessus d'une horloge encastrée dans le décor d'une cheminée monumentale dont la plaque du foyer reprend l'emblème du gnomon. Les murs sont recouverts des portraits des Présidents ayant œuvrés pour la Chambre : maître Langlois qui en a écrit l'histoire, maître Bévière qui l'a aidée à traverser la Révolution, et maître Thomas, bâtisseur de la Chambre actuelle. La bibliothèque est aujourd'hui un musée au lieu d'une salle de travail. Elle conserve des ouvrages sur les vieilles coutumes françaises, une édition originale du *Code civil* datée de 1804, des formulaires précieux sur l'évolution de la pratique juridique en France et un exemplaire original de l'*Encyclopédie* de Diderot et d'Alembert. Y sont également conservés les archives des réunions et assemblées de notaires depuis 1540… À l'origine du bâtiment, le sous-sol, le rez-de-chaussée et l'entresol étaient occupés par des locaux commerciaux ou artisanaux. Ces salles durent être libérées pour accueillir les services administratifs de la Chambre.

En 2019, un concours est lancé par le président de la Chambre des notaires de Paris, Bertrand Savouré, pour rénover la Chambre des notaires, la moderniser. Parmi les 160 dossiers reçus, seulement quatre sont retenus : l'atelier Senzu + Lagneau architectes, Bernard Desmoulin + Orma architettura de Corte, l'atelier Novembre + Cut architectes, et Wy-To architect + Neri & Hu de Shangaï. Le concours est remporté par l'atelier Senzu + Lagneau architectes. À l'extérieur, on retrouve l'idée des grandes baies vitrées du rez-de-chaussée. Ce qui offre un hall d'entrée très accueillant et lumineux. Les divers espaces de travail, amphithéâtres, salles de réunion s'organisent autour d'un puits de lumière. Un jardin s'installe au 2ᵉ étage. La salle de réception conserve son esprit Empire avec une restauration soignée de son décor, de son plafond à caissons et de sa cheminée monumentale.

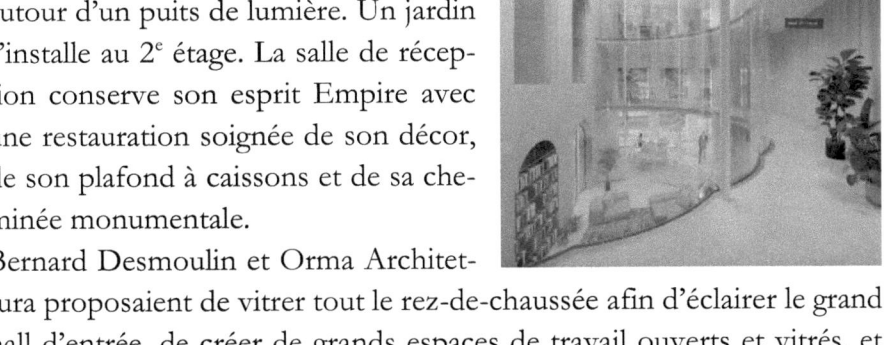

Bernard Desmoulin et Orma Architettura proposaient de vitrer tout le rez-de-chaussée afin d'éclairer le grand hall d'entrée, de créer de grands espaces de travail ouverts et vitrés, et d'aménager au 2ᵉ étage du bâtiment un grand jardin suspendu. L'atelier Novembre et Cut architectures conservait la structure extérieure du bâtiment intacte. Pas de jardin suspendu, mais divers espaces végétalisés éparpillés dans le bâtiment et une grande verrière zénithale. Wy-To architect + Neri & Hu modernisaient légèrement les façades du bâtiment. Les colonnes corinthiennes du rez-de-chaussée disparaissaient. Le rez-de-chaussée aurait abrité une galerie-musée retraçant l'histoire de la Chambre des notaires. Les architectes souhaitaient organiser le bâtiment autour d'un profond puits de lumière afin d'éclairer naturellement les divers espaces de travail.

Sommaire

Aimé-Césaire (quai)	p. 7
Amiral-de-Coligny (rue de l')	p. 8
Arbre-Sec (rue de l')	p. 10
Arts (pont des)	p. 19
Arts décoratifs (musée des)	p. 310
Baillet (rue)	p. 25
Belle Jardinière (magasin)	p. 290
Bertin-Poirée (rue)	p. 27
Boucher (rue)	p. 28
Bourdonnais (rue des)	p. 29
Carrousel (arc du)	p. 35
Carrousel (place du)	p. 31
Carrousel (pont du)	p. 44
Chambre des notaires (la)	p. 509
Change (pont au)	p. 49
Châtelet (place du)	p. 55
Châtelet (théâtre du)	p. 63
Cité (île de la)	p. 69
Conciergerie (la)	p. 243
Concorde (pont de la)	p. 78
Courbaton (impasse)	p. 12

Dauphine (place)	p. 82
Deux-Boules (rue des)	p. 88
Ecole (place de l')	p. 90
Édouard-Colonne (rue)	p. 91
François-Mitterrand (quai)	p. 93
Général-Lemonnier (avenue du)	p. 144
Harlay (rue de)	p. 144
Henri-Robert (rue)	p. 146
Horloge (quai de l')	p. 147
Jean-Lantier (rue)	p. 149
Jeu de Paume (musée du)	p. 486
La Samaritaine (magasin)	p. 188
Lavandières-Sainte-Opportune (rue des)	p. 153
Léopold-Sédar-Senghor (pont)	p. 155
Louvre (palais du)	p. 94
Louvre (place du)	p. 159
Louvre (quai du)	p. 179
Mairie du Premier arrondissement	p. 175
Mégisserie (quai de la)	p. 180
Monnaie (rue de la)	p. 188
Orangerie (musée de l')	p. 484
Orfèvres (quai des)	p. 205
Orfèvres (rue des)	p. 210
Palais (boulevard du)	p. 212

Palais de Justice (le)	p. 279
Palais de la Cité (le)	p. 222
Palmier (fontaine du)	p. 61
Perrault (rue)	p. 285
Pont Neuf	p. 195
Pont-Neuf (rue du)	p. 289
Prêtres-Saint-Germain-l'Auxerrois (rue des)	p. 292
Provençaux (impasse des)	p. 11
Rivoli (rue de)	p. 295
Royal (pont)	p. 439
Saint-Denis (rue)	p. 445
Sainte-Chapelle (la)	p. 250
Saint-Germain-l'Auxerrois (église de)	p. 161
Saint-Germain-l'Auxerrois (rue)	p. 454
Saint-Michel (pont)	p. 460
Trois-Visages (impasse des)	p. 466
Tuileries (jardin des)	p. 468
Tuileries (palais des)	p. 488
Tuileries (quai des)	p. 467
Victoria (avenue)	p. 507

Bibliographie

ARNOLD Marie-France, *Paris, ses mythes d'hier à aujourd'hui*, Dervy-Livres, 1997.

BAROZZI Jacques, *Lieux de spectacles et vie artistique de Paris*, Massin, 2013.

BAUDOUIN Bernard, *Encyclopédie des saints*, Trajectoire, 2016.

BAYLE Pauline, *Paris et ses villages*, Mondadori France, 2017.

BILLIOUD Jean-Michel, *Les grands monuments de Paris*, Gallimard, 2011.

BORDONOVE Georges, *Histoire secrète de Paris*, Albin Michel, 1980.

BRUNEL Georges, *Dictionnaire des églises de Paris*, Hervas, 1999.

CAMUS Georges, *Cadrans solaires de Paris*, CNRS, 1997.

CANAC Sybil, *Métiers de Paris rares et insolites*, Massin, 2008.

CANAC Sybil, *Paris, boutiques de toujours*, Massin, 2007.

CARADEC François, *Guide de Paris mystérieux*, Collection Les Guides noirs, Tchou Editions, 1985.

CASSAGNE Jean-Marie, *Paris – dictionnaire du nom des rues*, Parigramme, 2012.

CATHERINE Cécile, *Aimer Paris*, Ouest-France, 1986.

CHADYCH Danielle, *Paris au 20e siècle en images*, Grund, 2013.

CHADYCH Danielle, *Paris Rive droite*, Collection Pour les Nuls, First, 2008.

CHAMPIGNEULLE Bernard, *Paris, architecture, sites et jardins*, Seuil, 1973.

COLLECTIF, *Larousse de Paris*, Larousse, 2005.

COLLECTIF, *Paris, balade au fil du temps*, Reader's Digest, 2005.

CONSTANS Martine, *Paris*, La Renaissance du Livre, 1999.

DELORME Jean-Claude, *Ateliers d'artistes à Paris*, Parigramme, 1998.

FIERRO Alfred, *Dictionnaire du Paris disparu*, Parigramme, 1998.

FREGNAC Claude, *Belles demeures de Paris, 16e-19e siècles*, Hachettes Réalités, 1977.

GARDE Serge, *Guide du Paris des faits divers – Du Moyen Âge à nos jours*, Le Cherche-Midi, 2004.

GARDEN Maurice, *Seize promenades historiques dans Paris*, Du Retour, 2017.

GAST René, *Guide secret de Paris*, Ouest France, 2012.

GAST René, *Tous les secrets de Paris*, Ouest-France, 2016.

HATTE Hélène, *Paris, 300 façades pour les curieux*, Christine Bonneton Editions, 2008.

HEMMLER Patrick, *Enigmes, légendes et mystères du vieux Paris*, Jean-Paul Gisseot, 2006.

HILLAIRET Jacques, *Connaissance du vieux Paris*, Princesse Editions, 1954.

HILLAIRET Jacques, *Dictionnaire historique des rues de Paris*, Editions de Minuit, 1960.

KRIEF Philippe, *Paris rive droite, Petites histoires et grands secrets*, Massin, 2005.

KRIEF Philippe, *Paris rive gauche, Petites histoires et grands secrets*, Massin, 2004.

LEPIC Alice, *Paris caché*, Parigramme, 2009.

LESBROS Dominique, *Paris bizarre*, Parigramme, 2017.

MARCHAND Gilles, *Dictionnaire des monuments de Paris*, Gisserot Editions, 2003.

MARTIN-ROLLAND Michel, *100 crimes à Paris*, L'opportun Editions, 2015.

MASSON Françoise, *Les fontaines de Paris*, Martelle Editions, 1995.

MONTINI Muriel, *Paris, promenades dans le centre historique*, Parigramme, 2010.

POISSON Georges, *Dictionnaire des monuments de Paris*, Hervas, 2003.

QUENEAU Raymond, *Connaissez-vous Paris ?*, Gallimard, 2011.

QUERALT Christine, *Promenades historiques dans Paris*, Liana Levi, 2004.

RICHOU Olivier, *Paris : cent crimes oubliés*, L'Ecailler, 2011.

STEPHANE Bernard, *Petite et grande histoire des rues de Paris*, Albin Michel, 2011.

TOURNILLON Nathalie, *Légendes et récits de Paris*, Ouest-France, 2008.

TROUILLEUX Rodolphe, *Paris secret et insolite*, Parigramme, 1996.

VENDITTELLI-LATOMBE Marie, *Le Dico de Paris*, De la Marinière édition, 2008.

VITU Auguste, *Paris, images et traditions, 430 dessins d'époque*, EFR, 1996.